KB049633

책임의 원칙: 기술 시대의 생태학적 윤리

이 책은 Hans Jonas의 *Das Prinzip Verantwortung. Versuch einer Ethik für die technologische Zivilisation*(Frankfurt a.M., Suhrkamp, 1984)을 완역한 것이다.

책임의 원칙: 기술 시대의 생태학적 윤리

H. 요나스 지음
이진우 옮김

펴낸이—이숙
펴낸곳—도서출판 서광사
출판등록일—1977. 6. 30.
출판등록번호—제 406-2006-000010호

(10881) 경기도 파주시 회동길 77-12 (문발동)
대표전화 · (031)955-4331 / 팩시밀리 · (031)955-4336
E-mail · phil6161@chol.com
http://www.seokwangsa.co.kr / http://www.seokwangsa.kr

ⓒ 이진우, 1994

제1판 제1쇄 펴낸날 · 1994년 9월 20일
제1판 제9쇄 펴낸날 · 2022년 1월 30일

ISBN 978-89-306-2140-3 93190

책임의 원칙: 기술 시대의 생태학적 윤리

H. 요나스 지음 / 이진우 옮김

서광사

옮긴이의 말

"예전에는 세계의 종말에 관한 판결로서 우리를 위협하였던 것이 종교였다. 오늘날에는 바로 고통을 다하고 있는 우리의 **지구 자체**가 이 날의 도래를 예견하고 있다. 그러나 이 마지막 계시는 예수가 설법하였던 시나이 산으로부터 오지도 않고, 석가가 깨우쳤던 보리수 나무로부터도 오지 않는다. 한때는 훌륭한 창조로 나타났던 이 지구의 황무지에서 우리 모두가 몰락하지 않으려면 우리의 탐욕스러운 권력을 억제해야 한다고 경고하는 것은 바로 말없는 **피조물들의 고발**이다."

한스 요나스(Hans Jonas)는 죽기 얼마 전 생태학적 위기에 처해 있는 인간의 실존 상황을 이렇게 서술하고 있다. 생명의 젖줄인 하천은 하수구로 점차 변해 가고, 도시는 이미 거대한 매연의 굴뚝으로 변한 지 오래이다. 우리는 이제 환경 오염에 의한 피해를 피부로 느낀다. 그렇지만 과연 우리는 우리의 아픔을 **지구의 아픔**으로 느끼고 있는 것일까? 우리는 우리의 생활이 불편해지는 것만큼만 환경을 생각하는 것은 아닐까? 우리는 일그러져 가는 자연의 모습에 익숙해져서 지구의 종말과 생태계의 위기 같은 말에도 무덤덤해지는 것은 아닐까? 조금은 철학적 눈을 가지고 세상을 바라보면, 오염된 사물, 인간의 타락과 부패, 문명의 시궁창이 이제 인간의 삶을 구성하는 하나의 요소가 된 듯한 느낌을 지우기 어렵다. 그러기에 우리는 지구의 종말을 외쳐대는 생태학적 예언자들의 말에 귀를 기울이지 않는지도 모른다.

그렇다면 우리는 어떻게 이와 같은 생태학적 불감증을 치유할 수 있을까? 한스 요나스는 **사유의 혁명**이 없고서는 현재의 위기를 극복할 수 없다고 단언한다. 인간의 자유가 기술을 통해 실현되고, 따라서 기술에 의한 환경 오염은 우리가 자유를 위해 어쩔 수 없이 치러야 할 대가라는 생각에서 벗어나지 않는다면, 지구의 병은 치유할 길이 없다. 환경 오염을 오직 기술적 문제로만 파악하는 근대적 사고 방식은 속으로 곪아 들어가는 생태학적 문제를 계속 덧나게 할 뿐이다. 우리에게 종말을 위협하는 것은 결코 강대국간의 전쟁만이 아니다. 우리가 일상 생활에 사용하는 평화적 기술도 역시 가공할 만한 불행의 잠재력을 함축하고 있다. 평화적 기술에 의한 불행은 결코 급작스럽게 오지 않고, 수많은 기술 문명의 성공들에 가려진 그림자 속에 숨어든다. 따라서 몰래 숨어드는 생태학적 불행을 피하는 것은 분명한 징조를 가지고 있는 전쟁을 피하는 것보다 훨씬더 어렵다. 기술의 평화로운 사용이 전쟁보다 더 커다란 재앙을 가져온다는 인식의 전환이 이루어질 때 우리는 비로소 우리가 어떤 위험에 봉착하고 있는가를 알게 된다.

인간의 기술적 착취에 의해 고통을 받고 신음하던 지구가 더 이상 참지 못하고 드디어 반응을 보이기 시작했다. 인간에 대한 자연의 보복은 역설적이다. 인간이 기술을 통해 자신의 삶의 영역을 넓히면 넓힐수록, 진정한 삶의 터전은 이로 인해 더욱더 잠식당한다. 요나스의 《책임의 원칙》(*Das Prinzip Verantwortung*)은 바로 인간의 방종한 권력을 고발하는 자연의 대변인이다. 자연도 말을 할 수 있는가? 자연도 고통을 당하는가? 자연도 인간과 마찬가지로 존재의 권리를 가지고 있는가? 생태학적인 맥락에서 제기되는 이런 질문들은 모두 "인간은 과연 존재해야만 하는가?"라는 물음으로 모아진다. 만약 우리가 인간 존재의 당위성을 선험적으로 당연하게 생각한다면, 인간의 거주 공간인 지구 존재의 당위성도 역시 인정되어야 한다. 인간의 안과 밖에 존재하는 자연을 보호하지 않는다면, 우리는 진정한 삶의 터전을 잃게 된다.

만약 자신에 대한 무분별한 착취를 그만두지 않는다면 인간과 더불어 몰락하겠다는 자연의 경고가 마치 "절망적 선전 포고"처럼 들리는 오늘날, 요나스의 이 책은 유한한 인간 존재의 의미를 되새기게 만드는 문명 비판서이다. 핵전쟁이 발발할 경우 승자와 패자의 구별이 무의미해진다면, 우리는 이제 자연과의 전쟁에서도 항상 승자로 남을 것이라는 미몽에서 깨어나야 한다. 인류의 자멸이라는 위협에 직면하여 **평화**가 절대적으로 요청된다면, **책임**은 이를 실현할 수 있는 행위의 명법이라고 요나스는 말한다. 요나스의 《책임의 원칙》은 한편으로는 기술을 죄악시하는 생태학적 자연주의에 경도되지 않고, 다른 한편으로는 환경 문제를 기술적 문제로만 파악하는 개량주의에 빠지지 않고 생태학적 위기를 극복할 수 있는 길을 열어 준다. 자연에 대한 지나친 승리는 승자 자신을 위태롭게 할 수 있다는 철저한 인식으로부터 출발하여 책임의 영역을 인간으로부터 자연으로 확장할 때 우리는 비로소 존재의 정당성을 확보할 수 있다는 것이다.

《책임의 원칙》은 전체 6장으로 구성되어 있다. 무엇이 위기에 처해 있는가를 알기 위해서는 우선 무엇인가가 위기에 처해 있다는 사실을 알아야 한다. 이러한 맥락에서 요나스는 생태학적 문제를 대체로 3단계로 접근하고 있다. 즉 그는 이 책에서 왜 위기인가?, 어떻게 위기를 극복할 수 있는가?, 위기는 어디에서 기인하는가? 하는 물음에 대한 철학적 대답을 시도한다. 처음의 두 장에서는 전통 윤리학으로는 왜 생태학적 위기의 문제를 해결할 수 없는가를 설명한 다음에, "책임의 명법"을 새로운 윤리학의 원칙으로 내세운다. 3장과 4장에서 요나스는 "왜 인간은 존재해야 하는가?"라는 물음으로부터 출발하여 새로운 윤리학의 형이상학적 토대를 구축한다. 요나스는 여기서 인간 존재의 당위성과 존재에 대한 인간의 책임 사이의 관계를 목적론적으로 해명하고 있다. 마지막 두 장에서 요나스는 현대 위기의 근원을 "할 수 있다"는 인간 능력의 절대화와 유토피아주의가 결합하여 나타난 진보 사상에서 발견한다. 한편으로는 마르크스적 유토피아주의를 비판하고, 다른 한편으로는 기술적 간섭에 대한 지구의 인내 한계를 분석함으로써 요나스는 인간 존재의 유한성과 인간의 거주 공간인 지구의 유한성을 부각시키고 있다.

요나스는 이 책의 머리말에서 시간이 촉박하다고 말하고 있다. 생각만 하고 있기에는 지구의 위기가 너무나 심각하다는 것이다. 사실 기술

4

에 의한 진보가 진행되면 될수록 우리에게 주어진 유예 기간은 그만큼 줄어든다고 할 수 있다. 이런 의미에서 요나스의 《책임의 원칙》은 너무 무거운 책일지도 모른다. 그러나 요나스가 이 책을 쓴 것은 이론을 위해서가 아니라 실천을 위해서이다. 이론은 항상 이론(異論)의 여지가 있지만, 생태학적 위기에 직면하여 우리에게 요구되는 실천은 너무나 분명하다. 실천을 위해 읽고자 하는 사람은 굳이 다 읽을 필요가 없다. 자신의 행위에 원칙을 세우고자 하는 사람이면 처음의 두 장을 읽는 것만으로도 족할 것이다. 생태학적 위기의 현상, 근원과 미래의 전망에 관해 관심이 있으면 마지막 두 장을 먼저 읽는 것이 훨씬 도움이 되리라 생각한다. 그러나 인간 존재의 의미에 관한 성찰이 선행될 때 진정한 행위가 가능하다고 믿는 사람은 3장과 4장까지 읽는 것이 좋다. 다시 말해 반드시 순서대로 읽을 필요는 없다는 것이다. 어떻게 읽든 이 책은 이제까지 잠들어 있던 우리의 생태학적 의식을 깨워 놓으리라 생각한다.

《책임의 원칙》은 나를 생태학적 사유로 이끌어 준 사상적 길잡이였다. 처음 이 책을 읽었을 때 받은 요나스의 통찰과 지혜에 관한 짙은 감동은 아직도 잊을 수가 없다. 오래 전부터 생각만 하고 있던 차에 한국 학술 진흥 재단의 양서 개발 지원을 받아 번역을 하게 되었다. 이 책을 조금이라도 빨리 선보이고 싶은 옮긴이의 조바심을 이해하고 수고를 아끼지 않은 편집부의 여러분들에게 진심으로 감사한다.

1994년 4월 21일
대구에서
이진우

지은이의 말

이제까지 전혀 알려지지 않았던 힘을 과학을 통해 부여받고, 경제를 통해 끊임없는 충동을 부여받아 마침내 사슬로부터 풀려난 프로메테우스는 자신의 권력이 인간에게 불행이 되지 않도록 자발적인 통제를 통해 자신의 권력을 제어할 수 있는 하나의 윤리학을 요청한다. 이 책은 현대 기술의 약속이 위협으로 반전되었거나 또는 적어도 후자가 전자와 밀접하게 연결되어 있다는 명제를 출발점으로 삼는다. 그것은 물리적 위협을 확인하는 것으로 그치지 않는다. 인간의 행복을 위해 고안되었던 자연 정복은 이제 인간 본성 자체에까지 확장되고 있는 그 과도한 성공의 결과 때문에 가장 커다란 도전을 야기하였다. 그런데 인간 존재에 대한 이 도전은 인간 자신의 행위에 의해 생겨난 것이다. 이 도전에서 나타나는 모든 점은 그 종류와 규모에 있어 전혀 새로운 것이며, 이제까지의 그 어떤 것과도 유사하지 않다. 오늘날 인간이 행할 수 있는 것과 이러한 능력의 불가피한 행사를 통해서 계속 행하도록 강요되고 있는 것은 과거의 경험에서는 전혀 견줄 만한 것이 없다. 올바른 행동에 관한 전통적 지혜는 모두 과거의 경험을 의중에 두고 있었다. 따라서 완전히 새로운 양태의 권력과 이러한 권력을 창출할 수 있는 가능한 양식들을 예속시킬 수 있는 "선"과 "악"의 규범에 관해서 전통 윤리학은 아무것도 제시해 주지 못한다. 우리가 고도의 기술과 함께 들어서게 된 집단적 실천의 처녀지는 윤리 이론의 관점에서 보면 아직 아무도 살지 않는 미개지이다.

여기 제시되고 있는 연구는 이러한 공백 상태에 대해(이것은 동시에 오늘날 지배적인 가치 상대주의의 공백 상태이기도 하다) 입장을 표명하고자 하는 것이다. 무엇이 윤리의 나침반으로 기능할 수 있는가? 그것은 바로 미리 사유된 위험 자체이다! 미래에 있을 수 있는 심상치 않은 상황의 변화, 위험이 미칠 수 있는 전지구적 범위, 그리고 인간의 몰락 과정에 대한 징조를 통해서 비로소 윤리적 원리들이 발견될 수 있다. 이러한 원리들로부터 새로운 권력에 대한 새로운 의무들이 도출될 수 있는 것이다. 나는 이것을 "공포의 발견술"이라고 명명하고자 한다. 미리 예견된 인간의 왜곡이 비로소 우리로 하여금 이러한 왜곡으로부터 보전해야 할 인간의 개념을 찾아낼 수 있도록 도와주는 것이다. 무엇인가가 위험에 처해 있다는 **사실**을 알고 있을 때에야 비로소 우리는 **무엇**이 위험에 처해 있는가를 아는 법이다. 여기에서 문제되고 있는 것은 인간의 운명뿐만 아니라 인간상이며, 또 신체적 생존뿐만 아니라 인간 본질의 불가침성이기 때문에, 이 양자를 보호해야 하는 윤리학은 단순한 지혜의 윤리학을 넘어서 경외의 윤리학이어야 한다.

동시대적 인간 상호간의 영역에 가장 직접적으로 결합될 수 있는 이러한 윤리학의 정초는 형이상학의 영역에까지 다다라야 한다. 오로지 형이상학에서만 "왜 인간은 결국 이 세계에 존재해야만 하는가?", "인간의 실존을 미래에도 보장해야 하는 무제약적 정언 명법이 왜 타당해야 하는가?" 하는 문제가 제기될 수 있다. 이와 같이 기술의 모험은 가장 극단적인 실험을 통해 가장 극단적인 자각을 강요하는 것이다. 동시대적 철학이 실증주의적·분석적이라는 이름 아래 그러한 윤리학의 정초를 포기하고 있는 것과는 반대로 여기에서는 그것을 시도하고자 하는 것이다. 새롭게 나타나고 있는 인간의 의무를 가치 주관주의를 넘어서서 존재에 정착시키기 위해 존재와 당위, 원인과 목적, 자연과 가치의 관계에 대한 전통적 질문을 존재론적으로 새롭게 전개하고자 한다.

그렇지만 본래의 주제는 새롭게 등장하고 있는 의무 자체인데, 이 의무는 "책임"이라는 개념을 통해 요약될 수 있다. 그것이 인륜성에 있어서는 결코 새로운 현상이 아니라는 것은 확실하다. 책임의 윤리학은 이제까지 그런 종류의 대상을 가진 적이 없으며, 또한 이 윤리 이론은 이제까지 별로 연구되지도 않았다. 멀리 떨어져 있는 미래를 예견하고, 지구의 전영역을 인과성의 의식 속에 포함시키기에는 지식과 권력이 너무나 제한되고 있었다. 미지의 운명 속에서 추후 결과를 한가롭게 추측하는 대신에 윤리학은 현재의 순간적 행위가 갖는 윤리적 성격에만 집중하였다. 그런데 이 순간적 행위에서는 더불어 살고 있는 이웃의 권리가 존중되어야 한다. 그러나 기술의 기호 아래에서 윤리학은 인과적 범위를 전례 없이 미래에까지 적용시키는 행위들과(이러한 행위들은 마찬가지로 더 이상 개별 주체의 행위가 아니다) 관계가 있다. 그리고 이러한 행위들은 항상 불완전하기는 하지만 이전의 모든 지식을 훨씬 능가하는 사전 지식을 동반한다. 여기에다 장기적 결과의 엄청난 규모와 그 환원 불가능성이 첨가된다. 이 모든 것들이 책임을 윤리학의 중심에 세워 놓는다. 이 윤리학은 행위의 시간과 공간 지평에 일치하는 시간과 공간 지평을 가진다. 그러므로 이제까지 결여되었던 책임의 이론이 이 책의 중심이다.

오늘의 책임을 미래 차원으로 확장함으로써 결론적 주제인 **유토피아**가 등장한다. 전세계를 포괄하고 있는 기술 진보의 동력은 그 자체에 유토피아주의를 함의하고 있다. 물론 이것은 계획되었다기보다는 경향적으로 그러하다. 전지구적 미래관을 가지고 있는 윤리학의 **하나**인 **마르크스주의**는 기술과의 연합을 통해서 유토피아를 명백한 목표로 부상시켰다. 이러한 사실로 말미암아 유토피아적 이상을 상세하게 비판하는 것이 필요하다. 이 이상은 태고적 인류의 꿈을 함축하고, 이 꿈을 하나의 사업으로 실행할 수 있는 수단을 기술에서 찾을 수 있다고 생각하기 때문에, 예전의 안일한 유토피아주의는 이제 오늘날 인류가 가지고 있는—바로 가장 이상적이기 때문에—가장 위험한 유혹이 되어 버렸다. 생태학적으로뿐만 아니라 인간학적으로 실패하고(전자는 증명될 수 있고, 후자는 철학적으로 해명될 수 있다) 있는 목표 설정의 오만성에 대해 책임의 원칙은 공포와 경외가 명령하는 보다 겸손한 과제를 대립시킨다. 즉 환경이 변화한다 해도 결코 없앨 수 없는 인간의 자유가 가지는 이중성 속에서 인간 세계와 인간 본질의 불가침성을 인간 권력의 침입

8

으로부터 지키는 것이다.

여기서 시도되고 있는 《기술 윤리 논고》(*Tractatus technologico-ethicus*)는 독자뿐만 아니라 저자에게도 해당하는 엄격함으로 윤리의 필요 조건을 제시하고자 한다. 주제에 어느 정도 부합하고자 하는 사람은 솜방망이 같아서는 안 되고 강철과 같아야 한다. 천사의 편에 서서 죄악에 대항하고 번영을 찬성하며 몰락을 반대한다는 고백과 흠없는 의도, 선한 태도 등등의 솜방망이 같은 것은 오늘날 이루어지는 윤리적 반성에도 충분히 있다. 보다 강한 것이 필요하며, 바로 그러한 것이 여기에서 시도되고 있다. 이 저서의 의도는 어디에서나 체계적이지 결코 설교적이 아니다. 그것이 시대적이건 아니면 반시대적이건간에 윤리적 태도에 관한 어떤 찬양도 논리적 사고 과정의 철학적 불충분성에 대한 변명이 될 수 없다. 전체는 6장을 통해서 단계적으로—희망하건대 독자에게는 힘들지 않게—전개되고 있는 하나의 논증이다. 이론적 전개 과정에서 하나가 결핍되어 있다는 사실은 나도 충분히 의식하고 있다. 즉 3장과 4장 사이에 "주체성의 권력과 무능력"에 관한 연구가 빠져 있는데, 이 장에서는 심신 문제가 다시 다루어져서 영혼의 삶에 관한 자연주의적 결정론이 부정되고 있다. 비록 체계적인 관점에서 보면 필요하기는 하지만 (왜냐하면 결정론을 가지고는 어떤 윤리학도 존립하지 못하며, 자유 없이는 어떤 당위도 존재하지 않기 때문이다), 규모의 문제로 말미암아 이 논의는 여기에서 분리시켜 훗날 독립적으로 제시하기로 결정하였다.

동일한 이유에서 전체의 체계적 연구에 첨가하였던 "응용 부분"도 연내의 독립적 출간을 위해 유보하기로 하였다. 이 부분에서는 이미 구체적인 개별 주제들을 선택하여 새로운 종류의 윤리적 질문과 의무들을 해명하게 될 것이다. 지금으로서는 그러한 잠정적 결의론을 더 이상 시도할 수가 없다. 마지막으로 추구되어야 할 체계적 의무론은 그 사태의 생성 과정에 비추어 볼 때 아직 시기 상조이다.

수십 년 동안 거의 영어로만 저술 활동을 해온 후에 이 책을 독일어로 쓰기로 결정한 것은 낭만적 이유에 기인한 것이 아니라, 이미 나타나고 있는 나의 노화 현상을 솔직하게 고려한 때문이다. 습득한 제2의 언어로 서술하는 것은 모국어보다 두세 배의 시간을 요구할 뿐만 아니라 내 생명의 한계와 다루고자 하는 대상의 긴박성 때문에도, 오랫동안 생각해 온 사전 작업이 이루어진 다음에는 비교적 빠른—그렇다고 해도 역시 늦은 것은 마찬가지이다—방법을 선택해야 한다고 생각하였다. 그러나 내가 1933년 이후의 독일어 발전 과정을 "습득"하지 못하였다는 사실을 독자는 곧 알아차릴 것이다. 독일에서 강연할 때마다 나는 "태고적" 독일어라는 비난을 친구들로부터 들었던 것이다. 이 텍스트에 관해서 어떤 선의의 독자는 입증된 문체 지식을 통해서 곳곳에서 쓰인 말이 "고프랑크어"라고 언급하면서 다른 사람을 통해 현대어로 바꾸라고 충고하였다. 그렇지만 시간적 여유도 없었으며 이상적인 작업자가 있었다고 할지라도 나는 그럴 수가 없었다. 왜냐하면 지극히 시대적인 대상을 대체로 반시대적인, 거의 태고적인 철학을 가지고 접근하고 있다는 점을 나는 충분히 의식하고 있기 때문이며, 또 이와 같은 긴장이 서술 양식에서 표현되는 것도 그리 부적절한 것은 아니라고 생각했기 때문이다.

이 책이 형성되는 과정에서 여러 장들은 이미 논문의 형식으로 미국에서 발표되었다. 예를 들어 1장의 "기술과 책임: 윤리학의 새로운 과제에 대한 고찰"(Social Research 40 / 1, 1973), 2장의 "오늘날의 책임: 위협을 받고 있는 미래의 윤리학"(Social Research 43 / 1, 1976), 4장의 "책임의 개념. 우리 시대의 윤리학 정초를 위한 탐구"(**Knowledge, Value, and Belief**, ed. H.T. Engelhardt & D. Callahan(N.Y. : Hastings-on-Hudsons, 1977)) 등이다. 여기에서 나는 처음부터 정해진 것이기는 하지만, 게재를 허용한 출판 기관에 감사를 표하는 바이다.

그뿐만 아니라 좋은 연구 조건을 제공함으로써 이 작품의 생성을 촉진시킨 사람과 기관들에게도 감사를 표하고자 한다. **인문 과학 진흥 재단**과 **록펠러 재단**은 이 저술이 시작된 연구년을 재정적으로 지원해 주었다. 많은 연구자들을 숙박시키고 있으며 동떨어져 있는 한적한 이스라엘의 한 별장에서 나는 첫 장을 쓸 수 있었다. 예루살렘에 있는 이 별장의 친절한 주인 게르트루트 포이어링(Gertrud Feuerring) 부인에게 심심한 사의를 표하고자 한다. 그리고 나는 이스라엘과 스위스의 친구들이 조용한 작업실을 제공하여 수년 동안 나의 작업에 커다란 도움을 준

것을 고맙게 생각한다. 일터로부터 지리적으로 떨어져 있는 것이 방학
과 휴가 동안 교수직으로부터 보호받는 최선의 길이기 때문이다.

　이들에게 나는 이 책이 의도하는 의미에서 감사 이상의 다른 것을 빚
지고 있음을 밝혀 둔다.

1979년 7월

뉴욕, 뉴 로셀에서

한스 요나스

책임의 원칙: 기술 시대의 생태학적 윤리

차례

14

16

18

제 1 장
변형된 인간 행위의 본질

22

　종래의 모든 윤리학은—그것이 어떤 일은 행하고 또 어떤 일은 행하지 말라는 명령으로서이건, 혹은 그런 명령을 위한 제 원리의 규범으로서이건, 또는 이와 같은 원리를 좇아야 할 책무의 근거를 제시하는 것으로서이건간에 관계 없이—상호 연관 관계를 맺고 있는 다음과 같은 전제 조건들을 공유하고 있다. (1) 인간의 본성과 사물의 본성을 통해 주어진 인간의 상태는 그 근본 특성에 있어서 단연코 확정되어 있다. (2) 인간 선은 이러한 토대를 근거로 별반 어려움 없이 분명하게 규정될 수 있다. (3) 인간 행위와 인간 책임의 범위는 좁게 서술될 수 있다. 그러나 이러한 전제 조건들이 더 이상 타당하지 않다는 것을 보여 주고, 또한 이런 사실이 우리가 처해 있는 도덕적 상황에 어떤 의미를 부여하는가를 반성해 보고자 하는 것이 앞으로의 우리 논의가 갖는 의도이다. 조금더 전문적으로 말한다면, 우리의 권력의 발전과 더불어 인간 행위의 본질이 변화하였다는 것이 나의 주장이다. 그리고 윤리학이 행위와 관련이 있다고 볼 때, 인간 행위의 변형된 본성으로 말미암아 윤리학에 있어서도 변화가 요청된다는 것이 또 하나의 주장이다. 그렇다고 해서 타당한 행동의 규칙이 적용될 수 있는 경우의 영역들이 행위의 새로운 대상들로 인해 물질적으로 확장되었다는 것을 의미하는 것만은 아니다. 그것은 오히려 보다 근원적인 의미에서 우리의 많은 행위들에서 나타나는 질적으로 새로운 종류의 본성이, 전통 윤리학의 관점과 규준에 의해서는 전혀 예견되지 않았던 전적으로 새로운 차원의 윤리적 의미를 열어 놓았다는 것을 뜻한다.
　내가 주시하는 새로운 종류의 능력은 물론 현대 기술의 능력이다. 따라서 이 기술이 어떤 방식으로 우리 행위의 본성에 영향을 주고, 또 어떤 점에서 기술의 기호를 달고 있는 행위를 모든 시대를 거쳐 이루어진 종래의 인간 행위와 다르게 만드는가를 묻는 것이 나의 첫째 관점이다.

그런데 모든 시대에 걸쳐 인간이 기술을 가지지 않았던 적은 한번도 없었던 까닭에 나의 질문은 종래의 모든 기술에 대해 현대 기술이 가지고 있는 인간적 차이에 모아진다.

I. 고대의 예

우선 인간의 권력과 행위에 관한 고대의 목소리를 들어보는 것으로 시작하자. 이것은 소포클레스(Sophokles)의 《안티고네》(*Antigone*)에 나오는 유명한 합창곡으로서 원형적 의미로 보아 그 자체에 이미 테크놀로지적인 음색을 띠고 있다.

> 무시무시한 것이 많이 있지만, 인간보다
> 무시무시한 것은 아무것도 없다네.
> 그는 폭풍우치는 남쪽의 잿빛 바다 위
> 거센 파도를 가르며 돌진해 가네.
> 결코 소멸하지도 않고 결코 지칠 줄 모르는
> 신들의 지고한 땅마저 파헤치고
> 해마다 말과 당나귀를 끌고
> 쟁기 보습으로 쑤셔대네.
>
> 쉽게 발견되는 새떼, 망으로 사로잡고
> 야생 짐승의 무리, 대양의 짠 물고기,
> 잘 얽어맨 유령 같은 그물로 잡는 그는,
> 무엇에나 정통한 사람.
> 기술로 야생 짐승의 주인이 되고,
> 높은 곳 자유롭게 날아다니는 날것의 주인이 되어,
> 말의 덥수룩한 갈기에 멍에를 씌우고
> 항상 민첩한 산짐승 굴복시키네.
>
> 도시의 토대가 되는 말과 자유로운 사상과 감정들을
> 자신에게 가르치고, 황량한 고원에 작열하는 햇빛과
> 쏟아 붓는 빗발로부터 자신을 보호하네.
> 두루 돌아다녀 모든 것에 정통한 그
> 결코 미숙한 채로 미래를 맞이하지 않네.
> 오직 죽음만은 피할 수 없지만,

어쩔 수 없었던 질병으로부터 피할 길
생각해 내었네.

영리함과 발명의 기술로 앞날을 경계하여
악에서 한 걸음 한 걸음 선으로 나아가네.
나라의 법률, 신에 맹세한 법을 존중하면
그의 나라 영원히 우뚝 서고,
추악한 짓 무모하게 행하면
그는 나라를 잃네.

1. 인간과 자연

불안한 인간의 권력에 대한 가슴을 조이는 듯한 이 충성의 맹세와 경의는 우주의 질서에 대한 인간의 폭력적인 침입과, 지칠 줄 모르는 영리함을 통해 수많은 자연 영역을 정복하는 인간의 침략 행위에 관해 이야기하고 있다. 그것은 동시에 인간이 스스로 깨우친 말과 사유와 사회적 감정의 능력을 가지고 자신의 고유한 인간 존재를 위한 집, 즉 도시 국가라는 예술품을 건립한다는 사실을 이야기한다. 자연에 대한 강간 행위와 인간 자신의 문명화는 서로 맞물려 있는 것이다. 다음 두 가지는 자연의 요소에 저항하고 도전한다. 하나는 자연의 영역에 침투해 들어가 자연의 피조물들을 제압한다는 점이고, 다른 하나는 도시 국가와 법률이라는 피난처를 통해 자연에 대한 내성(內城)을 구축한다는 점이다. 인간은 인간적 삶으로서 자신의 삶을 만들어 가는 창조주이다. 그는 부딪치는 상황을 자신의 의지와 욕구에 맞추고, 또 죽음 외에는 어떤 것에 대해서도 무력하지 않다.

그럼에도 불구하고 인간의 기적에 대한 이 찬송에서 우리는 무엇인가 억눌리고 겁먹은 듯한 목소리를 들을 수 있으며, 아무도 이것을 방자한 칭찬으로 간주할 수는 없다. 물론 말을 하지는 않았지만 그 당시 자명한 것으로 받아들여졌던 것은, 무한히 발명할 수 있다는 인간의 위대함에도 불구하고 자연의 요소에 견주어 볼 때 인간은 여전히 왜소하다는 사실이다. 바로 이것이 한편으로는 자연의 영역에 대한 인간의 공격을 그토록 과감하게 만들지만, 다른 한편으로는 자연으로 하여금 인간의 간섭과 호기심을 참을 수 있게 한다는 것이다. 인간이 땅과 바다와 하늘의 모든 거주자들에게 제멋대로 굴더라도 이러한 영역들을 포괄하는 (자연의) 본성은 여전히 변화하지 않으며, 자연의 생산력은 추호도 감소되지 않는다. 인간이 설사 자연의 거대한 영역으로부터 자신의 작은 왕국을 건설한다고 해도 인간은 실제로 자연의 요소들에게 고통을 가하지 않는다. 인간의 사업은 잠시 동안만 진행되는 데 반하여 자연의 요소들은 지속된다. 인간이 아무리 해마다 쟁기를 가지고 땅을 갈아치운다 해도 땅은 늙을 줄 모르며 지칠 줄 모른다. 인간은 자연의 꾹 참는 인내심을 신뢰할 수 있고 또 믿어야만 한다. 인간은 자연의 순환 과정에 적응해야 한다. 마찬가지로 바다도 역시 노쇠하지 않는다. 바다의 산물을 아무리 약탈한다고 해도 그것의 비옥함을 소진시킬 수 없으며, 배로 아무리 가로지른다 해도 바다에 상처를 낼 수 없으며, 바다의 깊은 곳에 아무리 쓰레기를 버린다 해도 바다를 더럽힐 수 없다. 그리고 인간이 많은 질병들에 대해 치유 방법을 발견할지라도 죽을 수밖에 없는 그의 유한성 자체는 인간의 계략에 굴복하지 않는다.

이 모든 사실은 타당하다. 왜냐하면 우리 시대 이전에는 자연에 대한 인간의 침해가—인간 자신이 자연을 그렇게 파악하였던 것처럼—근본적으로는 표면적이었으며, 자연의 확고한 균형 상태를 파괴하기에는 무력하였기 때문이다. (되돌아 보면 진리가 항상 무해한 것만은 아니라는 사실을 발견하게 된다.) 그런데 그것은 단지 **시작**일 뿐이며, 인간의 기술과 권력에 있어서 더욱 위대한 것이 다가오고 있고, 인간이 끝없는 정복의 여정을 이제 막 시작하려 하고 있다는 사실이 《안티고네》의 합창곡에서도, 또 다른 곳에서도 암시되고 있지 않다. 단지 그만큼만 인간은 필연성을 굴복시켰을 뿐이며, 오로지 그 정도만 인간은 자신의 꾀를 통해 자신의 삶을 인간적으로 만들 수 있는 것을 자연에게서 얻어냈을 뿐이다. 그런데 이러한 행위를 돌이켜 자각할 때에만 비로소 자신의 무모함에 대한 전율이 인간을 엄습하는 것이다.

2. "도시 국가"라는 인간 작품

인간이 자기 자신을 창조하였던 공간은 인간의 도시 국가에 의해 채워졌다. 그런데 도시 국가는 규정상 확장하도록 되어 있기보다는 오히려 공간을 에워싸도록 되어 있었다. 도시 국가를 통해 보다 큰 전체의 균형 속에서 새로운 균형이 형성되었다. 상상력이 풍부한 인간의 기술이 간혹 가져올 수 있는 모든 화복은 인간의 영역 안에서 이루어졌기 때문에 사물들의 본성을 건드리지 않았다.

전체의 심오한 영역은 인간의 침입에 의해 방해받지 않는다는 불가침성, 다시 말해서 우주적 질서로서의 자연은 본질적으로 변화될 수 없다는 사실은 실제로 죽을 수밖에 없는 유한한 인간의 모든 사업에 은밀히 수반되는 전제 조건이었다. 물론 이러한 사업에는 우주 질서에 대한 인간의 침입 행위도 포함되었다. 인간의 삶은 영원히 머물고 있는 것과 변화하는 것 사이에서 진행되었다. 영원히 변화하지 않는 것은 자연이었고, 변화하는 것은 인간의 고유한 작품들이었다. 인간이 만들어 낸 작품 중에서 가장 위대한 것은 도시 국가였다. 인간은 법률을 통해 도시 국가에 일종의 지속성을 부여할 수 있었다. 인간은 도시 국가를 위해 법률을 생각해 냈고, 또 이를 존중하려고 노력하였다. 그러나 이렇게 인위적으로 만들어진 지속성에는 장기적인 관점에서 볼 때 어떤 확실성도 없었다. 문화 구조는 위태롭게 된 예술 작품으로서 무기력하게 쇠퇴하거나 아니면 길을 잃을 수도 있다. 그의 인위적인 공간 내부에서조차도, 그리고 인간이 자기 규정에 부여하고 보장한 모든 자유에도 불구하고 자의성은 항상 인간 실존의 근본 조건들을 무효화할 수 있다. 그렇다. 바로 인간 운명의 비지속성이 인간 상태의 지속성을 보장하는 것이다. 우연, 행운, 어리석음과 같은 인간사의 위대한 조정자는 일종의 엔트로피처럼 작용을 하고, 특정한 방식으로 이루어진 모든 기획들을 궁극적으로는 영원한 규범에 합류하도록 만든다. 국가들은 흥망 성쇠를 거듭하고, 지배 계급들은 등장했다가 사라지고, 가족들은 번영했다가 쇠퇴한다. 예전부터 항상 그래왔던 것처럼 어떤 변화도 지속적이지 못하며, 순간적인 일탈에도 불구하고 결국에는 상호 균형을 이루는

것이 인간의 상태이다. 그러므로 자기 자신의 고유한 예술품이라고 할
수 있는 사회적 세계에서조차도 인간의 통제는 미미하고, 인간의 영원
한 본성이 확고한 지위를 차지할 뿐이다.

어쨌든 자신의 창조에 의한 이 내성(內城)은 나머지 사물들과 분명히
구별되었고 인간의 관리와 보호에 맡겨졌던 까닭에 인간이 책임질 수
있는 완전하고 유일한 영역을 형성하였다. 자연은 결코 인간 책임의 대
상이 아니었다. 자연은 스스로 자기를 돌보았으며, 상응하는 이성적 설
득력과 강제성을 가지고 인간을 보살폈다. 윤리가 아니라 영리함과 발
명의 재능이 자연에 대해 적합한 것이었다. 그러나 인간이 다른 인간들
과 관계를 맺는 사회적 예술 작품인 "도시 국가"에서 영리함은 인륜성
과 결합해야만 하였다. 왜냐하면 인륜성은 인간 실존의 영혼이기 때문
이다. 모든 전통적 윤리학은 또한 이러한 인간 내부적인 틀 속에 터를
잡고 있었다. 따라서 전통 윤리학은 모두 이 틀을 통해 제한된 행위의
오차에 적응하였다.

II. 전통 윤리의 특징

우리는 종래의 윤리에서 오늘날의 사태와 비교하는 데 중요한 인간 행위의 특징들을 다음과 같이 뽑아낼 수 있다.

1. 인간 외적인 세계와의 모든 교섭, 즉 '테크네'(기술의 숙련됨)의 전 영역은 의학을 제외하고는 윤리적으로 중립적이다. 그것은 그러한 행위의 객체뿐만 아니라 주체의 관점에서 보아도 그렇다. 객체의 관점에서 살펴볼 때, 기술은 사물들의 자기 보존적 본성을 단지 하찮은 정도로만 연루시켰으며, 따라서 전체 내의 자연적 질서, 즉 행위 대상의 통합성에 대한 지속적인 침해의 문제는 제기하지 않았기 때문이다. 또한 행위 주체의 관점에서 볼 때, 활동으로서의 **기술** 자체를 자연의 필연성에 대한 아주 제한된 공물 정도로 이해한 반면, 스스로 정당화하면서 인류의 핵심 목표를 향해 나아가는 진보라고는 이해하지 않았기 때문이다. 그러나 이런 목표를 추구하는 데 인간은 최고의 노고와 참여를 쏟아 부었다. 인간의 실제적인 소명은 다른 데 있었다. 간단히 말해서 비인간적 대상에 대한 영향은 결코 어떤 의미에서도 윤리적으로 중요한 영역을 형성하지 않았다.

2. 윤리적 의미는 자기 자신과의 교섭을 포함하여 인간과 인간의 직접적인 교섭에 속하였다. 모든 전통 윤리학은 **인간 중심적**이다.

3. 이런 영역에서 이루어지는 행위에 대해 "인간"이라는 실체와 그의 기초적 상태는 본질에 있어서 "불변적"인 것으로 파악되었으며, 그 자신은 변형시키는 **테크네**(기술)의 대상으로 파악하지 않았다.

4. 행위가 관심을 가지고 진력하는 행복과 불행은 행위와 아주 가까이 있었다. **실천** 자체에 있거나 아니면 실천의 직접적인 영향 범위 안에 있었기 때문에 멀리 떨어진 계획의 문제가 아니었다. 여러 목표들이 가까이 있다는 것은 시간과 공간에 모두 해당되었다. 행동이 영향을 미치는 범위는 작았고, 예견하고 목표를 설정하고 계산할 수 있는 시간적 간격은 짧았으며, 상황에 대한 통제는 제한되어 있었다. 올바른 행동은 직접적인 규준과 거의 직접적인 완성을 보유하고 있었다. 결과의 장기적

30

진행 과정은 우연, 운명 또는 예견에 맡겨졌다. 따라서 윤리학은 '여기'와 '지금'에 관련된 것이며, 인간들 사이에서 생겨나는 용무와 연관이 있으며, 사적인 삶과 공적인 생활에서 늘 반복되는 전형적인 상황들과 관련이 있는 것이다. 선한 인간은 이러한 용무들을 덕성과 지혜를 가지고 처리하고, 또 그럴 수 있는 능력을 자신의 내면에서 연마하고, 그 밖에는 미지의 것과 타협하는 사람이다.

전통 윤리학의 모든 도덕적 명령과 격률은, 그것이 내용적으로는 아무리 상이하다고 할지라도, 행위의 직접적인 영역에 제한되어 있다는 점을 보여주고 있다. "너의 이웃을 네 자신과 같이 사랑하라", "다른 사람이 너에게 행하기를 원하는 바를 그에게 행하라", "너의 자녀를 진리의 길로 이끌어라", "인간으로서 가지는 너의 존재의 최선의 가능성들을 발전시키고 실현함에 있어 탁월성을 추구하라", "너의 개인적인 행복을 공익에 예속시켜라", "너의 이웃 사람을 언제든지 수단으로 대해서는 안 되며, 항상 목적 그 자체로서 대하라" 등등. 이 모든 격률에서 행위자와 그의 행위의 대상이 되는 "타인"은 현실의 공통적인 참여자라는 사실에 주의를 기울이게 된다. 그들 자신이 행위와 불이행을 통해 촉발될 수 있는 한, 나의 행동에 청구권을 가지고 있는 사람들은 바로 '지금' 살고 있는 까닭에 나와 어떤 형태로든 교통을 하고 있는 자들이다. 윤리적 세계는 동시대인들로 구성되어 있으며, 이 세계의 미래 지평은 예견될 수 있는 삶의 기간으로 제한되어 있다. 이웃으로서, 친구와 적으로서, 상관과 부하로서, 강자와 약자로서, 또 인간들이 서로 관계를 맺을 수 있는 다른 어떤 역할을 통해서 행위자와 타인이 서로 만나는 장소의 공간적 지평도 역시 마찬가지이다. 모든 인류성은 행위의 근접 영역에 맞추어져 있다.

따라서 인륜적 의지 외에도 행위의 도덕성을 보장하기 위하여 요청되는 지식이 이러한 제한 조건들에 부합하였다는 사실을 추론할 수 있다. 그것은 과학자와 전문가의 지식이 아니라, 선의지를 가지고 있는 모든 인간에게 열려져 있는 그런 종류의 지식이다. "인간 이성은 도덕에 관해서는 가장 평범한 오성으로써도 상당한 정당성과 세밀성에 쉽게 도달할 수 있다"[1]고 칸트(I. Kant)는 말할 정도였다. 심지어 칸트는 "진실하고 선한 인간이 되기 위해서, 그리고 그뿐만 아니라 지혜롭고 덕이 있는 인간이 되기 위해서 무엇을 행해야 하는지 알기 위해서 결코 학문과 철학이 필요하지 않다"고 말하고, "통상적인 오성을 가진 사람도 철학자만이 자기 자신에게 항상 기대할 수 있을지도 모를 그러한 일을 희망할 수 있다"[2]고 주장한다. "나는 나의 의욕이 인륜적으로 선해지도록 하기 위해서 내가 무엇을 행해야만 하는가를 아는 데 예리한 통찰력을 필요로 하지 않는다. 세계의 과정을 예견하는 데 미숙하고, 세계의 과정에서 발생하는 모든 사건들에 대비할 수 있는 능력이 없다고 할지라도" 나는 윤리 법칙에 일치하도록 어떻게 행위해야 하는가를 알 수 있다. [3]

모든 윤리학 이론가들이 인륜적 행위의 인지적 측면을 이 정도로 축소시키는 것은 아니다. 상황의 인식과 상황에 적합한 행위의 인식이 상당한 정도의 경험과 판단력을 요구하는 아리스토텔레스에게서처럼 인지적 측면이 훨씬 커다란 의미를 획득할지라도, 이 지식은 이론적 학문과 전혀 관계가 없다. 물론 이 지식은 자체에 전제되고 있는 인간 본성의 상수와 연관된 인간선(人間善)에 관한 일반적 개념을 함축하고 있다. 또 이와 같은 선의 일반 개념은 물론 특정한 이론으로 전개될 수도 있고, 또 그렇지 않을 수도 있다. 그러나 실천으로 옮겨 가는 실행 행위는 '지금'과 '여기'의 지식을 요청하는데, 이 지식은 전적으로 비이론적이다. (어디서, 언제, 누구에게, 무엇을, 어떻게 행해야 하는가라는) 덕성에 특징적인 지식은 항상 직접적인 동기에 머무른다. 행위는 항상 개별적인 행위자의 행위로서 동기에 의해 규정된 상관 관계로부터 시작하며, 또 이 상관 관계에서 결말을 맺는다. 행위의 "좋음"과 "나쁨"은 이 단기적인 상관 관계 안에서 완전히 결정된다. 행위의 발단은 결코 의문시되지 않으며, 그것의 도덕적 성격은 바로 행위의 발단자에 내재한다. 선한 의도에서 잘 숙고되고 잘 실행된 행동이 나중에 산출한 비의도적 결과에 대해서는 어느 누구도 책임이 없다고 생각하였다. 인간

---

1) *Grundlegung zur Metaphysik der Sitten*, 서문.
2) 같은 책, 1장.
3) 같은 책.

권력의 짧은 팔은 예견하는 지식이라는 긴 팔을 결코 요청하지 않았다. 후자의 깊이 책임이 없는 것처럼 전자의 짧음도 전혀 책임이 없었다. 그 일반성이 이미 알려진 인간선은 모든 시대를 통해 동일한 것이었기 때문에 인간선의 실현 또는 침해는 어느 시대에나 발생한다. 인간선의 완전한 장소는 항상 현재이다.

III. 책임의 새로운 차원

이 모든 것은 상당히 변화하였다. 현대의 기술이 산출한 행위들의 규모는 너무나 새롭고, 그 대상과 결과가 너무나 새로운 것이었기 때문에, 전통 윤리의 틀로서는 이 행위들을 더 이상 파악할 수 없다. "무시무시한 것", 즉 인간의 놀라운 권력에 관한 《안티고네》의 합창은 오늘날의 전혀 다른 무시무시함하에서는 다르게 불릴 것이다. 법칙을 존중하라는 개체에 대한 경고는 더 이상 충분하지 않을 것이다. 그것들의 마법적 법과 권리로 인간의 행위를 저지할 수 있었던 신들은 이미 오래 전부터 더 이상 존재하지 않는다. 물론—정의, 자비, 성실 등의 규범들과 같은—"이웃" 윤리의 전통적 규범들은 친밀한 직접성 속에서, 그리고 인간 상호 작용의 가장 가까운 일상적 영역에서는 여전히 타당하다. 그러나 이 영역은 점차 증대되고 있는 집단적 행위의 영역에 의해 가려져 있다. 이 집단적 영역의 안에서는 행위자, 행위, 결과는 더 이상 근접 영역에서와 같은 것들이 아니며, 그것의 거대한 힘을 통해 윤리는 이전에 전혀 꿈꿀 수 없었던 새로운 책임의 차원을 강요한다.

1. 자연의 가침성

전래된 세계관의 첫번째 큰 변화로서 사람들은 인간의 기술적 간섭에 의한 자연의 **가침성**을 예로 든다. 그것은 이미 저질러진 피해와 훼손을 통해 인식되기 전에는 전혀 상상할 수 없었던 가침성이다. 그 충격으로 인하여 막 시작된 환경 연구(생태학)라는 개념과 학문을 초래했던 이 발견은 사물의 체계에 있어서 인과적 요소로서의 우리 자신에 관한 전체 생각을 변화시켰다. 그것은 인간 행위의 본성이 사실상 변화하였다는 사실을 그 결과를 통해 보여주었으며, 또 전적으로 새로운 질서의 대상이, 지구의 전체 생명권만큼이나 우리가 그것에 대해 권력을 가지고 있기 때문에 추가로 책임져야 한다는 사실을 보여주었다. 그것은 이전의 인간 행위의 모든 대상들을 난쟁이처럼 보이게 하는 압도적 크기의 대

34

상이다 ! 인간 책임 가능성으로서의 자연은 정말 윤리 이론이 심사 숙고해야 하는 '새로운 것'이다. 어떤 종류의 책무가 이 이론에 타당한가? 그것은 공리주의적 관심 이상의 것인가? 그것은 황금 알을 낳는 거위를 도살하지 말고, 자기가 앉아 있는 나뭇가지를 자르지 말라고 명령하는 영리함에 불과한 것인가? 그러나 여기 앉아 있으면서도 어쩌면 끝없는 심연으로 떨어질 수 있는 이 "사람"은 누구인가? 그리고 그가 앉아 있거나 떨어지는 것에 대한 나의 관심은 무엇인가?

자연의 보존에 대한 관심을 도덕적 관심으로 만드는 마지막 관계항이 자연의 상태에 의존하는 인간의 운명인 한에서 여기서도 역시 모든 전통 윤리의 인간 중심적 방향이 남아 있다. 그런 경우라고 하더라도 차이는 크다. 가까움과 동시성의 울타리는 이미 무너졌다. 비록 단기 목적을 위해 실행되었다고 할지라도, 기술적 실천이 야기한 공간적 확대와 인과 계열의 시간적 거리에 의해 그 울타리는 휩쓸려 가버렸다고 할 수 있다. 기술적 행위의 수정 불가능성은 그것이 가지고 있는 종합적 규모와 함께 도덕 방정식에 전혀 새로운 종류의 또 다른 요소를 개입시킨다. 게다가 이 기술적 실천의 점증적 성격이 첨가된다. 기술적 실천의 결과들은 점증적으로 쌓여서 미래 행위의 상황은 처음 행위자에 대한 상황과는 더 이상 동일하지 않으며, 점차 처음의 상황과 달라지며, 점점더 이미 행해진 것의 결과가 된다. 모든 전통적 윤리는 비점증적 행동만을 고려하였다.[4] 덕이 실증되고 패륜이 폭로되는 인간 대 인간의 근본 상황은 항상 동일하고, 이를 토대로 모든 행위는 새롭게 출발하였다. 그 종류에 따라서 행위의 대안들—용기 또는 비겁함, 중용 또는 과도함, 진리 또는 허위 등—을 설정하는 반복적 기회들은 그때그때마

---

4) 그 외에 자아 형성과 교육에서도 마찬가지이다. 예를 들면 미덕의 행사는 미덕 속에서의 훈련이 되기도 하며, 그것은 도덕적 힘을 키워 주며, 미덕의 실행을 습관으로 만든다. 악덕도 마찬가지이다. 그러나 꾸미지 않은 근본 본질은 항상 다시 뚫고 나올 수 있다. 최고의 미덕을 갖춘 자라 하더라도 격정의 파괴적 폭풍 속으로 휩쓸릴 수도 있으며, 가장 악한 자라 하더라도 개심의 경험을 가질 수도 있다. 기술이 자신의 길 위에 침전시켜 놓은 존재 조건의 축적된 변화들 속에 그와 비슷한 일들이 더 이상 가능할까?

다 시원적 전제 조건들을 재생산한다. 이 조건들은 극복될 수 없다. 그러나 세계의 테크놀로지적 변화가 가지는 점증적 자기 번식은 이 번식에 기여하는 모든 행동의 전제 조건들을 끊임없이 혁신하며, 순전히 전례 없는 상황들을 거쳐야 한다. 그런데 이 상황들에 대해 경험의 제 이론들은 무력하기만 하다. 그렇다. 점증 자체와, 이것만으로도 충분하지 않고, 그 시초를 몰라 볼 정도로 변화시키는 기술적 행위는 전체 계열의 근본 조건, 즉 자기 자신의 전제 조건을 없애 버릴지도 모른다. 이것이 도덕적으로 책임질 수 있는 것이어야 한다면, 이 모든 의욕은 개별적 행위의 의지 속에 같이 포함되어 있어야만 한다.

2. 도덕에 있어서의 지식의 새로운 역할

이런 상황에서 지식은 이제까지 지식의 역할을 위해 요구되어 왔던 모든 것을 넘어서서 아주 절박한 의무가 된다. 그리고 지식은 우리 행위의 인과적 규모에 일치하는 크기를 가져야만 한다. 그러나 지식의 크기가 현실적으로 행위의 인과적 규모와 같을 수 없다는 사실, 즉 예견하는 지식은 우리의 행위에 권력을 제공하는 기술적 지식에 뒤처진다는 사실 그 자체는 윤리적 의미를 획득한다. 예견적 지식의 힘과 행위의 권력 사이의 간격은 새로운 윤리적 문제를 만들어 낸다. 그렇다면 무지의 인정은 지식 의무의 이면이 되고, 따라서 점차 필요해지는 우리의 과도한 권력에 대한 자기 통제를 지도해야만 하는 윤리의 한 부분이 된다. 전통적 윤리는 인간적 삶의 전지구적 조건과 종의 먼 미래와 실존을 고려할 필요가 없었다. 그렇지만 이러한 것들이 오늘날 작용하고 있다는 사실이 한 마디로 말해 권리와 의무에 관한 새로운 견해를 요구하는 것이다. 이에 관해서는 어떤 전통적 윤리학과 형이상학도 오로지 원리들만을 제공할 뿐이며, 더구나 완성된 이론을 제공하지는 않는다.

3. 자연은 도덕적 고유 권한을 가지고 있는가?

새로운 종류의 인간 행위가 "인간"의 관심만이 아닌 그 이상의 것을 고려해야 한다는 것을 의미한다면, 어째서 우리의 의무는 더욱 확장되고 모든 전통 윤리의 인간 중심적 제한은 더 이상 타당하지 않은 것인가? 인간 외적인 자연의 상태, 즉 우리 권력에 예속되어 있는 전체로서의 생명 영역과 그 부분에 있어서의 생명 영역이 인간의 일종의 신탁재산이 되어 버린 것은 아닌지, 그래서 우리를 위해서 뿐만 아니라 자기 자신을 위해서 자신의 독자적 권리에 따라 우리에 대해 도덕적 청구권을 가지고 있는 것은 아닌가 하는 물음은 이제 더 이상 무의미하지 않다. 만약 그렇다면, 윤리의 토대에 있어서 적지 않은 사고의 전환이 요청된다. 그것은 인간선뿐만 아니라 인간 외적인 사물의 선(善)을 탐구해야 하며, 즉 "목적 자체"의 인정을 인간의 영역을 넘어서까지 확장해야 하며, 이에 대한 염려를 인간선의 개념 속에 포함시켜야 한다는 것을 의미한다. 어떤 전통 윤리(종교를 제외한)도 우리가 그러한 수탁자(受託者)의 역할에 대비하도록 만들지는 않았다. 하물며 **자연**에 관해 지배적인 과학적 견해는 더욱 그러지 못하였다. 그렇다. 후자는 존경의 대상으로서의 자연에 관해 사유할 수 있는 모든 이론적 권리를 단호하게 부정한다. 그리고 그것은 자연을 필연과 우연의 무차별적 상태로 축소시키고, 모든 목적의 존엄성을 자연으로부터 박탈한다. 그런데 자연의 불가침성을 보호하라는 무언의 호소는 충분히 위협을 받고 있는 생활 세계로부터 나오는 것같이 보인다. 우리는 이 호소를 경청해야만 하는가? 우리는 자연의 청구권을, 그것이 사물의 본성에 의해 비준된 것이기 때문에 구속력이 있는 것으로 인정해야만 하는가? 아니면 우리가 원한다면, 그리고 우리가 할 수 있는 한에서 응해도 되는 일종의 감상만을 이 호소에서 발견하는 것에 지나지 않는가? 그것이 가지고 있는 이론적 함의를 진지하게 받아들인다면, 첫째 대안은 언급한 사유의 전환을 더 넓게 확장시켜서, 우리가 그것을 행위의 이론뿐만 아니라 존재의 이론, 즉 모든 윤리학이 궁극적으로 근거를 두고 있는 형이상학에까지 추진하도록 강요한다. 이 사변적 대상에 관해서 우리는 자연 과학이 자연에 관해 전체의 진리를 말해 주지 않는다는 생각을 고려하지 않으면 안 된다는 점만을 여기서 말하고자 한다.

IV. 인간의 "소명"으로서의 테크놀로지

1. 호모 사피엔스에 대한 호모 파베르의 우월

순전히 인간 내적인 고찰로 되돌아가면, 인간적 추구로서의 테크네가 태고 시대에 실용적으로 제한되어 있던 목표를 넘어섰다는 점에 또 다른 윤리적 측면이 존립한다. 그 당시에 기술은 필연성에 대해 치러야 할 통행세 같은 것이었지 선택된 인류의 목표에 이르는 길은 아니었다. 즉 그것은 규정된 단기적 목적에 대한 적합성이라는 유한한 정도를 가지고 있는 수단이었다. 오늘날 현대 기술의 형식을 통해 테크네는 종의 무한한 진보의 압박으로 변신하였다. 기술의 중요한 사업과, 더욱 중요한 것으로 끊임없이 자기 갱신을 하는 진보 속에서 사람들은 인간의 소명을 보고자 하는 경향이 있다. 사물과 인간에 대한 인간의 최대 지배 자체가 인간 규정의 실현으로 나타난다. 그러므로 자기 대상에 대한 호모 파베르(homo faber)의 승리는 동시에 호모 사피엔스(homo sapiens)의 내적인 심신 상태에 있어서의 호모 파베르의 승리를 의미한다. 그런데 호모 파베르는 한때 호모 사피엔스에 봉사하는 부분으로서 존재하였다. 다른 말로 표현하면, 기술의 대상적 작품들을 제외하고서도 테크놀로지는 인간의 주관적 목적삶에서 차지하고 있는 중심적 위치로 말미암아 윤리적 의미를 가진다. 테크놀로지의 점증적 창조, 즉 확장되는 인공적 환경 세계는 끊임없는 역작용을 통해 테크놀로지가 생산하였던 특수한 힘들을 강화한다. 이미 창조된 것은 자신을 보존하고 더 발전시키기 위하여 테크놀로지의 새롭고 독창적인 경주를 강요하고, 이에 대해 증대된 성공으로 보답한다. 그런데 이 성공은 다시금 명령적 요구에 기여한다. 기능적 필연성과 보답의 이 긍정적 피드백은—이 피드백의 동역학에 있어서 그 성과에 대한 긍지는 말할 나위도 없다—다른 모든 것에 대한 인간적 본성의 측면이 가지는 우월성이 증가하도록 북돋운다. 그런데 그것은 어쩔 수 없이 인간 본성의 희생으로 이루어진다. 아무것도 잘 되지 않는다면 성공도 이루어지지 않듯이 아무것도 포획되지 않는다면 성공은 이루어지지 않는다. 항상 인간의 충실에 속하는 것의 특권은 인간 권력의 확장을 통해 광채를 잃는다. 인간의 힘을 점점더 자신의 사업에 묶어 놓는 이 확장은 따라서 인간의 자아 개념과 존재 개념의 축소를 수반한다. 인간이 자신에 대해 가지고 있는 상에 있어서—즉 인간의 실제적 존재를 반영하는 것과 똑같이 규정하는 모범적 표상에 있어서—인간은 더욱 자신이 생산하였던 것의 생산자가 되고, 자신이 할 수 있는 것의 행위자가 되고, 대개의 경우에는 자신이 다음으로 행할 능력이 있는 것의 준비자가 된다. 그렇지만 "그"는 도대체 누구인가? 그는 당신들도 아니고 나도 아니다. 여기서 일종의 역할을 행하는 것은 개별적 행위자와 개별적 행위가 아니라 집단적 행위자와 집단적 행위이다. 책임의 본질적 지평을 제공하는 것은 행위의 동시대적 공간이라기보다는 오히려 불확정적 미래이다. 이러한 사실이 새로운 종류의 명법을 요청한다. 생산의 영역이 본질적 행위의 공간으로 침투해 들어갔다면, 도덕성은 예전에는 멀리하였던 생산의 영역으로 침투해 들어가야 한다. 그리고 도덕성은 이를 공공 정치의 형식으로 행해야 한다. 공공 정치는 예전에는 미래 투시적 예견의 규모와 길이에 관한 물음에 대해 관계하지 않았었다. 실제로 인간 행위의 변화된 본질은 정치의 근본 본질을 변화시킨다.

2. 제 2의 본성으로서의 보편적 도시와 세계 내의 인간의 존재 당위

왜냐하면 "도시 국가"(polis)와 "자연"의 경계가 없어졌기 때문이다. 한때는 비인간적 세계 내의 내성이었던 인간의 도시는 지구의 자연 전체로 확장되고, 지구의 장소를 찬탈한다. 인위적인 것과 자연적인 것 사이의 차이는 사라져 버렸다. 인위적 영역은 자연적인 영역을 삼켜 버리고 말았다. 인간에게 작용을 하고, 인간을 통해 작용하는 세계가 되어 버린 인간의 작품들, 즉 총체적 인공품은 새로운 종류의 "자연"을 생산한다. 즉 인간의 자유가 전혀 새로운 의미에서 직면하고 있는 나름대로의 역동적 필연성을 산출하는 것이다.

한때는 다음과 같이 말할 수가 있었다. "세계가 멸망한다고 할지라도 정의가 이루어져야 한다 ! "(fiat iustitia, pereat mundus) 여기서 "세계"는 물론 영원히 멸망하지 않는 전체 속에서 혁신될 수 있는 내성을 의미한다. 전체의 멸망이—그것이 정의롭건 불의이건간에—인간의 행위를 통해 하나의 현실적 가능성이 되어 버렸다면, 이 말은 수사학적으로라도 더 이상 말할 것이 없다. 예전에는 입법의 대상이 아니었던 문제들이 이제는 지구적 "도시 국가"가 스스로에게 제정해야만 하는 법률들의 영역 안으로 들어선다. 즉 미래의 인류를 위한 하나의 세계가 존립해야 한다는 법률의 영역으로 들어서는 것이다.

미래에 그런 세계—즉 인간이 거주하기에 적합한 세계—가 존립해야만 하고, 이런 이름의 품위에 걸맞는 인류가 미래에 이 세계에서 살아야한다는 것은 이미 일반적 공리 또는 설득력 있는 희망 가능성으로서 긍정될 수 있다. (그것은 세계가 실존하는 것이 어떤 세계도 실존하지 않는 것보다는 좋다는 명제만큼이나 설득력 있으며 또 증명할 수도 없는 것이다.) 그러나 도덕적 명제로서 즉 멀리 떨어진 미래 세대에 대한 실천적 책무와 현재 행위에 있어서 결정의 원칙으로서의 그 명제는 동시대성의 전통 윤리의 명법과는 매우 다르다. 이 명제는 우리가 지닌 새로운 종류의 힘과 선(先)지식의 새로운 범위에 의해 비로소 도덕적 무대에 등장할 수 있다. 세계 내의 인간의 현존은 의심할 여지없는 최초의 소여성이었으며, 인간 행동에 있어서 책무의 모든 이념은 이로부터 출발한다. 이제 그것 자체가 책무의 대상이 되어 버렸다. 즉 물리적 세계 내의 도덕적 우주에 대한 후보자들의 존립을 미래에도 보장하라는 책무의 대상이 되어 버린 것이다. 그것은 그런 존립의 제 조건들이 온전하도록 물리적 세계를 보존하는 것을 의미하고, 이런 조건들이 위험에 빠지지 않도록 이 세계의 가침성을 보호하는 것을 의미한다. 윤리에 대해 이런 사실이 만드는 차이를 나는 한 가지 예를 들어 설명하고자 한다.

V. 전통적 정언 명법과 새로운 명법

1. 칸트의 정언 명법은 "너의 격률이 일반적인 법칙이 되기를 원할 수 있도록 행위하여라"라고 말하였다. 여기서 언급하고 있는 "무엇을 할 수 있는" 가능성은 바로 이성의 가능성으로서 이성이 자기 자신과 일치할 수 있는 능력을 말한다. 인간적 행위자(행위하는 이성 존재)의 사회가 존립한다는 사실을 전제하면, 행위가 바로 이 공동체의 일반적 실천이라고 생각하는 것이 자기 모순이 아니어야 한다. 여기서 우리는 도덕의 기본 생각이 도덕적이지 않고 논리적이라는 사실에 주의를 기울여야 한다. "원할 수 있음" 또는 "무엇을 할 수 없음"은 논리적 일치 가능성이나 일치 불가능성을 표현하는 것이지 윤리적 동의나 반감을 표현하는 것이 아니다. 그런데 인류가 언젠가 실존을 중단하리라는 생각에도 자기 모순이 없다. 마찬가지로 현재 세대와 다음 세대의 행복이 후세대의 불행 또는 소멸이라는 값을 치르고 획득된 것이라는 생각에도 자기 모순이 전혀 없다. 끝으로 다음 세대의 행복이 현재 세대의 불행이나 말살이라는 희생을 치르고 획득된 것이라는 반대의 생각에도 자기 모순은 존재하지 않는다. 현재를 위한 미래의 희생을 미래를 위한 현재의 희생보다 논리적으로 더 논박할 수 있는 것은 아니다. 차이가 있다면 오로지 한 경우에는 계열이 계속되지만, 다른 경우에는 그렇지 않다는 것뿐이다. 그러나 행복과 불행의 분배를 고려하지 않고, 또 행복에 대한 불행의 과중이나 도덕에 대한 비도덕의 과중에도 불구하고, [5] 계열이 **계속되어야 한다**는 사실이 계열 내에서의—이 계열이 얼마나 계속되든간에 관계 없이—자기 일치의 규칙으로부터 도출되는 것은 아니다. 그것은 전혀 다른 종류의 것으로서 사건 계열의 밖에 있고 또 이에 선행하는 도덕적 명령이며, 궁극적으로 형이상학적으로만 정당화될 수 있다.

2. 인간 행위의 새로운 유형에 적합하고 새로운 유형의 행위 주체를 지향하는 명법은 대충 다음과 같을 수 있다. "너의 행위의 효과가 지상

---

5) 이 점에서 성경 속의 신은 노아의 홍수가 일어난 후 포괄적인 긍정으로 자신의 관점을 수정한다.

에서의 진정한 인간적 삶의 지속과 조화될 수 있도록 행위하라." 부정적 형태로 표현하면 다음과 같다. "너의 행위의 효과가 인간 생명의 미래의 가능성에 대해 파괴적이지 않도록 행위하라." 또는 다음과 같이 간단하게 서술할 수 있다. "지상에서 인류의 무한한 존속을 가능하게 하는 제 조건을 위협하지 말아라." 다시 긍정적인 형태로 전환시키면 다음과 같다. "미래의 인간의 불가침성을 너의 의욕의 동반 대상으로서 현재의 선택에 포함하라."

3. 이와 같은 명법의 침해에도 어떤 합리적 모순이 함축되어 있지 않다는 사실은 더할 나위없이 명백하다. 나는 미래의 선을 희생함으로써 현재의 선을 바랄 수 있다. 나는 내 자신의 종말과 마찬가지로 인류의 종말도 역시 바랄 수 있다. 내 자신과의 모순에 빠지지 않고서도 나는 스스로와 인류를 위해서, 평범하게 끝없이 지속되는 것보다는 극단적인 자기 만족을 주는 짧은 불꽃놀이를 선호할 수 있다.

그러나 새로운 명법은 우리 자신의 생명을 내걸 수는 있으나 인류의 생명을 위태롭게 해서는 안 된다고 말한다. 아킬레스(Achilles)는 아무런 명예도 없이 안정된 긴 삶보다 명예로운 행동으로 가득 찬 짧은 삶을 자기 자신을 위해 선택할 권리를 가지고 있었다. (물론 아킬레스의 행동에 관해 이야기할 후세가 있으리라는 조건이 암묵적으로 전제된다.) 그러나 우리는 현재 세대의 존재를 위해 미래 세대의 비존재를 선택하거나, 또는 감히 위태롭게 할 권리를 가지고 있지 않다. 왜 우리가 이러한 권리를 가지고 있지 않은지, 왜 우리는 반대로 아직 존재하지 않는 것에 대한 의무를 가지며, 왜 우리는 "그 자체로" 존재할 필요도 없는 것, 어쨌든 실존하지 않으면서 실존에 대한 어떤 **청구권도** 가지지 않은 것에 대해서도 의무를 가지는가에 대해서는 이론적으로 그리 쉽게 정당화될 수 있는 것이 아니며, 아마 종교 없이는 거의 확증할 수 없는 것이다. 우리의 명법은 이것을 우선 아무런 확증도 없이 공리로서 받아들인다.

4. 더 나아가서 새로운 명법이 사적인 행동보다는 오히려 공적인 정치에 시각을 맞추고 있음은 분명하다. 사적인 행동은 명법이 적용될 수 있는 인과적 차원이 아니다. 칸트의 정언 명법은 개인을 향하였고, 그

기준은 순간적이었다. **만약** 지금 나의 행위의 **격률**을 일반적 입법의 원리로 만든다면, 또는 이 순간 이미 그렇다고 한다면, 어떤 일이 일어날 것인가를 숙고하라고 정언 명법은 우리 모두에게 요청한다. 이 **가설적** 일반화의 자기 일치 또는 모순은 **사적** 선택을 검사하는 기준으로 만들어졌다. 그러나 나의 사적인 선택이 실제로 일반적 법칙이 되거나, 아니면 적어도 그와 같은 일반화에 기여할 개연성이 과연 존재하는가 하는 것은 이성적 숙고의 대상이 아니었다. 실제로 **현실적** 결과는 전혀 고려되지 않았다. 그리고 원칙은 객관적 책임의 원칙이 아니라 나의 자기 규정(자율)의 주관적 성질에 대한 원칙이다. 새로운 명법은 다른 일치를 언급한다. 그것은 자기 자신과의 활동의 일치가 아니라, 자신의 행위의 **효과**와 미래에서 인간적 활동성이 지속되는 것과의 일치이다. 명법이 고려하는 "보편화"는 결코 가설적인 것이 아니다. 다시 말해 개인적 "자아"를 (마치 모든 사람들이 그렇게 행동하는 것처럼) 이 자아와 인과적으로 결합되어 있지 않은 허구적 "모든 사람"에게로 논리적으로 전용하는 것이 아니다. 반대로 새로운 명법에 복종하는 행위들, 즉 집단적 전체의 행위들은 그 효과의 실제적 정도와 보편적 관계를 갖는다. 이 행위들은 행위의 충동이 진보함에 따라 자기 자신을 "전체화"하고, 궁극적으로 사물들의 보편적 상태를 형성하는 것으로 끝이 난다. 이러한 사실로 말미암아 칸트적 정언 명법의 논리적 순간 작용에 전적으로 결여되어 있는 **시간** 지평이 도덕적 계산에 첨가된다. 후자가 추상적 양립 가능성의 영원한 현재 질서를 추정한다면, 우리의 명법은 계산될 수 있는 실제적 **미래**를 예측한다. 그런데 이 미래는 완결되지 않는 우리 책임의 차원이다.

VI. "미래 윤리"의 전통적 형식

우리가 칸트와 더불어 심정 윤리의 극단적 범례를 선택하였으며, 동시대적인 것의 윤리로 파악될 수 있는 이전의 모든 윤리가 현재의 성격을 가지고 있다는 우리의 주장은 과거에 있었던 다양한 윤리적 형식들을 통해 부정될 수 있다고 반박할 수도 있을 것이다. 아래의 세 가지 예에서 다음과 같은 점을 생각해 보고자 한다. 영혼의 영원한 구원을 고려하여 자신의 행복을 희생시키는 정도까지 이를 수 있는 지상적 삶의 방법, 미래의 공익에 대한 입법자와 정치가의 선견적 염려, 그리고 현재 살고 있는 사람들을 이들의 삶 이후에 성취될 수 있는 목표의 단순한 수단으로 이용하거나, 아니면 이 목표에 대한 장애물로서 제거할 용의가 있는 유토피아의 정치—혁명적 마르크스주의는 이에 대한 현저한 예이다—등을 생각해 보고자 한다.

1. 내세적 완성의 윤리

앞에서 열거한 세 가지 경우에서 첫째와 셋째는, 미래를 현재에 대한 절대적 가치의 실현 가능한 장소로 설정하고 현재를 미래를 위한 단순한 준비 단계로 폄하한다는 점에서 공통적이다. 종교적인 경우에 현재의 행위가 미래 상태를 인과적으로 산출하는 것이 아니라, 오로지 특정한 인격만이 미래에 대한 권한을 갖는다는 점이, 즉 신자는 미래 상태의 산출을 신에게 내맡겨야 한다는 점이 중요한 차이이다. 그런데 미래에 대한 권한과 자격은 신의 뜻에 맞는 삶에 있다. 삶 그 자체는 이미 최선의, 살 만한 가치가 있는 삶이어서 영생의 행복을 위해 의도적으로 선택될 필요는 없는 것이 신의 뜻에 부합하는 삶이라고 우리는 일반적으로 생각할 수 있다. 만약 영생의 행복을 선택의 주요 동인으로 삼는다면, 삶은 그 가치와 자격 능력을 상당 부분 상실하게 될 것이다. 다시 말해 신의 뜻에 맞는 삶이 비의도적일수록 더욱 좋은 것이다. 그러나 그러한 자격이 내용적으로 어디에 기초하고 있는가 하고 묻는다면,

우리는 관계 있는 생활 규정을 살펴보아야 한다. 그러면 우리는 그것이 바로 정의, 이웃 사랑, 순결 등의 규정이며, 이 규정들은 고전적 양식의 현세적 윤리에 의해서도 사용될 수 있을 것이라는 사실을 발견하게 될 것이다. 그러므로 우리는 영혼 구원 신앙에 관한 "온건한" 견해에서도—내가 틀리지 않는다면 유태교가 그 예이다—여전히 동시성과 직접성의 윤리와 부딪치게 된다. 그것이 개별적으로 과연 어떤 윤리인가 하는 것은 내세의 목표를—그 내용에 관해서는 어차피 어떤 표상도 할 수 없다—통해 분명해지는 것이 아니라, 내세 목표에 대한 조건이라고 하는 신의 뜻에 맞는 삶이 그때그때마다 **어떻게 내용적으로 규정되었는가**에 따라 밝혀진다.

그렇지만 그 조건이—영혼 구원 신앙의 "극단적" 형식의 경우에 그렇다—다음과 같이 내용적으로 규정될 수도 있다. 즉 내세 목표의 충족은 어떤 경우에도 가치 그 자체로 간주될 수 없고, 오로지 내기에 건 돈 정도로 생각할 수 있어서 만약 잃는다면, 다시 말해 영원한 이익을 달성하지 못한다면 모든 것을 잃게 된다는 내용으로 그 조건이 규정될 수 있다. 왜냐하면—파스칼(B. Pascal)에 의해 고안된—무시무시한 형이상학적 내기의 경우에서 내기에 건 것은 행복과 행복 충족의 모든 가능성들을 포함한 지상의 삶 전체이기 때문이다. 이 가능성들의 **포기**가 바로 영원한 구원의 조건이다. 감각 파괴적이고 생명 부정적인 극단적 금욕의 형식들이 여기에 속한다. 금욕의 실천자들은 자신의 기대를 이루지 못하였을 때 모든 것에 실망하게 된다. 그런데 이것은 착각의 총체성과 내기에 건 돈에 상응하는 기회의 엄청남을 통해서만—숙고된 포기와 잠정적 지연의 위험만을 안고 있는—현세의 통상적인 쾌락주의적 계산과 구별된다. 그러나 바로 이 엄청남으로 인해 사업 전체는 윤리의 영역으로부터 축출된다. 유한자와 무한자, 시간적인 것과 영원한 것 사이에는 어떠한 공약 가능성도 존재하지 않으며, 그로 인해 어떤 형태의 의미 있는 상관 관계도 존립하지 않는다. 즉 하나가 다른 것보다 선호될 수 있는 질적인 의미나 계산적 의미에서의 상관 관계도 존립하지 않는다. 목표의 **가치**에 관해서도—이에 대한 지식의 판단이 **윤리적** 결정의 본질적 부분을 이루어야 함에도 불구하고—그것이 바로 절대적 가치라는 공허한 발언밖에는 할 수 없다. 또한 **윤리적** 사고에 필연적인, 행위와 (기대된) 결과 사이의 **인과** 결합도 결여되어 있다. 그런데 이러한 결과는 현세의 포기로 이루어지는 것이 아니라 이러한 결과를 다른 때, 다른 장소에서 얻을 것이라는 보장을 통해서 현세의 포기가 단지 보상될 수 있다는 것이다.

그러므로 왜 철저한 현세적 포기를 일종의 업적으로 봄으로써 자신에게 보상이나 은혜를 약속할 수 있는 것인지를 묻는다면, 육체는 죄를 짓기 쉬우며, 쾌락은 악이며, 세계는 순수하지 않다는 것이 **하나의** 대답이 될 수 있을 것이다. 이 경우에도 (개인화 자체가 나쁜 것이라는 경우에도 마찬가지로) 그렇지만 다시금 행위의 도구성과 자신의 행위를 통한 내면적 목적 실현이라는 방법이 금욕의 기초를 이룬다. 다시 말해 비순수로부터 순수로, 원죄로부터 영생으로, 예속으로부터 자유로, 자기성으로부터 탈자아(脫自我)로 나아가는 방법이 있다. 이러한 방법인 한에서 금욕 그 자체는 형이상학적 조건하에서도 삶의 **최선의** 방식이다. 이렇게 우리는 다시 직접성과 동시성의 윤리에 도달하게 된다. 비록 상당히 이기주의적이고 철저하게 개인주의적이라고 할지라도 그것은 자기 완성의 윤리이다. 그런데 자기 완성의 노력으로 성취될 수 있는 정신적 깨달음의 순간들에도 자기 완성은 미래의 보상을 절대자의 신비적 체험으로서 이미 여기서 향유할 수 있는 것이다.

요약해서 우리는, 내세를 지향하는 모든 복합체는 대체로 윤리에 속한다고 말할 수 있다. 특히 신의 뜻에 맞는 삶에 대해 앞에서 언급한 "온건한" 형식에 있어서 영원한 보상의 조건으로 제시되고 있는 것과 같이 내세 지향적 복합체 전체는 모든 전통적 윤리가 가지고 있는 현재 성격에 관한 우리의 주장과 부합한다.

2. 미래에 대한 국가 지도자의 책임

그렇다면 유일하게 정말 합리적 윤리에 속하는 **현세적** 미래 윤리의 경우에는 어떠한가? 두번째로 우리는 입법자와 국가 지도자들이 공동체의 미래 복지에 대해 가지는 예견적 염려를 언급하였다. 우리가 관심을 가지는 시간의 측면에 대해 고대 이론은 전적으로 침묵하고 있다. 그러나 이러한 침묵은 많은 것을 시사해 주고 있다. 철학의 밖에서도 솔론 (Solon)과 리쿠르고스(Lycourgosurg)와 같은 국가 지도자에 대한 찬양과, 또는 페리클레스(Pericles)와 같은 국가 지도자에 대한 비난에서 몇 가지를 알아볼 수 있다. 입법자의 찬양은 그의 창조물이 가지는 지속성을 포함하고 있기는 하지만, 후세의 사람들에게 비로소 현실이 되고 현재 같이 살고 있는 사람들에게는 성취될 수 없는 것에 대한 계획을 포함하고 있지는 않다. 생존력 있는 정치 조직을 창조하는 것이 그의 계획이며, 생존력의 시금석은 피조물의 지속, 그것도 가능한 한 불변하는 지속에 있다. 최선의 국가는 또한 미래에도 최선의 국가라는 생각이었다. 왜냐하면 최선의 국가는 어느 때나 내면적 평형 상태를 이룸으로써 미래를 보장하기 때문이다. 그렇게 되면 좋은 질서의 기준(이 기준 중의 하나가 지속성이다)이 변하지 않는 까닭에 최선의 국가는 미래에도 역시 최선의 국가이다. 그리고 질서의 기준이 변하지 않는 것은 인간의 본성이 변하지 않기 때문이다. 불완전성을 함께 지니고 있는 인간의 본성은 이렇게 생존력 있는 정치적 질서의 구상에—이것은 현명한 입법자의 구상이어야만 한다—함축되어 있다. 따라서 이러한 구상은 이상적으로 완전한 국가를 지향하지 않고, 현실적으로 최선인 국가 즉 최선으로 가능한 국가를 지향한다. 이 최선의 국가는 미래에서와 마찬가지로 지금도 가능하며, 또한 미래에서와 마찬가지로 지금도 위협을 받고 있는 것이다. 인간 정념의 무질서로 인해 모든 질서에 닥쳐 오는 이 위협은 정초하는 입법자의 일회적 지혜를 넘어서서 지배하는 국가 지도자의 지속적인 지혜를 필요하게 만든다. 그러나 페리클레스의 국가 기술에 대한 소크라테스의 비난은 그의 엄청난 시도들이 그가 죽고 난 후에 실패하였다는 것이 아니라, 초기에 거두었던 성공들을 포함한 그의 웅대한 구상들이 그가 생존하고 있을 때 이미 아테네 사람들의 지성을 미치게 만들었으며 시민의 덕성을 타락시켰다는 것이다. 아테네의 현재 불행의 책임은 페리클레스 정책의 실패에 있는 것이 아니라, 그 정책의 원천이 나빴다는 데 있다. 그런데 이 원천의 불량성은 돌이켜 보건대 "성공"을 통해서도 개선되지 않았을 것이다. 당시의 선은 오늘날에도 역시 선일 것이며 지금까지 지속되었을 것임이 거의 틀림없다.

국가 지도자의 예견은 그가 현재에 바치는 지혜와 현재에 몰두하는 정도에 근거를 두고 있다. 이 현재는 다른 종류의 미래를 위해 존재하고 있는 것이 아니다. 그것은 오히려 유리한 경우에야 동일한 종류의 미래에서 참임이 확증되며 그 자체는 이미 미래와 마찬가지로 정당화되어야 하는 것이다. 지금 이미 선하고 어느 때나 항상 선한 것의 부수적 결과로 지속은 이루어진다. 물론 정치적 행위가 효과와 책임에 있어서 사적인 행위보다 넓은 시간적 거리를 가지고 있는 것은 확실하다. 그럼에도 불구하고 정치적 행위의 윤리는 전현대적 견해에 따르면 조금더 커다란 지속성을 가진 생활 조직에 적용된 현재 윤리에 다름아니다.

3. 현대적 유토피아

a. 이러한 사실은 내가 셋째 예로서 유토피아의 정치라고 명명한 것과 더불어 비로소 변화한다. 유토피아의 정치는 순전히 현대적인 현상으로서 그 이전에는 알려지지 않았던 역동적 역사 종말론을 전제한다. 비록 종래의 종교적 종말론이 현대적 유토피아를 준비하기는 하였지만, 거기에는 아직 이런 사태가 서술되고 있지 않다. 예를 들어 메시아주의는 결코 메시아주의적 정치를 명령하지 않으며, 메시아의 도래를 신적인 결의에 맡긴다. 그리고 충족에 대한 아무런 희망 없이도 역시 의무로 기대되는 규범들의 충족을 통해서 인간의 행위가 메시아적 사건의 가치가 있게 될 때에만 메시아주의는 인간의 행위를 고려한다. 앞에서 개인적인 척도로서 내세의 기대에 관해 말한 것이 여기서는 집단적인 척도로서 타당하다. 여기와 지금은 비록 종말의 기대에 의해서 압도되기는 하지만, 그렇다고 그 기대를 행위하며 실현하라고 위탁을 받는 것은 아니다. 신이 준 법칙—이 법칙의 실현은 완전히 그 자체에 있다—안에 충실하게 머물면 머물수록 오히려 종말의 기대에 더욱 잘 기여하는 것이다.

b. 그렇지만 "종말을 강요하는 자"가 그 실현을 손수 떠맡고, 그 시간이 왔다고 생각하는 메시아주의적 천년 제국을 지구적 행동의 마지막

일격을 통해 산출해 내고자 하는 극단적 형식이 있었다. 근대의 초기에 있었던 천년 제국주의적 운동들 중 많은 것은 실제로 유토피아주의적 정치에 상당히 접근하였다. 특히 이러한 운동들이 충격과 개시에 만족하지 않고, 그들이 이미 **내용적**으로 표상하고 있는 신성 국가의 건설에 착수하였을 때 그러하였다. 이러한 구상 속에 사회적 평등과 정의의 이념들이 일종의 역할을 하는 한, 현대의 유토피아주의적 윤리에 대한 특별한 동기는 이미 존립하고 있는 것이다. 그러나 세속화된 종말론, 즉 현대의 정치적 유토피아주의에 특징적인 현재와 이후, 수단과 목적, 행위와 목표 사이를 갈라 놓는 간격은 아직 포함되어 있지 않았다. 그것은 여전히 현재의 윤리이지 미래의 윤리는 아니다. 본래적 인간은 이미 현존하고 있으며, 성인(聖人) 공동체가—요청되고 또 가능하다고 생각한 바와 같이—신성 국가를 자신들의 한가운데에서 실현하는 순간부터 이 소규모의 "성인(聖人) 공동체"에는 이미 신성 국가가 존립하고 있는 것이다. 그런데 이 공동체의 확산에 장애가 되는 세계의 질서들에 대한 저항은 여리고(Jericho) 기적의 기대로 일어나는 것이지, 역사적 인과성의 매개된 과정으로 일어나는 것은 아니다. 현세적·유토피아주의적 역사 윤리에 도달하기 위해서는 아직 몇 걸음이 더 필요하다.

  c. 하나의 사실과 이념으로서 파악되는 현대적 **진보**와 더불어 비로소 종래의 모든 것을 현재의 전(前)단계로, 그리고 현재의 모든 것을 미래의 전단계로 파악할 수 있는 가능성이 열려진다. (어떤 상태도 종국적인 것으로 특징짓지 않고, 모든 상태가 가지고 있는 현재의 직접성을 그대로 내버려 두는) 이 생각이, 현세적으로 정의된 절대자에게 시간 내의 유한한 위치를 지시하는 세속화된 종말론과 결합하고, 여기에 궁극적 상태로 이끄는 과정의 목적론적 역동성이 첨가되면, 유토피아주의적 정치의 개념적 전제 조건들이 주어지게 된다. "천국을 이미 지상에서 건설한다는 것"(하이네(H. Heine))은 지상의 천국이 어디에 기초할 것인지에 대한 표상을 전제하고 있다. (아니면 우리는 적어도 그렇게 생각해야만 할 것이다—그런데 이론은 이 점에서 현저한 헛점을 드러내고 있다.) 비록 그러한 표상이 결핍되어 있다고 할지라도, 그것은 어쨌든 모든 것을 철저하게 간접화하는—즉 모든 것을 잠정적인 것으로

판결을 내리고, 이들이 가지고 있는 고유한 타당성을 박탈하고, 기껏해야 아직 도래하지 않은 본래적인 것을 성취하기 위한 방편으로 만들고, 유일하게 타당한 미래의 목적을 위한 수단으로 만드는—인간 사건에 대한 견해를 전제하고 있다.

그런데 이 점에서 실제로 과거와의 단절이 있다. 이를 가장 순수하게 서술하고 있는 학설, 즉 마르크스주의적 역사 철학과 이에 부합하는 행동의 윤리에는 전통적 윤리의 현재 성격과 전통 윤리에서 전제되고 있는 인간 본성의 지속성에 관해 우리가 말한 것이 더 이상 들어맞지 않는다. 행위는, 행위자도 희생자도 또한 함께 살아가는 사람들도 향유할 수 없게 될 미래를 위해 이루어진다. 현재에 대한 책무는 미래의 관점에서 출발하며, 동시대적 세계의 복지와 고통의 관점에서 시작하지 않는다. 그리고 행위의 규범들은, 행위가 더 높은 상태로 고양시켜야만 할 상태와 마찬가지로 잠정적이고 "비본래적"이다. 혁명적 종말론의 윤리는 스스로를 과도기의 윤리로 이해하는 까닭에, 본래의 (본질적으로 아직 미지의) 윤리는 종말론이 이 윤리를 위한 전제 조건을 창조하여 스스로를 폐지한 다음에야 비로소 정당한 권리를 획득할 수 있다는 것이다.

그러므로 미래 윤리의 한 예가 이미 존립하고 있다고 할 수 있다. 이 윤리는 예견의 넓이, 받아들인 책임의 시간적 거리, 대상의 광활함(미래의 전체 인류), 관심의 깊이(미래 전체의 인간 본질)를 가지고 있으며, 그리고—우리가 이미 여기서 첨가해도 좋다면—기술의 권력을 진지하게 고려하고 있다. 그런데 기술은 우리가 변호하고자 하는 윤리에서 어떤 문제에도 뒤지지 않는다. 더욱 중요한 것은, 선례 없는 현대적 상황에 대한 대응으로서, 그리고 특별히 기술 체계에 대한 대답으로서 전현대적 윤리와 많은 공통점을 가지고 있기는 하지만 자체 내에서는 상당한 차이를 보이고 있는 이 양자의 관계를 규정하는 일이다. 그런데 이러한 작업은 우리가 목표로 삼고 있는 윤리와 관계가 있으며, 기술의 엄청난 진보에 의해 제기된 제 문제와 과제들에 관해 좀더 논의를 하고 난 다음에야 가능하다. 인간 운명에 대한 기술의 권력은 이미 공산주의의 권력을 능가하였다. 공산주의는 다른 모든 것들과 마찬가지로 스스로가 기술에 종사한다고 생각하였다. 두 미래 "윤리"가 이러한 기술 체계의 유토피아적 가능성들과 연관되어 있지만 우리가 추구하는 윤리는 종말론적이 아니며, 또 앞으로 규정되어야 할 의미에서 반유토피아적이라는 사실만을 미리 말해 두고자 한다.

VII. 기술의 대상으로서의 인간

우리는 동시성과 직접성의 윤리의 역사적 제 형식들을 비교하였는데, 칸트적 윤리는 단지 그 예로만 사용되었다. 문제시된 것은 이 윤리가 자신의 고유한 영역에서 가지는 타당성이 아니라, 이 영역을 넘어서는 인간 행위의 새로운 차원에 대해 이 윤리가 과연 충분한가 하는 것이었다. 행위의 새로운 종류들과 차이들은 이와 일치하는 예견과 책임의 윤리를 요청한다는 것이 우리의 명제이다. 그런데 이 윤리는 그것이 다루게 되는 우발성들만큼이나 새로운 것이다. 이것이 기술 시대에서 발생한, 즉 호모 파베르의 제작물로부터 발생하는 우발성들이라는 점을 우리는 알았다. 그러나 이 새로운 종류의 제작물에 관해 우리는 그것이 가지고 있는 가장 불길한 잠재적 측면에 관해서는 아직 언급하지 않았다. 우리는 테크네를 비인간적 영역에 적용되는 측면에서만 해명하였다. 그렇지만 인간 자신은 이제 기술의 대상으로 전락하였다. 호모 파베르는 자기 예술을 스스로에게 적용하며, 다른 모든 것의 발명자와 제작자를 새롭게 완성시키려는 준비 태세를 갖추고 있다. 참으로 인간의 제어를 의미할 수도 있는 인간 권력의 완성, 자연에 대한 예술의 마지막 투입은 윤리적 사유의 마지막 노고를 요청한다. 그런데 이 윤리적 사유는 확정적으로 인간에게 주어진 기본 구조에 타당한 것에 대한—미리 선택할 수 없는—대안을 목표로 해야 한다.

1. 생명의 연장

우리는 주어진 조건들 중에서 가장 기초적인 소여성, 즉 인간의 사멸성(死滅性, Sterblichkeit)을 예로 들 수 있다. 누가 이전에 선택할 수 있고 바람직한 수명에 관해 결심할 필요가 있었겠는가? "70세 정도 또는 오래 살 경우에는 80세"라는 생명의 최고 한계에 관하여 어떤 선택도 존재하지 않았다. 유한한 생명의 부동성은 한탄과 체념의 대상이었으며, 또는 예외가 가능할 것이라는 헛되고 어리석은 희망의 대상이기도

하였다. 그런데 이러한 소망들은 이상스럽게도 긍정되지는 않았다. 쇼 (G.B. Shaw)와 스위프트(J. Swift) 같은 사람들의 지적인 환상은 "죽지 않아도 됨"의 이익과 "죽을 수 없음"의 저주에 관해 사색하고 있다. (후자를 선택한 스위프트가 양자 중에서는 좀더 영리한 편이었다.) 의심의 여지없이 받아들여졌던 영원 불변성을 배경으로 하여 신화와 전설들은 그와 같은 주제들을 여러 모로 다루었다. 그런데 이 영원 불변성은 가장 진지한 사람으로 하여금 오히려 구약 성서 〈시편〉의 작자와 함께 "우리가 현명한 마음을 얻을 수 있는 날들이 얼마 남지 않았다는 사실을 가르쳐라"라고 기도하게끔 만들었다. 이 사실 중 어떠한 것도 행위와 실제적 결정의 영역에 속하지는 않았다. 문제는 우리가 어떻게 이주어진 사실에 대처하느냐 하는 것뿐이었다.

그러나 세포 생물학의 진보로 인해 오늘날 우리에게는 생화학적 노화 과정을 저지하고, 인간의 생명 기간을 연장하며 또 어쩌면 무한정의 시간까지 늘릴 수 있는 실천적 전망이 엿보인다. 죽음은 더 이상 생명체의 본성에 속하는 필연성이 아니라 유기체적 실패로서 피할 수 있으며, 어쨌든 원칙적으로 다룰 수 있고 오랫동안 지연시킬 수 있는 것처럼 보인다. 영원한 인류의 동경을 충족시킬 수 있는 길이 가까워진 것처럼 보인다. 그리고 처음으로 우리는 다음과 같은 질문을 진지하게 자신에게 던진다. "이것이 과연 소망스러운 일인가? 개인에게 얼마나 소망스러운 것이며, 인류에게 얼마나 소망스러운 것인가?" 이러한 질문들은 적지 않게 우리의 유한성과 죽음에 대한 태도, 그리고 죽음과 번식의 균형이 가지는 일반적인 생물학적 의미의 문제를 건드린다. 그러한 마지막 물음이 제기되기 이전에 누가 추정된 행운을 얻게 되는가 하는 보다 실천적인 문제가 제기된다. 특별한 가치와 공적이 있는 인격인가? 사회적으로 중요하고 존경받는 인물인가? 그 비용을 지불할 수 있는 사람들인가? 아니면 모두인가? 마지막 것이 유일하게 정의로운 것이 되기를 바랄 것이다. 그러나 그 대가는 정반대, 즉 원천에서 치러야만 할 것이다. 왜냐하면 전인구에 해당하는 기준에서 보면 오래 살기 위하여 치러야 할 대가는 대체 생명이 이에 비례하여 점차 늦어진다는 것, 즉 새로운 생명의 출현이 감소한다는 사실이 명백하기 때문이다. 증가 일로에 있는 노년 인구에 대해 청년의 비율이 점차 감소하는 것이 아마 그 결과일 것이다. 이것이 일반적인 인간 상태에 얼마나 좋은 것이며, 또 얼마나 나쁜 것인가? 인류는 이 과정에서 이익을 볼 것인가, 아니면 손해를 볼 것인가? 그리고 자리를 미리 선점함으로써 청년의 자리를 가로막는 것이 과연 **정당한** 것인가, 아니면 부당한 것인가? '죽어야 함'은 '태어났음'과 연결되어 있다. 사멸성은 지속되는 (아렌트(H. Arendt)의 용어를 빌리자면) '탄생성'의 원천이 가지고 있는 이면에 불과하다. 이렇게 죽어야 함은 항상 규제되어 왔다. 우리는 지금 이것의 의미를 결정의 마당에서 다시 생각해야 한다.

극단적인 예를 들어 우리가 죽음을 폐지한다면, 우리는 번식도 역시 폐지해야만 한다. 왜냐하면 번식은 죽음에 대한 생명의 응답이기 때문이다. 그렇게 되면 우리는 청년이 없는 노인의 세계를 가지게 될 것이며, 또 이전에 없었던 새로운 사람들로 인한 놀라움도 없는 이미 알려진 개인들의 세계만을 가지게 될 것이다. 그러나 사멸성이 우리에게 제공하는 영원히 갱신되는 약속이 아마 우리로 하여금 사멸성에 거칠게 순응하게 하는 지혜일 것이다. 그런데 이 약속은 '다른 것'이 끊임없이 공급된다는 사실과 함께 청년의 개시성(開始性)과 직접성, 그리고 열정에 근거한다. 연장된 경험을 더욱 많이 축적하는 것도 결코 이를 대체하지 못한다. 경험이 연장된다고 해서 세계를 처음으로, 그리고 새로운 눈으로 볼 수 있는 기득권을 회복하지는 못할 것이다. 또 우리는 플라톤이 철학의 시원이라고 말하는 "놀라움"을 다시 체험할 수도 없을 것이다. 또 드물게는 성인의 지식 충동으로 변화하기도 하지만 대개는 그곳에서 마비되고 마는 어린 아이의 호기심을 체험할 수도 없을 것이다. "되풀이되는 결말"이라는 희생을 치르고야 얻게 되는 "되풀이되는 시작"은 인류의 희망이 될 수 있고, 권태와 틀에 박힌 일상 속에 빠지지 않게 하는 보호막이 될 수 있으며, 삶의 자발성을 보존할 수 있는 기회가 될 수 있다.

너는 죽을 수밖에 없다는 사실을 기억하라는 "죽음의 경고"(memento mori)가 개인의 삶 속에서 행하는 역할을 우리는 숙고해야 한다. 그리고 이 경고가 희미해졌을 경우에 먼 훗날 어떤 일을 당할 것인가를 생

각해야 한다. 우리가 기대하는 생애가 어쩔 수 없이 제한되어 있다는
시간의 한계는 우리 모두가 아마 필연적으로 앞으로 살 날들을 헤아리
게 하는 자극일 것이다.

그렇기 때문에 사멸성의 저주로부터 벗어나고자 하는 태초부터 품어
왔던 희망이 진실이 된다면─이는 물론 그 의도에 있어서는 인간에 관
한 학문이 가져다 주는 박애주의적 선물이라고 할 수 있는데, 그것은
인간에게 손해가 되는 결과를 초래할 수도 있을 것이다. 나는 여기서
예언을 하고 싶은 생각은 없으며, 더구나 이미 드러난 선입견에도 불구
하고 가치 평가를 하고 싶은 생각은 전혀 없다. 나의 명제가 말하고자
하는 바는 단순히, 예견되고 있는 선물이 예전에는 실천적 선택의 공간
에서 전혀 문제시되지 않았던 문제들을 이미 제기하고 있다는 것이며,
인간 본성의 상수를 당연한 것으로 받아들였던 전통 철학의 어떤 원리
도 이 문제들을 해결할 힘이 없다는 사실이다. 그런데 우리는 이러한
문제들을 윤리적으로 원칙에 따라 해결해야지, 이해 관계의 압박에 따
라 해결해서는 안 된다.

2. 행동 통제

생의학적 진보로 인하여 기술적 능력으로의 궁극적 응용이 일부는 현
실적이고, 일부 예상되는 다른 모든 유사 유토피아적 가능성들의 경우
에도 사정은 마찬가지이다. 이런 가능성들 중에서 행동 통제가 내가 방
금 설명한 가설적 경우보다 훨씬더 실천적 완성의 단계에 가까이 와 있
다. 그리고 행동 통제가 제기하는 윤리적 문제들은 덜 심각하기는 하지
만, 인간의 도덕 관념과는 오히려 더 직접적인 관계를 가지고 있다. 이
경우에도 새로운 종류의 간섭은 전통적 윤리의 범주들을 넘어선다. 예
를 들어 전통 윤리의 범주들은 화학적 시약을 수단으로 하는 영혼 통제
또는 이식된 전극으로 두뇌에 가하는 직접적 전기 영향에─그런데 이
러한 영향들은 내세울 만한, 심지어 칭송할 만한 목적들을 위해 실행된
다고 생각할 수도 있다─우리가 대비하도록 하지 않았다. 유익한 가능
성들과 위험한 가능성들의 혼합은 명백하다. 그러나 그 경계를 쉽게 가

를 수가 없다. 정신병 환자를 기능 장애를 일으키는 고통스러운 증상으로부터 해방시키는 일은 분명히 유익한 것처럼 보인다. 그러나 환자가 겪는 고통의 약화로부터—이 목표는 충분히 의료 전통과 일치할 수 있다—사회의 구성원들 사이에 존재하는 다루기 힘든 개인적 행동에 대한 사회의 부담을 줄이는 방향으로 이행 과정이 눈에 띄지 않게 일어날 수 있다. 다시 말해 의료적 적용으로부터 사회적 적용으로의 이행 과정이 일어나며, 이는 예사롭지 않은 잠재력을 지니고 있는 미지의 장(場)을 열어 놓는다. 현대 대중 사회에서 나타나는 지배와 아노미의 다루기 힘든 문제들은 사회 조작의 목적을 위해 그런 통제 방법을 비의료적 범주들에까지 확장하는 것을 상당히 유혹적으로 보이게 한다. 여기서 인권과 인간 존엄의 수많은 문제들이 제기된다. 자유를 부여하는 배려 대 자유 박탈적 배려라고 하는 어려운 문제는 구체적인 대답들을 요구한다. 우리는 과연 약물을 대량으로 투입하여 학생들로부터 놀라운 학습 태도를 유도해야만 하는가? 그래서 자율적 동기 유발에 대한 호소를 회피해야만 하는 것인가? 우리는 두뇌의 특정한 부분을 전기로 잠잠하게 만듦으로써 공격성을 극복할 수 있는 것인가? 우리는 쾌락과 관련된 중심 부분을 독립적으로—즉 행복과 쾌락의 대상과 무관하게, 그리고 개인의 삶과 업적에서 차지하고 있는 상태와는 관계 없이—자극함으로써 행복감과 쾌락의 감정을 유발할 수 있는 것인가? 이런 예들을 더 늘릴 수도 있다. 사업 경영자들은 종업원의 능률 향상을 위해 이런 기술들에 관심을 가질 수도 있다. 억압과 동의의 문제, 그리고 원하지 않은 부작용의 문제는 차치하고서라도, 만약 우리가 인간의 문제를 처리하는 데 있어서 인간적인 방법을 그런 방식으로 회피하고 비인격적 기제라는 간단한 방식으로 대체한다면, 우리는 인격적 자아의 존엄을 간과한 것이며, 또 책임을 지는 주체로부터 프로그램이 입력된 체계로 이행해 가는 과정을 촉진시킨 것이다. 사회적 기능주의는 그것이 아무리 중요할지라도 문제의 한 측면에 불과하다. 결정적으로 중요한 것은, 사회의 실존을 가치 있는 것으로 만들기 위해서는 어떤 종류의 개인들로 사회가 구성되는가 하는 문제이다. 개인의 자율을 희생시키는 사회적 조작 가능성의 성장선상의 어디쯤에 인간의 사업 전체가 가지는 가치와 '노고의 가치가 있는가'라는 문제가 제기되어야 한다. 이에 대한 대답은 우리가 책임이 있다고 느끼는 인간상에 따라 이루어진다. 우리가 오늘날 인간에 관한 상을 가지고 무엇을 할 수 있으며, 또는 인간상에 무엇을 가할 수 있으며, 그리고 예전에는 할 수 없었던 것이 무엇인가 하는 관점에서 우리는 인간상을 새롭게 재고해야만 한다.

3. 유전 조작

이러한 사실은 특히 인간에게 적용된 기술 체계의 마지막 대상에 관한 한 더욱더 타당하다. 즉 미래 인간의 유전 조작이 그것이다. 이것은 예비 고찰로서 잠정적으로 다루기에는 너무 큰 대상이다. 그래서 후에 출간하게 될 "응용 부분"에서 독립적인 장으로 다루어질 것이다. 여기에서는 오직 호모 파베르의 야심찬 꿈만을 언급하고자 한다. 그런데 이러한 꿈은, 불가침적인 인류의 보존이라는 목표뿐만 아니라, 자신의 구상에 따라 인류를 개선하고 변화시키려는 목표를 가지고 이제 인간은 스스로 진화의 작업을 인수하고자 한다는 말로 요약되어 있다. 우리가 과연 그러한 권리를 가지고 있는 것인지, 또 우리가 과연 이와 같은 창조적 역할의 자격을 가지고 있는 것인지가 갑자기 그러한 운명적 권력을 소유하게 된 인간에게 제기되는 가장 진지한 물음이다. 누가 그 "상"의 제작자가 될 것이며, 어떤 원형에 따르며, 어떤 지식을 근거로 할 것인가? 미래의 인간 존재를 가지고 실험할 수 있는 도덕적 권리에 대한 물음 또한 여기서 제기된다. 하나의 대답을 요구하는 이와 같은 물음들은, 우리가 미지의 세계로 항해하기 이전에 이미, 우리의 행위의 권력으로 말미암아 우리가 얼마나 모든 전통적 윤리의 개념들 밖으로 내몰려 있는가를 극명하게 보여준다.

VIII. 기술 진보의 "유토피아적" 역동성과 과도한 책임

열거된 모든 예들에 공통적이면서 윤리적으로 중요한 특징은, 우리가 현대 기술의 제 조건하에서 우리의 행위에 내재하고 있는 "유토피아적" 특징 또는 유토피아적 동력이라고 명명할 수 있는 종류의 것이다. 그것이 비인간적 자연에 영향을 주든지, 아니면 인간적 본성에 영향을 주든지, 그리고 그 과정의 끝에 도래하게 될 "유토피아"가 계획된 것인지 아니면 계획되지 않은 것인지는 관계없다. 유토피아가 가지고 있는 눈덩이―효과의 방식과 그 엄청난 정도를 통해 기술 권력은 이제까지 유토피아의 특별권이었던 일종의 목표를 향해 나아가도록 우리를 몰아붙인다. 다른 말로 표현하면, 사변적 이성의 시험적인 또는 자기 해명적인 유희임을 자처하던 것이 기술 권력으로 말미암아 실행 가능한 계획에 대한 경쟁적 구상으로 변형되었다. 그리고 이러한 구상들을 선택할 때 우리는 대부분 미지의 장기적 효과들의 극단들 사이에서 선택해야만 한다. 우리가 이 장기적 효과들에 관해 알 수 있는 것들 중 하나는 이들이 가지는 극단주의 자체이다. 즉 극단주의는 이 효과들이 지구 위에 있는 자연의 전체 상태와, 지구에 거주하거나 또는 지구에 거주해서는 안 될 피조물의 종류와 관계가 있다고 주장한다. 현대 기술에 불가피한 "유토피아적" 규모로 말미암아 일상적 관심사와 궁극적 관심사의 사이, 그리고 평범한 재치를 요구하는 동기와 명민한 지혜를 요구하는 동기 사이의 유익한 간격이 끊임없이 줄어드는 결과가 초래되었다. 오늘날 우리가 원하지는 않았지만, 공동으로 건설한 자동적 유토피아주의의 그늘에서 살고 있는 까닭에 우리는 지속적으로 마지막 관점들과―그것을 긍정적으로 선택하기 위해서는 최고의 지혜가 요구된다―직면하게 된다. 인간은 이 지혜를 소유하고 있지 않으므로 이것은 인간에게는 어쩔 수 없는 상황이다. 이 지혜의 대상이 존립한다는 사실을 부정하는, 즉 최고의 가치와 객관적 진리를 부정하기까지 하는 동시대의 인간에게는 특히 그렇다. 이 대상의 실존을 가장 믿지 못한다는 바로 그 이유에서 우리는 지혜를 가장 필요로 하는 것이다.

우리 행위가 가지는 새로운 종류의 본성이—우리 권력의 범위와 일치하는—광범위한 책임성을 수반하는 새로운 윤리를 요청한다면, 이 윤리는 바로 그 책임성의 이름 아래 새로운 종류의 겸허를 요청한다. 그것은 예전과 같이 왜소함으로 말미암은 겸허가 아니라, 우리 자신의 권력을 예견하고 평가하고 판단하는 우리 권력의 지나친 크기로 말미암은 겸허이다. 기술 과정에 내재하는 유사 종말론적 잠재력에 직면했을 때 그것이 미칠 궁극적 결과에 대한 무지 자체가 책임감 있는 신중함—지혜 그 자체를 소유하는 것보다는 못하지만—의 이유가 되는 것이다.

먼 미래에 대한 책임을 요청하는 새로운 윤리와 그 정당화의 다른 측면도 언급할 가치가 있다. 즉 대의 정치의 정상적 원리와 정상적 절차에 의거하여 새로운 요구들에 대처하는 것이 과연 충분한가 하는 것은 의심스럽다. 왜냐하면 대의 정치의 원리와 절차에 따르면 오로지 **현재**의 이해 관계만이 청취되고, 그 중요성을 관철시키며, 배려해 줄 것을 강요하기 때문이다. 현재의 이해 관계에 대해 공공적 권위의 주체들은 해명할 의무를 지니며, 그리고 이것은 (권리의 추상적 인정과는 반대로) 권리의 존경이 이루어지는 방식이기도 하다. 그러나 "미래"는 어떤 위원회에서도 대변되지 않는다. 미래는 자신의 세력을 이용할 힘이 없다. 실존하지 않는 것은 로비 활동을 할 수 없으며, 태어나지 않은 자는 힘이 없다. 따라서 실존하지 않는 사람들에 대한 답변의 의무는 우선 현재의 결정 과정에서는 어떤 정치적 현실도 배경으로 가지고 있지 않다. 만약 그들이 해명을 요구한다면, 이에 대한 의무를 지고 있는 우리는 더 이상 존재하지 않을 것이다.

이것은 만약 현자의 힘에 대한 오래된 물음 또는 이념들이 이기심과 결합되어 있지 않다면 정치적 단체 내에서 가지는 이념의 힘에 대한 오래된 물음을 날카롭게 제기한다. 어떤 **세력**이 현재에서 미래를 대변해야 하는가? 그것은 정치 철학의 문제이다. 이에 대해 나는 아마 터무니없고, 틀림없이 인기 없을 내 자신의 고유한 이념을 가지고 있다. 지금 이 이념들은 일단 내버려 두기로 한다. 왜냐하면 관철의 문제가 실천적으로 심각해지기 이전에 우선 새로운 윤리는 자기 **이론**을 발견해야 하는데, 이 이론을 토대로 도덕적 명령과 금지, 즉 "너는 해야만 한다"와

"너는 해서는 안 된다"의 체계가 구축될 수 있다. 다시 말해 '어떤 집행력 또는 영향력이 현재에서 미래를 대변해야 하는가?' 하는 물음에 앞서 '어떤 **통찰**과 **가치 지식**이 현재에서 미래를 대변해야 하는가?' 하는 물음이 등장한다.

IX. 윤리적 진공 상태

나를 비롯한 우리 모두를 곤경에 빠뜨리는 문제가 바로 이 점이다. 왜냐하면 우리로 하여금 그러한 힘—이 힘은 이제 규범을 통해 규제되어야 한다—을 소유하도록 만들었던 바로 그 운동, 즉 자연 과학의 형태로 진행된 현대 지식의 운동이 필연적인 보완성으로 인해 규범들이 도출될 수 있는 토대마저도 씻어내 버리고, 따라서 규범 자체에 관한 이념을 파괴하였기 때문이다. 다행스럽게도 규범에 대한 감각과 특정한 규범에 대한 감정은 파괴되지 않았다. 그러나 추정된 지식이 이 감정과 모순되거나 적어도 이 감정에 어떤 제재도 허용하지 않는다면, 그것은 자기 자신에 대해 불확실할 수밖에 없다. 그렇지 않아도 이 감정은 욕망과 공포의 공공연한 요청에 대해 충분히 어려운 처지에 놓여 있다. 지금 이 감정은 스스로가 근거 없다는 사실에 대해, 그리고 우월한 지식에 대해 스스로 정당화할 수 없다는 사실에 대해 수치스럽게 생각해야만 한다. 이 지식을 통해 처음에는 **자연**이 가치의 측면에서 "중립화" 되었고, 다음에는 인간도 역시 그렇게 되었다.

그런데 우리는 이제 최대의 권력이 최대의 공허와 짝을 짓고, 최대의 능력이 '무엇 때문에'라는 그 목적에 대한 미미한 지식과 결합하는 적나라한 허무주의 앞에 떨고 있다. 우리가 오늘날 소유하고 있으며, 계속해서 확대하고, 사용을 강요받고 있는 극단적 힘들을 제어할 수 있는 윤리를 과연 과학적 계몽에 의해 가장 철저하게 파괴되었던 신성함의 범주를 재건하지 않고서도 가질 수 있는가 하는 것이 문제이다. 우리 자신을 직접적으로 위협하고, 우리를 괴롭히는 결과들에 대해 불안은 종종 실제적인 덕성과 지혜에 대한 최선의 대용물이다. 그러나 이러한 수단은 여기서 특히 문제되고 있는 장기적 관점에 있어서는 아무런 쓸모가 없으며, 게다가 이 결과의 시원은 처음에는 미미하여 거의 책임이 없는 것으로 여겨진다. 신성한 것의 훼손에 대한 소심함만이 오로지 공포의 계산과 무관하며, 장기적 결과의 불확실성이라는 위로와 무관하다. 그러나 있지도 않은 종교가 윤리의 과제를 떠맡을 수는 없다. 인간을 규정하는 사실로서 종교는 존재하는가 존재하지 않는가라고 전자에 대해 말할 수는 있으나, 윤리에 관해서는 그것이 있어야 한다는 것이 타당하다. 인간은 행위하는 까닭에 윤리는 있어야만 한다. 그리고 윤리는 행위의 질서를 위해, 또 행위할 수 있는 권력의 규제를 위해 존재하는 것이다. 따라서 규제해야 할 행위의 권력이 크면 클수록 윤리는 더욱더 있어야만 한다. 질서 원리는 질서지워져야 할 것의 크기뿐만 아니라 그 종류에도 적합해야 한다. 그러므로 새로운 종류의 행위 능력은 윤리의 새로운 규칙을 요구하며, 또 새로운 종류의 윤리를 요구하기까지 한다. 인간은 살인할 수 있는 권력을 가지고 있으며, 종종 살인의 동기와 경향을 가지고 있기 때문에, 간단히 말한다면 실제로 살인이 일어나는 까닭에 "살인하지 말라"고 말하는 것이다. 이러한 명령은 현실적 행위 습관의 **압력**을 받으며, 일반적으로는 이 말이 명령될 필요도 없이 항상 그렇게 행위되고 있다는 사실과, 그러한 행위에 대한 규제로서의 윤리가 선행 또는 허용된 것이라는 사실의 압력을 받는다. 이와 비슷한 압력이 인간의 새로운—기술 능력의 존재와 더불어 행사하도록 되어 있는—기술적 행위 능력에서 발생한다. 기술 능력이 여기서 주장하는 바와 같이 본성상 정말로 새로운 것이라면, 그리고 잠재적 결과로 말미암아—물질과의 기술적 접촉이 예전에 향유하였던—윤리적 중립성이 실제로 폐지되었다면, 기술 능력의 압력은 윤리에 있어서 새로운 것을 탐구한다는 것을 의미한다. 그런데 이것은 기술 능력의 업적을 받아들이기는 하지만, 무엇보다도 제일 먼저 그 압력에 대항하여 이론적 타당성을 주장할 수 있다. 이러한 전제 조건들이 올바르다는 사실, 즉 집단적이고 누적적인 기술적 행위는 그 대상과 규모에 있어 **새로운 종류**의 것이며, 또 그것은 모든 직접적 의도와 무관한 결과에 따르면 더 이상 **중립적**이지 않다는 사실이 적중한다는 점은 우리가 이미 앞에서 밝힌 바 있다. 이와 함께 본래의 과제, 즉 하나의 대답을 구하는 과제는 비로소 시작된다.

제 2 장

토대와 방법의 문제

84564

I. "미래 윤리"에 있어서 관념적 지식과 현실적 지식

1. 원칙 문제의 긴박성

우리가 이론적 과제에 접근하다 보면 두 가지 문제가 제기된다. 새로운 행위에 걸맞는 그런 윤리의 토대는 무엇인가? 이 윤리가 부과하는 규율이 인간의 실천적 용무에서 관철될 수 있는 전망은 어느 정도인가? 첫째 물음은 도덕의 원칙론에 속하고, 둘째 물음은 응용론에 속하는데, 우리의 경우에는 공적인 행위와 관련되어 있기 때문에 정치 이론에 속한다. 먼훗날의 선(善) 또는 필연성이 문제시되는 만큼 정치적·실천적 물음은 더욱 중요하다. 멀리 떨어진 선에 관해 말하는 것은 근접한 것에 관해 말하는 것보다 훨씬 어려울 뿐만 아니라, 그에 대한 지식이 많은 사람들의 행위에 별다른 영향을 주지 못한다. 그러나 궁극적으로 모든 문제의 귀결점인 이 영향력을 위해서도 우선 그들의 대변인들 스스로가 이 지식을 자의성의 혐의로부터 보호해야 한다. 즉 지식은 감정에 내맡겨져서는 안 되며, 분명한 원칙으로부터 이론적으로 정당화되어야 한다. (가치 지식이 내세우는 모든 주장에도 불구하고 결국 가치 지식 토대로 삼고 있는 믿음도 충분히 사유된 믿음이어야 한다.) 따라서 토대 문제의 긴박성에 대한 최선의 대답은, 이론적 관심을 도외시하더라도 이 토대로부터 추론된 결과들이 단순한 견해들과의 싸움에서 획득할 수 있는 권위를 위해서도 이미 중요하다. 그런데 단순한 이치적 타당성이나 또는 '인류와 지구의 미래를 마음속 깊이 생각해야 한다'는 명제의 감정적 명증성으로는 이 권위를 획득하기에는 충분하지 않다. "도대체 왜?"라는 물음을 여기서는 완전히 자유롭게, 경솔하지 않게 물을 수 있어야 한다. 그리고 우리가 이 물음에 대해 (설령 불완전한 것일지라도) 대답을 빚지고 있다면, 우리는 의무를 부여하는 윤리를 말할 수 있는 권리가 거의 없으며, 기껏해야 우리 감정의 설득력에만 의존할 수 있을 뿐이다. "일단 미래는 존재해야 한다"고 하는 논의의 여지가 없고 아마 기꺼이 동의할 수 있는 근본 명제로부터(이 명제는 비록

모든 문제의 가장 심각한 시초이기는 하지만 거의 설득할 필요는 없는
것 같다) "이러이러한 성질을 가진 미래가 존재해야지, 저러저러한 미
래가 존재해서는 안 된다"는 보다 특수한 명제로 이행해 가면, 감정의
설득력은 더욱 불충분해진다. 이에 반하여 "왜? 이를 선호할 권리는
도대체 무엇인가? 어떤 것을 선호할 권리가 있는 것인가? 그렇다면
도대체 확정지을 수 있는 권리란 무엇인가?" 하는 물음은 정당하게 반
복된다. 여기서는 철학적 지식의 문제인 성취 가능한 진리가 다른 어떤
것보다 선행한다.

2. 기술 행위의 장기 효과에 관한 사실 과학

그런데 이 문제에 이어서 과학적 지식의 대상인 전혀 다른 종류의 진
리가 등장한다. 즉 그것은 인간과 세계의 (실험적으로 접근할 수는 없
지만 추론할 수 있는) 미래 상태와 연관된 진리이다. 이 미래 상태는
철학적 제 1 진리의 판단에 예속되어 있으며, 이 미래 상태의 관점에서
거꾸로 현재의 행위가—이 행위가 가지는 미래 인과성으로부터 미래는
확실하고 개연적이고 또는 가능한 결과로 추론될 수 있다—평가될 수
있다. 사실 영역과 연관된 이 (여전히 이론적인) 사실 지식과 우연성의
지식은 점차 윤리적 원칙론의 관념적 지식과 정치적 응용과 관련된 실
천적 지식 사이로 미끄러져 들어간다. 그런데 이 실천 지식은 기대되는
것에 관한—장려해야 할 것이거나 아니면 피해야 할 것에 관한—가설
적 증거를 통해 비로소 작용할 수 있다. 그러므로 가설적 예견의 학문,
즉 "비교 미래학"이 형성되어야 하는 것이다.

3. 원칙 지식에 대한 미래 비교학의 기여: 공포의 발견술

그러나 결합시키고 구체화하는 이 중간 매개물이 실제로 원칙 부분과
분리되어 있는 것은 결코 아니다. 오히려 그것은 원칙 부분 자체에 있
어서도 이미 **발견술적으로** 요구된다. 우리는 살인이 없었다면 아마 생명
의 신성함을 알지 못했을지도 모르며, 또 "살인하지 말라"는 도덕적 명

령이 이 신성함을 분명하게 보여주지 못했을지도 모른다. 그리고 거짓
이 없었다면 진실의 가치를 알 수 없었을지도 모르며, 부자유가 없었다
면 자유를 알 수 없었을지도 모른다. 마찬가지로 우리가 찾고 있는—
이에 대한 침해 사실을 현실에서 분명하게 가시화할 수 없는—미래 책
임에 관한 윤리의 경우에도 **예견된** 인간의 **왜곡**이 비로소 이런 일을 당
하지 않도록 **보호할 수 있는** 인간 개념을 발전시킬 수 있도록 해준다.
그에 대한 경악을 통해 참된 인간상을 확보할 수 있기 위해서 우리는
인간상의 **위협**—철저히 특수한 종류의 위협—을 필요로 한다. 위협이
알려지지 않는 한 우리는 무엇을 왜 보호해야 할지를 알지 못한다. 따
라서 '무엇 때문에'에 관한 지식은, 모든 논리학이나 방법들과는 반대로
'무엇에 대해' 경악하는가에서 발원한다. 이 경악의 대상은 우리에게 우
선적으로 나타나며, 그것은 지식에 선행하는 감정의 반항을 통해 이 대
립에 의해 촉발되는 가치를 볼 수 있도록 우리를 가르친다. 우리는 무
엇인가가 위기에 처해 있다는 **사실**을 알 때 비로소 **무엇**이 위기에 처해
있는가를 알게 된다.

왜냐하면 우리의 존재는 어쩔 수 없이 다음의 상태에 처해 있기 때문
이다. 즉 우리에게는 악(惡, malum)의 인식이 선(善, bonum)의 인식보
다 무한히 쉽다. 악의 인식은 더 직접적이며 설득력 있고, 의견의 차이
에 별로 시달리지 않으며, 무엇보다 가식적이지 않다. 선은 눈에 띄지
않게 존재하며, 반성을—우리가 반성하려면 특별한 이유가 있어야 한
다—하지 않으면 인식될 수 없는 데 반하여, 나쁜 것의 단순한 현재는
우리로 하여금 이를 인식하도록 강요한다. 우리가 그것을 경험한다면
악에 관해서는 불확실하지 않다. 그런데 선에 관해서는 대개 악의 우회
로를 통해 비로소 확실성을 확보하게 된다. 최소한 질병을 보지 않고서
도 건강에 대한 찬가를 읊을 수 있으며, 파렴치한 행위를 보지 않고서
도 진실을 찬양할 수 있으며, 전쟁의 처참함을 알지 못하면서 평화를
찬양할 수 있는지는 심히 회의적이다. 우리는 원하는 것보다는 원하지
않는 것을 훨씬더 잘 안다. 따라서 우리가 실제로 무엇을 보호해야 하는
가를 알아내기 위해서 도덕 철학은 우리의 희망보다는 공포를 논의의
상대로 삼아야 한다. [1] 비록 가장 두려워하는 것이 반드시 공포의 가치

를 가지고 있는 것은 아니며, 더더욱 그 반대가 필연적으로 최고선—
최고선은 오히려 악과의 대립으로부터 완전히 자유로울 수 있다—은
아니며, 또한 공포의 발견술이 비록 선의 탐구에 있어서 마지막 수단은
아니지만, 그것은 상당히 유익한 첫 단어임에 틀림없다. 또 그것은 몇
몇의 단어들만이 자연스럽게 인정되는 (철학의) 영역에서 그 기능을 충
분히 발휘할 수 있도록 이용되어야 한다.

4. 미래 윤리의 "첫째 의무": 장기 효과에 관한 표상의 제공

수요가 거의 없는 이 말이 보존되어 있지 않은 곳에서는 바로 이를
구하는 것이 의무가 된다. 왜냐하면 이곳에서도 공포의 인도가 불가피
하기 때문이다. 우리가 탐구하고 있는 "미래 윤리"의 경우에도 마찬가
지이다. 여기서도 두려움의 대상이 아직 경험되지 않고 있으며, 과거와
현재의 경험도 비교될 수 있는 유사성을 전혀 가지고 있지 않다. 그렇
기 때문에 표상된 악은 경험된 악의 역할을 떠맡아야 하는데, 이 표상
은 스스로 생기는 것이 아니라 의도적으로 제공되어야 한다. 그러므로
이러한 표상을 미리 생각하여 제공하는 것이 우리가 여기서 찾고 있는

---

1) 내가 고찰한 바에 의하면, 이것은 도덕 철학에서 지나치게 등한시 되었
   다. 여기에서 문제되고 있는 선의 개념을 추구하는 과정에서 도덕 철학은
   우리의 소망에게 조언을 구하려는 경향을 보였다(가장 원하는 것이 바로
   가장 좋은 것이라는 소크라테스적 전제하에). 그러나 우리의 두려움이 차
   라리 더 나은 안내자였을 것이다. 플라톤의 "에로스", 아우구스티누스의
   욕망(appetitus)은 본성적으로 특정한 선(bonum)에, 그리고 결국에는 모
   든 선의 총괄 개념인 선(das bonum) 자체와 관계되는 것들로서 소망에
   호소하는 좋은 보기들이다. 이에 대해 알고 있었으며 또 완전히 알고 있
   는 소망에 대해서 이것은 궁극적으로 옳을지도 모른다. 그러나 우리는 어
   떻게 우리의 소망을 알게 되는가? 마음속에 생겨나는 소망에 주의를 기
   울이면서? 분명히 아니다. 매일 매일의 식사가 맛있기를 또는 내 아이가
   건강하게 크기를 소망하는 마음 중에서 어느 것이 더 강한지, 여기저기에
   서 느껴진 소망의 강도(그 중 하나는 매일 신고하지만, 다른 것은 전혀
   신고할 필요가 없다)에서, 그리고 그 둘의 비교에서는 결코 알아낼 수 없
   다. 그러나 내가 갑작스럽게, 어떤 근거 있는 까닭으로 내 아이의 건강을
   염려해야만 한다면, 나는 그것을 알게 된다.

윤리의 첫째, 즉 예비적인 의무이다.

5. 둘째 의무: 표상된 것에 적합한 감정의 동원

그런데 표상된 악은 내 자신의 것이 아니기 때문에 내 자신을 위협하는 경험된 악과 같은 자발적 의미에서 공포를 불러일으키지 않는다는 사실을 우리는 곧 알 수 있다. 다시 말하면 두려움의 대상에 대한 표상과 마찬가지로 이 대상에 대한 공포도 저절로 일어나지 않는다. 이것도 역시 비로소 "조달되어야만" 한다. 그러므로 문제는 홉즈(T. Hobbes)에서와 같이 그렇게 간단하지 않다. 홉즈는 최고선(summum bonum)에 대한 사랑 대신에 최고악(summum malum)에 대한 공포, 즉 폭력적 죽음에 대한 공포를 도덕의 출발점으로 삼았다. 이 공포는 우리에게 잘 알려진 사실로서 지속적으로 우리 가까이에 있으며, 또 이것은 우리의 본성에 선천적으로 주어져 있는 자기 보존 욕망에 대한 가장 비자의적이고 억압적인 반동으로서 극단적인 공포를 유발한다. 나와 관련이 없을뿐만 아니라 사랑 또는 직접적 공동 생활의 유대로 결합된 다른 어떤 사람과도 상관이 없는 지구의 운명은 차치하고서라도, 미래 인간에 관해 표상된 운명은 자체로부터 우리의 심정에 영향을 주지 못한다. 그럼에도 불구하고 그는 이 영향을 "받아야만 한다." 다시 말하면 우리는 표상이 이러한 영향력을 가지고 있다는 사실을 인정해야 한다. 따라서 여기에서는 홉즈에서와 같이, 우리가 그 대상에 의해 갑자기 사로잡히는 (칸트(I. Kant)의 표현을 빌리자면) "병리적" 종류의 공포가 문제되는 것이 아니라, 일종의 태도의 문제로서 우리 자신의 작품이라고 할 수 있는 정신적 종류의 공포가 문제되는 것이다. 이러한 태도의 수용, 즉 후세대의 행복과 불행에 대한 사유를 통해 자신이 촉발**되도록** 스스로 준비하는 태도는 우리가 찾고 있는 윤리에 있어서 두번째의 "예비적" 의무이며, 그것은 그런 생각을 일단 할 수 있도록 만드는 첫번째 의무와 이어진다. 이에 관해 알게 된다면, 우리는 스스로 합당한 공포를 가지게끔 독려해야만 한다. 두 의무에 들어 있는 의무 성격은 이미 인식되면서 긍정되고 있음에 틀림없는 하나의 윤리적 근본 원리로 환원되며,

그래서 이 의무들은 이 원리에 의해 명령된 것, 즉 의무로서 인정되고 있다는 사실은 분명하다. 여기에 관해서는 곧 논의하고자 한다.

6. 미래 투사의 불확실성

다시 한번 우리에게 부과된 사유의 의무로 되돌아가 보기로 한다. 우리는 이 사유를 통해 탐구하고 있는 진리가 학문적 인식의 문제라고 말하였다. 왜냐하면 그것이 미치게 될 훗날의 결과를 우리가 단지 '비실험적 추론'을 통해서 인식해야만 하는 시도들이 단지 과학을 통해서만 가능한 것과 같이, 이 비실험적 추론은 그러한 시도들 자체에서 작용하고 있는 것 정도의 과학성을 요청한다. 그러나 실제로 이 추론은 보다 차원 높은 학문을 요구한다. 왜냐하면 단기 진단에서—문제되고 있는 기술 문명의 작업은 그때그때마다 이 단기 진단을 통해 실행된다—충분한 것이 장기 진단에 있어서는 근본적으로 충분하지 않게 되며, 윤리적으로 요구되고 있는 비실험적 추론에서는 이 장기 진단을 지향하기 때문이다. 만약 그것이 없다면 전체 기술 체계적 사업이 기능할 수 없을지도 모르는 전자의 확실성이 후자에 대해서는 영원히 작용하지 않는다. 그 이유를 여기서 상세히 열거할 필요는 없다. 모든 (전자 공학의) 계산 기술을 조소하는 듯한 사회적·생물 영역적 영향권의 복잡성만을 언급하고자 한다. 항상 놀라운 것을 추구하는 인간의 본질적 탐구 불가능, 그리고 미래의 발명품을 미리 발명할 수 없다는 예측 불가능성을 언급할 수 있다. 이에 관해서는 후에 듣게 될 것이다. 어쨌든 요구되고 있는 비실험적 추론은 규모에 있어서 기술 체계의 그것보다 더 높은 수준의 과학을 필요로 한다. 그리고 기술적 추론은 존립하고 있는 과학의 최적 상태를 서술하기 때문에, 요청되고 있는 지식은 당시에는 아직 필연적으로 존재하지 않으며, 또 선지식으로서는 결코 존재할 수도 없으며, 기껏해야 역고찰을 통해서만 얻을 수 있는 지식이다.

7. 발견술의 관점에서 원칙론에 충분한 가능성의 지식

그러나 이것이 개연적이거나 단지 가능하기만 한 최후 결과의 투사를
방해하지는 않는다. 비록 예견하기에는 충분하지 않지만, **가능성**에 관한
지식은 윤리적 **원칙론**에 사용되는 발견술적 결의론의 목적에는 만족할
정도로 충분하다. 그 수단은 사유 실험인데, 이는 전제를 가정함에 있
어서 가설적일 뿐만 아니라(**만약** 그런 행위를 하면, 저런 결과가 된
다), 가정으로부터 결론에 이르는 추론 과정도 추측에 근거한다("…그
렇다면 저런 결과가 나올 수 있다"). 필요하지 않았기 때문에 이제까지
알려지지 않았던 도덕 원칙을 분명히 보여주는 것은 표상 가능한 결과
의 확실성이 아니라 그 내용이다. 여기서는 가능성 자체가 이미 필요성
을 제공하고, 가상적으로 완전히 발전된 가능성에 관한 반성이 새로운
진리에 대한 접근 방식을 제공한다. 그러나 이 진리는 관념 영역에 속
한다. 즉 철학적 지식이 근거지어야 할 제1원칙의 문제라는 점과 마찬
가지로 진리는 **철학적** 지식의 문제이다. **진리**의 확실성은 진리에 패러다
임적 소재를 제공하였던 과학적 투사의 확실성 정도에 의존하지 않는
다. 그런데 이 진리는 이성의 자기 명증성 또는 신념의 선험성이나 형
이상학적 의지 결단에서 마지막 보증을 받을 수도 있을 것이다. 가설적
사유 실험의 발언들은 기껏해야 개연성을 주장할 수 있는 데 반하여 진
리의 주장들은 필연적이다. 사유 실험들이 증명 수단이 아니라 단지 예
시일 수밖에 없는 곳에서는 이로써 충분하다. 그러므로 우리는 가상적
결의론에 관해 말할 수 있는데, 이것은 보통 법과 도덕에서 말하는 결
의론에서와 같이 이미 알려진 원칙들의 시험에 종사하는 것이 아니라,
아직 알려지지 않은 원칙의 탐지와 발견에 기여한다. "공상 과학 소설"
의 진지한 측면은 바로 그와 같이 정보가 풍부한 사유 실험을 시도하는
데 있는데, 이 실험의 입체적인 결과에는 여기서 추정된 발견술적 기능
이 부여될 수 있다. (예를 들어 헉슬리(A. Huxley)의 《멋진 신세계》
(*Brave New World*)와 대조해 보라.)

8. 정치에 대한 원칙 적용에 있어서 사유 실험의 무용성

미래 투사의 불확실성이 원칙론에는 별로 해가 안 되지만, 미래 투사가 예측의 역할을 맡아야 할 곳, 즉 실천적·정치적 적용에 있어서는 심각한 약점이 된다. (실천적·정치적 적용은, 앞으로 살펴보겠지만, 전체 체계에 있어서 이론적으로도 가장 약하고 실행의 측면에서도 가장 약한 부분이다.) 왜냐하면 여기에서는 표상된 최후 효과를 통해 지금 무엇을 행해야 하고 무엇을 행하지 말아야 하는지 결정할 수 있어야 하기 때문이다. 그리고 어차피 우리에게 미치지 않을 장기 효과를 위해 바람직하고 확실한 단기 효과를 포기할 수 있으려면 상당한 예견의 확실성이 요구된다. 실제로 문제가 되고 있는 경우들에서 원하지 않은 장기 효과의 규모는 확실성의 많은 차이를 상쇄할 정도로 원하고 있는 단기 효과의 규모를 능가한다. 그럼에도 불구하고 여기서 사용할 수 있는 모든 비실험적 추론의 방식이 가지고 있는 이론적 결함과 함께 어쩔 수 없이 주어진 투사의 "단순한 가능성"은 쉽게 치명적이 된다. 왜냐하면 그것은 다른 것도 역시 가능하다는—누가 그것도 "마찬가지로 가능하다"고 말하지 않겠는가?—사실을 자연적으로 의미하기 때문이다. 그렇다면 그때마다 이해 관계, 경향 또는 단순한 의견은 가능한 예측들 가운데서 어차피 선호되고 있는 계획에 가장 유리한 예측을 찾아내거나, 아니면 미지의 것을 위해 이미 알고 있는 것을 포기하기에는 우리가 아는 것이 너무 없다는 불가지론적 결단으로써 그 모든 예측들을 처리할 것이다. 그렇지 않으면 "우리가"(즉 후세의 사람들이) 앞으로 일어날 일을 보게 된다면 시간은 여전히 흘러가는 "도중"에 있다는 주장으로 해결할 것이다. 그러나 결의론(決疑論)을 통해 통찰되었을지도 모르는 것이 예측의 부정확성으로 인해 응용될 수 있는 호기를 놓치게 되며, 그 좋은 원칙들도 아마 너무 늦어 쓸모없을 때까지 유유자적하게 머물러야만 한다.

II. 좋은 예측에 대한 나쁜 예측의 우선성

불행의 예언에만 국한되지 않는 이러한 불확실성으로 인하여 윤리적 통찰이 우리가 의도하는 미래의 책임에 아무런 효과가 없게 될 수도 있다. 그러나 바로 이 불확실성은 윤리 이론에서 고려되어야 할 뿐만 아니라, 그 자신으로서는 실천적 규정으로서 효력을 발휘할 수 있는 새로운 원칙의 동기가 되어야 한다. 소박하게 말하자면 그것은 **구원의 예언보다는 불행의 예언에 더욱 주의를 기울여야 한다는** 규정이다. 이에 관한 이유를 간단히 제시하고자 한다.

1. 대모험에서의 개연성

미지의 실험 결과가 좋을지 안 좋을지에 관한 개연성의 관계는 일반적으로 특정한 목표를 성취하는가 아니면 실패하는가의 관계와 같다. 적중한 실험, 즉 소위 말하는 명중탄은 수없이 많은 대안들 중의 하나일 뿐이며, 그 밖의 다른 모든 것들은 다소간 적중하지 못한 헛방들에 지나지 않는다. 사소한 일들에서는 희박한 성공의 기회를 위해 그 많은 실수를 용납할 수 있지만, 인간의 사업 전체의 뿌리에 연관된 돌이킬 수 없는 대규모의 중요한 일들에 있어서는 본래 어떤 실수도 용납되지 않는다. 진화의 작업은 대체로 사소한 일들로 이루어진다. 진화는 결코 전체를 지향하지 않는 까닭에 개별적인 경우에 있어서는 수많은 "오류"들을 용납할 수 있으며, 또 끈질기고 느린 진화 과정은 이러한 오류들에서 소수의 적은 "명중탄"을 선택해 낸다. 끈질기지도 않고 느리지도 않은 현대 기술의 대사업은—전체로서 뿐만 아니라 많은 개별 계획에서—자연적 발전 과정의 수많은 작은 행보들을 소수의 거대한 행보로 응축시킴으로써 천천히 움직이는 자연의 생명을 보장하는 이점을 포기한다. 그러므로 생명의 조직에 대한 기술적 침해가 가지는 인과적 속도는 마찬가지의 인과적 규모를 야기한다. "자연의 발전을 스스로 통제하기"는커녕, 다시 말해 맹목적으로 천천히 작업을 하는 (진화 과정의)

우연을, 이성에 대한 믿음을 토대로 하여, 즉각적으로 작용하는 의도적 계획으로 대체하지도 못하고, 인간에게 진화적 성공에 대한 더욱 확실한 전망을 제공하지도 않으면서 기술적 침해의 속도는 오히려 전혀 새로운 불안과 위험을 산출한다. 이 불안과 위험은 생명 조직에 대한 침해의 증가에 비례한다. 그것은 동시에 위대한 목표에 이르는 시간의 축소에 비례하여—완전히 회피 불가능하고 더 이상 작지도 않은—오류들을 수정할 수 있는 시간을 허용하지도 않는다. 오류의 불가피성에 관한 한 우리가 자연적 진화의 장기성을 인간적 계획 행위의 상대적 단기성으로 대체하면서 간과해서는 안 될 사실은 진화에 있어서는 매우 짧은 기간이 인간에게는 매우 긴 기간을 뜻한다는 것이다. 위에서 제시한 바와 같이 그 자체로 존립하고 있는 개연성의 불균형을 전제하면, 현저한 우발성을 지니고 있는 이러한 일들에 있어서는 구원의 약속보다는 오히려 위협에 보다 큰 비중을 두어야 한다는 지시적 명령과, 종말론적 목적을 실현할 기회를 놓칠 수 있다는 희생을 치르고서라도 묵시론적 예견들을 회피해야 한다는 지시적 명령이 추론된다. 그 명령은 기술론의 내재적인—그러나 진화 자체에는 낯선—"전체 지향적 논리"와 더불어 진화적 양자 택일 기제가 지니고 있는 혁명적 양식과 직면하여 요청되는 신중성의 도덕적 명령이다.

2. 기술적 진보의 점증적 역학

이와 같은 일반적 고찰에 이어서 둘째로 생각해야 하는 것은 우리가 진로 수정을 내맡길 수 있다고 믿는 "진행 과정"이 별개의 문제라는 점이다. 기술론적 행위에 의해 근거리 목표를 가지고 그때그때마다 진행되었던 발전들은 스스로 자율화하려는 경향을 가지고 있다는 사실을 우리는 경험을 통해 잘 알고 있다. 즉 기술적 발전은 자신의 고유한 강제적 역동성을 띠는 경향을 가지고 있다는 것이다. 그런데 이 자동적 동인의 덕택으로 기술적 발전은 이미 말한 바와 같이 비환원적으로 될 뿐만 아니라 추진적이 되어서, 행위하는 사람들의 의욕과 계획을 뛰어넘기도 한다. 한번 시작한 것은 우리에게서 행위 법칙을 빼앗아 가고, 시작이 만들어 놓은 완성된 사실은 점증적으로 계속되어야 한다는 '영속성의 법칙'이 된다. 설령 우리가 "우리 자신의 진화 과정을 손에 넣었다"고 할지라도, 진화 과정은 그 동인을 스스로 흡수함으로써 우리의 손바닥을 빠져나갈 것이다. 그렇기 때문에 첫 발을 내딛는 것은 우리의 자유이지만 둘째 발걸음과 그 이후의 발걸음에서 우리는 노예라는 사실이 그 어느 곳에서보다 이곳에서 타당성을 지닌다. 그러므로 기술적으로 추진되는 발전의 가속화는 자기 수정의 시간적 여유를 허용하지 않는다는 사실을 확인할 수 있으며, 또한 그럼에도 불구하고 남겨진 시간에도 수정은 더욱 어려워지며, 그럴 수 있는 자유는 더욱 작아진다는 사실을 확증하게 된다. 희망보다 충분히 진지하게 근거지어진(단순한 공포의 환상과는 전혀 다른) 불행의 가능성들에 대해—설령 그것이 더 나쁜 상태로 근거지어진 것은 아니라고 할지라도—우선성을 부여하는 최초의 시작들에 주의력을 기울여야 한다는 도덕적 의무는 이러한 사실들로 인해 강화된다.

3. 발전 주체의 신성 불가침성

조금은 덜 실용주의적인 차원에서 우리가 셋째로 생각해 보아야 할 점은 앞서 진행된 진화의 유산을 보존해야 한다는 사실이다. 물론 이 유산은 선과 악을 판단할 수 있는 (자신에게 스스로 부여한) 능력을 지금의 소유주에게 양도하였다는 이유만으로 완전히 나쁠 수는 없다. 그러나 이 유산은 상실될 수 있다. 일반적으로 비참한 상황에서 사람들은 변화 자체가 마치 개선인 것처럼 큰 기대를 걸 수도 있다. 그렇지 않더라도 ("프롤레타리아는 그들의 사슬 이외에는 잃을 것이 아무것도 없다"는 말과 같이) 주어져 있는 것을 거리낌없이 내기에 걸 수 있을 것이다. 물론 그것은 성공하면 오로지 좋아질 뿐이며, 실패해서 판돈을 잃는다고 해도 크게 손해볼 것이 없는 그런 내기이다. 그렇지만 유토피아적 모험의 옹호자들이 이 논리를 끌어댈 수는 없다. 왜냐하면 유토피아적 모험의 시작은 지식에 대한 전적인 자부심과 지나간 자연 발전의 결실일 수밖에 없는 지식의 능력에 대한 자부심으로 온통 가득 차 있기

때문이다. 따라서 그들은 불충분한 것으로 설명된 결과들을 뒤집어엎을
의도로 자연 발전을 헐뜯을 수 있다. 그러면 그들은 스스로 자연 발전
의 결과인 자신들을 그 발전의 부적격자로 증명하는 꼴이 된다. 아니면
그들은 자신의 자격을 주장할 수 있지만, 그렇게 되면 그들은 자연 과
정의 전제 조건을 시인한 것이 된다. [2]

물론 셋째 대안이 있다. 즉 헐뜯거나 자격이 있다고 주장하는 것을
동시에 그만두고 다음과 같이 단순하게 말하는 것이다. 아무것도 자연
에 의해 제재를 받지 않고 모든 것이 허용되는 까닭에 창조적 유희의
자유가 존립하는데, 이 자유는 오로지 유희의 충동에 의해 인도될 뿐만
아니라 유희의 규칙을 통달해야 한다는 요청, 즉 기술적 능력의 요청
이외에는 어떠한 요청도 제기하지 않는다. 정당화의 의무가 면제된 이
허무주의적 자유의 관점은 내면적으로는 모순이 없다. 그러나 분명히
우리는 천명된 무책임성에 우리의 운명을 내맡기지는 않을 것이기 때문
에 이 관점을 논의할 필요는 없다. 물론 우리를 이끌어 갈 지도적인 표
본을 규정하기 위해서는 그 어떤 권위가 확보되어야만 한다. 그러나 이
권위는—이원론적 양식에 따라 인식 주체가 자신이 유래한 출처를 완
전히 모른다는 가정이 성립되지 않는다면—우리 자신이 세계 내적으로
형성되었다는 생성 존재의 본질적 충분성을 근거로 삼을 수밖에 없다.
이 인간 본성의 충분 조건은 창조적으로 운명을 전환시킬 수 있는 모든
권한의 전제 조건으로서 요청되며, 진리, 가치 판단, 자유에 대한 충분
조건이기는 하지만 이것은 생성의 과정에 있어서 무시무시한 괴물과 같
은 것이다. 인식 주체는 이 생성 과정으로부터 솟아나와 자신의 본질로
써 이 생성 과정을 극복하지만 다시금 이 생성 과정에 의해 동화되어 버
릴 수도 있는 것이다. 만약 생성 과정에 의해 주어진 것이 있다면, 인
식 주체의 소유는 생성 과정의 물결 속에는 보존해야 할 **무한한 것**이 있

---

2) 이것은 우리 현존재의 악하거나 또는 불완전한 창조자에 대한 데카르트
식 논거 중 한 관점에 불과하다. (데카르트 자신에 따르면 가치와는 무관
한 맹목적 천성이 그것을 위해 진력하게 한다는 것이다.) 물론 이것의 원
초적 모델은 모든 크레타인을 거짓말쟁이로 선언한 크레타인의 고대적 논
점이 된다.

으며 또한 잃어 버릴 것도 무한히 있다는 것을 말해 줄 뿐이다. 따라서 인식 주체가 허락하는 권한은 결코 자신의 왜곡과 위협과 "변형"을 포함할 수 없다. 어떤 이익도 이런 희생을 치를 가치가 없으며, 어떤 이익의 전망도 이러한 희생의 위험을 정당화하지 못한다. 그럼에도 불구하고 마치 수정 가능성의 전제 조건마저도 수정될 수 있는 것에 속하는 것처럼, 이러한 초월적 성격이 기술론적 연금술의 도가니로 함께 던져질 위험에 처해 있다. 여기에 잠재하고 있는 오산의 가능성을 도외시한다고 하더라도, 여기서 나타나고 있는 바와 같이 유산에 대한 배은 망덕함은 수정의 모험 자체가 말해 주고 있는 자신의 능력을 최대한으로 향유하는 것과는 전혀 어울리지 않는다. 기술론적 질풍 노도에서 미래를 보존해야만 하고, 또 과거 없이는 이러한 일을 할 수 없는 그러한 윤리학의 요소로서의 감사, 경건, 경외에 관해서는 나중에 말하게 될 것이다. 여기서 중요한 것은 우선 내기에 건 담보 중에는 모든 물리적 유래성에도 불구하고 하나의 형이상학적 사태가 들어 있다는 사실을 확인하는 일이다. 그것은 훼손될 수 있는 최고의 신탁물로서 우리에게 최고의 보존 의무를 부과하는 절대성이다. 이 의무는 비교의 여지도 없이 외부 영역에서 이루어지는 개량주의의 모든 지시 명령과 희망들을 능가한다. 그리고 이 의무가 문제되는 곳에서는 유한한 이익과 손실의 기회를 저울질하는 것이 중요한 일이 아니라, 유한한 이익의 기회에 비하여 어떤 모험에도 예속될 수 없는 무한한 손실의 위험이 중요하다. 어떤 대가를 치르고서라도 그 불가침성을 보존해야 하는 핵심적 현상, 즉 "구원"의 씨를 자신 속에 이미 가지고 있는 까닭에 어떤 미래로부터도 그 구원을 기대할 수 없는 이 핵심적 현상에 있어서는 실제로 충분히 설득력 있는 '불행의 예견'이 설득력은 덜하지 않지만 본질적으로 수준이 낮은 '구원의 예견'보다 훨씬 결정적이다. "불행의 예언"을 지나치게 옹호한다는 "염세주의"의 비난에 대해 우리는 다음과 같이 응답할 수 있다. 가능한 개선을 위하여 모든 모험을 무릅쓰면서 주어져 있는 것을 나쁜 것이나 가치 없는 것으로 간주하는 사람들에게 오히려 더 큰 염세주의가 존재한다.

III. 행위에 있는 도박의 요소

앞에서 언급한 규정의 근거에 관해서는 이쯤 말하기로 한다. 이제는 이 근거들이 비로소 힘입게 되는 윤리적 원리를 서술하고자 한다. 대안들의 평형 관계로 인하여 사실 영역에 대한 원리의 적용을 마비시키는 것으로 보이는 장기 예측의 **불확실성** 자체가 하나의 사실로 받아들여져야 한다는 점에서 우리는 출발했다. 그런데 이러한 사실을 올바로 다루기 위해서는 윤리학은 **추호도 불확실하지 않은** 원리를 가지고 있어야만 한다. 우리가 이제까지 해명하였던 것은 이미 그 안에서 원리가 표명되고 있는 실천적 규정이었다. 다시 말해서 특정한 규모의—즉 묵시론적 잠재력을 지니고 있는—사태에 있어서는 구원의 예측보다는 오히려 불행의 예측에 더 큰 비중을 부여해야 한다. 이러한 생각의 전제 조건은 우리가 오늘날 이미, 그리고 앞으로도 이러한 규모의 행위들과 관계한다는 점이었다. 그런데 이런 사실 자체가 인간사에서는 아주 새로운 일이다. 이 새로운 사실은 장기적 예측의 불가능성으로 말미암아 그때그때마다 시급한 것만을 고려하고 아주 먼 미래의 일은 스스로 해결되도록 내버려 두라는 모든 전통 윤리의 암묵적 관점들을 시대에 뒤진 것으로 만든다. 이것은 그 외에도 유혹적이거나 위협적인 장기 예측들 역시 똑같이 쓸데없는 환상에 지나지 않는 사적인 행위의 영역에도 타당성을 지닌다. 물론 이 환상들에게 있어서는 이웃 사람의 결정에 관해 실용적으로나 도덕적으로도 어떤 영향을 미치는 것이 허락되지 않는다. 쓸데없는 환상을 무시하는 것, 즉 덧없는 희망과 공포를 무시하는 것이 여기서는 불확실성에 부합하는 유일한 행동 규정이다. 그리고 미지의 일에 관하여 쓸데없이 고민을 하지 않는 것이 실천력 있는 덕성의 전제 조건이다. 그러나 새로운 행위의 차원에서는 쓸데없는 환상이 더 이상 문제시되지 않는다. 먼 미래에 대한 투사는 이러한 환상의 본질과 의무에 속하는 까닭에 우리는 이러한 불확실성에 대해 다른 규정을 가지고 대처해야 한다. 우리가—그 결과와 부수 효과를 고려할 때 모든 인간 행위에 포함되어 있는—**노름**과 **도박**의 요소에 관해 반성적으로 생각해 보고, 또 우리가 어떤 내기를 걸고 노름을 해도 되는지를 자문해 본다면, 우리는 그 내용을 알게 되고 그 원리를 경험하게 될 것이다.

1. 나는 다른 사람의 이해 관계를 나의 도박에 걸어도 되는가 ?

엄격하게 말하자면 자신에게 속하지 않는 것을 내기에 걸어서는 안 된다는 결론이 이에 대한 첫째 대답으로서 도출된다. (물론 한 사람에 속하는 모든 것을 과연 내기에 걸 수 있는가 하는 것은 미해결된 문제로 남는다.) 그러나 이 대답으로는 살아갈 수 없다. 왜냐하면 모든 사물과 마찬가지로 인간사도 풀릴 수 없을 정도로 서로 얽혀 있으므로 나의 행위가 다른 사람의 운명에 동시에 폐를 끼치게 되는 것은 피할 수 없는 사실이기 때문이다. 그렇기 때문에 내 것을 내기에 건다고 해도 항상 다른 사람에 속하고 본래는 내가 어떤 권리도 가지고 있지 않은 것을 내기에 걸게 된다. 죄의 요소는 모든 행위에서—경건주의적인 불이행도 역시 행위의 일종일지도 모른다—수용되어야 한다. 그것은 우리에게 영원히 알려지지 않을, 그래서 우리가 그 필연성을 일반적으로 주장할 수밖에 없는 죄에게만 타당한 것이 아니라, 이미 알려지고 예측할 수 있는 죄에 대해서도 타당하다. 괴테는 "행위자는 항상 양심이 없다"고 말한 바 있는데, 이는 아마 죄지음에 대한 준비와 자세를 의미하였을 것이다. 보다 차원 높은 윤리적 양심이 과연 이와 같은 양심 부재를 얼마만큼이나 허용할 것인지, 다시 말해 우리 자신의 계획을 수행할 때 타인의 이해 관계를 얼마만큼 의식적으로 침해하거나 또는 위험에 빠뜨릴 수 있는지 이를 결정하는 일이 책임의 결의론의 과제인데, 이는 일반적으로 원칙론에 의해 미리 확정될 수 없다. 자신의 것이든 타인의 것이든 내기를 거는 데 있어서 원칙적으로는 단지 방종과 경박만을 비난할 수 있다. 즉 양심 부재는 결코 아무 생각 없이 일어나서는 안 된다. 방종함은 예를 들어 가치 없는 목표를 위해 의미 있는 것을 내기에 거는 것을 말한다. 또 자기 자신의 복지와 생명을 가볍게 생각하는 경솔함은 실제로 주장할 수 없는 권리이다. 이 권리에 관해서 우리는 기껏해야, 이 권리는 이에 반하는 의무에 의해 제한되기는 하지만 완전히 지양되지는 않는다고 말할 수 있을 뿐이다. 다른 사람을 나의 "도박"에 끌어들일 때에야 비로소 경솔은 부당한 것이 된다.

2. 나는 타인의 이해 관계 전체를 위험에 빠뜨려도 되는가?

이러한 전제 조건을 지키는 경우에 불확실한 내기에 건 타인의 물건에 관해 말하자면, 내기에 건 담보가 결코 연루된 타인의 이해 관계의 **전체**이어서는 안 된다는 것이 첫째 대답에 대한 보충이 될 것이다. 특히 타인의 생명이어서는 안 된다. 실제로 이것은 나의 이기적인 이해 관계를 추종할 때에도 무조건 타당하다. 추구하고 있는 이해 관계의 편파성과 내기에 걸린 이해 관계의 총체성 사이에 존립하고 있는 불균형 때문에도 그렇지만, 나의 이익뿐만 아니라 나의 생명이 문제시되는 곳에서 특히 그렇다. 그런데 이것은 이타적인 목표를 추구할 때에도 타당한가? 특수하게 모험에 연관된 사람들의 이해 관계에서 추구되고 있는 경우에도 그러한가? 실제로 극단적인 위험에 처해 있는 경우에 미래를 위해 국가의 실존을 내기에 거는 국가 지도자의 권리를 반박하고자 하는 것은 아니다. 미래 자체가 미래를 위한 내기의 담보가 되는 경우에 전쟁과 평화에 관해 엄청난, 그러나 도덕적으로 정당화될 수 있는 결정을 하게 된다. 그러나 이것이 영광스러운 미래의 유혹 때문에 이루어져서는 안 되며 오로지 공포스러운 미래의 위협 아래에서만 실행되어야 한다는 점을 우리는 덧붙여야 한다. 즉 결정은 최고의 선을 획득하기 위해서가 아니라(그것은 단지 오만의 문제일 수도 있다) 최고의 악을 회피하기 위하여 이루어져야 한다. 후자의 생각만이 항상 우선권을 가지며, 또 필연성이라는 구실을 가진다. 왜냐하면 사람은 최고의 선 없이도 살 수 있지만, 최고의 악으로는 살 수 없기 때문이다. 모든 것을 얻거나 아니면 모든 것을 잃는다는 대안에 대해서는 어떤 좋은 이유도 존립하지 않는다. 그러나 시도하는 과정에서 모든 것을 잃을 수도 있다는 위험을 무릅쓰고 양도할 수 없는 것을 구하려고 노력하는 것은 윤리적으로 정당화되고 또 명령될 수 있다. 그러므로 이러한 점을 유보한다면, 행위의 도박에 거는 담보가 결코 연루된 타인의 이해 관계 전체이어서는 안 된다는 명제는 무조건 타당한 것은 아니다.

3. 개량주의는 총체적 담보를 정당화하지 않는다

이 유보 조건이 경우에 따라서 타인의 이해 관계 전체를 담보로 거는 것을 정당화할 수 있는 것은 최대의 선을 도출하기 위한 경우가 아니라 오로지 최대의 악을 저지하기 위한 경우라는 사실을 말하는데, 이에 따르면 기술론의 과감한 모험들은 허용되지 않는다. 왜냐하면 이 기술론의 모험들은 존립하고 있는 것을 보호하거나 또는 견디기 어려운 것을 제거하기 위하여 실행되는 것이 아니라, 끊임없이 성취된 것을 지속적으로 개선하기 위하여, 즉 가장 야심적인 경우에 지상의 낙원을 이룩하는 것을 목표로 하는 진보를 위하여 실행되기 때문이다. 따라서 진보의 작업들은 필연성을 나타내기보다는 오히려 방종을 나타내고 있다. 그리고 이 작업의 실행이 무제약자 자체를 말하는 데 반하여, 실행성의 포기는 기껏해야 필연성을 넘어서는 과잉만을 말할 뿐이다. 그러므로 이익 배당의 보호가 충분하지 않은 곳에서는 "나의 행위는 똑같이 연루된 타인(여기서는 미래의 사람들이다)의 이해 관계 '전체'를 내기에 걸어서는 안 된다"는 명제가 다시 설득력을 획득한다.

4. 인류는 자살의 권리를 가지지 않는다

기술론적 진보에 있어 도박의 모험에 휘말린 이해 관계 "전체"는 평상시에 인간적 결정에서 문제시되는 것과는 비교할 수 없을 정도로 포괄적인 의미를 가진다는 사실이 결정적인 봉인으로서 이에 첨가된다. 운명의 순간에 정치적 지도자가 자기 부족, 도시, 국가의 전적인 존립 여부를 모험에 내맡긴다고 할지라도, 그는 그것의 종말 후에도 여전히 인류와 생명의 세계가 지상에 존립할 것이라는 사실은 알고 있다. 오로지 이러한 포괄적인 전제 조건의 틀 안에서만 어떤 극단적인 경우에 행해지는 위대한 개별적 모험이 윤리적으로 정당화될 수 있다. 그러나 자신의 민족을 구원하는 경우라고 할지라도 국가 지도자는 결코 인류를

멸망시킬 수 있는 어떤 수단도 사용해서는 안 된다. 그런데 기술론의
가능한 작품들 중에서도 점증적으로 이와 같이 전지구적 규모와 심각한
영향력을 가진, 즉 미래에 인간의 실존 전체와 본질 전체를 위협할 수
있는 많은 것들이 문제가 된다. 국가 지도자는 운명을 결정할 때 이론적
으로는 그가 결정을 대리해 주는 사람들의 동의를 토대로 자신을 그들
의 대리인이라고 간주할 수 있다. 그러나 자신의 비존재와 인간 존재의
박탈에 대한 동의는 미래의 어떤 인류로부터도 획득할 수 없으며 또한
상상할 수도 없다. 그럼에도 불구하고 이를 상정하고자 한다면(이는 거
의 미친 가정이다), 그것은 반박되어야 할 것이다. 왜냐하면 (물론 앞
으로 제시되어야 하지만) 실존에 대한 개개인의 조건적 의무와 혼동해
서는 안 될 인류가 실존해야 할 **무조건적 의무**가 존립하기 때문이다. 물
론 자살에 대한 개인적 권리에 관해서는 말할 수 있지만, 자살에 대한
인류의 권리에 관해서는 어떠한 말도 성립되지 않는다.

5. "인간의" 실존이 내기의 담보가 되어서는 안 된다

이로써 우리는 기술론이 할 수 있는 특정한 "실험들"을 금지하는 하
나의 원칙을 드디어 발견하였다. 이 원칙의 실용주의적 표현은 바로 앞
서 논의하였던 규정으로서, 결정의 순간에 구원의 예측보다는 불행의
예측을 더욱 중시해야 한다는 것이다. 이 규정이 타당성의 근거로 삼는
윤리적 원리는 다음과 같다. 즉 어떠한 경우에도 인간 전체의 실존과
본질은 도박 행위의 담보가 되어서는 안 된다. 앞에서 제시된 규모의
단순한 가능성들은 도저히 수용할 수 없는 모험으로 파악되어야 한다는
사실이 이 원리로부터 쉽게 도출된다. 그런데 이 모험은 다른 어떤 가
능성들도 수용할 수 없는 것으로 만든다. 인류의 생명에 대해서는 (개
별적 환자에 대해서는 항상 타당할 필요가 없지만) 그로 인해 환자가
죽을 수도 있는 완전 치료보다는 오히려 불완전한 완화제를 선호할 수
도 있다는 것이 타당하다.
여기서 우리의 문제와 연관되는 것은 데카르트적 회의 원칙의 전도이
다. 데카르트에 따르면 우리는 회의할 수 없을 정도로 참된 것을 확정

하기 위하여 어떤 형식으로건 회의할 수 있는 것은 모두 증명된 거짓과 동일시해야 한다. 이에 반하여 우리는 여기에서 회의할 수도 있지만 가능한 것을, 그것이 특정한 종류의 것이라면, 결정의 목적을 위해서 확실한 것처럼 다루어야 한다. 그것은 또한 이기적이고 행복론적인 성격과 궁극적으로 비윤리적인 성격을 배제한 파스칼적 내기의 변종이기도 하다. 파스칼(B. Pascal)에 의하면 짧고 게다가 불확실한 현세적 삶의 향락과, 내세의 영원한 행복과 저주의 **가능성** 사이의 내기에서 순수한 계산은 바로 후자를 선택하도록 명령한다. 왜냐하면 양자의 손익을 비교해 볼 때 두번째를 선택할 경우 그 대상 즉 영원한 생명이 존재하지 않는다고 할지라도 단지 유한한 작은 것을 잃는 것이 되며, 그렇지 않으면 무한한 것을 획득하는 것이기 때문이다. 그렇지만 반대로 유한한 생명을 선택할 경우에는 최상의 경우에(즉 영원한 생명이 존재하지 않는다면) 작은 것을 얻게 되지만, 그렇지 않으면 무한한 것을 잃게 된다. 모든 것을 건 사생 결단의 승부를 예견하게 하는 이 요행의 계산에 대해서는 다른 관점에서 뿐만 아니라 특히 다음의 관점에서 이의를 제기할 수 있다. 여기서 모험의 대상이 되고 있는 **무**와의 관계에서 모든 것은, 즉 아주 덧없는 시간적 존재마저도 무한한 크기가 된다. 여기서 (주어진 시간성을 희생하는 대가로 가능한 영원성에 내기를 거는) 두번째의 선택은 무한한 손실의 가능성을 가지고 있다. 그러므로 영원이 우리를 기다리고 있다는 사실은 단순한 가능성 이상의 믿음이 되어야 한다. 만약 그렇게 되면 영원에 대한 선택은 더 이상 내기 게임이 아니다. 그러나 절대적 불확실성은 현재 존립하고 있는 것의 상대적 확실성과 비교하여 계산될 수는 없다. **우리가** 제시하는 내기의 윤리적 원칙은 이런 비난의 대상이 되지 않는다. 왜냐하면 이것은 무를 모험하는 것, 즉 선택된 것에서 무의 가능성을 허용하는 것을 금지하기 때문이다. 간단히 말해서 우리의 윤리적 원칙은 인류의 문제에 한해서는 가지고 있는 전체를 내기에 거는 바방크(Va-banque) 놀이를 금지하기 때문이다. 이것은 표상할 수 있는 것을 상대로 표상할 수 없는 것을 내세우는 것이 아니라 단지 유한한 세계에서 어느 정도 수용할 수 있는 것에 대해 전혀 수용할 수 없는 것을 내세운다. 특히 이것은 의무를 수반하며 이해 관계에 따른 손익 계산을 제시하지는 않는다. 또 이 윤리적 원칙은 무를 반대하고, 존재에 대한 1차적 의무를 근거로 책무를 부과한다.

  불확실성에 대처하기 위한 이 원칙 자체는 불확실성의 성격을 지니지 않는다. 이것은 우리를 무조건적으로 구속한다. 다시 말해서 윤리적 현명함의 단순한 충고로서 우리를 구속하는 것이 아니라, 우리가 앞으로 존재하게 될 것에 대한 책임을 수용한다면 피할 수 없는 지시 명령으로서 우리를 구속한다. 우연을 수반하는 경우를 제외하면 이러한 책임하에서 신중함이 도덕적 행위의 핵심이 된다. 우리가 책임을 져야 한다는 사실은 앞의 설명에서 암묵적으로 전제되기는 하였지만, 어느 곳에서도 증명되지는 않았다. 윤리학의 시초가 되는 책임의 원칙은 아직 제시되지 않았다. 예전이라면 이 과제를 해결하기 위해서 하늘의 도움을 요청하였을 뿐만 아니라 하늘의 도움이 상당히 필요했을 것이다. 그렇지만 하늘의 도움을 구하는 그런 시선이 이제는 더 이상 이롭지 않게 된 이 과제에 대해 우리의 관심을 기울이고자 한다.

IV. 미래에 대한 책임

1. 미래 윤리에 있어서 호혜성의 상실

여기에서 우리는 우리의 원칙으로부터 요구해야만 하는 것이 권리와 의무에 관한 전통적 이념에 의해 충족될 수 없다는 점을 우선 말해 두겠다. 호혜성에 기초하고 있는 전통적 이념에 따르면 나의 의무는 다른 사람의 권리이며, 또 다른 사람의 권리는 나의 권리와 동일한 것으로 파악된다. 그렇기 때문에 타인의 특정한 권리가 한번 확정되면, 동시에 이를 존중하고 (긍정적 책임의 이념에 따라서) 가능한 한 이를 장려해야 하는 나의 의무도 역시 확정된다. 그러나 이러한 이념은 우리의 목적에 대해서는 쓸모가 없다. 왜냐하면 권리를 주장하는 사람만이—즉 이미 **존재하고 있는** 사람만이—권리를 요청할 수 있기 때문이다. 모든 생명은 생명에 대한 권리를 주장한다. 아마 이것은 존중해야 할 권리일 것이다. 실존하지 않는 것은 어떤 권리도 주장하지 않는다. 따라서 자신의 권리를 침해받지도 않는다. 존재하고 있다면 권리를 가질 수도 있다. 그러나 앞으로 존재할 것이라는 가능성을 근거로 권리를 가지지는 않는다. 실제로 존재하기 이전에는 어떤 생명도 존재할 권리를 가지지 않는다. 존재에 대한 권리 주장은 존재를 통해 비로소 시작된다. 그러나 우리가 탐구하는 윤리는 바로 아직 존재하고 있지 않은 것과 연관되어 있으며, 이 윤리가 제시하는 책임의 윤리는 권리와 호혜성의 모든 이념과 상관이 없어야만 한다. 그리하여 이 윤리의 틀 안에서는 빈정거리기 위해 만들어 놓은 물음인 "미래가 나를 위해 도대체 무엇을 했단 말인가?, 미래는 나의 권리를 존중하는가?"는 더 이상 문제시되지 않는다.

2. 후세대에 대한 의무

그런데 전통 도덕에도 자발적으로 인정하고 실행하는 **비호혜적** 책임과 의무의 (관찰자조차 깊이 감동시키는) 경우가 하나 있다. 그것은 우리가 낳은 아이들에 대한 책임과 의무로서, 생산의 연속성이 없다면 사전 준비와 배려의 행위에 있어 실패할 것임에 틀림없다. 물론 노후에 우리는 투입한 사랑과 노고에 대한 반대 급부를 아이들에게서 기대할 수도 있다. 그러나 이것은 분명히 사랑과 노고에 대한 조건이 아니며, 더군다나 아이들에 대한 무조건적 책임의 조건은 아니다. 이는 **자연**에 의해 주어진 종류의 것으로서 전혀 이해 관계가 없는 행동이다. 실제로 이것은 생식이라는 생물학적 사실로 말미암아 주어진 것으로서 비독립적인 **후세대와**의 관계이지 (호혜적 권리와 의무의 이념이 발생하는) 독립적인 성인들 사이의 관계는 **아니다.** 독립적이지 못한 후세대와의 관계는 책임의 이념의 원천이며, 끊임없이 우리를 요청하는 행위의 영역은 책임이 실행되는 가장 원천적인 장소이다. 이러한 사실과 또 이와 연관된 성관계가 없다면 이성적 존재들에게 먼 미래를 내다보는 예비와 이해 관계 없는 배려가—설령 그것이 사회적인 것이라고 할지라도—어떻게 생겨났는지 이해가 안 될 것이다. (나의 지식으로는 도덕 철학에서 충분히 평가되지 않는 이러한 관찰을 우리는 후에 이롭게 사용할 것이다.) 여기서 말하는 모든 책임 있는 행위의 원형은 다행스럽게도 한 원칙으로부터의 연역을 필요로 하지 않고, 자연에 의해 우리에게 (적어도 인류의 탄생 부분에) 천부적으로 주어진 것이다.

그럼에도 불구하고 우리는 윤리 이론이 요구하는 바와 같이 여기서 통용되고 있는 윤리적 원칙을 주목하고자 한다. (남자들은 아마 이 원칙을 종종 상기해야만 한다.) 그러면 우리는 아이들에 대한 의무와 후세대에 대한 의무가 동일하지 않다는 사실을 알게 될 것이다. 우리에 의해 생산되어 실존하고 있는 아이에 대한 염려는 감정의 충동 없이도 아이의 실존에 대한 **창시자의** 실제적 책임과 이 실존에 고유한 **권리**를 가지고 충분히 정당화될 수 있다. 다시 말해 비호혜성에도 불구하고 여기서는 모두 일방적인 권리와 의무의 고전적 원리를 가지고 정당화할 수 있다. 그렇지만 실존에 의한 권리와 대립되고 있는 창시자의 의무와는 전혀 다른 점은 아이의 생산, 즉 생식에 대한 의무일지도 모른다. 만약 존재한다면 이 의무는 이루 말할 수 없을 정도로 중대하며, 어쨌든 동일한 원칙을 가지고는 정당화되지 못한다. 아직 태어나지 않은 자의 태어날 수 있는 **권리**(더 정확하게 말하자면 아직 생산되지 않은 자의 생산의 권리)는 전혀 기초를 세울 수 없다. 그러므로 여기서 문제되고 있는 것은 타인의 권리와 대립되지 않는 의무이다. 그것은 비록—실존의 부여와 더불어 신의 작품을 지속시키라고 맡겨진—자신의 창조물에 대한 창조신의 권리라고 할지라도 그렇다.

3. 후세대의 실존과 본질에 대한 의무

미래의 인류에 대한 책임에 있어서도 이러한 종류의 의무가 중요하다. 그런데 이 책임이 의미하는 바는 1차적으로 우리가—우리 자신의 후손이 그 중에 존재하게 될 것인가 하는 문제와는 관계 없이—미래 인류의 **실존**에 대한 의무를 가지고 있으며, 2차적으로는 그들의 **본질**에 대한 의무를 가진다는 것이다. 첫째 의무는 그것이 반드시 개개인의 의무는 아니라고 할지라도 생식의 의무를 포함한다. 그러나 이 의무는 자신을 원인으로 하여 존재하는 실존에 대한 창시자의 의무를 확장함으로써 추론될 수 있는 것은 아니다. 우리가 가정하고자 하는 그러한 의무가 실제로 존재한다면, 그것은 아직까지는 정당화되지 않았다.

a. 후손에 대한 의무는 정당화되어야 하는가?

후손에 대한 의무가 과연 있는가 하는 물음과 이를 정당화해야 할 곤란한 과제를 내버려 둘 수도 있다고 말할 수도 있을 것이다. 왜냐하면 우리는 생식 본능의 지속성에 관해 염려할 필요가 없으며, 또 (예를 들어 환경의 치명적 오염과 같은) 외면적 파괴 원인은 단지 있을 법하지도 않은 가장 엄청난 어리석음이 서로 결합할 때에만 발생할 수 있기 때문이다. 그러나 인간의 어리석음과 무책임성의 규모를 아무리 과대평가한다고 할지라도 이러한 결합이 진지한 가능성이 있다고 도저히 고려될 수 없다. 그러므로 우리는 인류의 영속을 전제해야만 하고, 미래 인류의 본질에 대한 의무에 관한 내용 있는 관찰을 개시해야만 한다.

물론 이것은 이미 알려진 윤리학의 원칙으로부터 도출될 수 있다는 장점을 가지고 있으며, 이에 대한 고찰은 또한 전제되고 있는 인류의 존속을 보장하는 데 기여할 수 있기도 하다.

두 가지 점은 모두 옳다. 미래의 **본질**을 위협하는 위험은 일반적으로 보다 큰 정도에서 실존을 위협하는 위험과 동일하다는 점과 전자의 회피는 연속적으로 후자의 회피라는 점은 적어도 이야기될 수 있다. 그리고 권리와 의무의 이념으로부터 도출되는 윤리적 원칙은 다음과 같을 수 있다. 후세의 인간은 어쨌든 실존할 것이기 때문에 만약 우리가 피할 수도 있는 경망스러운 행위를 통해 후세들을 위한 세계 또는 인간적 구성을 타락시켰다면, 불행의 창시자로서 우리를 비난할 수 있는 권리가—원하지 않았는데도 불구하고 그들의 실존이 주어졌다는 점을 근거로 하여—그들에게 주어진다. 그들의 실존에 관해서는 단지 직접적 생산자에게 책임을 물을 수 있는 데 반하여(후세에 대한 이들의 권리가 특별한 이유에서 문제시될 수 있다면, 이들은 비난할 수 있는 권리를 가진다), 실존의 **조건**에 관해서는 먼 선조, 그리고 더욱 일반적으로 말하자면 이러한 조건의 창시자가 책임이 있다고 생각할 수 있다. 따라서 아직 존립하고 있지는 않지만 실존할 것으로 기대되는 후세대의 **권리**로 말미암아 오늘날의 우리에게는 창시자의 응답 **의무**가 있다. 이런 의무 때문에 엄청난 차원의 결과를 가져올 수 있는 행위를 할 때 우리는 그들에 대한 책임을 져야 한다.

b. 실존에 대한 의무의 우선성

이것이 상당히 옳을 뿐만 아니라 실천적으로 충분하다고 할지라도 윤리 이론으로는 만족스럽지 않다. 왜냐하면 첫째로 양심적인 염세주의자가 암울한 예측을 하면서 "그럼에도 불구하고" 생식 작업을 계속하여 (그가 결국에는 포기할) 무책임성의 결실에 대해 스스로 책임을 거부하는 사람들은 책임이 없다고 천명할 수 있기 때문이다. 다른 말로 표현하면 그는 실존의 무조건적 당위에 의해 실존의 제 조건이 결정되도록 하는 대신에, 인간이 반드시 있어야 하는 것은 아니라는 관점에서 미래 인류가 실존해야 한다는 소망적 · 명령적 성격을 그들의 예측 가능한 실존 조건에 예속시킬 수 있다. (이는 내가 히틀러 시대에 절망한 망명 부부들에게서 종종 들었던 논증, 즉 "이런 세계에서는 결코 아이를 낳아서는 안 된다"는 논증을 확대한 것이다.)

그러나 더욱 중요한 둘째 문제는 미래 희생자에 의한 고발을 그들의 운명에 관한 추정된 비난으로 환원시키는 일이다. 물론 그들이 자신들의 운명에 동의하고 만족하기까지 한다면 이러한 비난은 당연히 폐지될 수도 있다. 그러나 그것이 인간의 품위와 소명을 대가로 얻은 것이라고 한다면, 이와 같은 동의와 만족은 우리가 미래의 인류를 위해 결코 소망할 수 없는 것일지도 모른다. 오히려 우리는 미래의 인류로부터 어떤 비난도 받지 **않을 것**이라는 사실을 고발해야만 할지도 모를 일이다. 그렇다면 불만의 부재 자체가 가장 커다란 비난일 수 있으며, 고발자도 미래의 피해자가 **아니라** 바로 우리 자신일 수 있다.

이것은 무엇을 의미하는가?

이는 우리가 궁극적으로는 예견된 후손의 **소망**(이러한 소망은 우리 자신의 산물일 수 있다)에 관해 논의하는 것이 아니라 우리가 만든 것도 아니며 현재의 우리와 후손 모두를 넘어서는 문제인 그들의 **당위**에 관해 논의하고 있다는 것을 의미한다. 실존의 당위가 후손에게 불가능하도록 만드는 것이 본래적 범죄이다. 이에 비해 그들의 의욕을 좌절시키는 것은, 그것이 아무리 죄가 된다고 할지라도, 두번째에 가서야 비로소 문제가 된다. 그런데 이것은 우리가 지켜야 하는 것이 반드시 미래 인간의 **권리**가 아니라는 사실을 의미한다. 예를 들어 그것은 행복에 대한 권리가 아니라는 것인데, 행복이라는 개념이 불분명한 까닭에 그것은 어차피 적당하지 않은 기준이기도 하다. 우리가 지켜야 할 것은 오히려 그들의 의무, 즉 현실적으로 존재하고 있는 인류에 대한 **의무**이다. 다시 말해서 이러한 의무에 대한 미래 인간의 **능력**, 즉 이러한 의무를 스스로에게 부과할 수 있는 능력을 지켜야 한다. 그런데 우리는 "유토피아적" 테크놀로지의 연금술을 가지고 미래 인간에게서 이러한 능력을 박탈할 수 있다. 이러한 능력을 지키는 것이 인류의 미래에 대한 **우리의 근본 의무**이다. 그리고 이러한 근본 의무로부터 미래 인간에 대한 다른 모든 의무들이 도출된다. 이와 같이 내용적으로 규정된 의무들은 물론 유대성의 윤리, 공감의 윤리, 공정의 윤리, 동정의 윤리로 포섭될 수 있다. 이에 따르면 우리는 우리 자신이 가지고 있는 소망, 불안, 기쁨과 고통의 감정 이입을 통해, 즉 일종의 허구적 동시성을 근거로 하여 미래의 인간들에게 권리를 인정한다. 그런데 이 권리는 우리가 이 윤리학을 토대로 같이 살아가는 사람들에게 인정해 주고 존중해 주어야만 하는 권리와 동일하다. 미래 인간의 권리를 미리 예견적으로 존중하는 것은 여기서 창시자가 가지는 일방적 인과성으로 말미암아 우리의 특별한 책임이 된다. 앞에서 언급한 바와 같이 여기서 여전히 문제되는 것은 반대편에 "존립하고 있는", 즉 존립하고 있다고 추정된 권리에 응답하는 의무이다. 다시 말해 긍정할 만한 인간 본질에 대한 권리에 응답하는 의무이다. 그러나 이 의무는 미래의 권리 주체의 **실존**에 대한 의무에 예속되어 있다. 이 미래의 권리 주체는 다른 어떤 권리에 대해서도 응답하지 않고, 오히려 우리와 같은 존재를 요청 없이도 실존시킬 수 있는 권리를 우리에게 부여한다. 여기서 개별적 차원에서의 권리는 일반적 차원의 의무로부터 결과로서 나온 것이지 결코 그 반대는 아니다. 그리고 이 권리의 실행이 실존하게 될 사람들에 대한 개별적 의무를 수반한다면(우리는 이러한 원칙을 익히 잘 알고 있다), 이 개별적 의무들은 그 원칙을 포함하여 모두 1차적 의무에 예속되어 있다. 이 1차적 의무는 우리의 후손들에게 실존을 선사할 뿐만 아니라(이는 강제와 전혀 일치하지 않는다) 실존을 오히려 요구할 수 있는 권리를 일방적으로 부여한다. 이 실존은 바로 의무가 의도하고 있는 부담을 질 수 있는 능력을 가진 존재이다. 우리가 설령 할 수 있다고 할지라도, 우리는 그들이 이 부담을 질 수 있는지에 관해서는 전혀 묻지 않을 것이다. 그러나 이 부담을 지운다는 것은 이를 감당할 수 있는 그들의 능력을 우리가 미리 결정하지 않는다는 것을 전제한다. 이는 후손의 존재 본질에 대한 첫째 의무로서, 그들의 실존에 대한 의무로부터 비로소 추론된다. 예를 들어 그들의 행복 가능성에 대한 의무와 같은 다른 종류의 의무들은 모두 이 첫째 의무에 예속된다.

c. '인류는 존재해야만 한다'는 첫째 명법

그러므로 우리가 우선 미래 인류의 실존에 대한 책임 문제를 뒤로 미루고 실존하게 될 사람들에 대한 의무, 즉 그들의 존재 본질에 관한 배려에 관심을 기울여야 한다는 사실에는 일리가 없다. 오히려 그 반대로서, 요청되고 있는 존재 본질에 대한 제1규칙은 오로지 실존의 명법으로부터 얻을 수 있다. 그리고 그 밖의 모든 규칙들은 모두 이 명법의 기준에 예속되는데, 이 기준은 어떤 행복주의 윤리학과 동정의 윤리학도 제공하지 못한다. 이 윤리학에서는 실존의 명법이 금지하는 많은 것들이 가능하고, 또 그것이 지시하는 많은 것들이 부정된다. 도대체 왜 인류의 실존이 요청되는가 하는 물음의 근거에 역행한다면 어떤 미래인의 존재 본질도 허용될 수 없다는 것이 제1규칙이다. 따라서 인류는 존재해야 한다는 **사실의** 명법은 오로지 인간에게만 관계되는 첫째 명법이다.

4. 인간 이념에 대한 존재론적 책임

이 제1명법이 뜻하는 바는 우리가 미래의 인간에 대해 책임을 지는 것이 아니라 인간의 **이념**에 대해 책임을 진다는 것이다. 이 이념은 세계에서 자신이 구체적으로 실현되어야 한다고 요청한다. 다른 말로 표현하면 그것은 **존재론적** 이념이다. 그런데 이 이념은 비록―존재론적 증명에서 신의 개념이 그렇듯이―그 본질을 가지고 대상의 실존을 보장하지는 않지만, 적어도 이 이념의 현존성이 존재해야만 하고 또 보존되어야만 한다는 사실과 우리가 침해할 수 있는 이 이념의 현존성이 바로 우리 자신을 의무로 만든다는 사실을 말해 준다. 인간의 이념으로부터 도출되는 이 존재론적 명법이 바로 우리가 앞에서 단순히 주장했던 바와 같이 인류를 담보로 바방크 도박을 해서는 안 된다는 금지 명령의 근거이다. 인간의 이념은 **왜** 인간이 존재해야만 하는가를 우리에게 말해 줌으로써 또한 **어떻게** 인간이 존재해야만 하는가를 말해 준다.

5. 존재론적 이념은 가언 명법이 아닌 정언 명법을 산출한다

동시성의 윤리에 맞도록 설정된 가언 명법과 정언 명법의 칸트적 구별은 우리가 여기서 탐구하고 있는 미래 책임의 윤리에도 해당한다. 가언 명법(이런 종류의 것은 상당히 많다)은 다음과 같다. **만약** 미래에 인간이 존재한다면—이는 우리의 창시자적 자격과 연관이 있다—우리가 예견할 수 있는 의무들이 타당하다. 실존 당위의 사실과 본질을 동시에 강조하는 정언 명법은 단순하게 **인간**이 존재해야 한다고 명령한다. 정언적인 것에 관한 칸트의 규정, 즉 무제약성이 실제로 적용되는 명법은 나에게는 오로지 이것뿐이라는 사실을 고백한다. 그러나 이 **명법의** 원칙은 칸트에게서와 같이 스스로 행위의 법칙을 부여하는 이성의 자기 일치성이 아니다. 다시 말해서 그것은 항상 어떤 행위가 성립될 것이라고 전제되는 **행동**의 이념이 아니다. 그것은 가능한 행위자의 이념으로서 오히려 이념이 지향하는 내용의 실존을 고집한다. 이런 점에서 그것은 존재론적 이념, 즉 **존재**의 이념이다. 따라서 "미래 윤리"의 제 1원칙 자체는 행동의 이론으로서의 윤리학 **내부**의 문제가 아니라(물론 여기에는 미래의 인간에 대한 모든 의무들이 속한다) 존재에 관한 이론으로서의 **형이상학**의 문제이다. 그런데 인간의 이념은 형이상학의 일부분이다.

6. 두 가지 독단적 교의 : "어떤 형이상학적 진리도 존재하지 않는다", "존재로부터 당위에 이르는 길은 없다"

물론 이러한 사실은 가장 확고한 우리 시대의 두 가지 교의와 대립한다. 그것은 "형이상학적 진리는 존재하지 않는다"와 "존재로부터 당위는 도출될 수 없다"는 의견이다. 후자는 한번도 진지하게 검토되지 않았다. 그리고 그것은 존재의 개념이 중립적인 관점에서 (즉 "가치와 무관한 것"으로) 파악되었기 때문에 당위의 도출 불가능성은 동어 반복적 결과에 불과한 그런 종류의 존재 개념에만 해당한다. 그렇기 때문에 이러한 동어 반복적 추론을 확장하는 것은 다른 존재 개념은 불가능하다는 주장이나, 또는 여기서 토대로 설정된 (결국 자연 과학으로부터 차용한) 개념은 존재에 관한 참된 전체의 개념이라는 주장의 일반적 원리와 똑같다. 따라서 이와 같은 존재 개념을 전제하는 존재와 당위의 구분은 이미 특정한 **형이상학**을 반영하고 있다. 그런데 이 형이상학이 다른 형이상학에 대해 (오캄(W. Ockham)적) 비판적 장점을 주장할 수 있는 것은 그것이 존재에 관한 최소한의 가정을 할 뿐이라는 사실이다. (그것은 현상을 설명하는 데 있어서 가장 빈약한 가정이기 때문에 이 장점은 스스로를 빈약하게 만든다는 대가를 치를 수밖에 없다.)

"당위는 존재로부터 도출되지 않는다"는 교의가 그 존재론적 전제 조건에 의해 하나의 형이상학적 명제가 된다면, 그것은 더욱 기초적인 교의, 즉 형이상학적 진리는 존재하지 않는다는 제1교의의 금령에 예속된다. 이 명제는 자신의 고유한 전제 조건을 가지고 있는데, 앞의 교의의 **타당성**은 이 전제 조건에 달려 있다. "존재와 당위"의 교의가 존재에 관한 특정한 개념을 전제하고 있는 것과 마찬가지로 형이상학적 진리의 부정은 지식에 관한 특정한 개념을 전제한다. 이 지식의 개념은 다음과 같다. "과학적 진리"는 형이상학적 대상에 관해서는 성취될 수 없다. 이것도 역시 동어 반복적 추론이다. 왜냐하면 과학은 물리적 대상과 관계가 있기 때문이다. 이 명제가 지식에 관한 전제 개념을 고갈시킨다는 사실이 결정되지 않았다면, 형이상학의 가능성에 관한 마지막 말이 선고되지는 않은 것이다. 그러나 형이상학의 가능성이 어떤 처지에 있건 간에 이 항변은 우리가 탐구하고 있는 윤리학에 대한 **특별한** 반박이 될 수 없다. 왜냐하면 모든 윤리학에는—가장 현세적인 공리주의적·행복주의적 윤리학에서조차도—특정한 형이상학이 들어 있는 까닭에(예를 들어 "유물론"이 전제되고 있는 형이상학일 수도 있다) 어느 것도 더 나은 처지에 있지 않기 때문이다. 우리의 경우가 특별한 까닭은 내재하는 형이상학이 은폐될 수 없고 밝혀져야 한다는 사실 때문이다. 물론 이는 순수하게 윤리적인 일을 위해서는 전술적으로 불리하지만, 진리의 문제를 위해서는 궁극적으로 이점일 수 있다. 그것은 당위의 형이상학적 근거에 관해 설명해야 한다는 강제의 이점이다. 왜냐하면 "존재와 당위"에 관한 부정적 명제도 마찬가지로 특정한 형이상학적 명제를 함축하고 있다면, 부정적 명제의 옹호자도 모든 사람에게 공통적인 형이

상학에 대한 무지를 그대로 내버려 두고, 긍정에 대한 부정을 통해서
통용되고 있는 최소 가정에만 국한할 수 있기 때문이다. 긍정적 명제에
는 이러한 도피가 봉쇄되어 있다. 그리고 이 명제의 옹호자들은 증명은
아니라고 할지라도 적어도 자신의 가정에 대한 보다 탄탄한 존재론적
논증을 이성적으로 전개해야 한다. 그러므로 "최소론자"가 오캄에 의존
함으로써 생략할 수 있는 형이상학적 시도를 그는 필수적으로 수행하여
야 한다.

7. 형이상학의 필연성에 관하여

"인간"에게 해당되는 문제라는 사실을 보여줌으로써 왜 미래의 인간
이 문제되는가를 말해 주는 우리의 제 1 원칙을 위해서도 우리는 존재론
에 대한 모험적 시도를 하지 않을 수 없다. 우리가 도달할 수 있는 토
대가 순수 이론이 멈추어야만 하는 그 어떤 토대보다 확실하지 않다고
할지라도 마찬가지이다. 존재론에 대한 시도는 항상 인식될 수 없는 것
의 심연 위에 매달려 있을지도 모른다. 종교적 신앙은 이에 대한 대답
을 이미 가지고 있다는 사실을 암시하였다. 철학은 이 대답을 비로소
탐구해야만 하는데, 그것도 성공의 전망이 불확실하다. (예를 들면 인
간은 신의 의지에 따라 신의 형상대로 존재해야만 하며, 전체의 질서가
침해될 수 없다는 것을 "창조 질서"의 사상에서 쉽게 짐작할 수 있다.)
신앙은 윤리에 토대를 제공할 수 있다. 그러나 신앙은 필요할 때 즉각
주어지는 것이 아니다. 그뿐만 아니라 아무리 필요성을 강력하게 논증
한다고 할지라도 부재하거나 아니면 신용이 떨어진 신앙에 호소할 수는
없다. 반면 형이상학은 예전부터 이성의 용무이다. 그리고 이것은 요구
에 따라 시도될 수 있다. 물론 견고한 형이상학은 종교처럼 혹독한 필
연성의 명령으로 만들 수 있는 것이 아니다. 그렇지만 필연성은 형이상
학을 탐구한다는 것을 의미할 수 있다. 그리고 윤리학을 정초하기 위해
노력하는 속세의 철학자는, 합리성이 오로지 실증 과학의 척도를 통해
규정되는 것이 아니라면, 칸트의 주장에도 불구하고 우선 합리적 형이
상학의 **가능성**을 용인해야 한다.

다음 시도의 정당화는 이 정도로 하자. 단지 두 가지 사실만 미리 알아 두면 된다. 이 시도는 우선 더 이상 대답할 수 없는 형이상학의 마지막(최초의) 물음까지 추적해 들어가서—그 자체에 근거를 줄 수 없는—'어떤 것'의 존재의 **의미**로부터 당위적으로 규정된 존재의 이유를 경험해야 한다. 둘째로 이로부터 정당화되는 윤리학은 서양의 전통 윤리—특히 그리스적 · 유태적 · 기독교적 윤리학—를 구별하는 가차 없는 인간 중심주의에 머무를 수 없다. 현대 테크놀로지에 함축되어 있는 묵시론적 가능성들은 우리에게 인간 중심주의적 배타성은 하나의 선입견일 수 있으며, 적어도 검토를 필요로 한다는 사실을 가르쳐 주었다.

V. 존재와 당위

우리는 다음과 같이 묻는다. 인간은 존재해야만 하는가? 이 물음에 올바로 대답하기 위해서 우리는 우선 다음의 물음에 대답해야 한다. 그 어떤 것에 관해 그것이 존재해야 한다고 말하는 것은 무엇을 의미하는 가? 물론 이 물음은 도대체 어떤 무엇이—무 대신에—과연 존재해야 만 하는가 하는 물음으로 되돌아간다.

1. 그 어떤 것이 존재해야 한다는 당위

앞의 마지막 두 물음의 차이는 적지 않다. 이런 저런 사물이 존재해 야만 한다는 존재 당위에 관련된 첫째 질문은 주어진 존재의 범위 안에 서 제기되는 대안 가능성을 비교함으로써 상대적으로 대답할 수 있다. 무엇인가가 존재해야 한다면, 그것은 이것이 저것보다 더 좋기 때문이 며, 따라서 이것이 존재해야만 한다. 대안이 다른 어떤 존재가 아니라 무(無) 자체인 둘째 물음은 단지 절대적으로 대답할 수 있다. 예를 들 면 무와는 정도에 있어서의 어떤 비교도 불가능하기 때문에 존재 그 자 체는 "선하다"고 할 수 있다. 따라서 실존은 이에 대한 (반대적 대립이 아닌) 어떤 모순적 대립에 대해서도 우선권을 "가져야 한다."

두 가지 질문에 대답할 때 드러나는 윤리학의 차이는 인간에 관한 앞 의 물음을 예를 들어 쉽게 보여줄 수 있다. 인간의 한 상태가 다른 상 태보다 더 좋은 것으로 평가될 수 있으며, 따라서 선택에 대한 당위를 서술할 수 있다. 그러나 양자에 대해 인간이 존재하지 않는다는 인간의 무존재가 선택될 수도 있다. 무존재는 앞의 선택에서 두 가지 선택 가능 성이 처하게 되는 모든 반박으로부터 벗어날 수 있다. 다시 말해 무존 재 그 자체는 완전한 까닭에 모든 긍정적 선택 가능성의 부수적 특성인 불완전성으로부터 벗어나 있다. 내가 말하고자 하는 것은 만약 무에 대 한 존재의 절대적 우선성이 인정되지 않는다면, 무존재는 모든 존재의 대안들 대신에 선택될 수 있다는 점이다. 또한 이것은 윤리학의 현실적 의미에 대한 일반적 물음의 답이기도 하다.

2. 무에 대한 존재의 우선권과 개인

이 우선권의 인정과 존재를 위한 **당위**의 인정은 물론 개인이 모든 상황에서 가능하거나 확실한 죽음에 대항하면서 **자신의** 생존을 결정해야 한다는, 다시 말해 자신의 삶에 집착해야 한다는 것을 윤리적으로 말하지는 않는다. 다른 사람의 구원을 위해, 조국과 인류의 문제를 위해 자신의 생명을 희생한다는 것은 존재에 대한 선택이지 결코 무존재에 대한 선택이 아니다. 극도로 굴욕적인 상태에서 자신의 고귀한 인간 존엄을 보존하기 위해 숙고하여 결정한 (자유로운) 자살은 (항상 "공공적" 행동이기도 하였던 스토아적 자살과 마찬가지로) 결국 인간 존엄에 관한 깊은 생각에서 이루어진다. 양자의 경우에 타당한 생각은 "생명은 모든 선 중에서 최고의 선"은 아니라는 점이다. 개인적으로 절망적인 상태에서 자기 소멸을 선택할 수 있는 권리는 비록 윤리적으로는 반박할 수 있지만 동정에 의해 인정되고 있으며, 결코 존재의 우선권 자체를 부정하지도 않는다. 그것은 보편적 규칙의 예외로서 개별적인 경우에 나타나는 유약함에 대한 인정이다. 이와는 반대로 인류 몰락의 선택 가능성은 "인간"의 존재 당위의 문제를 건드리며, 이 문제는 필연적으로 그 무엇이 무 대신에 존재해야만 하는가 하는 문제로 되돌아간다.

3. "왜 무가 아니고 무엇인가가 존재하는가?"라는 라이프니츠 물음의 의미

이것은 다른 때에는 매우 무용한 것으로 보이는 라이프니츠(G.W. Leibniz)의 물음, 즉 "왜 무가 아니고 무엇인가가 **존재하는가?**"라는 형이상학의 근본 물음이 주장할 수 있는 유일한 의미이다. 왜냐하면 여기서 묻고 있는 '왜'는 선행하는 원인을 뜻하지는 않기 때문이다. 그러나 이 원인은 존재자 그 자체에 속하는 까닭에 오로지 존재자의 영역 안에서만 물을 수 있으며, 그것도 존재자의 전체성 또는 존재의 사실에 관련해서는 불합리한 점이 없지 않다. 창조론도 역시 이와 같은 논리적 사태를 변화시키지 않는다. 창조론은 비록 전체로서의 세계에 대한 대답을 원인으로 작용하는 신의 활동에서 발견하지만, 이런 대답은 동시에 신의 실존에 관한 물음을 새롭게 제기한다. 주지하다시피 합리적 신관은 이에 대해 자기 원인(causa sui)이라는 대답을 가지고 있다. 그렇지만 이 개념은 적어도 논리적으로는 문제가 있다. "당신은 영원히 신이십니다"라는 신앙의 빛나는 고백은 반박할 수 없는 사유의 필연성을 증명하기보다는 오히려 항상 긍정을 요구하는 **강요적 사실**의 논리적 우연성을 말해 줄 뿐이다. 우리는 이 문제를 방치해 둘 수 있다. 왜냐하면 그것이 필연적이건 자의적이건간에 창조자를 가정함으로써 우리가 관심을 가지는 세계와 관련하여 또다시 새로운 문제, 즉 "왜" 그는 세계를 창조하였는가 하는 문제가 제기되기 때문이다. 그런데 이에 대한 종교적 대답은 능력의 힘이 단순하게 행위를 스스로 야기한다는 인과적 대답이 아니라(이는 인과 관계의 전체 계열을 조야한 사실성으로 평가해 버린다), 창조자가 세계를 **원했다**는 대답, 그것도 "선한 것"으로서의 세계를 원했다는 대답이다(이에 대한 예로서 구약 성서의 〈창세기〉와 플라톤의 《티마이오스》(*Timaios*)를 보라). 그렇다면 우리는 좋은 상태라는 것은 신의 판단의 문제이지 단순한 소망의 문제가 아니었다고 말해야만 한다. 다시 말해서 세계의 실존이 선이기 때문에 창조자가 세계를 원했지, 그가 원했기 때문에 세계가 선한 것이 아니라고 말해야 한다. 물론 후자는 둔스 스코투스(Duns Scotus)의 당혹스러운 의견이었다. 경건한 신앙인들이 통찰을 통해서보다는 경건한 마음에서 이미 자신이 믿고 있는 신의 판단에 찬성하는 경향이 아무리 강할지라도, 신적인 판단은 근본적으로는 독립적으로 획득될 수 있어야 한다(fiedes quaerens intellectum). 다른 말로 표현하면 세계의 존재 당위의 물음은 이 세계의 창조자에 관한 어떤 명제와도 **분리**될 수 있다. 신적인 창조자에게도 선의 개념에 의하면 그러한 존재 당위가 자신의 창조의 근거였다는 가정이 전제된다. 즉 창조자는 세계가 존재해야 한다고 생각하였기 때문에 이 세계를 원하였다는 것이다. 그렇다. 세계 안에서 가치를 지각하는 것은 신적인 창시자를 추론할 수 있는 여러 근거 중의 하나이며(예전에는 이것이 여러 가지 신존재 "증명" 중의 하나였다), 이와는 반대로 창시자의 전제가 그의 창조물에 가치를 부여하는 근거는 아니라는 사실을 주장할 수 있다.

따라서 우리의 논점은 신앙이 상실됨으로써 예전에는 신학에 의해 나름의 방식대로 처리되었던 과제를 형이상학이 떠맡아야 한다는 것이 아니다. 오히려 이 과제는 항상 철학의 과제였으며, 또 신앙뿐만 아니라 불신의 전제 조건하에서도—이 전제 조건들이 제시하는 대안은 결코 이 과제의 **본성**을 건드리지 못한다—철학만의 과제였다. 형이상학이 신학으로부터 배울 것이 있다면, 그것은 예전에는 없었던 물음의 철저성이다. 왜냐하면 라이프니츠의 물음과 같은 질문은 고대 철학에서는 불가능하였던 것처럼 보이기 때문이다.

4. 가능한 존재 당위에 관한 물음은 종교와는 관계없이 대답될 수 있다

"도대체 왜 무엇인가가 존재하는가?"라는 유명한 근본 물음에서 **왜**의 문제를 다시 한번 생각해 볼 때, 인과적 근원의 의미에서 이를 이해하면 전제로서의 존재에 관한 물음이 무의미하게 되지만, 정당화하는 규범의 의미에서 이를 이해하면("존재하는 것은 가치 있는가?") 비로소 이 물음이 의미를 획득하며 동시에 창시자와의 관계와 신앙으로부터 분리된다는 것을 우리는 알게 되었다. 그러므로 "왜 무가 아니고 무엇인가가 **존재하는가**?"라는 물음의 의미는 존재 생성의 원인이 무엇이든간에 관계 없이 '무엇인가가 무에 대해서 우선권을 **가져야만** 하는' 바로 그 이유이다. 문제가 되는 것은 바로 이 "당위"의 의미이다.

그러므로 신앙을 가지든 신앙을 가지지 않든간에 가능한 존재 당위의 물음은—적어도 실험적으로는—독립적 판단의 과제이다. 다시 말해 철학이 인식의 물음, 즉 **가치** 평가와 결합된다면 그것은 철학의 과제이다. 왜냐하면 가치 또는 선은, 만약 이러한 것이 실제로 존재한다면, 단순한 가능성으로부터 실존으로 스스로 나아갈 수 있는 (또는 주어진 실존으로부터 정당하게 지속적 실존으로 나아갈 수 있는) 유일한 것이기 때문이다. 다시 말해 그것은 존재에 대한 요청권을 가지며, 존재 당위를 정당화하고, 존재가 선택과는 무관한 행위에 의존한다면 존재를 행위의 의무로 만든다. 그 가치가 실제로 얼마만큼 존립하고 있는가와는 상관없이 존재자에 대한 가치 **부여 가능성**을 통해 이미—가치와 무가치 중 어느 것도 부여될 수 없는—무에 대한 존재의 우선권이 결정되었다는 사실에 주목해야 한다. 그리고 사물의 총계에 있어서 선에 비해 악이 과중하다 하더라도—그것이 일시적이건 아니면 영구적이건간에—이 우선권을 지양할 수 없다. 즉 이 우선권의 무한성을 축소시킬 수는 없다. 근본적 가치 부여 가능성은 어떤 단계적 차별화에도 예속되지 않는 결정적인 특성을 가진다. 가치로 향하는 능력은 그 자체 역시 하나의 가치이며, 모든 가치 중의 가치이다. 따라서 그것은 가치와 무가치의 **차이**에 대한 단순한 접근 가능성이 무에 대한 절대적 선택 가능성을 존재에게 보장하는 한에서 무가치로 향하는 능력이기도 하다. 그러므로 그 어떤 가치가 있어야 비로소 존재에 대한 요청권을 가지는 것이 아니라 가치에 대한 가능성 자체가 이미 존재에 대한 요청권을 가지며, 왜 이 가능성을 제공하는 것이 실존해야만 하는가 하는 물음에 대답한다. 그러나 이 모든 것은 가치의 개념이 보장될 때에만 타당하다.

5. 이 물음은 가치의 위상에 관한 물음으로 변화한다

그렇다면 모든 문제는 "가치"와 같은 것이 도대체 존재하는가, 그것도 여기저기 있는 현실적인 것으로서가 아니라 **개념**에 의거하여 가능한 것으로서 **존재하는가** 하는 물음으로 첨예화된다. 그렇기 때문에 가치의 존재론적이고 인식론적인 지위를 확인하고 가치의 **객관성**을 탐색하는 것은 피할 수 없이 중요한 일이다. 왜냐하면 세계 내에서 모습을 드러내는 주관적 가치 평가들이 있다는 것, 즉 욕망과 불안, 노력과 저항, 희망과 공포, 쾌락과 고통, 소망하는 것과 소망스럽지 못한 것, 높이 평가되는 것과 사소한 것이 존재한다는 것, 다시 말해 의욕이라는 것이 존재하며 모든 것에는 자신의 고유한 존재를 지향하는 의지가 있다는 것은 의심의 여지가 없는 사실이지만, 세계 내에 주관적 가치 평가가 존재한다는 사실에 대한 언급 자체만으로는 급진적 이론을 위해 얻는 것이 결코 없으며, 또 허무주의자들로부터 아무것도 빼앗지 못하기 때문이다. 또한 이렇게 엄청나고 수고스러운 극적 시도가 과연 가치가 있는 것인지, 또 커다란 유혹이 과연 커다란 기만은 아닌가라는 의심이 항상 들기 때문이기도 하다. 기쁨과 고통에 관한 결산은 항상 제시될 수 있다. 총계에 의한—쇼펜하우어(A. Schopenhauer)의 것과 같이 천박한—비관주의의 대차 대조표는 알려져 있지만, 그것이 증명되지 않은 것만큼이나 주관적 현상에 의해서는 쉽게 반박될 수 없다. 반박할 경우 오히려 쉽게 피상성의 혐의를 받게 된다. 그렇다. 기쁨과 고통의 대차 대조표 없이도 의지 자체의(또는 붕괴된 형이상학의 대용품으로 불러낸 권력 의지의) 고통은—무의욕과 무는 이 고통으로부터의 구원일 수도 있다—인정될 수 있을지도 모른다. 따라서 감정의 강렬함과 노력의 위력은 이러한 유혹에 반대하는 논거가 될 수 있다. 한마디로 말해서 이러한 것들에 작용하고 있는 감정들 가운데 어떤 것도 이 위대한 광경이 공허한 "소리와 격분", "백치의 이야기"로 간주되는 것을 막지 못한다. 실행의 과정에 나타나는 어떤 것도 강요된 실행자가 무로 도피하는 것을 방해하지 못한다.

그러므로 윤리와 당위가 문제된다면 제 가치에 관한 이론, 아니면 가치 이론 일반에 대한 고찰이 필요하다. 오직 이 가치의 객관성으로부터 객관적 존재 당위와 존재 보존에 대한 의무의 **구속력**, 즉 존재에 대한 책임이 도출될 수 있다. 존재 당위적 세계에서의 인간의 존재 당위에 관한 우리의 윤리적·형이상학적 물음은 이제 가치들의 지위에 관한 논리적 물음으로 변화한다. 현재 가치 이론이 처해 있는 불확실하고 혼란된 상태와 이 이론이 가지는 허무주의적 회의에 비추어 볼 때 이것은 결코 희망찬 사업은 아니다. 그렇지만 적어도 명료성을 위해서라도 이러한 사업은 실행되어야 한다. 이제 우리는 이 과제에 관심을 기울이고자 한다.

제 3 장
목적과 존재에서 차지하는 목적의 위상에 관하여

우선 설명되어야 할 것은 종종 혼동되지만 결코 동일하지 않은 가치와 목적(또는 목표)의 관계이다. 먼저 목적에 대해 말해 보자. 목적은 그것을 위하여 어떤 사태가 실존하고, 또 그것을 산출하거나 보존하기 위하여 어떤 과정이나 행위가 실행되는 것이다. 목적은 "무엇을 위하여?"라는 물음에 대답한다. 예를 들어 망치는 망치질하기 위하여 실존하고, 소화 기관은 소화를 시켜 유기체의 생명을 좋은 상태로 보존하기 위하여 실존한다. 사람들은 그 어떤 곳에 도달하기 위하여 걸어간다. 법을 언도하기 위하여 법정은 열린다. 열거된 경우들에서 언급된 목적과 목표들이 관련된 사물과 행위를 정의하고 있다는 사실을 사람들은 알게 된다. 그뿐만 아니라 이러한 정의는 목적과 목표들이 가치로서 가지는 지위와 관계 없이 이루어지며, 목적과 목표 자체로서의 인식이 결코 이들에 대한 승인을 의미하지는 않는다는 사실에 사람들은 주목하게 된다. 즉 이것이 x의 목적이라는 확인은 내 편에서의 가치 판단을 함축하지 않는다. 나는 벽에 못을 치는 문명의 상태보다 망치가 없는 자연 상태를 더 좋아할 수도 있다. 나는 사자가 채식 동물이 아니라는 점을 한탄하면서, 육식의 생활 방식에 맞추어져 있는 소화 체제를 인정하지 않을 수도 있다. 나는 사람들이 항상 어디엔가로 가기를 바라는 대신 그들이 있는 곳에서 그대로 머무는 것이 더 좋다고 생각할 수도 있다. 나는 법정에서 베풀어 주는 종류의 정의에 관하여 높이 평가하지 않을 수도 있다. 간단히 말해서 나는 그와 같은 모든 목적들을 그 자체로는 **가치 없는** 것으로 천명할 수도 있다. 그럼에도 불구하고 이에 대한 나의 **서술**이 옳다면 나는 그것들을 항상 관련된 사물의 목적**으로** 인정해야만 한다. 다시 말하면 대상들의 "관점" 자체를 수용함으로써 나는 이 대상들에 내재해 있는 목적의 인식으로부터 목적에 대한 대상들의 적합성의 정도에 관한 판단, 즉 목적을 성취하는 데 있어서의 유용성에 관한 판단으로 나아갈 수 있다. 이런 맥락에서 나는 더 좋은 망치 또는 더 나쁜 망치에 관해 말할 수 있으며, 좋고 나쁜 소화 상태, 연속 운동과 사법 체계에 관해 말할 수 있는 것이다. 그렇다면 **이것은 가치** 판단이지만, 그렇다고 해서 이 가치 판단이 나의 가치 선택과 목표 설정에 근거를 두고 있는 것은 분명히 아니다. 이 가치 판단은 관련된 사물의 존재로부터 도출되며 이 사물에 관한 나의 이해에 기초하고 있는 것이지, 사물에 관한 나의 감정에 기초하지는 않는다. 이러한 방식으로 우리는 특수한 "선"의 개념과 그 반대의 개념, 그리고 다양한 사물과 사물 연관 사이에 존립하는 정도의 개념을 형성할 수 있다. 물론 **전제되는 것은** 우리가 "목적"을 실제로 사물의 내부에서 이 사물의 고유한 본성으로 지각할 수 있다는 사실과 지각의 정도이다. 그것은 특정한 목적(이 목적의 선 자체는 판단되지 않는다)에 대한 유용성의 정도에 따른 "선", 즉 그 어떤 것을 위한 상대적 가치이다.

여기서 두 가지 물음이 곧바로 눈에 띄게 된다. 우리가 사물에서 지각하는 목적은 **무엇의** 목적인가? 그리고 이 목적 때문에 관련된 사물들이 가치가 있으며 또 수단으로서 양호해지거나 불량해질 수 있는 그러한 목적들의 **가치는** 도대체 무엇인가? 목적들도 역시 더 좋아지거나 나빠질 수 있는가? 이 물음 중의 첫째 물음은 자기 자신에 대한 목적의 개념을 묻는 것이며, 둘째 물음은 가치 자체의 개념을 묻는다. 그런데 우리는 우선 목적 개념과 연관이 있고 가치와는 아직 관계가 없기 때문에, 여기서는 오직 첫째 물음만을 다루기로 한다.

I. 망치

1. 목적에 의한 구성

목적은 "무엇의" 목적인가라는 물음에 관해 우리는 "목적을 가진다"는 표현에 내포되어 있는 이중적 의미를 지적해야만 한다. 망치는 '이것을 가지고 망치질한다'는 목적을 "가진다." 이 목적을 가지고 이 목적을 위해 망치는 만들어졌다. 그리고 방금 주워든 돌을 향해 내리치는 순간적인 목적과 망치를 만들기 위해 부러뜨린 나뭇가지를 향해 제공되는 순간적 목적과는 전혀 다른 방식으로, 망치는 망치를 향해 맞추어져 있는 존재에 속해 있다. 목적은 망치의 **개념**에 속한다고 우리는 말할 수 있다. 그리고 이 개념은 모든 인공 대상에서와 마찬가지로 그 실존에 **선행**하며, 자신의 생성 원인이다. 다시 말하면 개념은 대상의 밑바탕에 놓여 있는 것이며, 이미 실존하고 있는 사물에서 추상화한 후차적 유(類)의 개념에서와 같이 대상이 개념의 밑바탕에 놓여 있는 것은 아니다. 예를 들어 시간 측정의 개념은 시계를 산출한 원인이며, 시계는 전적으로 이 목적에 의해 정의된다. 이 목적은 글자 그대로 시계의 존재 이유이다. 그러므로 시계는 목적을 실제로 자신의 본질에 대한 규정으로서 "가지는" 것이지, (우연적 유용성에 사용되는) 사용의 우연적 속성으로서 가지는 것은 아니다. 시간 측정은 시계의 규정이다. 그렇다. 시계는 이러한 규정 없이는 도대체 존재할 수 없을 정도로 자신의 목적과 동일하다.

2. 사물에 존재하지 않는 목적의 장소

그럼에도 불구하고 존재를 산출하고 구성하는 개념은 자신의 개념이 아니라 생산자의 개념이다. 생산자는 생산 행위를 통해서도 이 개념을 대상에 양도할 수 없다. 시간 측정은 이와 같은 진정한 의미에서 "그의" 목적이었으며, 앞으로도 항상 "그의" 목적일 것이기 때문에 결코 시계의 목적일 수 없다. "가진다"의 이 두번째 의미에서 시계나 망치는 자신의 목적을 스스로 **가지지** 못하고, 오직 이들의 생산자와 사용자만이 목적을 "가진다." 이것은 모든 비생명체적 도구에서 동일하다. 인공품의 **본질적인** 목적은 **그것들의** 목적이 아니다. 그것들이 가지는 총체적 목적성에도 불구하고—어쩌면 바로 이 목적성 때문에—그것들에게는 자신의 목적이 결여되어 있다.

106

II. 법정

순서의 다른 끝인 법정의 예로 가보기로 하자. 법정도 또한 인공품이다. 즉 인간의 제도이다. 물론 이 제도에서도 사태의 개념이 선행한다. 판결을 내리기 **위하여** 법정은 소집된다. 법과 재판의 개념들이 제도의 실존을 밑받침한다. 그러나 여기서는 개념이 사태에 대해 단순히 원인적으로 선행할 뿐만 아니라, 제도 설립의 **목적을 위해** 존재하기 위해서는 개념이 이 제도에 완전히 수용되어야 한다. 목적 인과성에 의해 실존하게 되었기 때문에 법정은 오로지 이 목적 인과성에 의해 제도 내에서 작용하며 실존한다.

1. 목적의 내재성

그렇다면 목적 인과성은 어떻게 법정 **내에서** 작용하는가? 시계의 경우와는 달리 작용하는 부분들이 목적에 의해 영혼을 부여받음으로써, 다시 말해 이 부분들이 목적을 바라고 목적에 따라 행위함으로써 작용한다. 그렇기 때문에 이 부분들은 무엇보다도 목적을 바라고 스스로 행위하는 존재이어야만 한다. 다시 말하면 여기서는 생산자와 생산품 사이의 존재 차이가 일어나지 않는다. 예를 들어 모든 (입법자와 같은) 생산자와 (사회적 제도와 같은) 생산품은, 비록 인격적이지는 않다고 할지라도 존재론적으로 동일한 주체이다. 따라서 양자는 동근원적인 의미에서 목적을 "가진다." 우리는 적어도 이러한 사실을 기대한다. 기능을 수행하는 과정에서 다른 목적들이 개입한다면, 그것은 도구에서와 같이 단순한 합목적적 구성체가 아니라 스스로 목적을 설정하는 구성체이기 때문에 가능한 것이다. 그리고 본래 목적으로부터의 이탈은 (이를 근거짓는 개념에 의해) 비판의 동기가 된다. 이 경우에 비판은 도구에서와 같이 생산자를 겨냥하지 않고 생산품을 겨냥한다. 시계가 작동하지 않는다면, 시계가 아니라 시계 제작자가 책임이 있다. 그러나 법정이 기능하지 않는다면, 제헌 위원이 아니라 법관에게 책임이 있는 것이

다. 제도를 구성하는 힘의 의지는 제도의 의지에서 지속되거나 아니면
전도된다. 우리 여기서 목적의 교환, 혼동, 중첩에 관한 복잡한 문제를
다룰 필요는 없다. 목적이 전체 계열에서 동일한 원천적 의미를 가지고
작용하고 있다고 말할 수 있기 위해서는 변호사가 얼마나 입법자의 의
도와 일치하고 있는가 하는 물음도 다룰 필요가 없다.

  "망치"와는 달리 "법정"의 경우(둘다 확실한 의미에서 "도구"이다!)
에 타당한 사실은 목적이 객관적인 존재 이유일 뿐만 아니라, 법정이
법정으로서 기능할 수 있기 위해서는 법정의 구성원들 자신이 법정을
자신의 것으로 만들어야 한다는 점에서 목적은 주관적으로 법정이 기능
할 수 있는 지속적 전제 조건이라는 점이다.

2. 물리적 제도 장치에서의 목적의 비가시성

  그렇다. 이 주관적 측면은 또는 내면에 의해 규정된 **이념**은, 그와 같
은 사회적 "도구"가 정체성을 획득할 수 있는 **유일한** 수단이다. 목적을
명명하지 (또는 알지) 않고서도 나는 오로지 보이는 형태, 구성, 재료
와 부분들의 형식을 따라 망치를 적합하게 묘사할 수 있다. 시계의 경
우도 (비록 멈추었을지라도) 마찬가지이다. 관련된 사물을 순수한 객체
의 영역에서 분명하게 규정하는 물리적 검사를 통해 이러저러한 목적에
대한 유용성을 인식할 수도 있다. 그리고 이 사물들이 특정한 목적을
가지고 만들어졌으며 특정한 목적을 위해 **생각되었다**는 것을 우리는 십
중팔구 추측할 수 있다. 다시 말하면 생산자의 비가시적("주관적") 의
도는 대상의 가시적("객관적") 특성으로부터 추론된다. 나는 물론 이러
한 사물들이 우연히 생겨난 것이 아니라는 사실을 알기 때문이다. [1]

  그러나 법복과 가발을 입고 규정된 자리에 질서 있게 앉아서 특별한

---

1) 기술적 지능은 목적에서 수단으로 그리고 수단에서 목적으로의 두 가지
  길을 갈 수 있다. 그것은 이러이러한 목적을(예를 들면 못을 박고, 시간
  을 재는) 성취하기 위해서 사물은 어떻게 보여야만 하는가라는 질문과 반
  대로 이러이러하게 보이는 사물은 어떠한 목적을 가질 수 있는가라는 질
  문에도 대답할 수 있다. 다른 계급에서는 찾아볼 수 없는 것이 바로 그러
  한 순수하게 객관적이면서도 중립적인 "외양"인 것이다.

순서로 말하고 듣고 쓰는 사람들에 관한 어떤 서술도 "법정"이 무엇이며, 법정에서 문제되는 것이 무엇인가에 관한 최소한의 개념도 제공하지 못한다. 법정에서는 법과 재판이 이루어진다는 사실을 인식하기 위해서 나는 그곳에서 **무엇이** 거론되는가를 이해력을 가지고 한동안 추적해야 한다. "법정"이라는 제도를 (그리고 "법정 심의"의 과정을) 경험하기 위해서 나는 법과 재판이라는 **개념** 자체를 이해해야만 한다. (여기서 법 이념과 같은) 목적 이념이라는 전혀 비가시적인 것으로부터 모든 가시적 외면들—법복, 가발, 탁자, 의자, 종이, 깃털, 펜—이 이 이념을 실현하는 우연적 수단으로서의 의미를 획득한다. 물리적 조사는 그것이 완전하다고 할지라도 여기서는 반대의 추론을 허용하지 않는다.

3. 수단은 목적의 내재성보다 오래 지속되지 않는다

인간의 제도의 경우에 "도구"가 그것의 사용 목적을 통해 아무리 완전히 정의되고 계속 구성된다고 할지라도, 우리는 그것이 일단 존재하기만 하면 물질적 도구처럼 사용과 목적 이해와는 상관없이 그 자체로 존립하게 되는 객체가 아니라는 사실을 간파할 수 있다. 사용되지 않은 망치는 천 년 후에도 여전히 물리적 대상으로서 발견되고 인식될 수도 있다. 그러나 폐지된 의회는 무의 세계로 사라져 버리고, 오직 그 이념만을 남길 뿐이며 사람들이 먼 훗날 다시 그 목적을 위해 사용할 수 있는 어떤 대상도 남겨 놓지 않는다. 이것은 앞서 관찰하였던 것의 연장이다. 망치는 목적을 명명하지 않고서도 하나의 사물로 서술될 수 있다. 이 사물은 목적과 분리된 **실존**을 가지고 있기 때문에 "이러저러하게 보인다." 그렇지만 의회, 세무서, 법원은 그와 같이 독립적으로 서술될 수 있는 "모습"을 가지지 않는다. 왜냐하면 그것들은 목적과 분리된 실존을 보유하지 않기 때문이다. [2]

---

2) "무엇이 망치인가?"라는 질문에는 하나의 그림으로 답변할 수 있지만 (입문서나 사전에서 흔히 하듯이), "국회는 무엇인가?"와 같은 질문에는 그렇게 할 수 없다. 이 경우에 우리는 국회의 목적을 제시하지 않고는 그 이름조차 설명할 수 없다.

4. 사물적 도구를 통한 목적의 고시(告示)

그런데 이제는 비사물적 사회 제도들이 첫째 유형의 사물적 도구를 사용한다는 점이 지적되어야 한다. 인식 가능한 이 도구들의 합목적성으로부터 사회 제도의 고유한 목적에 관해 무엇인가를 알아 낼 수 있다. 여기서는 목적의 종류에 의존하는 정도에 차이가 있다. 목적이 물리적 행위를 포함하면 할수록 목적은 더욱 그 물리적 수단을 통해 인식될 수 있다. [옛 아테네에서 위험한 사람의 이름을 도기 또는 조가비의 조각에 적어서 투표하여 추방시켰던] 도편 추방 재판에 사용되었던 도기의 조각들이나 그 조각들의 분배, 수집을 통해서 지구 밖의 방문객은 이 제도의 의미와 의도에 관해 아무것도 알아낼 수 없다. (현대의 투표 용지로부터도 거의 아무것도 알아내지 못할 것이다.) 그러나 동시대 아테네 군대의 병기 창고로부터는, 전투에서 그것이 사용되었다는 사실을 차치하고서라도, 더 많은 것을 알아낼 수 있다. 그 순수한 물리학으로부터 기술적 목적을 해독할 수 있는 현대의 병기 창고는 훨씬더 인상적일 것이다. 그럼에도 불구하고 그렇게 확실한 경우에서조차 사회적·정치적 제도 내의 "군대"라는 실체는 물리적 수단("하드 웨어")과 작용에 의해, 간단히 말해 외면적 양상에 의해 실제로 인식되는 것은 아니다. 사회적 수단을 설명할 수 있는 마지막 법정은 항상 전체와 부분 사이에 내재하는 개념적 목적 의지이다. 예를 들어 "국가", "주권", "국가적 갈등"이 무엇을 말하는가에 관한 지식이다. 대부분 이러한 목적 의지는 상당히 추상적이다. 종교 재판의 대단히 거대한 고문 도구들조차도 이단자 심리 과정에서 무엇이 문제되었는가 하는 점에 관해서는 우리에게 가르쳐 주지 않는다. 그리고 문서와 서명의 어떠한 교환도 계약이 무엇이고, 그 대상과 관련하여 말하자면, 소유가 무엇인가를 우리에게 가르쳐 주지 않는다. 그리고 뜻밖에 사용될 수도 있는 핵무기의 가장 명백한 목적조차도—즉 파괴도—핵무기 축적의 목적이 비사용이라는 사실을 말해 주지 않는다.

5. 법정과 망치: 양자의 경우에 목적의 장소는 인간이다

양자의 경우에 관한 지극히 기초적인 숙고를 여기서 중단하고, 우리가 이것들로부터 배운 것이 무엇인가를 요약하고자 한다. 아는 바와 같이 우리는 "망치, 소화 기관, 걸음, 법정"의 순열에서 대립된 양극을 전제하였다. 그리고 우리는 이들 사이의 근본적 차이와 근본적 공통점을 알아내기 위하여 그것들을 조합하였다. 양자의 경우 그것들이 모두 목적을 위하여 만들어졌으며 설립되었기 때문에 그것들의 유용성은 우연이 아니라는 사실이 공통점이다. 다시 말해 양자는 인간의 인공 생산품이다. 그런데 바로 이러한 사실로부터 이것들에게 부과된 목적 자체가 인간적 목적이라는 사실이 추론된다. 즉 그것은 개인이건 사회이건 간에 관계 없이 제작자와 사용자의 목적들이다.

그럼에도 불구하고 도구의 경우 그 목적은 외면적이었던 반면, 인간에 의해서 만들어지고 인간으로 구성된 목적 제도의 경우에는 앞에서 서술한 바와 같이 그 목적이 내면적이었다. 물론 후자의 경우에 목적 제도는 계속해서 수단으로 존재하며, 목적의 내면성에도 불구하고 스스로는 결코 목적이 되지 않는다. 우리는 아직 자기 목적에는 다다르지 못한 것이다. 그러나 우리는 목적이 도대체 "무엇의" 목적인가 하는 물음에 대해서는 양자 모두 대답을 획득하였다. 즉 그것은 인간이라는 목적이다. 만약 그렇다면, 자기 목적은 (그뿐만 아니라 최종 목적은) 항상 인간이거나 아니면 인간에게 있을 것이다. 이것은 "목적" 일반이 순전히 인간의 개념이며 생산과 해석을 통해 인간과는 상이한 사물에 부과되거나 투입된다는 것으로 그렇지 않다면 세계의 어느 곳에도 목적은 존재하지 않는다는 현대적 확신과 일치한다.

어쨌든 앞에서 언급한 구성체에 대해 다음과 같은 사항은 타당하다. 그것들은 분명히 **목적 구성체**이며, 또한 목적은 **인간적 주체**에 의해 설정되고 관리된다는 것이다. 덧붙여 말한다면 "분명히 목적 구성체라는 사실"이 목적 자체의 명백성을 필연적으로 말해 주지는 않는다는 점이다. 다양한 목적들이 본래의 생각에 결합되어 있을 수도 있고, 또는 처음의 목적과는 전혀 판이할 정도로 다양한 목적들이 후에 기능하는 과정에서 결합하거나 스며들 수도 있다. 관직과 같은 사회적·인격적 "수단"의 경우에 본래의 의도와는 반대로 이 수단이 스스로를 자기 목적으로 만드는 것이 전혀 있을 수 없는 일은 아니다.

III. 보행

1. 인공 수단과 자연 수단

계속되는 예들에서 문제가 되는 것은 비인공적인, 즉 자연적인 사물과 기능들이다. "목적"을 부여할 수 있는 가능성에 관해 인공적인 것과 자연적인 것의 차이가 의미하는 바를 연구해야 한다. 앞의 예들 중 소화 기관과 보행의 예에서 두 가지 "도구"가 자연적으로 주어졌다는 점에서 아무리 동일하다고 할지라도 '자의적' 기능과 '비자의적' 기능의 차이가 드러난다. 이러한 차이를 목적의 전제 조건이라는 관점에서 연구해야 하는데, 이 과정에서 우리는 그 차이가 인간과 짐승의 차이와 교차한다는 사실에 주목하게 된다. 여기서 순수하게 인간적인 의도의 영역, 즉 엄격한 의미에서의 의도와 기도의 영역 자체를 여러 번 넘어서게 된다. 예를 들어 모든 경우에 기관은 자연적으로 실존하지만, 그 기능은 그것이 자의적이건 비자의적이건간에 모든 비인간적인 경우에서 이루어진다. 우리는 일단 인간의 의도가 최소한의 자리를 차지하고 있는 "자의적인" 영역의 부류에 속하는 보행의 예를 시작하고자 한다. 왜냐하면 보행자는 인간 유기체일 수 있기 때문이다.

2. 수단과 기능(사용)의 차이

"사람들은 어디엔가 도달하기 위하여 걸어간다"고 우리는 말하였다. 여기서 "～하기 위하여"는 목적을 서술한다. 사람들은 다리를 "가지고" 걸어간다. 신경 근육 장치를 포함해서 다리는 수단이다. 이 수단은 자연적으로 주어진 것이며 살아 있고, 살아 있는 사용자 자신의 한 부분이지만 스스로 작동하지는 못한다. 이 수단의 소유가 곧 활동을 뜻하지는 않는다. 발이 걸어가는 것이 아니라 보행자가 다리로 걸어가는 것이다. 눈이 보는 것이 아니라 보는 사람이 눈을 가지고 보는 것이다. 그러므로 "～하기 위하여"는 목적 외에도 또한 우리가 통상 의지라고 명명하는 주체측의 통제를 지시한다. 일반적으로 외부적 **운동** 작용에 관한 한 우리는 적어도 이렇게 가정하며, 어쨌든 인간에 관해서는 주관적 명증성을 가지고 이렇게 전제한다. 감각 기관에서는 덜 자의적으로 진행된다. 사람들은 의욕하지 않고서도 보고 듣고 냄새를 맡는다. 감성은 예전부터 ("촉발되다", "수용성"의 개념에서와 같이) 일종의 수용과 감수로 이해되었다. 그렇지만 여기서도 능동적이고 자의적인 요소가 부가될 수 있다. 바라봄은 단순히 수동적으로 보는 것 이상이며, 경청은 어쩔 수 없이 듣는 것 이상이며, 코를 쿵쿵거리며 냄새를 맡는 행위는 단순하게 냄새를 맡는 것과는 다르다. 그리고 그 자체가 운동적 활동을 포함하는 만지는 행위에서도 지각에서 작용하는 자의적·능동적 부분이 있다는 것은 분명하다. (대부분의 경우에는 비자의적이고 인지하지 못하기는 하지만 운동 신경은—예를 들어 수정체의 조절과 같이—가장 비의도적인 시각 행위에도 관여한다.) 그러므로 "~하기 위하여"는 주관적 목적으로서 감각 기관의 사용에 개입한다.

　기관의 소유와 사용의 구별과 기관의 목적과 그 작동 목적 사이의 구별이 가장 분명한 것은 운동 기관의 경우이다. 다리("보행의 도구")를 부여받은 사람에게는 갈 것인가 아니면 가지 않을 것인가, 그리고 간다면 이리 갈 것인가 아니면 저리 갈 것인가의 자유가 있다고 우리는 흔히 말한다. 이 모든 것이 물론 다른 방법으로 규정되어 있을 수 있다. 그렇지만 그것은 다리의 소유와 능력으로 규정되는 것은 아니다. "그는 자유로운 상태다"라는 것은 따라서 자유 전체에 관해서는 아무것도 말해 주지 않는다. 그렇지만 관련된 기관의 측면에서 볼 때 그에게 (이 주체가 무엇이든간에) 자유롭게 맡겨져 있다는 것을 의미하기는 한다. 다시 말해서 이 주체는 기관의 사용을 결정하지 않는 것이다.

　여기서 우리는 망치의 예에 근접해 있다. 망치도 역시 사용을 위하여 완성되어 있지만, 사용을 야기하지는 않는다. 도구는 "임의로" 사용될 수 있다는 말을 하기 위하여 우리가 사용자의 자유와 피규정성에 관하여 골머리를 앓을 필요는 없다. 물론 이 경우에 어떤 것은 나름대로의 피규정성을 가질 수 있다. 도구와 기능의 구별에서 양자의 유사점은 도구의 목적에는 아직 기능의 목적이 들어 있지 않다는 점이다. 도구의

114

목적은 단순히 기능 자체이다. 그렇지만 기능이 수행되기 위해서는 자의적인 것으로서 자신의 고유한 목적을 가져야만 된다. 그리고 이 목적이 기능 자체인 경우는 거의 드물다. 다리와 망치는 걸어가는 보행과 망치질의 행위에서 그 목적을 실현한다. 그렇지만 이러한 행위가 **자신의** 목적을 실현하였는가 아니면 그르쳤는가 하는 문제는 여전히 남아 있다. 그렇다. 도구는 아무런 목표와 목적 없이 사용되었다고 할지라도 그 의무를 다하였다. 도구와 기관의 목적은 일반적이고, 그 활동의 목적은 특수하다고 우리는 말할 수 있다. 일반적 능력의 특수화는 특수한 목적을 통해(물론 물리적 상황을 통해) 작동되는 것이다.

3. 도구, 기관 그리고 유기체

관절과 같은 외면적 운동 기관과 도구 사이의 유사성에 있어서 우리는 왜 전자가—이의 연장선상에서 신체에서 사용되는 **모든** 기능적 체계들이—외면적 기관이라기보다는 내면적 기관으로, 그리고 운동 기관이라기보다는 감각적·화학적 "기관"으로 불리는지 그 이유를 알고 있다. 그런데 이 기관은 바로 "도구"를 의미한다. 다시 말해서 직접 작업을 수행하거나 아니면 그것을 가지고 작업이 수행되는 도구이다. 그렇다. 아리스토텔레스는 생명체에 관한 자신의 유명한 정의에서 살아 있는 신체를 "유기체"(soma organikon)로, 즉 도구를 부여받고 도구로 구성되어 있는 것으로 **정의한다**. 그리고 그는 타당한 이유에서 인간의 손을 "도구 중의 도구"라고 명명한다. 왜냐하면 인간의 손은 어떤 의미에서 그 자체로 표본적인 도구이면서 동시에 이 손을 통해 인공품이 만들어지고, 이 인공품은 손의 연장(延長)으로 사용되기 때문이다.[3] 그렇기

---

3) 아리스토텔레스가 《영혼론》(*De Anima*)의 어떤 부분에서(이것의 진실성도 논의의 여지가 있지만) 육체를 "영혼의 도구"라고까지 표현했다고 하지만 이것 자체가 이미 의문스러운 번역일 뿐 아니라, 그가 도구 사상을 생물학적으로 사용하는 그 외의 용례들 즉 살아 있는 육체의 **부분들**은 전체의 도구, 영혼이 깃든 신체의 도구라는 용례들과는 전혀 일치하지 않는다. 그 외에도 이는 아리스토텔레스의 영혼 개념과 모순되는데, 여기서 영혼의 개념은 신체에 대한 영혼의 관계를 도구 사용자의 모습으로 서술

때문에 우리가 "유기체"에 관해 말한다면 본래의 낱말 뜻에 따라 일종의 목적 구성체에 관해 말하는 것이다. 왜냐하면 도구의 개념은 목적의 개념 없이는 생각할 수 없기 때문이다. 그러나 이름의 행운은 사태에 대해서는 아무것도 증명해 주지 않는다. 인공적 도구에서와 마찬가지로 자연적 도구에서도 역시 사용될 때 외에도 이미 목적이 자신의 원천과 실존에 있는지 하는 문제는 여전히 남아 있다. 그 중요성이 아직 드러나지는 않은 이 물음을 통해 우리는 ("소화 체계"로 대변되는) 마지막 부류의 예로 들어가게 된다. 이 예들에서는 실존과 기능이 대개 일치하며 똑같이 의지로부터 벗어나 있는 까닭에 (만약 이들이 목적을 가지고 있다면) 목적 성격을 규정하는 데 있어서 주관적 목적으로의 환원은 전적으로 무용지물이 된다.

4. 인간 행위에서의 주관적 목적-수단 사슬

그러나 ("보행"으로 대변되고 있는) 지금의 예에서 행동의 "자의성"에도 불구하고 주관적 목적의 역할이 전혀 문제가 없는 것은 아니다. 주체가 인간이라면 사람들이 걸어가는 것은 어디엔가에 도달하기 "위해서"라는 사실은 확실하다. 그렇다면 사람들은 보행자에게 **왜** 걸어가고 있느냐고 묻고 일련의 답을 들을 수 있다. 그런데 이 대답에서 '어디로' 간다는 대답이 첫째 대답이며, 항상 "~을 위하여"의 대답은 다른 것으로 계속 이어진다. 거기에 도달하기 위하여, 친구를 만나기 위하여, 그와 무엇인가를 이야기하기 위하여, 결론에 도달하기 위하여, 그렇게 함으로써 의무를 수행하기 위하여 등등. 모든 대상의 순서에 있어 타당한 것은 그것이 각각의 단계에서 **의욕된다**는 것이며, 어느 정도 합리적 행위에서는 뒤의 행위를 앞의 행위보다 선호하며 앞의 행위는 뒤의 행위를 위하여 된다. 이 [~을 위하여]의 계열이 필연적으로 끝나는 최종 대상이 과연 본래의 목적인지 아니면 일반적 실존의 미로 속에서 사라져 버릴지의 문제는 미결된 채로 남아 있다. 또한 의식된 근거들이 항상

___
하기 위한, 즉 외형화하기 위한 함목적성(entelecheia)의 개념이다.

유일한 근거이고 또 진정한 근거인지, 장기적으로 바라는 것이 항상 단
기적인 것을 그의 수단으로 규정하는지, 아니면 거꾸로 단기적으로 바
라는 것이 장기적 목표의 허상을 암시하는 것은 아닌지의 문제도 여전
히 남아 있다. 계열의 직선적 형태가 단지 이상화된 모델에 불과하며,
또 현실 속의 복잡한 그물이 이 모델에 일치하는가 하는 문제도 마찬가
지로 남아 있다. 이와 같은 불명료성에도 불구하고 주관적 의미에서의,
즉 표상된 목표를 보유하고 있는 현실적 목적 구조가 문제되고 있다는
사실은 분명하다. 바로 이로부터 목표와 목적의 전개념이 유래한다. 여
기서 '무엇을 위하여'의 목적과 비교적 분명한 의도는 실제로 사건, 즉
행위의 의미에 관한 정보를 제공한다.

5. 동물 행위에 있어서 사슬의 분해와 객관적 역학

이와 같은 종류의 목적-수단 사슬을 역시 **목적** 지향적이라고 할 수 있
는 동물의 행위에 대해서는 주장할 수 없다는 것도 역시 분명하다. 물
론 한 쌍의 새는 보금자리를 짓기 **위하여** 짚을 날라 온다. 그리고 그 후
에는 새끼들을 먹이기 **위하여** 지렁이를 물어 온다. 그렇지만 어느 누구
도 첫째 '~하기 위하여'가 수주일을 넘어선―이 사이에 존재하는 것으
로서 산란, 부화, 병아리가 알 속에서 기어나오는 것을 모두 포함하여
―다음의 목적을 "안중에" 두고 있다고 주장하지는 않는다. 사람들은
오히려 전체 계열의 각 단계가 알려지지 않은 충동에서 "본능적"으로
이루어진다고 말한다. 다시 말해서 특정한 시간과 기회에 발생하고 **자
기 자신만을** 충족시키기 때문에 맹목적인 강제에 의해 이루어진다. 그렇
지만 이런 시도를 실행하는 과정에서 감각의 극단적 차별과 운동의 지
배가 이루어진다는 점에서는 앞을 예견할 줄도 안다. 특히 반대에 부딪
쳐 발생하는 열정적인 흥분을 관찰해 본다면 이 충동이 느끼고 "의욕할
줄" 안다는 것도 확실하다. 그것은 "본능"이라는 마법의 말이 전혀 도
움이 되지 않는 불가사이한 상황이다. 비교적 깨어 있는 동물의 "자의
적" 행위를 중앙 신경 체계와 결합시키는 "관심"이 여기서 엄청나게 관
여하고 있다는 점과, 먹이와 성과 생식 영역에서 목적의 추구에 수반되

는 깊은 감정, 그리고 물리적 위협과 방어에 있어서 나타나는 극단적 긍정과 부정을 어떤 관찰자도 간과할 수 없다. 그렇지만 이와 같은 주관적 과정에서 실제로 제어하고 목적을 설정하는 힘을 인정하지 않고, 또 그것을 모든 단계에서 순전히 객관적으로 규정되어 있는 자극과 반응의 필연적 사슬의 단순한 항으로 간주한다는 점에서 그는 이러한 특성들을 부정해야만 한다. 여기서 다양한 층의 해석이 가능하다.

a. 고양이가 숨어서 쥐를 기다리고 있다면, 사람들은 고양이가 적당한 순간에 쥐를 덮치기 "위하여" 그렇게 하고 있다고 말할 수 있으며, 쥐에게 덤벼들면 쥐를 죽이기 위하여 **그렇게 한다**고 말할 수 있다. 고양이는 쥐를 잡아 먹기 위하여 죽이고, 배고픔을 해결하기 위하여 잡아 먹는다. 그렇지만 "~하기 위하여"가 **표상적 예견**으로 이해된다면, 배고픔을 달래기 위하여 쥐를 숨어서 기다리려고 하는 것은 아니다. 다시 말해서 만약 예견이라는 것이 존재한다면, 이 예견이 미치는 정도는 직접적인 목표만이 그때그때마다 포함되는 정도이지 결코 간접적인 목표와 여러 간접적인 목표들을 넘어서서 궁극적인 목표가 미리 포함되는 것은 아니다. 예를 들어 숨어서 기다리는 고양이의 행위에는 단지 바로 다음의 덮치는 행위만이 포함되어 있을 뿐이다. 전체 계열의 최종 목표와 전체 목표는 개별적 행위의 계열적 결과를 전부 더함으로써 얻어진다. 따라서 인간의 행위에 비해 뇌신경을 가지고 있는 고등 동물의 행위에서 나타나는 첫째 제약은 아마 "의식하는 것"과 "의욕하는 것"의 제한일 것이다. 다시 말해서 그때그때마다 주관적 예견은 다음의 목표에만 제한되며, 그렇기 때문에 전체의 목적 계열은 그때그때마다 다음의 목적으로 이행되는 개별적 목적들로 해체된다.

b. 여기서 말하는 배고픔의 충족과 같이 전체 목적이 지식과 의욕에 의해서가 아니라면 도대체 무엇에 의해 "설정된" 것인가? 자연적 대답은 다음과 같다. 다름아닌 배고픔을 통해 설정되는데, 감정으로 여겨지는 이 배고픔은 전체의 계열을 작동시키고 통제한다. 이것은 "고통"으로서 일종의 내면적 충동, 즉 스스로를 지양하고자 하는 충동을 가지고 있는 하나의 감정이기 때문에, **이것은** 전체의 계열을 통일시키는 주관적 목적 동인이라고 말할 수 있다. 물론 이 목적 동인은 스스로 예견적 표

118

상을 하지 못하며, 이 표상으로부터 수단을 선택하지 못한다. 이 충동으로 **말미암아** (목적의) 계열은 "진지하게" 시작되고 유지된다. 충동이 없다면 개별적 행동은 반사에 의해서나 아니면 놀이처럼 독립적으로 실행될 수 있으며, 종종 관찰되는 바와 같이 다른 자극들로부터 쉽게 관심을 돌릴 수 있다. 그러므로 필요에 예속되어 있는 감정은 전 합리적 삶의 자의적 행동에 있어서 목적에 대한 정신적 옹호자이다.

c. 그러나 감정은 단지 촉발시킬 따름이지, 충족에 사용될 수 있는 수단에 관해서는 말해 주지 않는다. 그렇다면 (보금자리를 짓고 먹이의 선택과 포획 등등의) 개별적 행위와 확장된 연속 계열에 있어서 동물의 합목적적 행동은 어디에서 기인하는가? 보다 긴 사슬을 구성하는 비교적 작은 단위의 행위군은 유기체의 천부적 소질에 준비된 **도식**을 가지고 있는데, 이 도식을 통해 감정의 충동이 제어된다는 것이 대답이다. 이 도식은 (외면적이고 내면적인 자극과 같은) 자신의 고유한 규칙에 따라 작동하고, 작은 차원에서 이 도식의 실행은 큰 차원에서 전체 계열이 그러하듯이 마찬가지로 자신의 고유한 감정의 압박과 충족을 가지고 있다. 따라서 목적은 한편으로는 충동 속에 자리잡고 있으며, 다른 한편으로는 이와 같이 예정되어 있으며 미리 각인되어 있는 행동 형식에 내재하고 있다.

d. 전체 계열이 본래 미리 설정된 충족의 목표보다는 훨씬더 감정의 강렬한 충동에 의해 인도되고─다시 말해서 배부름의 만족보다는 오히려 배고픔의 궁핍에 의해 실행되고─마찬가지로 개별적 행위들이 목적에 의해 입력되었다기보다는 오히려 "표어"와 같은 자극에 의해 야기된다면, 이러한 사건에서 차지하는 목적의 지위는 의심의 미궁 속으로 빠져든다. 왜냐하면 배고픔의 감정은 신진 대사의 물질 교환 체계에 있어서 물리적 결핍 상태에 대한 심리적 등가물이기(아니면 더욱 축소해서 말하자면 상징적 표피 현상이기) 때문이다. 그런데 이 결핍 상태는 감정의 **밑바탕**에서 작용하는 자신의 고유한 화학적 신경 장치를 통해 다시금 감정과 결합되어 있는 운동의 행동에 "실제로" 근간이 되는 물리적 성질들을 산출한다. 그렇지만 만약 행동의 본래적 원인이 (단순한 징후로 펌하된) 감정이 아니라 바로 이것이라고 한다면, "목적"은─그것이

단순히 장식적 역할을 하는 것이 아니라 실제의 역할을 한다면—이와 같은 인과 관계 속에 자리잡고 있는 것이지, 감정을 단순히 반영하는 데 있는 것은 아니다. 만약 그렇다면 목적은 물리적 영역으로부터 분리되어 있을지도 모른다.

따라서 목적이 객관적 물리 세계에 존재하는가, 아니면 오로지 주관적 심리 세계에 존재하는가 하는 물음이 제기된다. 이것은 우리가 마지막 부류의 범례를 위해 유보하였던 물음이다. 이 존재론적 핵심 물음에 대한 대답이 어떤 것이든간에 주관성의 지위에 대한 물음은 지금 벌써 제기된다. 행위 계열 전체를 지배하는 감정이—최종 목적과 중간 요소에 관련하여—맹목적인 데 반하여, 우리가 "볼 줄(예견할 줄) 아는" 방식이라고 여겼던 **개별 행위**에서는 그 문제가 가장 명확하게 제기된다. 앞에서 언급하였던 장기적 목적 계열이 자기와 관련된 짧은 개별 목적들로 분해되며, 이 개별 목적들은 그때마다 지각과 의욕에 대한 직접적 대상을 현실적으로 가진다는 사실은 우리로 하여금 개별적 부분들, 즉 철저하게 지향적인 행동의 단위들을 탐구하도록 만든다.

e. 고양이가 자신의 배고픔을 달래기 위하여 쥐를 잡아 먹고, 잡아 먹기 위하여 죽이고, 죽이기 위하여 쥐를 잡는다고 우리는 말한다. 그러나 우리는 아마 다음과 같이 말해야 할지도 모른다. 고양이는 (배부르기 위해서가 아니라) 포식욕 **때문에** 잡아 먹고, 살해욕 때문에 죽이고, 포획의 기쁨 때문에 잡고, 숨어 기다리는 기쁨 때문에 살며시 덮친다. 결과는 동일하지만 그에 대한 설명은 다르다. 왜냐하면 두번째의 경우에는 느껴진 욕망과 쾌락은 모두, 우리가 지속적인 전체 감정을 "배고픔"이라고 인정한 것과 꼭같이 신체적 긴장 상태의 부수적 주관 현상으로(심리적 상징으로) 파악될 수 있기 때문이다. 유기체적 상태에서 이와 같은 **신체적** 전제 조건은 감각적 "표어"와 더불어 그때그때마다 필요한 행동 도식을 **야기하기에** 충분하다. 예를 들어 잠복 행위를 취하기 위해서는 우선 쥐가 "목격"되어야만 한다(표어!). 그리고 목표에 도달하기 위해서 잠복 행위는 관찰된 먹이의 운동을 지속적으로 관찰해야 한다. 이러한 관점에서 보면 전체 과정은 보는 목격의 과정이지 맹목적 과정이 아니며, 전과정이 목표를 "눈앞에 두고" 주시하고 있다고 말하

는 것이 옳다. 그렇다면 여기서 "본다는 것"이 얼마나 진지하게 **정신적** 지각 행위로 파악될 수 있는가? 인공 두뇌학적 해석에 의하면 목격은 심리적 반응을 일으키는 "방아쇠"의 역할을 하는 단순한 객관적 신경 자극으로 이해될 수 있다. 잇달아 일어나는 행동의 적응 역시 객관적인 감관 운동의 피드백 장치로 파악되어서 전체 과정은 다음과 같이 서술될 수 있다. 신체적 긴장(생체 내의 균형을 유지하려는 경향인 항상성의 "낙차"), 내면의 분비와 신경 자극, 행동 도식의 선택적 반응 준비, 수동적 행동 도식의 발생 장치로서의 외면적(감관적) 신경 자극, 행동 과정의 조정 장치로서의 감관 운동적 역송전, 긴장에 대한 평형으로서의 행동의 성공(항상적 균형 상태). 우리의 예에서 보자면 다음과 같은 왕복 운동이 일어난다. 쥐의 목격—잠복, 적당한 위치에 몰린 쥐—습격, 손아귀에 걸린 쥐—잡아 뜯음, 찢긴 쥐—먹어 치움. ("배고픔"과 같은) 내면의 인지 체계와 자극 체계를 가지고 있는 신진 대사의 불안정한 결핍 상태(디스호메오스타시스, Dishomeostasie)는 일반 조건으로 전제된다.

이에 의하면 동물적 생명의 모든 노고는 오로지 한 가지 목표만을 가진다고 할 수 있는데, 그것은 긴장 상태의 지양이라는 부정적 목표이다. 그런데 "목표"라는 용어가 여기서는 부적절하기 때문에 동물 행동의 모든 전개 과정은 오히려 평형의 법칙을 따른다고 할 수 있다. 다시 말해서 엔트로피의 동질화 장치를 따르는 것이다. 그렇다면 "결여적 선"(bonum desideratum)은 궁극적으로 기대되는 무차별과 무의 주관적 서술에 지나지 않을 것이다. 무엇인가를 산출하는 노고로 나타나는 것은 긴장 완화를 위해 바로잡아야 하는 낙차일지 모르며, 긴장 완화를 성취하는 쾌락은 일종의 소멸에 대한 긍정적 장식, 즉 (순간적) 무긴장과 안정 상태의 발생에 대한 긍정적 장식일 것이다. 진행 과정 자체는 이와 같은 정서와 표상의 상태를 통해 단지 간접적으로만 재현될 따름이지 서술되는 것은 아니다.

f. "본래적" 서술에서 심리적 표현(주관 개념)이 전혀 등장하지 않는다는 사실을 주목해야 한다. 배고픔이 아니라 항상성적 낙차, 목격이 아니라 감관적 자극, 충족이 아니라 긴장의 평형. 우리는 여기서 다음

과 같이 묻고자 한다. 행동의 전체 과정이 가지는 **목적** 성격에 있어서 주관적이고 체험적인 것에게 어떤 역할을 부여해야 하는가? 그런데 이 주관적·체험적인 것이 단순히 **현존하고 있다는 사실**이 동물적 행위와 감수의 지향성을 충분히 증명하지는 못한다. 그럼에도 불구하고 주지하다시피 이러한 사실을 부정하는 독단적 폭력성이 이론사에 전혀 없었던 것은 아니다. 그러나 이 부정을 정당화하기 위하여 순전히 꾸며낸 근거, 즉 주관성만이 이성적인 까닭에 이 주관성은 오로지 인간에게만 존재할 수 있다는 데카르트적 명법은 사리 있는 관찰자를 전혀 구속하지 않는다. 즉 개를 가지고 있는 모든 사람은 이 근거를 간단히 웃어 넘길 수 있다.

 그런데 주관성의 현존은 (발전 과정의 어디에서 이것이 시작하든 관계 없이) 의심의 여지가 없다. 그렇다면 문제는 이 주관성의 현존이 무엇을 의미하는가이다. 예를 들어 그것은 (다양한 종류의 심신 병행론과 유물론이 주장하는 바와 같이) 반주받는 것에 대해 어떤 영향도 없는 반주 음악에 지나지 않는가? 그것은 심리적인 것의 힘과 무력함에 관한 물음으로서 여기서는 주관적 **목적**이 영향력이 있는가 아니면 영향력이 없는가 하는 물음으로 특수화된다. 쾌락과 고통, 추구와 회피와 더불어 주관성을 승인하면 목적 자체는 인정된다. 그렇다면 여기서 "체험된" 목적은 사건에 작용하는 요소이기도 한가? 그러나 이 물음은 단지 물리적인 것과의 **관계**를 문제시할 뿐이며 물리적인 것의 본성 자체를 문제시하지는 않는다는 점에 주목해야 한다. 다시 말해서 (비주관적 의미에서의) 목적이 그곳에서 발견되는가 안 되는가의 물음은 **정신적 목적**의 힘과 무력함에 관한 물음의 결정과는 전혀 상관이 없다. 후자의 물음은 아는 바와 같이 신체 중에서 **자의적**으로 작동할 수 있는 사지와의 관계에서만 제기된다. 우리는 여전히 "보행"의 예에 머물러 있고 아직 "소화"의 예에는 이르지 못하였다. "자의적"이라는 형용사는 그것이 대답을 미리 결정할 수 있는 것으로 이해되어서는 안 된다. 즉 주관적 의지가 기관의 사용을 지배한다는 사실의 확인으로 이해되어서는 안 된다. 의지가 거기 존재한다는 사실(더욱이 이 의지가 자유롭다는 사실)이 여기서 의미하는 바의 자의적 기관 기능과 비자의적 기관 기능 사이의 구

122

별에 필수적인 것은 아니다. 앞에서 언급한 바와 같이 이 구별이 뜻하는 바는 오직—외면적 운동 기관과 같은—특정한 기관에 있어서 사용은 가변적이고 기회적이며 유기체의 중앙 통제에 예속되어 있는 반면 다른 기관에 있어서는 사용이 소유와 함께 주어지고 자동적이라는 사실이다. 예를 들면 한편에는 주먹을 쥐는 행위가 있고, 다른 한편에는 심장이 뛰는 행위가 있다. 그렇지만 현재 우리는 주관성을 가정함으로써 의지(또는 동물에 있어서 유사한 것)를 이미 함께 가정하고 있고, 자의적 운동에 있어서 이 의지의 역할에 관하여 묻고 있다.

　인간 외의 자연에는 영혼이 없다는 사실을 쉽게 받아들일 수 있는 사람들을 마땅히 불안하게 만들기 위하여 이 물음에 대한 대답은 동물로부터 인간에게로 확장된다는 점을 끝으로 덧붙이고자 한다. 다시 말해 앞에서 구별한 바와 같이 사유하는 인간의 복합적인 목적-수단 사슬과 감각적 동물의 단순한 목표 집착 사이의 차이는 주관성의 힘과 무력함에 관한 근본 물음 앞에서는 무너져 버린다. 왜냐하면 동물의 행위에서 나타나는 순전히 물리적인 계열의 내재적인 인공 두뇌적 충분성에 관해 말하였던 것(e항)은 물론 상응하게 정교화하면 역시 인간의 동기 유발, 사유, 결정의 삶에도 적용할 수 있기 때문이다. 그것도 항상 뇌신경 계통의 토대를 가지고 있는 의식의 가장 반성적인 표상 활동에까지 적용될 수 있다. 여기서 신체적 사건은, 그것이 우선 완전히 알려져 있다면, 이론적으로는 밖으로부터 관찰할 수 있는 신체적(언어적 표현을 포함하는 가장 포괄적인 의미에서의) "행동"을 인과적으로 설명하는 데는 충분하다. 그리고 주체에게 설명으로 나타나기는 하지만 의식으로 경험된 내면 양상은 인과적으로 고찰하면 불필요한 장식에 지나지 않을지도 모른다. 게다가 이 장식은 아마 기만적인 장식일 것이다. 실제로 주체가 그 밖의 생활 세계에서는 비효율적 반주에 지나지 않으며, 바로 그렇기 때문에 주체가 자신의 탐색에서 가상으로 존재해야만 한다면, 목적을 위한 터무니없는 형이상학적 임시 가정들만이(그런데 모든 것을 감행하는 사변은 이러한 가정들을 겁내지 않았다) 인간을 이러한 규칙으로부터 제외시킬 수 있다. 주관성의 지위는 따라서 인간 목적의 지위와 또 윤리학의 위상과 관련이 있다. 이 주관성의 지위는 그 밖에도

"아래로는" 영혼이 없는 무의식적 존재, 즉 세계 내에서 목적이 차지하는 지위의 문제와 관련이 있다는 사실을 우리는 후에 알게 될 것이다.

우리가 문제의 체계성에 적절히 대처하고자 한다면 본래는 이와 같은 비판적 입장을 위해서도 의식 영역의 인과적 지위에 관한 물음을 특별히 해명해야 한다. 다른 말로 표현하면 데카르트 이래로 철학을 괴롭혀 왔던 고질적 문제, 즉 "심신 문제"를 해명해야 한다. 그렇지만 우리는 그렇게 광범위한 부대 설명으로 현재의 연구를 어렵게 만들 수는 없다. 따라서 우리는 간단하게나마 "주관성의 힘과 무력"[4]에 관해 독립적으로 출간된 연구의 결과를 진행중인 논증에 삽입시키는 것으로 만족해야 한다. 증명 과정을 인지하지 못한 독자들은 철회될 때까지 그것을 당분간 받아들일 수 있을 것이다.

6. 주관적 목적의 인과적 힘

광범위한 의미에서 주장된 결과는 간단히 말하면 주관성이 원천적으로 가지는 자기 증명, 즉 유물론에 의해 반박되고 단순한 "수반 현상"으로 평가 절하된 고유 현실성을 거듭 인정한 점이다. 그런데 이 고유 현실성은 신체적 사물과 같은 세계 내에서 "객관적으로" 존재한다. 그것의 현실성은 내면과 외면에 대한 인과성이라고 할 수 있는 작용성을 의미한다. 즉 사유 과정에서 사유를 스스로 규정하는 힘과 행위 과정에서 사유를 통해 신체를 규정할 수 있는 힘을 의미한다. 그런데 세계 내에서 지속되는 신체 규정을 통해 사건의 전체 구조 속에서 주관적 목적이 행하는 객관적 역할은 이미 설정된 것이고, 이로 말미암아 자연 내에서 이 역할의 역동성을 위한 공간이 마련된 것이다. 자연이 주관성의 공간을 부정한다고 하면, 이는 결정론을 과대 해석한 것이다. 그런데 최신 물리학은 더 이상 이 결정론에 동의하지 않는다. 이것이 총괄적으

---

4) "On the Power or Impotence of Subjectivity", in *Philosophical Dimensions of the Neuro-Medical Sciences*, hrsg. v. S. F. Spicker und H.T. Engelhardt (Dordrecht-Holland/Boston-U.S.A.: D. Reidel Publishing Co., 1976), 143~161면. 양자 역학 부분을 확대한 독일어 판은 준비중에 있다.

로 요약한 결과이다. 증명 과정에 관해서는 그것이 중요 문제에 있어서 부정적으로 실행되었다는 점만을 말할 수 있다. 주관성의 무력(無力)에 관한 반대 전제는 논리적·존재론적·인식론적으로 불합리한 것으로 판명되었다. 그 밖에도 이 반대 전제로 의도하였던 목적, 즉 자연 법칙의 통합성을 보존하고자 하는 목적에도 **불필요한** 것으로 증명되었다. 그런데 이와 같은 불필요성의 증명은 자연 법칙의 타당성과 심신 상호 작용이 **일치할 수 있음**을 적어도 하나의 가설적 사유 모델을 통해 보여줌으로써 단순한 부정적 논증을 넘어선다. 자유롭게 구성된 모델에 대해서 진리를 주장하지 않고, 단순히 그것이 현상에도 모순되지 않으며 자기 자신에도 모순되지 않는다는 의미에서의 가능성만이 주장되었다. 그렇지만 물리적 인과 법칙이 타당하기는 하지만 동시에 일종의 상호 작용을 생각할 수 없다는 불가능성이 병행론 또는 수반 현상주의라는 강제 순환의 근거이므로, 사유의 예를 들어 단순한 가능성을 증명함으로써 주관성의 무력 이론이나 가상 이론 속으로의 절망적 도피를 불필요하다고 충분히 서술할 수 있으며, 그렇게 함으로써 이 이론의 유일한 논거를 박탈할 수 있다. 이로 말미암아 감각적으로 느끼는 삶의 근본 경험은 다시 최초의 권리를 되찾는다. 왜냐하면 이론적으로 곤란한 어떤 상황도—그런데 가장 철저한 자연 과학적 결정론에 있어서도 이 이론적 난관은 (본질적으로 증명할 수 없는) 가정 자체보다 더 설득력이 있는 것은 아니다—더 이상 그렇게 엄청난 대안을 생각하도록 강요하지 않기 때문이다. 이원론으로 도피하지 않고서도(물론 이 도피는 유물론적 일원론으로의 도피처럼 절망적이지는 않지만 이론적으로는 상당히 불만스러운 것이다) "영혼"과 "의지"는 자연의 원칙 중 하나의 원칙으로 증명되었다. 따라서 우리는 인간과 동물에서 자의적 육체 운동의 영역("보행"에서 예시되었던)은 목적과 목표에 의해 실제로 규정된 장소라는 사실을 확실하게 말할 수 있다. 이 목적과 목표들은 이들을 주관적으로 가지고 있는 주체에 의해 객관적으로 실행된다. 그러므로 자연 내에는 "행위"가 존재하고 있는 것이다. 이러한 사실에는 목적의 작용성이 합리성, 숙고, 자유 선택뿐만 아니라 인간에게도 묶여 있지 않다는 점이 포함되어 있다.

그렇지만 목적의 작용성은 이제까지의 논증에서 제시되었던 예의 영역에서 보자면 어떤 의미에서건 "의식", "주관성", "자유 선택"에 묶여 있다. 그러므로 (생명을 보존하는 일반적 자연의 밑바탕에 존재하고 있는 것은 차치하고서라도) 이 의식의 밑바탕에 있는 무의식적이고 비자의적인 생명 영역에서도 "목적"과 같은 것이 작용하고 있는가 하는 물음이 제기된다. 이제 우리는, 궁극적으로 "가치"와 윤리학적 의무의 존재론적 토대에 기초적이라고 할 수 있는 이 물음을 다루고자 한다. 그런데 이 존재론적 토대에 대해서는 앞에서와 같은 대답의 확실성을 기대할 수 없으며 (그 밖에도 현대가 가지고 있는 모든 선입견은) 우리의 의견과 대립한다.

IV. 소화 기관

1. 물리적 유기체에서는 목적이 단순히 가상적이라는 명제

a. 유기체 내의 모든 기관은 특정한 목적에 종사하며, 이 목적을 기능적으로 실현한다. 특수 기능이 종사하는 포괄적 목적은 유기체의 생명 자체이다. 유기체가 그와 같은 목적을 가지고 있다는 사실은 다양한 의미에서 이야기될 수 있다. 가장 중립적이고 해가 없는 의미로 이해하면 유기체 내에서는 실제로 모든 것이 결과적으로 자기 보존에 기여할 수 있도록 갖추어져 있다는 점이다. 이는 마치 기계 내의 모든 것이 전체 기능에 기여할 수 있도록 만들어진 것과 마찬가지이다. 그러나 이것은 특정한 종류의 인과성에 관해, 즉 목적론(목적인, causae finales)이 작용하고 있는가 하는 것에 관해서는 아무것도 말해 주지 않는다. 기계에 대해 우리는 생산 과정에는 목적론이 작용하고 있지만, 작업의 과정에는 그렇지 않다는 점을 알고 있다. 유기체에 관해 지배적인 이론은 여기서 "생산"에 해당하는 경우, 즉 발생의 경우에도 그렇지 않다고 간주한다. 발생은 여기서 개체의 성장(개체 발생)과 유의 발생 (계통 발생)이라는 이중적 의미를 가진다. 개체 발생은 배아(胚芽)에 주어진 유전적 결정 요소가 인과적으로 어쩔 수 없이 작용한 결과로 이해된다. 이 유전적 결정 요소에 대해서는 어떤 목적론(엔텔레키, Entelechie)을 추구할 필요가 없다. 계통 발생은 이와 같은 결정 요소의 우연적 변화와 그 결과의 자연적 선택(자연 도태)이라는 상호 작용의 역학을 통해 설명된다. 이 경우에도 마찬가지로 모든 목적론이 배제된다. 이렇게 발생한 조직의 "노동"에 대해서도 목적론의 배제는 여전히 타당하다. 생성, 조직, 기능은 모두 목적에 의해 지배되고 있는 **것처럼** 보인다. 이에 따르면 유기체는 적어도 생산 과정이 목적론적으로 결정되었던 기계보다 덜 목적론적일지도 모른다.

b. 그런데 외부에서 차용한 **이러한** 기계의 목적론은 본래 생산하는 유기체, 즉 건조자인 인간에 자리잡고 있다. 그렇다면 이 건조자는 완전

히 비목적론적인 본성일 수는 없다. 지배적인 이론은 **건조자**의 목적론을 단순한 표상의 영역으로 옮겨 놓았을 뿐, 실제의 인과 관계 속에서 생각하지 않았다는 점을 우리는 살펴보았다. 그런데 이 인과 관계도 주관적 목적에 의해 지배되고 있는 것처럼 보인다. (그렇다, 표상들 자체도 역시 수반 현상 이론에 의하면 단지 그렇게 보일 뿐이다!) 목적의 주관성은 인과 행위에 목적론적 형태를 부여하지 않고서도 순수한 인과 행위의 객관성과 어떻게 해서든 일치해야 한다.[5] 주체에게 자신의 사유와 행위가 "그렇게 보인다면", 이 주체에게는 역시 동일하게 세계 내의 유기체의 존재와 작용이 그렇게 보인다.

2. 목적 인과성은 주체가 부여된 존재에게만 제한되는가?

"마치 ~처럼"이라는 주관성의 거짓 견해를 우리는 앞에서 언급한 바와 같이 부정된 것으로 주장한다. 그렇지만 주체에 의해 규정된 행위를 증명함으로써 우리는 생명체 내의 **목적**을 "의식"이 미치는 정도에서 증명하였다. 다시 말해 주체가 부여된 생명체의 종류에게만, 그리고 이 생명체 중에서도 의식에 의존하는 "자의적" 행위에 대해서만 증명하였다. 그렇지만 예를 들어 관련된 종에 있어서도 소화와 같이 모든 비자발적·무의식적 기관 기능들에 대해서는 증명되지 않았을 뿐 아니라(예를 들면 뇌신경 계통과 관련이 없는) 의식 없는 기관들의 전체 생명에 대해서도 증명되지 않았다. 이 경우에 우리는 그 자체로 불가능하지는 않지만, 기이한 구별을 하게 된다. 주관성의 진화론적 등장과 함께 전혀 새롭고 이질적인 행동의 원칙이 자연에 나타나게 된다. 그렇게 되면 "의식"이라는 원칙에 참여하는 피조물과 그렇지 못한 피조물 사이에서뿐만 아니라, 의식을 가지고 있는 피조물에서도 이 원칙에 예속되어 있는 피조물과 이 원칙에 예속되어 있지 않은 훨씬 광범위한 부분의 존재 사이에는 (단계적 차이 외에도) **철저한** 차이가 존립할 수 있을 것이다.

---

5) 이와 함께 기계의 생산에 있어서 우선적으로 승인된 목적론은 허구의 왕국으로 다시 추락한다. 즉 생산자는 기계를 만드는 기계들인 것이다.

a. 이원론적 해석

이미 언급한 바와 같이 이것은 그 자체로 전혀 생각할 수 없는 것은 아니다. 발생하는 방식과 마찬가지로 그것은 두 가지 방식으로 생각할 수 있다. 한편으로는 "영혼"이라는 이질적 원칙이 확실히 이 원칙에 유리한, 그렇지만 이 원칙을 "위해" 준비된 것은 아닌 물질의 결합태를 제어하여 자신의 고유한 척도에 따라 이용한다고, 즉 이 원칙이 기회가 주어졌을 때 자연에 발생한다고 생각할 수 있다. 아니면 이 원칙이 "기회"와 더불어 자연으로부터 산출된다고 생각할 수도 있다. 첫째 대안은 이원론의 대안으로서 그 자체는 깔끔하기는 하지만, 이러한 이원론에 대해 통상 제기되는 모든 반대 이론에 구속되어 있다. 예를 들어 진화 과정에 있어서 나타나는 이행 과정의 점진성과 시원의 최소성이 그와 같은 반대 이론을 야기한다. 이원론과 함께 초월성의 몫을 아메바에 적용하고, 또 그 밖에도 항상 "감각"이 시작하는 곳에 적용한다는 것은, 설령 기괴하다고는 말하지 않는다 할지라도 상당히 미묘한 문제이다.[6] 특히 "진입" 이론은 영혼이—또는 그것이 무엇이든간에—이미 존재하고 있으며, 어떤 의미에서는 제공되는 기회를 포착하기를 기다리고 있다고 전제한다. 다른 말로 표현하면 영혼은 일종의 독립적 초월성을 향유하고 있는데, 이 초월성은 물리적으로 표현되기 위하여 단지 특정한 물리적 조건을 필요로 할 뿐이다. 이제 우리는 유물론이 가장 강력한 논거로서 제시하는 순수하게 경험적인 것을 상기하고자 한다. 즉 인간의 모든 경험에 의하면 정신 없는 물질은 있지만 물질 없는 정신은 존재하지 않으며, 신체 없는 정신의 예는 알려진 바가 없다는 사실을 우리는 기억한다. 그런데 바로 이 신체 없는 정신, 즉 비물질적 초월성이 작용하고 있는 독립적인 영역을 진입 이론은 가정해야만 한다. 물론 이것은 논리적으로는 모순이 없지만 증명할 수 없으며, 그렇기 때문에 생각할 수 있는 모든 가설들 중에서 존재론적으로 가장 폭력적인 가설이다. 이

---

6) 느낌의 가장 기초적인 현존조차 인간의 심신 관계로만 국한시키는 데카르트의 이원론은 전적으로 승인될 수 없다 하더라도 여기에서 그는 현명하게 처신하고 있다.

런 사실에도 불구하고 이것은 영혼의 비밀을 풀기 위한 사유의 역사에
서 가장 강력한 가설이 되었다.

b. 일원론적 창발론

영혼과 정신은 적절한 물질적 조건이 (우연적은 아닐지라도) 독립적으
로 출현하면 **이 조건의 부차적인 존재 양태로서 자연으로부터 스스로** 나
타난다는 다른 대안이 남아 있다. 이것은 실제로 모건(L. Morgan)과
그 밖의 사람들에 의해서 제기된 **창발적 진화**(emergent evolution)의
이론이다. 이에 의하면 조직의 특정하고 위험한 한계 상태가 도달되면
보다 포괄적인 새로운—예를 들어 원자, 분자, 수정, 유기체의—인과
구조들은 돌연히 이전의 층에 중첩되어 나타난다는 것이다. 그런데 새
로운 인과 구조들은 이전의 층 안에 미리 형성되어 있던 것이 아니다.[7]
그와 같이 돌연히 나타나는 **"창발"** 구조들이 가지는 질적으로 매우 **새로
운 특성이 비초월성**, 즉 순전히 내재적인 발생 요인과 더불어 강조된다.
초월성의 명제에 구속되어 있다는 형이상학의 단점을 제외하고 이원론
의 장점—즉 새로운 종류의 비환원적 존재의 인정—을 택한다는 것은
의식의 경우에 있어서 대단한 시도이다. 우리의 문제에서 이러한 제안
이 의미하는 바는 주관성의 등장이 그와 같은 진화론적 "도약"이며, 또
주관성에 선행하는 하위 단계에 대한 해석이 새로운 단계에 속해 있는
"목적"을 삽입함으로써 혼합될 필요가 없다는 점이다. 그렇다면 의식적
행위는 우리가 주장한 바와 같이 목적 지향적일 수 있으나, 지금 문제
가 되고 있는 무의식적 기관 기능은 그렇지 않을 것이다. 바로 이 점이
"질적 도약"의 의미이다.

이 이론은 매혹적이다. 그렇지만 앞의 이론이 존재론적으로 실패하였
다면 이 이론은 논리적으로 문제가 있다. 이행 과정의 점진성—이 점
진성은 인과 문제를 유용할 때에만 논리적 일관성이 있다—이 도약의
생각과 모순된다는 것만이 아니다. 새로운 원칙이 힘이 있다면, 이 원
칙이 제시하는 보다 원시적인 원천은 다음과 같은 조건이다. **전적으로**

7) 스무트(J. Smut)의 "전체론"(Holismus)을 여기에서 들 수 있다.

이질적이고 자신의 고유한 법칙에 대립하는 것을 스스로 산출함으로써 자신에게 폭력을 행사하는 것은 아무것도 없다. (만약 그렇다면 우리는 존재의 개념, "물질"과 전체 자연의 개념을 설정해야만 할 것이다. 예를 들어 우리는 존재의 변증법적 개념을 설정해야 하는데, 창발론자들이 이러한 개념을 꿈에서조차 생각할 수 없다는 점은 틀림없다.) 의식에 있어서 단지 이전의 것에 첨가되는(어떤 의미에서는 덮어 씌워지는) 새로운 질(質)만이 문제된다면, 이 이론은 용납될 수도 있다. 그러나 우리는 이전의 것에 역으로 작용하여 그것을 변화시키는 새로운 **인과성**이 존재한다는 것을 알았다. 주관성의 영향권에 있는 물리적 사물들은 주관성이 없는 사물들이 진행하는 방식으로 진행되지는 않는다. 즉 새로운 단계는 그것이 산출되어 나온 토대에 대해 폭력을 행사하거나, 어쨌든 이 토대를 같이 규정할 수 있는 힘을 가지고 있다. 그렇지만 이것은 발생의 사상과 일치하지 않는다. 왜냐하면 이 사상에 따르면 새로운 것은 이전의 것을 변화시키지 않고서 이전의 것에 **첨가**되는 것이며, 도달한 유기체의 단계에 대한 부수적 표현이기 때문이다. 단순한 질이라면 물론 이렇게 할 수 있을 것이다. 그러나 단순한 질은 인과적으로는 아무런 책임이 없어야 한다. 다시 말해서 단순한 질은 새로운 종류의 작용 **형식**—토대에서의 보다 복잡한 인과 구조가 이러한 형식들을 통해 표현된다—에도 불구하고 이러한 **구조에 있어서** 스스로 하나의 요소가 될 수는 없다. 이 이론은 단지 새로운 작용 구조를 설명할 수 있을 뿐 새로운 작용은 설명할 수 없다. 예를 들어 물질적 토대에 대해 이질적인 의식의 목적성은 의식 자체에 국한되어야 하며 다시 토대에로 작용할 수는 없는 것이다. 여기서 의식의 **지배**는 배제된다. 그것은 다음과 같은 사실을 의미하는 것에 지나지 않는다. 중첩되는 것이 본질적으로 다른 종류의 것이라는 사실을 창발 이론이 끝내 고집한다면 어떤 형식이든간에 심신 병행론이나 수반 현상주의와, 그리고 더욱 일반적으로는 순수한 질로서의 의식은 무력하다는 명제와 결합해야만 한다. 그렇지만 이 점을 우리는 부정한 바 있다.

그렇지 않으면 이 이론은 다음과 같이 말해야만 한다. 일종의 도약처럼 보이는 것은 사실상 연속이다. 결실은 뿌리 속에 이미 형성되어 있

다. 감각, 의욕, 사유를 통해 **가시화되는** "목적"은 이에 이르기까지의
성장 과정 속에 비가시적으로 이미 존립하고 있다. 언젠가 한번 목적이
위로부터 물리적 인과성 속으로 간섭해야만 한다는 상황에 따른 허용적
개방성의 의미에서 목적이 존립하고 있을 뿐만 아니라, 제 조건들이 성
장에 이르는 길을 열어 놓았다는 점에서 긍정적 소질과 가시화의 경향
성으로서 목적이 존립하고 있다고 할 수 있다. 그렇다면 성장은 실제로
목적을 지향한다. 다른 말로 표현하면 언젠가 등장할 "새로운 것"—물
론 앞의 이론에 따르면 전적으로 새로운 것은 아니다—에 대한 잠재성
이 성장하고 있는 사물에 미리 존립하고 있다고 인정되어야 한다. 성장
은 따라서 방향이 설정되어 있는 지향 운동의 실현, "목적", 충족으로
이해되어야 한다. 간단히 말해서 창발론은 일반적으로 "아리스토텔레스
적" 존재론과 결합할 때에만 논리적으로 유지될 수 있다. 그렇지만 바
로 이 존재론은 회피해야 한다. 토대를 상부 구조로부터 해석하는 것을
막아야 한다. 상부 구조를 설명하는 범주는 토대에 이식되어서는 **안 되**
며, 상부 구조에서 새롭게 등장하는 인과성이 이미 토대 속에 형성되어
있으며 상부 구조를 지향하고 있는 것으로 파악되어서는 안 된다. 한
마디로 말해서 목적론은 피해야 한다. 그렇지만 우리가 앞에서 보여준
바와 같이 이것은 절대적 도약과 정신의 무력함이라는 막다른 골목에
부딪친다.

　따라서 새로운 종류가 등장한다는—이론적으로 가치 있는—**돌연성**의
원칙이 완전히 자의적이고 비합리적이어서는 안 된다면 **연속성**의 원칙에
의해 완화되어야만 한다고 우리는 말할 수 있다. 물론 이 연속성은 단
순히 형식적인 연속성일 뿐만 아니라 내용적 연속성이기 때문에 우리는
하위의 모든 것에 관해 알기 위해서는 가장 풍부한 최상의 것에 의존해야만
한다. 그러나 이것은 결코 주변적인 것에 대한 수정이 아니라 문제의
핵심에 대한 수정이다. 우리가 알고 있는 바와 같이 "연속성"이 의미하
는 바는 오늘날 상위의 모든 것에 관해 알기 위해서는 거꾸로 최하의
것에 조회해야 한다는 점이다! 창발 이론은 이와 같은 환원주의를 회
피하고자 하는데, 그렇다고 정반대의 방향을 선택해야만 하는 것은 아
니다. 다시 말해서 창발 이론은 보다 부담스러운 선택을 피하면서도 환

원주의로부터 벗어나고자 한다. 그렇지만 여기서 타당한 것은 그것이
주어지지 않았다는 사실이다.

3. 전의식적 자연에도 역시 존립하는 목적 인과성

이제 우리의 입장이 분명해졌다. 존재 또는 자연은 하나이며, 존재와
자연은 자신으로부터 스스로 산출하는 것을 통해 자신을 증명한다. 따
라서 존재가 무엇인가는 이 증명을 통해 알아내야 한다. 물론 가장 은
폐되어 있는 것에서가 아니라 가장 많은 것을 말해 주는 것, 즉 가장
명백한 것에서 알아내야 하며, 발달되지 않은 것에서가 아니라 가장 발
달된 것에서 알아내야 하며, 빈약한 것에서가 아니라 가장 완전한 것,
즉 우리가 접근할 수 있는 "최상의 것"에서 알아내야 한다.

a. 자연 과학적 절제

우리 자신의 존재에 대한 증명은 자연 과학에 의해 의식적으로 무시
되고 있는데, 그것은 근거 있는 의인관의 금지와 절제를 명령하는 오캄
(W. Ockham)의 지시를 따르기 때문이며 또 "목표"가 수량화될 수 없다
는 이유 때문이다. 그것은 **방법론적으로** 문제가 없다. 예를 들어 분자의
차원에서 기초적 생명 과정을 탐구할 때 생물학자는 이러한 생명 과정
이 진행되는 전체 유기체가 존재하고 있다는 사실을 마치 모르는 것처
럼 연구를 수행해야 한다. 하류의 유기체들을 탐구할 때에는 마치 상위
의 유기체가 존재한다는 사실을 모르는 것처럼 연구한다. 좀더 상류의
유기체들을 탐구할 때에는 주체성이 이 유기체들의 고유한 속성이라는
사실을 마치 모르는 것처럼 수행한다. 최상류의 유기체들과 그 뇌를 탐
구할 때에는 사유가 존재를 규정한다는 사실을 마치 모르는 것처럼 연
구를 수행한다. 다시 말해서 진화론적으로 무엇이 발생할 것인가를 신
(神) 외에는 아무도 예견할 수 없었던 "시초"의 관점에 연구자는 서게
된다. 또 연구자는 산출된 사물의 기초 요소의 관점을 택할 수 있는데,
이 기초 요소에 보충적으로 내재하고 있는 "비가시적인 것"이 무엇인지

를 신 외에는 실제로 어느 누구도 볼 수 없다. 인간의 과학에 적절한
것은 그렇다.

b. 절제의 허구적 성격과 과학적 실존에 의한 자기 수정

그러나 이것이 허구라는 사실을 잊지 않는 것도 역시 적절하다. 허구
의 방법론적 유용성은 분명하다. 그리고 그것 자체가 문제되는 것이 아
니기 때문에 여기서 설명될 필요는 없다. 그렇지만 방법론적 이점이 존
재론적 결정과 혼동되어서는 안 된다. 물론 생명의 시원을 탐구하는 연
구자는 진화의 전체 순서에 관해 알고 있으며, 세포의 물질 대사를 탐
구하는 연구자는 유기체 전체에 관해 알고 있으며, 뇌를 탐구하는 연구
자는 사유에 관해 알고 있다. 그렇다. 바로 이러한 지식에서 기초적인
것을 탐구하고자 하는 **관심**이 나오는 것이다. 그는 무엇보다도 이 기초
요소에 관한 자신의 관심과 이 관심에 몰두하는 지성적 행위를 알고 있
다. 이 지성적 행위의 자율성을 그는 진지하게 생각해야만 한다. 그렇
지 않으면 그는 진리의 성취는 고사하고 비진리와의 구별도 희망할 수
없으며, 자신이 행하는 사유의 타당성을 신뢰할 수 없다. 그렇지만 자
신의 사유 활동의 자율성을, 즉 내면으로 향한 사유 활동의 힘을 전제
함으로써 그는 논리적으로 이미 외면에 대한 사유 활동의 힘을 인정한
것이다. 또한 동기를 유발하는 관심의 힘을 인정하게 되는데, 왜냐하면
정신적 자기 규정은 오직 인과적 신체 규정과 결합할 때에만 가능하기
때문이다. 내면적이고 외면적인 자유와 함께 할 때에만 사유는 가능하
다. 예를 들면 사유의 결과를 기록하는 경우가 그렇다. 그렇다면 그는
(환상적 이원론으로 도피하지 않는다면) 정신, 즉 주관성과 **관심** 일반
을 자연 **내에 있는** 작용 원칙으로 인정한 것이다. 내포적으로 그는 자연
개념을 고유한 모델을 넘어서서 확장한 것이다. 자신을 진지하게(마치
그래야 하는 것처럼) 생각한다면, 그리고 자신을 특별한 예외(마치 자
신이 인류 공동체의 구성원이 될 수 없는 것처럼)로 간주하지 않는다
면, 그는 어쩔 수 없이 **자연**이 목표 인과성을 생산한다고 인정해야 하
며, 마찬가지로 목표 인과성이 자연에 전혀 이질적인 것이 아니라고 간

주해야 한다. 물리학의 작업이 요구하는 바와 같이 그는 순수 물질을 분석할 때 여전히 선택된 "외면적" 최소 증거에 매달릴 수도 있다. 그렇다면 그는 인위적으로 축소된 최소 증명 때문에 환원주의적 형이상학자가 된다는 유혹을 뿌리쳐야만 한다. 그러나 이것은 의인관의 유혹을 이겨내는 것보다 더 어려운 것같이 보인다.

c. 주관성의 저편에 있는 목적 개념과 자연 과학과의 일치 가능성

철학자에게 남아 있는 일은 이러한 사실이 **목적**의 지위에 대해 무엇을 의미하는지를 보여주고, 자신의 실존에 관한 주관성의 증명이 이 실존 자체에 국한되지 않고 전체적 자연 개념과 연관되어 있다는 사실을 보여주는 것이다. 우리는 목적론 때문에 자연 개념에 관심이 있지, 자연 이론 때문에 목적 개념에 관심 있는 것이 아니라는 점을 사람들은 알아 차릴 것이다. 우리는 궁극적으로 윤리학을 위하여, 목적의 **존재론적 자리**를 주체의 정점에 나타난 것으로부터 존재의 광활한 영역에 은폐된 것으로 확장하고자 한다. 그렇다고 은폐된 것을 발견하는 자를 **설명**하는 데 은폐된 것을 사용하지는 않을 것이다. 그러기 위해서는 다음과 같은 생각만으로 충분할 것이다.

주체성이 어떤 의미에서는 자연의 표면 현상인―훨씬 커다란 빙산의 보이는 부분―것과 같이, 주체성은 말 없는 내면에 대해서도 동시에 말한다. 다른 말로 표현하면, 열매는 자신을 성장시킨 뿌리와 줄기에 관해 무엇인가를 폭로한다. 주체성은 강력한 목적을 보여주고 전적으로 이 목적으로 살아가는 까닭에 주체성을 통해서 비로소 말하게 되는 말 없는 내면은, 간단히 말해 물질은 비주관적 형식으로 이미 목적을―또는 목적의 유사체를―내면에 함축하고 있다.

그렇다면 주체적이지 않은, 즉 정신적이지 않은 "목적"에 관해 말하는 것이 의미 있는가? 물질 내의 목적은 물리학의 인과 설명을 방해하지는 않는가? 둘째 물음에 우선 대답한다면, "아리스토텔레스적" 존재 이해가 현대의 자연 설명과 모순된다거나 또는 양립할 수 없다는 것은 물론 참이 아니며, 더더구나 아리스토텔레스적 존재 이해가 현대의 자

연 설명에 의해 부정되었다는 것은 사실이 아니다. 반대 의견은 아리스
토텔레스적 존재 이해가 "설명하는" 것이 아니며, 인과 설명에는 목적
인이 없어도 되며, 따라서 그 가정은 쓸모없다는 것이다. 목적인에 관
한 가정이 진정한 근거에 관해 아직 알지 못한다는 사실을 추정된 지식
으로 도피하게 만들고 더 이상 탐구하지 않게 만들기(이것은 스피노자
(B. Spinoza)가 무지(無知)의 도피라고 부르는 경우이다) 때문에 이 가정
을 끌어들이는 것은 위험하다는 것이다. 그것은 방법론적으로는 전적으
로 옳다. 그리고 "작용 원인", 즉 지속성의 법칙하에 있는 단순한 힘만
으로 설명하는 데 충분하기 때문에 그것은 이제까지 충분히 수행된 **개별**
설명들에서 계속 증명되었다. 그 충분함이 개별적인 것에서 전제의 설
명으로 확장될 수 있는지의 문제는 여전히 남아 있다. 그 충분성은 실
험의 인위적 단순화와 자연 자체의 천문학적, 즉 극단적 단순화의 경우
에만 증명되었을 뿐이다.[8] 자연 연구자의 기대와 의무는 그것을 넘어서
서 무한히 계속된다. 따라서 우리는 환원적 분석의 끝없는 진행 과정의
성공에 관해 예측을 시도할 필요가 없다. 어차피 자연을 설명하는 것과
자연을 파악하는 것은 동일하지 않다. 여기서 우리는 다음의 사실을 기
억한다. 우리는 자연을 가정적 목적으로 설명하고자 하지 않았으며, 증
명된 바와 같이 자연 속에 나타나는 (즉 자연과 모순되지 않는) 목적을
자연 개념을 위해 해석하고자 하였다. 그리고 우리는 자연의 일반화된
"목적성"이 자연의 결정론적 인과 활동에도 불구하고 **어떻게** 무의식적으
로 영향력을 발휘하는지는 미결의 문제로 남겨 놓아야만 하였다. 이는
마치 자연 과학이 인과 관계의 망이 얼마나 강렬하게 또는 느슨하게,
얼마나 일의적 또는 다의적으로 가장 밑바탕에 있는 사물의 근거에서
(특정한 한계 범위의 밑에서) 작용하고 있는가 하는 문제를 내버려 둔

8) 예를 들어 진화의 근본 질서는 전혀 회고적인 것이 아니다. 즉 앞에 놓
여 있는 결과에 대한 지식을 가지고 시초로부터 "예언"할 수 없다. 다시
말하면 연역되지 않는다. 여기에서 충분 요건이 갖추어졌다는 말은 성립
되지 않는다. 엄격히 말한다면 우리는 왜 원자들이 결합하여 DNA 분자
의 이중 나선이 되는지 알지 못한다. 우리는 단지 그렇다는 사실에서 사
후에 결합 가능성을 경험하게 되며, 그로부터 분자 구조의 법칙에 대해
알게 되는 것이다.

것과 같다. **측량할 수 있는** 영역 내에서 양적이고 결정론적인 계산이 항상 이루어질 수 있다는 사실만으로 자연 과학은 만족한다. 다시 말해서 자연 과학의 방정식이 항상 맞아떨어지며, 또는 자연 과학의 방법이 실패하지 않는다면 족하다는 것이다. 그런데 그것은 저변에 놓여 있는 사건의 목적론과 아마 양립할 수 있을 것이다. 따라서 우리는 본래 자연 과학이 자연에 관해 모든 것을 말해 주는 것은 아니라는 점 이상의 것을 말하고자 하는 것은 아니다. 자연 과학의 전제 조건으로부터는 의식을 고려할 수 없으며, 또한 감각의 가장 기초적인 경우조차(가장 잘 증명된 우주 전체의 현상들조차도!) 고려할 수 없다는 무능력은 그 중에서도 모두에게 인정된 증명이다. 즉 빙산의 일각인 셈이다. 그러나 이것은 결코 일시적인 무능력이 아니라 본질적인 무능력이며, 그리고 설명하고자 하는 우주 내의 한 존재로서의 자연 과학 자체는 영원히 자연 과학이 설명할 수 있는 것에서 제외되어 있다는 사실로 말미암아 성취하는 역설적 부대 성공이기도 하다.

d. 주체성의 저편에 있는 목적 개념: 개념의 의미

따라서 특정한 주체에 의해 자신의 주관성으로 유지되고 있지 않는 "목적", 즉 "생각할" 수 있는 것이 아닌 목적에 관해 말하는 것이 어떤 의미를 가지는가 하는, 다시 말해서 우리는 과연 비정신적 목적에 관해 의미 있게 말할 수 있는가 하는 문제가 남는다. 왜냐하면 만약 이러한 것들이—그에 상당하는 목표에 관한 표상을 가지고 있는 의식적 의도에 관해서는 말하지 않는다고 하더라도—어떤 종류의 것이든 **정신 상태**를 포함하고 있다고 해서, 소화 기관, 체세포, 원시적 유기체 또는 진화 과정 내의 목적 또는 목표의 내재성을 주장한다는 것은 우스꽝스럽기 그지없는 일이기 때문이다. 그렇지만 목적론의 개념에 반대하여 자연 과학의 이름으로 전개되어 온 논쟁은(그런데 이것은 목적론의 설명이 가지는 지위에 대한 논쟁과는 구별된다) 이와 같은 우습다는 말로 항상 쉽게 처리되어 왔다. 우리는 물론 우리가 **알고 있는** 것, 즉 **의식된** 것을 통해 우선적으로, 그리고 직접적으로 목표에 관하여 알게 된다.

따라서 의식된 목표에 관하여 (그것도 그때그때의 자신의 목표에 관하여) 알고 있는 것이다. 이렇게 말하는 것은 거의 동어 반복이다. 그렇지만 고도로 발전된 밝은 우리 정신 상태에서조차 많이 의식된 것과 적게 의식된 것이 있다는 것을 알고 있으며, 표상성에도 정도가 있다는 사실을 안다. 어두운 욕망, 무의식적 의욕과 노력에 대해 말하는 것은 우리 자신에게도 결코 무의미한 일이 아니다. 우리가 인간으로부터 동물의 계열로 내려가 섭렵한다면, 연속성의 원칙은 무한한 음영의 영역이 존재한다는 사실을 인정할 것을 요구한다. 그런데 이 음영의 영역 안에서는(아마 특정한 감각 기관이 존립하고 있지 않은 곳에서는) "표상할 수 있는 것"이 언젠가 사라지지만, 감각을 갖춘 욕망은 결코 사라지지 않는다.[9] 우리는 여기서 아직 "주관성"에 도달하지는 않았지만, 개별적 주체의 개념이 점차 사라지고 연속적 계열이 어디에선가 비주체적인 것으로 넘어가는 아주 확장된 영역에 도달하였다고 할 수 있다. 그렇다면 목표가 없고, 목적이 없는 곳에 도달한 것인가? 반드시 그런 것은 아니다. 오히려 그 반대이다. 주체적 추구가 특수화되는 과정에서 그것이 완전히 비추구적으로 등장한다는 사실을 반대의 상승적 방향에서는 전혀 파악할 수 없다. 같은 종류의 그 무엇이 어두운 곳으로부터 좀더 밝은 영역으로 산출되었음이 틀림없다.

물론 추구 자체에는 항상 "심리적" 양태가 그대로 남아 있다. 왜 그렇지 않겠는가? "마음"(psyche)과 "자아성"은 동일하지 않다. 전자는 일반화된 형식으로 모든 물질의 부품이 될 수도 있다. 또는 고도로 조직되고, 신진 대사를 하며 환경 세계와 분리된 단위들, 즉 "독립적" 유기체들을 통해 특정한 질서태들이 개별화되고, **자아성**의 지평을 획득하기 훨씬 이전에 이러한 질서태들이 형성하는 모든 물질 결합의 부품이 될 수도 있다. 그 밑바탕에 놓여 있는 것으로서 불명료한 "심리적인 것"을 주체성이라고 고집한다면, 우리는 이를 반박하고자 하지 않는다. 그것은 어떤 "주체"도 가지지 않거나, 아니면 "자연"이 그것의 비인격

---

9) 라이프니츠(G. Leibniz)가 지각(perceptio)과 욕망(appetitus)의 이원론에서 전자에 주요한 의미를 부여한 점을 볼 때, 그는 이 모든 것을 이미 알고 있었다.

적 주관으로 명명될 수 있을 것이다. 이것이 무엇으로 불리든간에 무의
식적 전체 주관은 다른 것과 구별되는 개별 주체는 아니다. 그렇지만
불명료하게 사유된 욕망은 나에게 그와 같은 실체화를 전혀 요구하지
않는 것처럼 보인다. 생명 없는 물질과 그것이 우주에 분포되어 있다는
사실로 미루어 보아 나는 오히려 주체 없는 주체성을 믿는다. 다시 말
해서 형이상학적인 총체적 주체를 통해 개별 요소들이 시원적으로 통일
되어 있다는 사실을 믿기보다는 오히려 수많은 개별 요소들을 통해 배
아적이고 욕망적인 내면성이 분산되어 있다는 사실을 믿는다. (즉 범신
론은 결코 범심리주의에 대한 필연적 보완이 아니다.) 그것이 유기체이
건 무기체이건간에 다양한 것들이 은밀하게 개별적으로 결합한 단위들
은 이미 발전된 결과일지도 모른다. 다시 말해서 차이 또는 개별화와
분리될 수 없는 그 분산적 목표들의 결정(結晶)일지도 모른다. 그러나
그와 같은 사변적 생각들은 우리가 여기서 필요로 하는 것을 훨씬 넘어
선다.

어쨌든 다시 한번 반복하자면, (항상 개별적인) 명백한 주체가 고도
로 발전된 자연의 표면 현상과 같은 것이듯이 주체는 자연에 근거하고
있으며, 그 본질은 자연과 연속되어 있다. 따라서 양자는 "목적"에 참
여한다. 생명의 증거(스스로 나타난 생명의 후예라고 할 수 있는 우리
는 이 증거를 부정할 수 없다)에 따라서 우리는 목적 자체가 자연에 내
재하고 있다고 말한다. 내용적으로 우리는 다음과 같은 사실을 더 이야
기할 수 있을 것이다. 생명의 산출로 자연은 적어도 **하나의** 목적을 알려
주는데, 그것은 생명 자체이다. 그런데 그것은 다름아닌 "목적" 일반이
주체적으로 추구되고 향유되는 한정된 목적들로 해방되었음을 의미한
다. 우리는 그것에 관해 전혀 추측할 수 없는 까닭에 생명이 자연의 유
일한 "주목적"이라고 말해서는 안 된다. 하나의 목적이라고 말하는 것
으로 족하다. 그러나 (비이성적이지 않은 추정에 따라) "목적 존재" 자
체가 근본 목적, 즉 모든 목적 중의 목적이라고 한다면, 생명은—이
생명 속에서 목적이 자유로워진다—이러한 목적이 실현되도록 도와주
는 최선의 형식이다.

e. 의욕, 기회, 그리고 인과성의 조정

자연에 전가되어 있는 "의욕"의 종류에 관해 한마디 설명을 하고자
한다. 그것은 자기 자신을 넘어서고자 하는 자기 초월 의욕이다. 그것
이 "지식"과 결합될 필요는 없으며, 더더군다나 예측적 지식과 목표의
표상과 결합될 필요가 없다는 것은 확실하다. 그러나 그것은 판별 능력
과는 결합되어 있다. 그래서 인과성은 물리적으로 유리한 상황이 등장
하면 이 상황의 전개에 대해 무차별적으로 대응하지 않고, 그때마다 새
로운 기회가 안착할 수 있도록 선택적으로 대응하여 제공된 기회를 포
착한다. [10] "목표 설정"이 얼마만큼 그와 같은 기회들을 스스로 산출할
수 있는가—즉 단순한 행운을 간접적으로 이용하는 것과는 달리 관심
의 직접적 힘이 어디에서 시작하는가—하는 물음은 물론 또 다른 문제
이다. 기회를 지각하는 목표의 방향 설정이 존립하고 있다는 것이 조심
스러운 발언이다. 반대로 우리는 다음과 같은 사실을 고려해야 한다.
즉 새로운 기회들은 전대 미문의 새로운 목표들을 비로소 산출하며, 그
렇기 때문에 목표의 방향 설정 대신에 목표 능력과 성향을 말하는 것이
오히려 낫다(어쨌든 더 조심스럽다). (얼마나 많은 인간의 시도들이 그렇
게 진행되는가!) 그러나 목표의 "투입"과 투입된 것의 독창성은 전체
의 의미보다는 개별자와 관계가 있다. 그리고 목표 투입의 기회가 등장
하는 데는 이전의 목표 설정이—이것은 물론 그 결과를 통해 갑작스럽
게 제공되는 가능성들에 직면하게 된다—같이 작용하였을 수도 있다.
이 관계에 관해서는 오직 사변적으로 생각할 수 있을 뿐 아무것도 서술
할 수 없다. 특히 생명이 시작되는 "최초의" 기회에 관해서 그렇다. 유

---

10) 앞에서(3장의 각주 4) 언급한 정신 물리학적 문제의 연구에서 드러난
인과적 영점의 모델을 여기에 끌어들일 수 있다. 이 모델에 따르면 진화
는 위태로운 평형의 분기점들이 수천 번이나 나타나는 하나의 연속 과정
으로 볼 수 있는데, 그 분기점에서는 여러 다양한 대안들이 인과적 등가
성을 이루고 있지만 하나의 은폐된 경향이 자신의 "선호"를 행사하게 되
고, 그로 인하여 일시적 무차별 상태는 그때그때 열려 있는 차이들 가운
데 하나에게 자리를 물려 주게 된다. 이것이 "기회"라는 개념의 의미일
것이다.

기체적 분자로 결합되는 최초의 시원은 어쨌든 순전한 우연일 수도 있다. 이 우연을 통해 실현되는 어떤 경향성도 우연에 선행하지 않으며 (이 생각은 내게는 어설퍼 보인다), 그렇지만 이때부터 경향성은 점점 더 뚜렷해진다. 내가 여기에서 말하고자 하는 것은 진화의 경향성뿐만 아니라, 특히 산물들 속에 있는 실존의 경향성이다. 존재와 비존재의 강제적 대안 아래에서 자아성, 세계와 시간의 지평들이 "가장 단순한" 유기체 속에 이미 전정신적 형태로 어떻게 나타나는가 하는 것을 나는 독자적인 존재론적 연구—이 연구를 나는 여기서 단지 언급할 수 있을 뿐이다—를 통해 보여주려고 하였다. [11]

그러므로 끝으로 "목적 인과성은 주관이 부여된 존재에게만 제한되는가?"라는 4장 2절의 표제 물음에 대답하기 위해서는 살아 있는 신체 전체에서 차지하는 소화와 소화 기관의—비록 무의식적이고 비자의적이기는 하지만—내재적 목적에 관해 말하고, 이 신체의 자기 목적으로서의 생명에 관해 말하는 것이 의미가 있다. 그것은 단순히 우리의 주관성으로부터 차용한 은유만은 아니다. 그리고 자연 내의 "노동"에 관해 말하고, "자연"은 복잡한 방법으로 그 무엇인가를 향해 일하고 있다거나 아니면 "그 무엇"이 자연 안에서 다양한 방식으로 일하고 있다고 말하는 것이 그 반대보다 훨씬 개연적일 뿐만 아니라 의미 있기도 하다. [12] 이 노동이 생명의 "우연"과 함께 시작되었다면 그것으로 족하다. "목적"은 이렇게, 인간적인 것이든 동물적인 것이든, 모든 의식을 넘어서서 물리적 세계에로 그것의 고유한 시원적 원칙으로서 확장되었다. 이 원칙이 얼마나 생명적인 것을 지나서 존재의 기초 형식의 바닥까지

---

11) "Vom Sinn des Stoffwechsels", in *Organismus und Freiheit: Ansätze zu einer philosophischen Biologie*(Göttingen, 1973), 5장 특히 125~137면.

12) 우리는 이미 앞에서(129면) 자의적 행위가 가지는 목적의 힘에 대한 질문에는 확실한 대답을 할 수 있는 데 반해서, 이 질문의 대답은 그만큼의 확실성을 기대할 수 없다고 말한 바 있다. 그 반대를 적절하게 반박함으로써(127면 이하 참조) 우리는 이것을 증명할 수 있었다. 여기에서 우리는 단지 그것을 긍정하는 것이 부정하는 것보다 훨씬더 합리적이라는 사실을 역설하였다.

지배하고 있는가 하는 것은 미해결인 채로 남아 있을 수 있다. 그렇지만 그럴 수 있는 태세가 자연의 존재에 부과되어 있다는 것은 인정되어야 한다.

V. 자연 현실과 타당성: 목적 문제로부터 가치 문제로

그러나 "목적"은 이렇게 현실로 확장됨으로써 주체성의 저주로부터 구원된 것인가? 존립의 일반성은 타당성의 승인을 의미하는가? 목적이 실재로 자연, 즉 사물의 자연적 본성에 존립하고 있다는 사실의 증명을 통해 우리는, 그 자체가 **당위적으로** 목적이 되어야만 하는 가치들의 객관적 타당성이 문제시되는 윤리학을 위해 무엇인가를 얻었는가? 자연이 목적을 가지고 있다는 사실을 통해 자연은 여러 목적들을 정당화할 수 있는가? 그것은 존재가 과연 당위를 근거지을 수 있는가 하는 오래된 문제이다. 가치들의 지위를 다루는 다음 장은 이 문제를 천착해야만 한다. 그렇지만 다음 장으로의 이행을 위해 우리는 여기서 보편성과 타당성의 관계에 관해, 그리고 "단순한" 주체성과 자연을 지배하고 있는 것 사이의 관계에 관해 우선 몇 마디 하고자 한다.

1. 보편성과 합법성

모든 사람은 행복을 추구한다고 사람들은 말한다. 그런데 사람들은 이 말을 통계적 확인인 것처럼 말하지 않고, 이러한 사실은 사람의 본성에 놓여 있다는 말을 덧붙임으로써 본질 확인인 것처럼 말한다. 이렇게 약정된 행복 목표의 보편성은 1차적으로는 하나의 사실에 지나지 않는다. 행복을 필연적으로 추구해야 한다는 것을 필연적으로 동의할 필요는 없는 것처럼 보인다. 사람들은 그것을 존중할 수도 있고 부정할 수도 있다. 그렇지만 그것이 자의적으로 선택된 것은 아니라는 사실만큼은 인정해야 한다. 적어도 행복 추구가 우리의 본성에 보편적으로 부여되어 있다는 사실은 행복에 대한 정당한 추구가 존립한다는 강한 추정을 만들어 낸다. 그것이 의무는 아니라고 할지라도 행복의 목표에 대한 권리를 암시하고 있다. 즉 당위적으로 행복을 추구해야 하는 것이 아니라면, 우리는 (특정한 조건을 충족시키면) 적어도 행복을 추구해도 된다는 사실을 암시하는 것이다. 그렇지만 타인에게서도 이 권리를 존

중해야 하고, 이 권리를 방해하지 말고 촉진시켜야 한다는 의무—즉
당위—가 결과적으로 발생한다. 존중되어야 하는 타인의 관심과 이해
관계로부터 간접적으로 내게도 내 자신의 행복을 증진해야 하는 의무가
(이미 그러한 의무가 직접적으로 주어지지 않았다면) 생길 수 있다. 만
약 자신의 행복을 해친다면, 그것은 일반적 행복을 방해하는 것일지도
모른다. 이와 유사한 방법으로 논증할 수 있다면, 자연적으로 주어진
실제적인 행복 추구의 보편성은—물론 이 보편성은 앞에서 언급한 가
정된 정당성에 도움이 되는데—어쨌든 정당화에 일정 부분 기여한다.
우리는 더 이상 가정에 관해 말하지 않으려고 한다. 왜냐하면 가정은
일시적인 생각에 불과할 뿐 진지한 철학적 증명이 아니기 때문이다. 권
리와 의무, 허용과 당위 같은 것이 존립한다는 사실은 어떤 방식으로도
논증을 통해 도출되지 않고, 논증 속에 이미 전제되고 있는 것이다. 그
러나 **만약** 그러한 것들이 존재한다면, 그것들을 규정하는 데 있어서 자
연의 지지는 아주 중요한 암시가 될 것이며, 어쩌면 일종의 승인이 될
지도 모른다. 이러한 문제들은 기다려야 한다.

　이제 예증을 위해 인습적으로 선택된 우리의 예에서 보편적인 것과
특수적인 것 사이의 차이에 주목하기로 하자. 통상적으로 권리와 가치
에 관한 **물음**이 제기되는 곳은 개별 주체의 특수적인 목표와 의지, 그리
고 경우에 따라 생길 수 있는 그들의 갈등이다. 그런데 권리와 가치 양
자는 모든 것에 공통적인 것으로 인정되고 있다. 우리가 주로 목적과
가치 평가의 "단순한 주관성"에 관해 말하는 곳도 특수적인 추구이며,
바로 여기에서만 우리는 비로소 정당화되어야만 하는 자의에 관해 말한
다. 그렇다면 그것들이 특수적이지도 않고 자의적이지도 않다고 말하
고, 또 그것들이 우리의 사적인 소망과 의견에 앞서 부분에 대한 전체
의 모든 이점을 가지며, 일시적인 것에 대한 지속성의 이점을 가지며,
미미한 것에 대해 훌륭한 것의 이점을 가진다고 말하는 것은 **자연의 "주
관성"**에 의해 규정될 것이다.

2. 자연의 선고를 부정할 수 있는 자유

그럼에도 불구하고 자연의 목적들 중의 하나, 즉 **자유의** 목적을 다루고자 한다면, 우리는 자연의 선고, 즉 그것의 목적들이 가지는 편파성을 반박해야만 한다. 세계에 대해 '아니오'라고 말할 수 있는 것은 인간적 자유의 특권이다. 세계가 가치를 가진다는 사실은 세계가 목적을 가진다는 사실로부터 직접적으로 추론되지만(바로 이런 의미에서 앞에서 언급한 바와 같이 "가치 중립적" 자연은 말이 되지 않는다), 나는 세계의 "가치 판단"에 따를 필요는 없으며, 한 걸음 더 나아가서 "바로 그렇기 때문에 아무것도 생성되지 않았다면 더 좋았을 것이다"라고 생각할 수도 있다. 그리고 크기, 지속성, 힘, 호화로움에 있어서 자연이 가지는 우월성이 자동적으로 **권위를** 정당화하지 않는다는 사실은 인정될 수 있다. 소위 말하는 세계의 "탈마법화"(막스 베버)라는 주장이 결정적인 관점, 즉 목적과 가치의 이질성의 관점에서 후퇴된 후에도 그것은 마찬가지이다. 그런데 이것은 마치 인간들 사이에서 소수에 대한 다수의 의견이 양적으로 우월하다고 해서 진리를 근거지울 수 없는 것과 같다.

그러나 아주 심오한 근거를 가지고 있고 이미 오래 전부터 알려진—인간도 그 일부인—자연의 선고에 대해 사람들이 항변하는 것인지, 아니면 인간이 가지고 있는 변덕스럽고 "피상적인" 견해에 항변하는 것인지는 양적으로 뿐만 아니라 질적으로 전혀 다른 문제이다. 자연 밖에 있는 다른 기관, 즉 자연에게는 없는 권위를 소유하고 있는 초월자에 의지할 수 있다면 나는 특히 자연에 관해 **정당하게** 다른 의견을 가질 수 있다. 다시 말해서 나는 어떤 형태이든간에 이원론의 조건하에서는 자연에 대해 이의를 제기할 수 있다. (왜냐하면 단순한 취미의 이견은 천박할 수 있기 때문이다.) 이러한 이원론은 세계에 대해 도대체 책임이 없거나 또는 창조 과정에서 반대 원칙에 의해 방해를 받거나, 아니면 다른 의도를 가지고 불합리하게 창조하는 신에 관한 신학을 가지고 작업해야 하며, 또 이에 상응하는(무차별적일 뿐만 아니라) 나쁜 세계를 가지고 작업해야 한다. 이원론은 그 밖에도 어쨌든 이의 제기의 행위를 실행하는 초월적 영혼에 관한 이론을 가지고 작업해야 한다. 다시 말해

신적 계시를 인식할 수 있다는 "그노시스적" 존재 이론을 가지고 작업
하는데, 그것은 이 논쟁에 참여하는 어떤 사람에게도 받아들여질 수 없
는 것이라 할 수 있다. 그렇지만 일원론적 전제 조건하에서 정당한 이
견은 오로지 개별적인 것에서만 가능하며 전체에 있어서는 불가능하다.

3. 선고의 긍정에 대한 의무는 증명되지 않았다

정당한 **부정**의 불가능성은 대상 자체를 정당화하기에는, 즉 대상의 긍
정을 촉진시키기에는 여전히 충분하지 않다. (허구적으로는 적어도 가
치 중립적 자연의 경우와 꼭같이 일반적 중립성의 관점이 생각될 수 있
다. 그렇다면 이 관점은 개별적인 경우에 대해서는 실제로 개인의 취미
에 내맡겨질 것이다.) 자유의 실행으로서 전체로부터 자신을 분리시키
는 과정에서 우리가 자유를 선택한 자연의 가치 결정을 사용한다는 사
실 자체가, 순수한 논리적 추론에 따르면 그럴 수 있는 것처럼 보이지
만, 우리에게 자유를 긍정할 의무를 부가하지는 않는다. 일관성의 이름
으로 비논리적 사실-긍정을 참된 법칙-긍정으로 변화시킬 수도 없는 논
리학은 (자살을 제외한 생명의 모든 사용에서와 같이) 우리의 부정과
무차별적 판단이 이 판단을 통해 실행된 이해 관계적 순간의 긍정과 모
순된다는 부담을 우리에게 안겨줄 뿐이다. 여기서 실제적이고 의무적인
긍정을 위해서는 가치의 개념과 동일하지 않은 **선**의 개념이 필요하다.
다른 말을 원한다면 가치의 객관적 지위와 주관적 지위 사이의(더욱 간
단히 표현하면, 가치 자체와 어떤 사람에 의한 가치 평가 사이의) 차이
를 서술하는 개념이 필요하다. 어떤 것을 해명함으로써 가치론이 제 가
치의 구속력의 정당화를 희망할 수 있다면, 다시 말해 어떤 의무의 구
속력을 존재 내에서의 선의 근거로 정당화할 수 있다면, 그것은 바로
선과 존재의 관계이다. 가치를 부가함으로써 자연이 또한 이 가치를 승
인할 수 있는 권위를 가지며, 우리와 모든 앎의 의지에게서 인정을 요
청할 수 있다는 사실이 이로써 분명해질 수 있을 것이다.
자연이 가치를 가지고 있으므로 자연이 목적들을 갖는다는 바로 그러
한 까닭에 자연이 결코 가치 중립적이지 않다는 사실에 관한 이제까지

의 증명은, 자연의 "가치 결정"을 동의하는 것이 우리의 자의에 맡겨져 있는 것인지 아니면 의무인지 하는 문제에 대답하지 않았다. 그것은 역설적으로 표현하면 부정할 수 없이 자연에 의해 자연을 위해 설정된 가치들이 과연 우리에게 가치가 있는 것인지 (또는 단지 가치 보유의 사실에 불과한지) 하는 문제이며, 그리고 어떤 경우에 동의가 의무일 수 있는가 하는 문제이다. 이 물음에 답해야 하는 것은 이제까지 증명을 실행해 온 목적론이 아니라, 이제 우리가 주목하고자 하는 가치론이다. 그러나 존재 내의 목적의 내재성에 관한 증명이 이러한 물음의 제기를 비로소 가능하게 하였다. 그리고 이 증명과 함께 윤리학 이론을 위한 결정적인 전투에서 이미 승리했다는 사실이 앞으로 드러날 것이다.

제 4 장

선, 당위, 그리고 존재: 책임의 이론

I. 존재와 당위

존재 안에서 "선"(善) 또는 "가치"를 정립한다는 것은 소위 말하는 존재와 당위의 간격에 다리를 놓는 것을 뜻한다. 왜냐하면 선한 것과 가치 있는 것이 욕망과 필요, 선택의 은혜에 의해서가 아니라, 스스로 선하고 가치 있다면 바로 그 개념에 의해 그것의 가능성은 현실성에 대한 요청을 포함하고 있는 것이며, 이러한 요청을 감지하고 행위로 옮길 수 있는 의지가 존재할 경우 그것은 일종의 당위로 될 수 있다. 그러므로 도덕적 "지시 명령"이 예를 들어 인격신과 같은 명령하는 의지로부터만 나오는 것이 아니라 그 자체로 선한 즉자적 선이 자신의 현실화를 요구하는 내면적 요청으로부터 나온다고 우리는 말하고자 한다. 선과 가치의 즉자 존재는 존재의 영구적 영역에 속한다는 것을 의미한다. 따라서 그것은 반드시 그때그때 실존하고 있는 것의 현실성에 속할 필요는 없다. 그렇기 때문에 가치론은 존재론의 한 부분이 된다. 이러한 사실은 자연의 본질에 관해 이제까지 논의된 논거와 어떤 관계를 가지는가?

1. 목적에 상대적인 "선" 또는 "악"

우리가 이제 가정하고자 하는 바는 자연이 목적 또는 목표를 보유함으로써 가치를 설정한다는 것이다. 왜냐하면 항상 주어져 있고 사실상 추구되는 목적에 있어서 성취는 선이고 실패는 악이기 때문이다. 이러한 구별과 함께 가치의 부여 가능성은 시작된다. 그렇지만 오로지 성공과 실패만이 문제시되는 미리 결정된 목표 설정의 **범위 안에서는** 목표 자체의 선에 관한 어떤 판단도 불가능하다. 따라서 관심과 이해 관계를 넘어서 이 목표로부터 어떤 책무를 도출해 내는 것도 불가능하다. 우리 자신을 포함한 자연 내에 실제로 목표들이 선천적으로 주어져 있다고 한다면, 이 목표들은 사실성의 가치 외에는 다른 어떤 가치도 향유하고 있지 않는 것처럼 보인다. 그렇다면 이 목표들은 동기 유발의 강도와 성취의 쾌락 소득에(또는 실패의 고통에) 따라 측정되어야만 할 것이

다. 따라서 우리는 그 영향권 내에 보다 좋은 것과 나쁜 것이 있다고
말할 수 있을 뿐, 이 목표들 내에서 선 자체가 우리의 동의를 요청한다
고 말할 수는 없을 것이다. 그렇다면 욕망, 본능 또는 의지에 대한 영
향을 통해 스스로 자신의 출현을 추구하든 안 하든간에 관계 없이, 어
떤 것이 **당위적으로** 존재해야만 한다고 말하는 것이 의미 있는 것인가?
"선 자체"가 그와 같은 것이라고 우리는 말하였다. 그러나 이제까지 선
과 악은 미리 **존립하고 있는** 목표의 방향 설정에 대한 상관 개념으로서
나타났었다. 그런데 자신의 "결정" 속에 결과적으로 등장하는 권력을
의지에 행사하는 것은 이 방향 설정에 맡겨져 있다. 미리 심어져 있는
목적은 관철되고, 그것은 어떤 당위도 필요로 하지 않으며, 또 당위를
근거지을 수도 없을 것이다. 기껏해야 목적은 "당위"의 허구를 자신의
권력 수단으로 사용할 수 있을 뿐이다.

2. 선 자체의 목적성

그렇다면 특정한 목적에 대해 타당한 것이 존재의 **존재론적** 성격으로
서의 "목적성" 자체에 대해서도 역시 타당한가? 즉 목적의 사실성이
첫째이며, 이와 관련된 "선" 또는 "악"의 타당성은 둘째라는 점은 여기
서도 역시 타당한가? 그런데 이것은 전자에 의해 (사실적으로) 규정되
어 있으나 (법칙적으로) 정당화되지는 않는다. 여기서 문제는 다른 데
있는 것처럼 보인다. 목적을 가질 수 있다는 능력을 통해 우리는 선 자
체를 볼 수 있다. 이 선 자체에 대해서 직관적으로 확실한 것은 그것이
존재의 모든 무목적성에 대해 무한하게 우월하다는 사실이다. 이것이
분석 명제인지 아니면 종합 명제인지 나 스스로도 확실하지 않다. 그렇
지만 그것이 자기 명증성을 가지고 있다는 점은 더 이상 후퇴할 수 없
는 하나의 사실이다. 이에 대해서는 오로지 불교적 열반 이론만이 대적
할 수 있는데, 이 이론은 목적 소유의 가치를 부정하지만 결국은 목적
소유로부터의 해방이라는 가치를 긍정하고 이를 다시금 목적으로 만든
다. 여기서 무관심은 분명히 불가능하기 때문에 (부정된 것은 부정적 가
치를 가진다), 목적을 부정하는 목적이라는 이율 배반에 묶이지 않는

사람은 존재 내에서 목적 자체가 스스로를 증명한다는 명제에 동의해야
하고, 이 명제를 **존재론적 공리**로서 전제해야만 한다.[1] 그와 같은 방식
으로 스스로 타당성을 부여하는 제일선이—이로부터 파생된 특정한 선
을 통해—실존에 따라서 어떤 의지의 보호를 받아야 한다면 일종의 당
위가 도출된다는 사실은 선 자체의 **형식적** 개념으로부터 분석적으로 추
론될 수 있다. 그렇지만 선 자체의 **내용**에 관한 최초 규정과 선 자체가
현실 속에 있다는 사실은 존재에 의해 이미 예증된 내용의 공리적(公理
的) 존엄성을 파악함으로써 분명히 증명될 수 있다. 그런데 공리적 존
엄성은 무목적성에 대한 목적 자체의 우월성에 다름아니다. 이러한 우
월성을 공리로서 인정함에 있어서(즉 1차적으로 순수 이론의 행위에 있
어서) 더 이상 증명될 수 없는 마지막 형이상학적 선택이 문제가 될 수
있다면, 그것은 나름대로의 명증한 직관을 가지고 있다. 그리고 이러한
직관은 다음과 같이 서술될 수 있다.

3. 목적 내에서의 존재의 자기 긍정

세계 내에서 현실적으로 존재하고 있으며 작용하고 있다는 것이 앞
장(3장)에서 의심할 여지가 없는 사실로 확정된 목표 추구성 자체에서
우리는 존재의 근본적인 자기 긍정을 발견할 수 있다. 그런데 존재는
이러한 자기 긍정을 비존재에 대해 **절대적으로** 더 좋은 것으로 설정한
다. 존재는 자신에게 찬성하고 무(無)에는 반대한다는 뜻을 모든 목적
에서 밝히고 있다. 존재의 부정 자체가 일종의 관심과 목적을 드러내는
까닭에 이 존재의 선고에 대해서 어떤 이의도 존재하지 않는다. 다시
말해서 존재가 자기 자신에 대해 무관심하지 않다는 단순한 사실은 모
든 가치들의 근본 가치가 되며, 제일의 긍정이 된다. 따라서 이러한 차

---

1) 논리적으로 가능한 두 가지 대안들 중에서 하나에 대한 자연스러운 편애
   를 여기에서 이용한다면, 이것은 사람에 의거한 논의와 비슷하다. 그러나
   그것은 이론적 사유가 오랜 고독 속에서 혼자 걸어 왔던 그 고집스러운
   노정에서는 제대로 발언할 기회를 얻지 못했던 그 사안이 자신의 권리를
   되찾는 데는 도움을 준다.

이는 그 어떤 것과 무와의 구별에 근거하지 않고(여기서 말하는 어떤 것이 아무것이라도 괜찮다면 이 구별은 서로 관계가 없는 두 가지 사이의 무차별적 차이일 것이다) 특정한 목적 관심과 무관심 사이의 차이에 근거한다. 이 무관심의 절대적 형식을 우리는 무로 간주할 수 있다. 그렇다면 무관(심)한 존재는 무의미성의 결점을 가지고 있는 불완전한 '무의 형식'에 지나지 않을 것이지만, 이것은 본래 생각할 수도 없는 것이다. 존재에게는 무엇인가가, 적어도 자기 자신이 문제된다는 사실은 우리가 존재 내에 있는 목적의 현존성으로부터 배울 수 있는 첫번째 것이다. 그리고나서 목적성의 최대화, 즉 추구되고 있는 목표의 풍부함과 더불어 가능한 선과 악의 풍부함은 비존재에 대한 존재의 차이의 증가와 더불어 존재의 근본 가치로부터 도출되는 근접한 가치이다. 목적이 다양하면 할수록 그만큼 차이는 더욱 커진다. 목적이 강렬하면 할수록, 목적의 긍정과 정당화는 그만큼 더욱 강조된다. 목적을 통해 존재는 자기 노고를 가치 있게 만드는 것이다.

4. 생명의 긍정: 비존재에 대한 부정의 강조

유기체적 생명 속에서 자연은 자신의 관심을 알려 주고 있으며, 자연이 가지고 있는 형식—이 형식들은 모두 존재하고 추구하는 방식이다—의 엄청난 다양성 속에서 자연은 이에 상응하는 실패와 소멸의 대가를 끊임없이 치르면서 자신의 관심을 충족시킨다. 모든 목적은 오직 다른 목적들의 희생을 통해 실현될 수 있기 때문에 이 대가는 필연적이다. 종(種)의 다양성 자체는 이미 일종의 그러한 선택이지만, 그 선택이 반드시 "최선의 선택"이라고 말할 수는 없다. 그렇지만 종의 다양성의 보존은 소멸 또는 성장 부진이라는 다른 대안에 대해서는 일종의 선이라는 것은 확실하다. 자연의 관심은 종적 스펙트럼의 외연에서보다는 생명체 스스로의 자기 목적의 강렬함에서 더 잘 표현된다. 생명체 속에서 자연 목적은 점점 주관적이 된다. 즉 그때그때의 실행자를 자기 것으로 만든다. 이런 의미에서 느끼고 추구하는 모든 존재는 자연의 목적일 뿐만 아니라 또한 목적 자체, 다시 말해서 자기 자신의 고유한 목적

152

이기도 하다. 2) 여기서 죽음에 대한 생명의 대립을 통해 존재의 자기 긍정은 강조된다. 생명은 비존재에 대한 존재의 명백한 대결이다. 왜냐하면 물질 대사의 필연성을 통해 주어진 자기 구성적 **결핍성**—이 결핍성은 충족되지 않을 수도 있다—속에서 생명은 비존재의 가능성을 지속적으로 현재하는 반대 명제로서, 즉 위협으로서 자신의 내면에 가지고 있기 때문이다. 생명의 존재 양태는 행동을 통한 보존이다. 모든 추구 행위의 긍정은 여기서 비존재에 대한 능동적 부정을 통해 강화된다. 부정된 비존재를 통해 존재는 긍정적 관심사 즉 자기 자신의 지속적 선택이 된다. 자신의 본질에 고유하게 주어져 있는 비존재의 위험 속에서 생명 자체는 이러한 선택의 표현이다. 그러므로 오직 표면적으로는 역설적으로 보이기는 하지만, 존재의 자기 긍정을 확증하는 것은 바로 **죽음** 또는 '죽을 수 있음'이라고 할 수 있는데, 그것도 어느 순간에라도 죽을 수 있는 죽음이며 또 자기 보존의 **행동**을 통해 죽음을 지연시키는 것이다.

5. 존재론적 긍정이 인간에 대해 가지는 당위의 힘

이와 같이 맹목적으로 작용하는 긍정은 인간의 볼 줄 아는 지성적 자유를 통해 의무적인 힘을 얻는다. 자연이 행하는 목적 노동의 최고의 결과로서 인간의 자유는 더 이상 자연의 단순한 집행자가 아니며, 지식으로부터 얻은 권력을 통해 또한 자연의 파괴자가 될 수도 있다. 인간

---

2) 생명체는 자기의 고유한 목적이다라는 말은 그러나 그것이 목적을 **설정**할 수 있다는 것을 의미하지는 않는다. 생명체는 선택의 여지없이 주어진 자기 목적에 헌신하기 위하여 본래 그것을 "가지고 있다." 자신의 새끼라고 할지라도, 다른 존재의 목적을 위한 봉사는 단지 간접적·유전적으로 자신의 목적 추구에 포함되어 있을 뿐이다. 생명의 목적들은 주체의 관점에서 볼 때 이기적이다. (보다더 포괄적인 생물학적 질서의 목적에 이러한 자기 목적이 객관적으로 예속된다는 사실은 그 자체로 하나의 문제가 될 수 있다.) 인간의 자유가 비로소 목적들의 설정과 선택을 허용하며, 그와 함께 다른 목적들을 자신의 직접적인 목적 속에 의도적으로 포함시킬 뿐만 아니라, 그것을 가장 헌신적으로 완벽하게 자신의 것으로 만들게 한다.

은 긍정을 자신의 의욕 속에 받아들여야 하며, 비존재에 대한 부정을 자신이 할 수 있는 능력에 부과해야 한다. 그러나 의욕으로부터 당위에로의 이러한 이행 과정이 바로 도덕 이론의 문제점으로서, 여기에서 도덕 이론의 정초는 쉽게 실패하곤 한다. 예전부터 이미 전체를 위해서 존재에 의해 보호되는 것이 왜 모든 개별적 의욕을 통해 의무가 되는 것인가? 무엇 때문에 인간은 자연으로부터 탈출해야 하며, 그 후에 자연의 섭리에 대해 규범을 가지고 대항하고, 그러기 위하여 인간이 가지고 있는 유일한 자연 유산인 자의를 제한해야만 하는가? 자의의 완전한 실행이─그것이 어떤 결과를 가져오든간에─자의를 산출한 자연 목적의 충족은 아닌가? 바로 이것이 존재의 운동이 추구해 왔던 가치 자체라고 할 수 있다. 이것은 책무를 요구할 수는 있으나 결코 그것을 필요로 하지 않는 존재의 선고라고 할 수 있다.

6. 의욕과 구별되는 당위의 문제성

목적성 자체가 제일선이며, 또한 추상적으로 말해, 제일선으로서 현실성에 대한 "요청권"을 가지고 있다는 사실을 인정하면, 이 목적성은 바로 목적의 **의욕**을 의미하며 또 목적을 통해 자신의 지속적 존립의 전제 조건으로서 자기 자신을 근본 목적으로 의욕하는 것을 의미하기도 한다. 자연적으로 주어진 목적성은 존재 요청권을 충족하라고 명령한다. 이 존재 요청권은 목적성을 통해 보장된다. 간단히 말하면 자기 보존은 지시적으로 명령될 필요가 없으며, 자기 보존과 함께 주어진 쾌락 외에는 다른 설득을 필요로 하지 않는다. 긍정과 부정을 보유하고 있는 자기 보존의 의욕은 첫째로서 이미 존립하고 있으며, 개별적인 경우에 더 잘할 수도 있고 잘못할 수도 있으나 항상 능력에 따라 자신의 일을 행사한다. "의욕해야만 한다"(wollen Sollen)는 것이 의미 있는 개념이라고 할지라도 여기서는 쓸모없으며, 따라서 "행위해야만 한다"(tun Sollen)라는 (실제로 의미 있는) 개념도 불필요하게 된다. 왜냐하면 이미 존립하고 있는 의욕은 이미 자신의 행위를 자동적으로 수반하기 때문이다. 그렇지만 잘하고 못하는 것이 (다시 말해서 더 효과적이고 덜 효과적인 것이) 인간의 경우에서와 같이 **선택**의 대상이라면, 우리는 목적 의욕의 이름으로 더 좋은 방법의 당위에 관해서 말할 수 있다. 즉 칸트(I. Kant)와 더불어 목적 자체와 관련된 것이 아니라 수단과 연관된 영리함의 "가언 명법"에 관해 말할 수 있는 것이다. 그러나 혼란스러운 인간사에서 이 명법이 아무리 중요하다고 할지라도, 그것은 도덕성의 무제약적 명법과는 전혀 관계가 없다. 이 도덕적 명법은 목적들까지 포함해야 하며, 당연히 목적들을 우선적으로 지향해야 한다. (칸트가 궁극적으로 의도한 바와 같이 이 명법이 자신의 고유한 목적이라는 사실은 근거 없는 구성이라는 점에 관해서는 아래를 참조.) "하위의" 목적에 대한 "상위의" 목적이 가지는 우월성을 선택의 규정 근거로 말하는 것도, 이러한 구별이 이미 윤리적으로 정의되고 또 더 높은 목적에 대한 일종의 의무로서 확정되지 않는 한에는 아무런 도움이 되지 못한다. 시스티나 성당의 천장 벽화를 그리는 것이 극심한 굶주림을 달래는 것보다 더 높은 목적이라고 정당하게 말할 수 있을지도 모른다. 그러나 우리는 하이네(H. Heine)의 "시궁쥐"에게 과연 이로부터 행위의 법칙을 도출할 수 있는가를 문의할 수 있다. 지금 그리고 여기에서 행위에 부과된 **과제**에 이르기 위해서는 우리가 전제하고 있는 선 또는 가치의 즉자 존재와 그것의 추상적 "요청권"으로부터도 아직 한 걸음 더 나아가야 한다. 그것은 무시간적인 것으로부터 시간으로의 행보이다. 온갖 "과제"와 "포기"를 지니고 있는 금욕주의적 도덕과 같이 도덕의 멋진 자기 기만도 원초적 본능의 자기 충족의 은폐된 형식이라는 의심이 이러한 행보 뒤에 숨겨져 있다. (예를 들면 "권력 의지", "쾌락의 원칙"이 그렇다.) 따라서 스스로 부과한 모든 당위는 단지 의욕의 위장에 불과하고, 통속적 쾌락이라는 미끼보다 더 효과적인 미끼를 통한 의욕의 유혹에 불과하다. 이런 경우에 "선" 또는 "가치"는 지시적 명령이 권위를 가지지 않고 원인의 힘을—물론 목적인과 적지 않은 인과적 원인을—가지고 있을 수 있다. 그렇다면 모든 의욕은 그 자체로서, 그리고 동시에 존재의 내재적 목적론으로서 당연히 정당화될 수 있을 것이다. (아마 그것은 목적에 의해서가 아니라 강도에 따라 평가된다.) 그리고 의무론을 추구하고자 하는 노고는 허망할지도 모른다. 운명애(amor fati)의 공허한 긍정과 이미 의욕되고 행위된 것을 다시 한번 바란다는 공허한 재의욕조차도 가치와 선에 아무것도 첨가하지 못한다. 우리는 "선"과 "가치"의 의미를 다시 한번 물어 보아야 한다.

7. "선"과 "가치"

a. 언어적으로는 "선"이 "가치"에 비해 보다 큰 즉자 존재의 품위를 가지고 있다. 우리는 그것을 우리의 소망과 의견과는 무관한 것으로서 이해하고자 하는 경향이 있다. 이와는 반대로 "가치"는 "누구에게？" 그리고 "얼마만큼？"이라는 물음과 쉽게 결합한다. 이 낱말은 평가와 교환의 영역으로부터 유래한다. 그러므로 그것은 우선 의욕의 정도만을 서술한다. 즉 소비 의욕의 정도를 서술하지 당위의 정도를 서술하지 않는다. 나는 무엇인가가 나에게 가치 있기 때문에 목적으로 설정한다. 또는 모든 선택을 하기 이전에 나의 결핍적 본성에 무엇인가가 목적으로 주어져 있는 까닭에 그것은 나에게 어느 정도 가치가 있는 것이다. 목적의 경쟁이 자유로운 한에서 나는 행위에서 자연 목적을 다시 한번 목적으로 설정한다.[3] 따라서 내가 설정하는 **모든** 목적은 오직 그렇게만 "가치"로서 증명된다. 즉 그 목적은 내가 노고를 하여 추구할 만한 (그 대신 추구할 수 없는 것을 포기하는 것을 포함하여) 가치가 있는 것이다. 노고에 대한 교환 가치, 즉 노고의 "대가"는 여기서는 아주 섬세한

---

3) 물론 목적들은 반드시 선택되는 것은 아니며, 더구나 여러 가지를 비교하여 평가를 내린 후에 선택되는 것은 더더욱 아니다. 행위 그 자체는 (동물적 행위도 포함해서) 선택 이전에 목적에 의해 유도된다. 왜냐하면 기본적 목적은—그리고 목적을 가진다는 사실 자체는—우리 천성의 필요에 의해 우리 속에 내재되어 있기 때문이다. 거기에 쾌락이 동반된다면 그 목적들은 주관적으로도 "가치 있다." 그러나 현재 진행되는 토론은 선택된 목적의 인간적 영역과 연관되는데, 그곳에서는 단순히 의지가 주어진 목적의 창조물이 아니라 특정한 의미에서 목적이—나의 목적으로서—의지의 창조물이 된다. 그곳에서조차 목적의 "가치성", 소망과의 연관성은 욕망, 환경, 전형, 습관, 의견, 순간 등의 다양한 요소들에 의해 미리 결정되어 있다.

방식까지 모두 포함하는 쾌락이다. 성취된 목적이 나를 실망시켜서, 그것이 노력할 만한 가치가 없다는 판단에 이르게 되면, 더욱 유식해진 나의 소망은 어떻게 하면 목적의 선택이 결실이 있을 것인가와 관련하여 계속해서 자기 자신과 상의하게 되며 나의 선택에 대한 목적의 요청권과 관련하여 목적들과 상의하지는 않는다. 설령 그것이 더 많은 지식을 가지고 있고 아마 더욱 성공적이라고 할지라도, 수정된 판단은 덜 주관적일 필요는 없으며 또한 처음의 판단보다 더 구속력이 있을 필요도 없다.

b. 그럼에도 불구하고 우리는 가치 있는 목적과 가치 없는 목적을 구별하는 일을 그만두지 않는다. 소망이 보상을 받는지 그렇지 않은지에 관계 없이 우리는 이 구별을 한다. 이러한 구별을 하면서 우리는 노력할 만한 가치가 있는 것이 반드시 **내가** 지금 노력할 만한 가치가 있는 것과 일치하지 않는다는 점을 주장한다. 그러나 실제로 내 노고의 값어치가 있는 것이 **당위적으로** 나도 노력할 만한 가치가 있는 것으로 되어야 하며, 바로 그렇기 때문에 나에 의해 목적으로 **설정되어야** 한다. "실제로" 노고의 가치가 있다는 것은, 대상이 나의 경향적 판단과는 관계 없이 노고에 유익하다(**선하다**)는 것을 의미해야만 한다. 바로 이 점이 그 대상을 당위의 원천으로 만들며, 이 선의 실현 또는 보존이 이 주관에 의해 구체적으로 문제가 되는 상황에서 그 대상은 이 당위성을 가지고 주관에게 간청하는 것이다. 선을 의욕된 것으로 정의하는 어떤 주의 (主意)주의적 이론과 욕망 이론도 이와 같은 요청의 원초적 현상을 정확하게 고려하지 않는다. 의지의 단순한 피조물로서의 선에게는 의지를 구속하는 어떤 권위도 결여되어 있다. 의지의 선택을 규정하는 대신에 선은 의지에 예속되어 있다. 그리고 선은 그때그때마다 이런저런 것이 된다. 선이 존재 안에 근거를 가질 때 비로소 선은 목적이 되기를 요청한다. 선은 자유로운 의지로 하여금 선을 의지의 목적으로 만들도록 강요할 수 없다. 그렇지만 이것이 자유로운 의지의 의무라는 사실을 인정하도록 선은 의무에 강요할 수 있다. 복종을 통해서가 아니라면 이러한 인정은 죄책의 감정으로 이루어진다. 우리는 선에 대해 선의 몫을 빚지고 있다.

8. 선의 행위와 행위자의 존재: "사태"의 우세

a. 욕망과 당위의 구별이 거의 그러지 못하였던 것처럼, 우리의 감정은 선 자체를 위한 선의 행위는 어떤 의미에서, 그것도 행위의 성공과 관계 없이 행위자에게도 이익이 된다는 사실의 확실성을 부정할 수 없다. 그가 실행된 선의 향유에 참여하든 안 하든, 그 선을 단지 체험하든 안 하든간에 관계 없이, 또 설령 선의 실행이 실패하는 것을 본다고 할지라도, 의무의 요청이라는 가정을 추종함으로써 도덕적 존재는 획득된다. 그럼에도 불구하고 이것은 그가 바라고 있었던 선이 아닐 수도 있다. 도덕의 비밀 또는 역설은 보다 높은 자아가(이것은 실제로 선 자체이기도 하다) 되도록 하기 위하여 사태에 대한 자아가 망각되어야 한다는 사실이다. "나는 내 자신을 똑바로 볼 수 있기를(또는 신의 시험을 이겨낼 수 있기를) 바란다"고 말하는 것이 아마 허용될 수 있을 것이다. 그렇지만 이것은 내 자신이 문제되지 않고 "사태"가 문제시될 때에만 가능할 것이다. 여기서 말하는 이 '나'는 스스로 사태가 될 수 없으며, 행위의 대상은 단지 사태에 이르는 기회일 뿐이다. 선한 인간은 자신을 잘 만든, 즉 행위를 잘한 사람이 아니라 선을 위하여 행한 사람이다. 그런데 선은 세계 내의 사태이며, 바로 세계의 사태이다. 도덕성은 결코 자기 자신을 목표로 가질 수 없다.

b. 그러므로 제일 중요한 문제는 형식이 아니라 행위의 내용이다. 이런 의미에서 도덕은, 종종 자아의 상태를—다시 말해서 세계 사태에 속하는 의무에 적합한 상태를—대상으로 가지기도 하지만, "자아가 없다." 물론 무자아성 자체가 도덕적인 것일 수는 없다. 의무 자체가 대상은 아니다. 도덕법이 도덕적 행위의 동기를 유발하는 것은 아니다. 오히려 나의 의지에 대립하고 나의 경청을 요구하는 세계 내의 즉자적 선의 호소가 도덕법에 **적합한** 것이다. 이 호소를 경청하라는 것이 **바로** 도덕법이 명령하는 바이다. 이 도덕법은 행위와 연관된 모든 선들의 요청과, 이 선들이 **나의** 행위에 대해 그때그때마다 가지는 권리의 요청을 일반적으로 강화한 것에 다름아니다. 도덕법은 통찰력에 의해 스스로 존재할 만한 가치가 있고 나의 업적을 필요로 하는 것으로 증명된 것을

나의 의무로 만든다. 이 도덕법이 나에게 다가와 나를 촉발시켜서 나의
의지를 움직일 수 있으려면 나는 그와 같은 것에 대해 촉발될 수 있어
야만 한다. 우리의 감정적 부분이 일종의 역할을 해야만 하는 것이다.
통찰력이 호소를 매개하는 바와 마찬가지로 호소가 우리의 감정 속에서
일종의 대답을 발견한다는 것은 우리가 가지고 있는 도덕적 본성의 본
질에 속한다. 그것은 책임성의 감정이다.

c. 모든 윤리 이론이 그러하듯이 책임의 이론도 역시 두 가지를 직시
해야 한다. 책무의 **합리적** 근거, 즉 구속력 있는 "당위"에 대한 요청권
의 배후에서 정당화하는 원칙과, 의지를 움직일 수 있는 능력의 **심리적**
근거, 즉 어떤 주체의 행위가 주체에 의해 **규정되도록 하는** 것이 그것이
다. 이는 윤리가 객관적인 측면과 주관적인 측면을 가지고 있으며, 그
중 하나는 이성과 관련이 있고 다른 하나는 감정과 관계 있다는 것을
의미한다. 역사적으로 보면 종종 전자가, 때로는 후자가 더 윤리 이론
의 중심을 차지하곤 하였다. 전통적으로는 **타당성**의 문제, 즉 객관적 측
면이 철학자들이 몰두하는 문젯거리가 되었다. 그러나 양자는 상호 보
완적이며 윤리 일반을 통합하는 구성 요소들이다. 우리가 적어도 **소질적
으로나마** 응답하는 감정을 통해 의무의 요청을 수용할 수 없다면, 이성
이 동의할 수밖에 없는 의무의 권리에 대한 강력한 증명조차도 아무런
힘이 없어서 증명된 것을 동기 유발의 힘으로 만들지 못한다. 반대로
의무의 권리에 대한 **확증** 없이는 이러한 종류의 호소에 대해 우리가 실
제로 가지는 수용성은 (그 자체로 다양하게 미리 규정되어 있는) 우연
한 선입견적 애호의 노리개가 되고, 이러한 선입견적 기호에 의해 결정
된 선택은 정당성을 결여한다. 이러한 것에도 여전히 순박한 선의지에
의한 도덕적 행위의 여지가 있다. 이 순박한 선의지의 자기 확실성은
더 이상의 확증을 요구하지 않으며, 가슴에서 우러나오는 감흥이 "본성
적으로" 도덕법의 지시 명령과 일치하는 행운의 경우에는 실제로 그러
한 확증을 필요로 하지 않는다. 그러한 은총을 받은 주관성은(누가 그
가능성을 배제할 수 있겠는가?) 완전히 자신으로부터, 즉 감정으로부
터 행위할 수 있을 것이다. 객관적 측면은 결코 이와 유사한 자족을 소
유할 수 없다. 객관적 측면의 진리가 아무리 명증적이라고 할지라도 그

의 명법은, 그와 같은 종류의 것을 수용할 수 있는 능력을 만나지 못한
다면, 결코 작용할 수 없을 것이다. 감정이 **실제로** 주어져 있는 소여 존
재는 아마 모든 사람에게 공통적인 인간적 잠재력이라고 할 수 있으며,
따라서 도덕의 기본적 사실이고 그렇기 때문에 "당위" 속에 이미 포함
되어 있다. 규범적 원칙의 요청은 체질적으로, 즉 본성에 따라 이 요청
을 수용할 수 있는(물론 수용할 수 있다는 것이 이 원칙의 준수를 보장
하는 것은 아니다) 것을 지향하는 것은 실제로 규범적 원칙의 가장 고
유한 **의미**에 속한다. 그것을 듣고, 스스로 그 목소리에 맞추어 그것을
경청할 사람이 아무도 없다면 "너는 해야 한다"는 것도 없을 것이라고
말할 수 있을 것이다. 이로써 말하고자 하는 바는 다름아니라 사람들은
이러한 **촉발 가능성**을 소유하고 있고, 바로 그래서 부도덕할 수 있는 까
닭에 잠재적으로 이미 "도덕적 존재"라는 사실이다. (본성적으로 이런
것을 들을 수 없는 귀머거리는 도덕적일 수도 없고 부도덕적일 수도 없
다.) 도덕적 감정은 자신에게 권리를 부여하기 위하여 자신을 초월할
것을 요구한다는 것도 마찬가지로 참이다. 그것도 (동일한 영혼 내의
경쟁적 동기들의 반박을 포함하여) 외부로부터의 반박에 대한 보호를
위해서 뿐만 아니라, 사태를 보는 자기 자신의 눈에 있어서 단순한 충
동 이상으로 존재하고자 하는 감정 자체의 내면적 욕구 때문에 자신이
아닌 것을 요구한다. 그러므로 주관적 조건은 도덕적 지시 명령의 전제
조건이며 동시에 대상이다. 즉 도덕적 명령이—성공적이든 아니면 헛
되든간에—호소하고 이의를 제기하고 압박을 가하는 대상이다. 어쨌든
추상적 제재와 구체적 동기 유발 사이의 간격은 오직 의지를 움직일 수
있는 감정의 다리로 연결되어야 한다. 도덕성의 현상은 선험적으로 이
러한 결합에 근거하고 있다. 비록 두 구성 요소 중의 하나는 단지 후천
적으로만 우리 실존의 사실로서 주어져 있기는 하지만 말이다. 그것은
우리가 가지고 있는 도덕적 관심의 주관적 현존성이다. [4]

---

4) 인간의 의지가 자신의 생명력을 유지하는 목적을 넘어서는 목적들에도
  요청될 수 있다는 사실이—이성의 자연적 기적과 연관된, 그러나 그것과
  는 구별되는 기적—바로 인간을 도덕적 존재로 만든다. 이러한 요청 가
  능성이 이성의 무차별적 자유를 보충하고 제한한다. 순수한 지성으로서,

논리적 질서에 의하면 책무의 타당성이 우선적이고, 응답하는 감정은 2차적이다. 그러나 접근의 순서에 있어서는 주관적 측면으로부터 시작하는 것이 이점을 가지고 있다. 왜냐하면 주관적 측면은 내재적으로 주어져 있고 이미 알려져 있는 것일 뿐만 아니라, 주관적 측면을 향한 초월적 요청 속에 함께 포함되어 있기 때문이다. 우리는 전통적 윤리 이론에 있어서 도덕의 정서적 측면을 아주 간단하게 살펴보고자 한다.

9. 전통 윤리 이론에 있어서 도덕성의 감정적 측면

a. "최고의 선"에 대한 사랑

도덕 철학자들은 객관적 선이 우리의 의지를 지배하는 힘을 얻으려면 감정이 이성을 따라와야 한다는 사실, 정념에 명령해야만 하는 도덕은 스스로 정념을 필요로 한다는 사실을 오래 전부터 의식하고 있었다. 위대한 철학자들 중에서는 아마 칸트가 이를 윤리적인 것 자체의 통합적 구성 요소로서 간주하는 대신에 우리의 감성적 본성에 대한 양보로서 치부해 버린 유일한 사람이었을 것이다. 여기서 요청되는 감정이 아무리 다양하게 규정되었다고 할지라도 이러한 통찰은 모든 덕 이론에—명

___
즉 의지와 무관한 인식 능력으로서의 이성은 어떠한 입장 표명 없이도 중립적 지식의 간격을 유지하고 세상을 고찰할 수 있다. 기술적 오성으로서의 이성은 의지에 사로잡힌 모든 목적을 위하여 적당한 수단을 생각해 낼 수 있다. 그러나 판단력으로서의 이성은 감정의 지도를 받고, 가능한 목적의 가치를 따져 보고, 그것을 의지에게 지시한다. 그러므로 결국 의지는 이 모든 형태의 이성들 뒤에 자리잡고 있는 것이다. 그것은 이른바 중립적 인식을 가능하게 하는 객관성에 대한 의지이다. 기술적 오성이 수단을 추구하는 것은 목적 일반과 더불어 우선 자기 목적에 대한 의지이며, 판단력이 감정에 충실하면 목적 가치에 대한 의지가 된다. "가장 중요한" 의지는 아마 의욕하지 않기보다는 오히려 무를 원할 것이라고 니체가 말한 뜻의 의지가 해당될 것이다. 그러나 무엇인가를 의욕할 수 있기 위해서 의지는(또는 의지가 귀를 기울이고자 하는 "판단"은) 바로 감정을 필요로 하며 또한 감정이 이 무언가를 선택 가치가 있는 것으로 드러나게 해준다.

시적이든 비명시적이든간에—살아 있다. 유태인의 "신에 대한 경외",
플라톤적 "에로스", 아리스토텔레스의 "행복", 기독교적 "사랑", 스피
노자(B. Spinoza)의 "신에 대한 지성적 사랑", 샤프츠베리(A. Shaftesbury)
의 "호의", 칸트의 "존경", 키에르케고르(S. Kierkegaard)의 "관심", 니
체(F.W. Nietzsche)의 "의지의 쾌락" 등은 윤리의 감정적 요소를 규정하
는 방식들이다. 우리는 여기서 이 논쟁에 개입할 수는 없지만, 이들 중
에는 "책임의 감정"이 없다는 사실을 지적하고자 한다. 우리의 선택을
변호하기 위하여 우리는 이러한 부재를 나중에 설명해야 한다. 그 밖에
도 우리가 지적하고자 하는 바는 언급된 감정들의 대부분(비록 모두는
아니더라도)이 최고 가치의 대상, 즉 "최고의 선"을 불러일으키며, 또
이 최고의 선을 지향하는 종류의 것들이라는 사실이다. 이 최고선은 전
통적으로 종종 이 최고선은 죽을 수밖에 없는 우리의 사멸성에 대한 영
원성으로 유혹하는 영원한 것이어야 한다는 존재론적 의미(이는 완전성
의 이념에 대한 추론이다)를 가지고 있다. 그렇다면 윤리적 노력의 목
표는 자신의 상태를 이러한 최고의 대상에 가깝게 만들고, 이런 의미에
서 최고의 대상을 "소유하고", 타자에게서 자신의 소유를 장려하고, 간
단히 말하면 최고의 대상에게 유한한 세계 내의 자리를 마련하는 것이
다. 불멸이 무상한 것의 참여를 유도하고, 그에게서 불멸에 대한 욕망
을 불러일으킨다.

이와는 정반대로 책임의 대상은 덧없는 것 자체로서의 덧없는 것이다.
그렇지만 나와 타자 사이의 이러한 공통점에도 불구하고 참여할 수 없는
한 "타자"(他者)는 고전적 윤리학이 말하는 초월적 대상들 중의 하나로
서 나와 마주선다. 이 타자는 탁월하게 월등한 자로서가 아니라 단지
자신의 권리를 가지고 있는 그 자체로서 나에게 다가서는데, 이 타자성
은 그에 대한 나의 동등화나 아니면 나에 대한 그의 동등화로 좁혀져야
하는 것이 아니다. 바로 이 타자성이 나의 책임을 소유하는 것이지만,
어떤 소유도 여기서 의도된 것이 아니다. 그럼에도 불구하고 "완전성"
과는 거리가 멀고 사실성에 있어서는 완전히 우연적인 대상은 바로 그
덧없음과 결핍성, 불안정성 속에서, (특정한 성질에 의해서가 아니라)
그 순수한 실존으로 말미암아(어떤 소유욕과도 관계 없이) 내 인격을

제공할 수 있도록 나를 움직일 수 있다는 것이다. 그리고 이 대상은 분명히 그럴 수 있는데, 그렇지 않다면 그런 실존에 대한 어떤 책임의 감정도 존재하지 않기 때문이다. 이러한 감정은 경험의 사실로서 존재하며, 그것이 최고선 경험의 **욕망적** 감정보다 덜 현실적인 것은 아니다. 이에 관해서는 나중에 이야기하기로 하자. 여기서는 일단 대비된 두 유형들이 차이점에도 불구하고 공통적으로 가지고 있다는 점에 주목하기로 한다. 구속하는 힘은 어떤 **대상**의 요청권으로부터 나오며, 구속은—그것이 영원하든 덧없든간에—이 대상에 묶여 있다. 양자의 경우에 모두 무엇인가가 사물의 영역에서 실행되어야 한다.

b. 행위를 위한 행위

나의 밖에 놓여 있는 목표의 **내용**이 그 정상에서 지배하고 있는 대상지향적 윤리 행위는 대상이 없는 방식의 것들과 대립되어 있다. 이 경우에는 행위의 형식 또는 정신 자체가 규범의 주제가 되며, 상황이 제공하는 외면적 대상은 행위에 대한 실제적 목표라기보다는 기회에 지나지 않는다. 여기서 문제되는 것은 "무엇"이라는 행위의 내용이 아니라 "어떻게"라는 행위의 방법이다. 이런 주관적 심정 윤리의 현대적 극단은(예를 들어 니체의 "의지에의 의지", 사르트르(J.-P. Sartre)의 "진정한 결정", 하이데거(M. Heidegger)의 "본래성"과 "결단성" 등과 같은) 실존주의이다. 이 경우에 세계 내의 대상은 자기 자신으로부터 우리에 대한 요청권을 가지고 있는 것이 아니라, 우리가 가지는 열정적 관심의 선택에 의해 의미를 획득한다. 여기서는 자아의 자유가 최고로 우세하다. 이 관점이 글자 그대로 유지될 수 있는지, 아니면 객체에(이 객체를 결정해야만 하는 이유가 되는) 일종의 가치를 은밀하게 인정하는 것은 아닌지, 바로 이 가치의 부여가 소위 아무런 근거가 없다고 하는 선택의 진정한 근거는 아닌지 하는 문제는 여기서 중요한 것이 아니다. 이 윤리 이론에 중요한 문제는 사물 자체에 내재하고 있는 어떤 위계와 권리의 질서를 근본적으로 부정하는 것이며, 그렇기 때문에 이 사물에 대해 객관적으로 타당한 책무들의 이념을 근본적으로 부정하는 일이다. 그런

데 사물들은 스스로 타당한 책무들의 원천이 될 수도 있는 것이다. 5)

---

5) 명칭의 유사함에도 불구하고 책임 윤리와 심정 윤리로 나누는 베버 (M. Weber)의 구분은 위의 객체 윤리와 주체 윤리의 이분법에 해당되지 않는다. 왜냐하면 그가 "심정 윤리"로 서술하면서 정치에서 "책임 윤리"에 대치시키는 것은 단지 무조건적이라고 파악된 문제를 실행하는 과정에서의 무조건성이기 때문이다. 다시 말하면 가능한 성공 이외에는 어떠한 결과에도 신경쓰지 않으며, 어떠한 대가(공동체가 지불해야 할)에도 불구하고, 그리고 시도 자체를 완전히 와해할 수 있는 실패의 위험에도 불구하고 그 성공은 가치 있다는 것을 의미하기 때문이다. 그에 반해 "책임의 정치가"는 결과와 비용, 기회를 재어 보고, **어떠한** 목표에도 결코 "세계가 멸망할지라도, 정의가 행해져야 한다"(pereat mundus, fiat justitia) (또는 절대적 선이 무엇인지)라고 말하지 않는다. 그가 그렇게 말한다면, 그는 틀림없이 한 **문제** 속에 매몰되어 버린 것이고, 그는—그것을 실행에 옮길 수 있다고 믿기 때문에—공익(그가 공익이라고 생각하는 것)보다는 좀더 신중한 자신의 반대자를 더 의식하게 된다. 베버가 그 당시 염두에 두고 있던 스파르타인들은 실제로 자신들이 현실주의자라고 믿었었다. 룩셈부르크(R. Luxemburg)에게 중요하였던 것은 자신의 신념의 순수성도 또는 강령에 대한 충실도 아니었고, 단지 크든 작든간에 하나의 기회를 포착하는 일이었다. 그 기회를 잡지 않는다는 것은 그녀의 눈에는 가장 위대한 객관적 사태에 대한 배반으로 비쳤을 것이다. 그녀가 그것을 위해서 목숨을 바쳤다는 사실이, (비록 분별 없는 짓이었다고 할지라도) 그녀의 사업에서 책임을 덜어 주지는 않는다. 베버가 "심정 윤리 - 책임 윤리"라는 상대적인 두 개념으로 표현하고자 하는 것은 한마디로 극단적인 정치가와 중도적 정치가의, 단지 **하나의** 목표만을 아는 정치가와 여러 목표를 서로 조정하려는 정치가, 또는 모든 것을 한 장의 카드에 거는 정치가와 위험 부담을 분산하려는 정치가의 구분이다. (여전히 남아 있는 문제는 편파성과 광신주의가 사려 깊은 판단을 요구하는 책임의 조건으로는 부적합하다는 것이다.) 베버의 구분도 나름대로 중요하며, 책임 윤리(예를 들면 유토피아적 이상)에서 다시 한번 다룰 것이지만, 위에서 보여주었듯이, 그것은 이분법의 **한** 부분에만 맞아떨어진다. 그 속에서 제기된 윤리적 주관주의의 문제에 베버가 기여한 점이 있다면(그러나 위에서 언급한 **그의** 이분법 속에 그 문제는 반영되지 않았다), 그것은 "가치 중립적 학문"과 "세계의 탈마법화"에 대한 자신의 논제를 통해서이다. 실제로 실존 철학의 허무주의와 평가하는 자의성의 윤리학, 더 나아가 현대의 주관주의 전체의 배경을 이루는 것은 근대의 자연 과학과 가치 중립적 세계에 대한 그것의 허구이다.

c. 칸트의 "법 앞에서의 경외"

도덕적 행위의 "질료적" 원칙과 "형식적" 원칙, "객관적" 원칙과 "주관적" 원칙 사이의 논쟁에서 차지하는 칸트의 위치는 거의 언제든지 유일 무이하다. 칸트는 한편으로 대상들이 그들의 가치를 통해 우리의 감정을 촉발시킬 수 있다는 점을 부정하지 않지만, 다른 한편으로 그는 (도덕적 이성의 "자율성"을 위하여) 그와 같은 "병리적" 감정의 촉발이 도덕적 행위의 진정한 동기를 제공할 수 있다는 점은 부정한다. 그는 이성 안에 근거를 두고 있는 보편적 도덕 법칙의 객관성을 강조하지만, 개별 의지가 법칙과 일치함에 있어서 필연적인 역할을 감정에 부여한다. 그런데 유일 무이하게 독특한 점은 이 감정이 대상적인 것에 타당한 것이 아니라 법칙에만 타당하다는 것이다. 도덕법이 우리 의지에 대해 힘을 갖기 위해서는 이성 외에 감정도 역시 작용해야 한다는 사실은 칸트의 심오한 통찰이었다. 도덕 문제에 있어서 이성의 무제약적 자율을 주장하는 철학자의 통찰력이기 때문에 이것은 훨씬더 인상적이다. 그에 의하면 이 감정은 어떤 대상이 불러일으키는 것이 아니라(그렇게 되면 도덕은 "타율적인 것"이 된다) 의무 또는 도덕법의 **이념**이 우리에게 불러일으키는 감정이다. 즉 **경외**의 감정이다. 그것은 이성으로부터 출발하는 법 앞에서의 경외, 무제약적으로 타당한 "너는 해야만 한다"는 당위 앞에서의 경외라고 칸트는 생각하였다. 달리 표현하면 이성 자신이 정념의 원천이 되고, 정념의 궁극적 대상인 것이다! 물론 그것은 인식 능력으로서의 이성이 아니라 의지가 자신을 일치시켜야만 하는 보편성의 원칙으로서의 이성이다. 그리고 의지는 자신의 객관을 일치시켜야만 하는 보편성의 원칙으로서의 이성이다. 그리고 의지는 자신의 객체를 선택함으로써가 아니라 선택의 형식을 통해서 보편성의 원칙에 순응한다. 다시 말하자면 자신의 격률의 보편화 가능성이라는 관점에서 자기 규정의 방식을 통해 순응하는 것이다. 이 의욕의 내면적 형식만이 오로지 정언 명법의 내용이며, 이 정언 명법의 고귀함이 경외를 불러일으킨다.

그러나 이 사상 자체가 고귀하지 않은 것은 아니지만, 그것은 부조리에 빠지기 쉽다. 왜냐하면 결의론에서 나타나는 모든 적용들이 보여주고 있듯이 정언 명법의 의미는 목적의 설정이 아니라, 목적을 추구함에 있어서 의지의 자기 일치성의 규칙에 의한 자유의 자기 제한이기 때문이다. 만약 이것이 도덕법의 이념이라고 한다면, 칸트의 정식은 결국 "자유의 자기 제한의 이념에 대한 경외로부터의 자유의 자기 제한"을 지향하게 된다. 그런데 이는 분명히 맞지 않는 말이다. 자기 제한은 일반화의 가능성이라는 관점에서 실행되어야 하는 까닭에 다음과 같이 말할 수 있다. "일반성의 이념에 대한 경외에서 특수한 의욕을 일반화하는 것." 그렇지만 이 말도 조금만 개선되었을 뿐이다. 물론 일반성은 진리 체계 내의 이론적 명제에 있어서는 일종의 덕목이고, 또 모든 오성에 대한 일반성의 타당성이 자명하기는 하다. 그렇지만 개별적 행위 결정에 있어서는, 모든 이성적 존재가 그 원리의 일반성 때문에 이러한 행위 결정에 동의해야 한다는 부수적 확실성은 환영할 만한 지원이기는 하지만(아마 행위 결정의 정당성의 기준이 될 수도 있다) 그것이 나의 선택의 첫째 근거가 된다는 것은 불가능하며 더더군다나—그것이 경외이건 아니면 지금 여기서 사태와의 결합을 가능하게 하는 다른 어떤 것이건간에—**감정**의 원천일 수는 없다. 이 감정을 산출할 수 있는 것은 그 어떤 일반성의 이념이 아니라 사태 자체인데, 그것도 철저하게 유일한 사태의 자기 타당성을 통해서 산출된다. 자기 타당성은 물론 보다 포괄적인 원칙들 밑에 있을 수 있다. 그렇다면 이 원칙들은 존재론적 원칙들일 수 있으며, 만약 그러한 원칙들이 감정을 촉발시킨다면, 그것은 원칙들의 **내용**을 통해서이지 일반성의 정도를 통해서는 아니다. (도덕법을 자신의 고유한 목적으로 이해하고자 하는 모든 시도는 이 위대한 예와 유사한 부조리에 빠지게 된다.)

사실 칸트의 윤리적 통찰은 체계의 논리가 명령하는 것보다 훨씬 크다는 점을 덧붙여야만 한다. 의지 격률의 무모순적 일반화 가능성이라는 기준을 가지고 있는 순수 형식적 "정언 명법"이 빠지게 되는 공허함은 자주 언급되었다.[6] 그러나 칸트 자신은 정언 명법의 단순한 공허함

6) 이것에 대한 강력한 비판을 위해서는 M. Scheler, *Der Formalismus in der Ethik und die materiale Wertethik*(Halle, 1916) 참조.

을 행동의 "질료적" 원칙으로 해결하였다. 이 질료적 원칙은 소위 정언 명법으로부터 추론된다고 하지만, 사실은 정언 명법에 추가된 것이다. 즉 목적 자체로서의 인격의 존엄에 대한 존경이 그것이다. 이 점에 대해서 공허함의 비난은 들어맞지 않는다! 그러나 이성적 주체의 무제약적 자기 가치는 어떤 형식적 원칙으로부터도 나오지 않는다. 그것은 판단하는 관찰자의 가치 의미를 확신시켜야 하는 필연성의 세계 내에서 자유롭게 행위하는 자아가 무엇인가를 **직관함**으로써 나오는 것이다.

d. 연구의 관점

다음에서 다루게 될 책임에 관한 성찰의 바탕을 이루고 있는 우리의 반대 입장을 여기서 간단하게 요약하고자 한다. 문제가 되는 것은 1차적으로 사태이지 나의 의지의 상태가 아니다. 사태들의 의지를 가동시킴으로써 사태들은 나에게 목적이 된다. 어쨌든 목적들은—있는 **바**대로의 그들의 본질을 통해—숭고할 수 있다. 많은 행위들 또는 삶 전체의 과정들이 목적이 될 수도 있다. 그러나 의지의 규칙은 목적이 될 수 없다. 물론 이 규칙의 준수가 어떤 목적에 대해서는 그것이 도덕적 목적이 되고, 더 정확하게 말하자면 그것이 부도덕한 목적이 되지 않는 전제 조건일 수 있다. **법칙** 자체는 결코 경외의 원인도 대상도 될 수 없다. 그러나 완전성으로 인식되거나 아니면 완전성의 개별적 현상으로 인식되는 **존재**, 그리고 이기심에 의해 좁혀지지 않고 또 무감각으로 흐릿해지지 않는 시력과 마주치는 **존재**는 경외심을 불러일으킬 수 있다. 그리고 이 존재는 **우리 감정을 촉발시킴으로써** 그렇지 않으면 힘 없는 도덕법을 도와주게 된다. 왜냐하면 이 도덕법은 존재자에 내재하는 존재자의 **요청권**을 우리 자신의 존재로써 응답하기 때문이다. 이런 의미에서 "타율적"이라는 것, 즉 감지된 실체들의 정당한 부름에 따라 움직인다는 것을 자율의 원칙 때문에 회피하거나 부정할 필요가 없다. 그렇지만 경외만으로는 충분하지 않다. 왜냐하면 감지된 대상의 존엄에 대한 감정적 긍정은, 그것이 아무리 생동적이라고 할지라도 전혀 활동적이지 않을 수도 있기 때문이다. 이 주체를 객체에 묶어 두는 **책임의 감정**이 추가되어야 비로소 우리는 이 객체를 위해 행위하게 되기 때문이다. 실존에 대한 객체의 요청권을 우리의 행위를 통해 지원할 수 있는 자세를 우리의 내면에 산출하는 것에 다름아닌 것이 이 감정이라고 우리는 주장한다. 우리는 결국 후세대에 대한 염려가 도덕법의 호소를 필요로 하지 않을 정도로 자발적이라는 사실을 상기하게 된다(이에 관해서는 2장, IV, 2 참조). 그것은 객관적 책임성과 주관적 책임의 감정이 일치하는 인간의 기초적인 원형으로서, 이를 통해 자연은 우리에게 본능에 의해 보장되지 않는 모든 종들에 대한 책임성을 미리 가르쳐 주고 그들에 대한 우리의 책임감을 마련해 주었다. 전체적으로 보아 윤리 이론이 이제까지 그렇게 인색하였던 이 "책임"의 현상을 이제 다루기로 한다.

168

II. 책임의 이론: 첫번째 구별

1. 실행된 행위에 대한 인과적 책임 소재로서의 책임

a. 책임의 전제 조건은 인과적 권력이다. 행위자는 자신의 행위에 대해 책임을 져야 한다. 그는 행위의 결과에 대해 책임이 있는 것으로 간주되고 경우에 따라서는 그에게 책임을 묻기도 한다. 이것은 1차적으로 법적인 의미이지 본래 도덕적 의미는 아니다. 비록 원인이 악행이 아니었다고 할지라도, 그리고 결과가 예견된 것도 아니고 의도된 것이 아니라고 할지라도 저지른 피해는 보상되어야만 한다. 내 자신이 능동적 원인이었다는 사실만으로 족하다. 그러나 책임 소재가 분명하고, 결과가 예측할 수 없는 영역으로 사라지지 않을 정도로 행위와 밀접한 인과적 관계가 있을 때에만 그렇다. 저 유명한 일화에서 말편자 못의 결점 때문에 대장장이 도제가 패한 전투와 왕국의 손실에 대해 실제로 책임을 지게 되지는 않는다. 그러나 직접적인 고객 즉 그 말의 기사는—물론 이 비난은 도제에 직접 해당하지 않는다—부주의에 대한 "책임이 있는" 대장장이 도제에게 손해 배상 청구권을 행사할 수 있을 것이다. 여기서는 부주의만이 도덕적으로 죄가 있다고 거론될 수 있는 유일한 것이다. 그것도 유치한 수준에서 그렇다. 그렇지만 (자식들에 대한 부모의 책임의 일상적 예와 마찬가지로) 이 예에서는 손해 배상적 책임은 어떤 죄로부터도 면제될 수 있다는 것을 보여준다. 인과적 책임 가능성의 원칙은, 선임자가 부하의 원인성을 일반적으로 자신의 인격으로 통합할 수 있는 관계 내에서 여전히 보존된다. (선임자는 부하의 성실한 업적에 대해서도 칭찬을 받게 마련이다.)

b. 그런데 예전부터 법적인 속죄의 이념과 처벌의 이념은 혼합되어 왔는데, 도덕적 의미를 가지고 있는 후자는 원인적 행위를 도덕적으로 죄있는 것으로 평가한다. 여기서 "죄가 있다!"라는 천명은 "페터는 파울에게 보상의 책임이 있다"는 것과는 다른 의미를 가진다. 범죄가 문제시된다면 처벌받는 것은 결과라기보다는 행위이다. 그리고 이 행위에

따라 속죄의 양이 측정된다. 그러므로 행위 자체가 의도, 숙고, 동기, 책임 가능성의 관점에서 연구되어야 한다. 행위 "그 자체"는 범죄적이었는가? 적시에 발견함으로써 아무런 결과가 없다고 할지라도 범죄 행위의 동의 자체는 범죄이며 처벌을 받을 수 있는 것이다. 여기서 행위자에게 책임지어진 속죄는 다른 사람이 당한 손실 또는 불의의 보상에 기여하는 것이 아니라 훼손된 도덕적 질서의 재건에 기여하는 것이다. 따라서 여기서 책임져야 할 핵심적 문제는 행위의 인과성이 아니라 행위의 질이다. 그럼에도 불구하고 잠재적 권력은 불가결의 조건이다. 수행할 능력은 없으면서도 참혹한 범행을 생각해 냈다고 해서 어느 누구에게나 책임을 추궁할 수 있는 것은 아니다. 여기서 생겨나는 죄책감은 심리적 범행과 마찬가지로 사적인 것이다. 특정한 행위가 세상에서 행해져야 하거나 (동의에서와 같이) 적어도 시작되어야 한다. 물론 성공한 행위가 실패한 행위보다 더 무겁다는 사실은 여전히 참이다.

c. 앞에서 보여준 법적 책임과 도덕적 책임의 차이는 사법과 형법의 차이에 반영되고 있다. 이 법들의 상이한 발전을 통해 처음에는 혼합되었던 (책무에서의) 속죄 개념과 (죄에 대한) 벌의 개념들이 분리되었다. 그러나 양자에게 공통적인 것은 "책임"이 행해진 행위와 연관되어 있다는 사실이며, 이 책임이 외부로부터의 책임 **부과**에 의해 실제적이 된다는 사실이다. 여기서 행위자에 수반되는 **감정**은—그는 이 감정을 가지고 책임을 내면적으로 받아들인다(죄책감, 후회, 속죄의 마음, 오만한 긍지)—책임져야 한다는 객관적 당위와 마찬가지로 반동적이다. 행위를 시작하면 가지게 되는 책임의 예견은 행위 동기로 작용하지 않고 (효력을 가지는 경우에는) 행위 선택으로서, 즉 허용과 배척의 동기로 작용한다. 결국 사람은 행하는 것이 적으면 적을수록 책임질 것도 그만큼 적은 법이다. 적극적 **의무**가 부재하는 경우에는 행위의 회피가 영리함의 충고가 될 수 있다. 간단히 말해서 이렇게 이해된 "책임"은 스스로 목적을 설정하는 것이 아니라, 사람들 사이의 **모든** 인과적 행위에 대해서 해명을 요구할 수 있다는 전적으로 형식적인 책임 부담이다. 그것은 도덕의 전제 조건이지만 도덕 그 자체는 아니다. 책임과 동화되는 감정은—예감뿐만 아니라 추후의 감정도— (자신의 행위에 책임을

지는 자세로서) 비록 도덕적이기는 하지만, 그것이 가지고 있는 순전한 형식성으로 말미암아 궁극적으로 인간선에 대한 긍정적 목적의 제시, 확인, 동기 유발 등과 관계가 있는 윤리 이론의 감정적 원칙을 제공할 수 없다. 그러한 목적들의 고취, 감정에 미치는 선의 작용으로부터 책임에 대한 우호적 태도가 생겨날 수 있다. 책임 우호적 태도가 없다면, 즉 책무를 지우는 가치가 없다면 책임의 회피는 (전적으로 쾌락주의적인 조심은 나쁜 일일 수 있기 때문에) 유감스러운 일이기는 하지만 매도할 수 있는 것은 아니다. [7]

2. 행위되어야 할 것에 대한 책임: 권력의 의무

그런데 행해진 것에 대한 사후적 책임 부과와 관련되지 않고 행위되어야 할 것의 결정과 관련된 전혀 다른 책임의 개념이 있다. 이에 따르면 나는 나의 행동과 그 결과에 대해 책임이 있다고 느끼는 것이 아니라, 나의 행위에 대한 요청권을 제기하는 **사태**에 대해 책임이 있다고 느낀다. 예를 들면 다른 사람들의 복지에 대한 책임은 주어진 행위 의도를 그 도덕적 허용 가능성의 관점에서 검사하지 않고, 다른 어떤 목적을 의도하지 않는 행위의 의무를 부과한다. 무엇에 "대한" 책임이 있는 대상은 앞의 자기 관계적 유형의 것과는 분명히 전혀 다른 의미를 가지고 있다. 그 "무엇을 위한" 대상은 나의 밖에 놓여 있기는 하지만 나의 권력에 의존하고 또 그것에 의해 위협을 받음으로써 나의 권력의 작용 영역 안에 있다. 나의 권력에 대해 그 대상은 그것이 존재하거나 존재할 수 있는 바의 본질로부터 실존에 대한 자신의 권리를 대립시킨다. 그리고 그것은 도덕적 의지를 통해 권력을 자신의 의무로 받아들인다. 권력은 나의 것이고 이 사태에 대한 원인적 관계를 가지고 있는 까닭에

7) 마지막의 무서운 결산에서 최악의 대가를 치를 각오가 되어 있는 비도덕성은 모차르트(W.A. Mozart)적 돈 조반니(Don Giovanni)의 유일하게 윤리적인 또는 고상한 일면이다. 그는 형식적인 책임의 수긍은, 그것이 그 자체로는 위대할 수 있을지라도 도덕의 충분한 원칙은 아니라는 사실을 확인시켜 준다.

사태는 나의 것이 된다. 의존자는 자신의 고유한 권리로 말미암아 명령자가 되고, 권력자는 자신의 원인성으로 말미암아 의무자가 된다. 권력에 위탁된 것에 대해 권력은 객관적으로 책임이 있으며, 권력은 책임감이 가담함으로써 감정적으로 참여하게 된다. 감정 속에서 구속력 있는 의무는 주관적 의무와의 결합을 발견한다. 그러나 감정이 가담하게 되는 첫째 원천은 책임의 이념 일반에 있는 것이 아니라 사태 자체의 고유한 가치를 인식함에 있다. 이 가치는 감각을 촉발시키고 권력의 단순한 이기심을 부끄럽게 만든다. 첫째는 객체의 존재 당위이고, 둘째는 사태를 관리하기 위하여 소명받은 주체의 행위 당위이다. 한편으로 그 실존이 보증되지 않은 사태의 요청과, 다른 한편으로 그 인과성에 대한 책임을 지고 있는 권력의 양심은 사물들의 존재까지 침해하는 능동적 자아의 긍정적 책임감에서 결합한다. 사랑까지 추가되면, 책임은 존재할 만한 가치가 있고 사랑받을 만한 가치가 있는 것의 운명에 대해 전율할 줄 아는 인격의 헌신에 의해 촉진된다.

오늘날 필요한 미래 책임의 윤리에 관해 말하면, 우리는 이러한 종류의 책임과 책임감을 말하는 것이지 자신의 행위에 대한 모든 행위자의 형식적이고 공허한 "책임성"을 말하는 것이 아니다. 우리는 이 미래 책임의 윤리를 이전의 도덕 체계와 이론들의 핵심 원칙과 비교해야 한다. 만약 (서로 상이한 책임 개념의 의미에서 책임이 가장 적은 자신의 행위에 대해서도 책임이 있다고 아무런 모순 없이 말할 수 있는 까닭에) "책임 없는 행위"가 무엇을 의미할 수 있는가를 물어 본다면 우리는 목적 의무를 가지고 있는 이 본질적 책임의 개념에 경험적으로 가장 잘 접근할 수 있다. 여기서는 "책임이 없다"는 것의 형식적 의미, 즉 책임 능력이 결여되어 있기 때문에 책임을 지을 수 없다는 것은 제외된다.

3. "무책임하게 행위한다"는 것은 무엇을 뜻하는가?

카지노에서 자신의 재산을 내기에 거는 노름꾼은 경솔하게 행위하는 것이다. 만약 내기에 건 돈이 자신의 것이 아니라 다른 사람의 것이라면 그것은 범죄적 행위이다. 그러나 만약 그가 가장이라면, 그 돈이 의

심할 여지없는 자신의 소유임에도 불구하고 또 그가 따든 잃든간에 관계 없이 그는 무책임하다. 이 예는 다음의 사실을 말해 준다. 책임을 가진 자만이 무책임하게 행위할 수 있다. 여기서 부정된 책임은 보다 포괄적이고 지속적인 종류의 것이다. 모험심이 강한 운전자는 자신에 대해 경솔하지만, 만약 그가 그렇게 함으로써 승객을 위험하게 한다면 그는 무책임하다. 승객을 태움으로써 그는 한시적으로, 그리고 **특정한** 사태의 관리를 위해 제한적으로 책임을 수용하는 것이다. 그렇지 않다면 그는 이 인격체들과 그들의 복지에 대해 책임을 지지 않는다. 다른 경우에는 아무런 죄가 되지 않으며 경우에 따라서는 애교 있는 경솔함도, 비록 모든 일이 잘된다고 할지라도, 여기서는 그 자체가 죄이다. 두 가지 예에는 정의될 수 있고 비상호적인 책임의 **관계**가 존립한다. 다른 사람의 복지, 이해 관계, 운명이 상황 또는 협약을 통해 나의 보호를 받게 된 것이다. 이는 그것에 **대한** 나의 통제권이 동시에 그것을 **위한** 나의 책무를 포함한다는 것을 의미한다. 그렇다면 의무를 주시하지 않는 권력의 행사는 "무책임하다", 즉 책임의 충실 관계의 단절이다. 권력 또는 권한의 분명한 불동등성이 이 관계에 속해 있다. 선장은 배와 승객의 우두머리로서 이들에 대한 책임을 지닌다. 승객 중에 있는 백만 장자가 우연히 선박 회사의 대주주이고 선장을 고용하고 해고할 수 있다면, 그는 대체로 강력한 권력을 가지고 있지만 이 상황에서는 그렇지 않다. 선장이 권력자에 복종하여 자신의 보다 나은 판단과 상반되게 행동한다면, 그는 무책임하게 행위하는 것일 수 있다. 비록 그가 다른 관계(피고용자의 관계)에서는 기록 갱신에 "책임이 있고", 자신의 복종적 무책임성에 대해 상을 받고 불복종적 책임성에 대해서는 벌을 받는다고 할지라도, 예를 들어 속도 기록을 갱신하는 것은 무책임한 일이다. 현재의 관계에서 그는 우월한 자이고, 따라서 책임을 질 수 있다.

4. 비호혜적 관계에 대한 책임

완전히 동등한 사람들 사이에 (문제가 되고 있는 상황 속에서) 엄격한 의미에서의 책임이 존립할 수 있는지는 전혀 명백하지 않다. 아벨에

대해 묻는 신에 대한 카인의 반문 "나는 내 동생의 보호자인가?"는 동
등하고 독립적인 사람에 대한 (가상적) 책임의 생각을 전혀 근거 없이
반박하는 것은 아니다. 실제로 신은 무책임성 때문이 아니라 형제 살해
때문에 그를 고발하고자 한다. 예를 들어 등반과 같은 위험한 집단 행
동에서와 같이 모든 사람이 자신의 안전을 위해 다른 사람을 신뢰할 수
있어야 하며, 그래서 모든 사람이 서로에게 "형제의 보호자"가 되는 경
우에는 상호 책임 관계를 서술할 수 있다. 그러나 공통의 사태와 위험
에 대해 서로에게 책임을 지는 그와 같은(예를 들면 군인들이 그렇게
인상적으로 이야기할 정도로 잘 알고 있는 전쟁에서의 동지애와 같은)
유대성의 현상들은 오히려 윤리와 감정의 다른 장에 속한다. 여기서 책
임의 본래 대상은 결국 공동체적 사업의 성공이지, 내가 미리 어떻게 할
수 없는 동지들의 안녕과 고통은 아니다. 만약 그렇다면 그것은 나를
그들에 대한 특별한 책임을 지도록 선택하는 것이다. [8] 목적 단체는 목
적에 대해 책임이 있다. 자연적 의미에서의 형제들 사이에서는 그들 중
의 하나가 곤경에 빠지거나 특별한 도움을 필요로 할 때 비로소 책임이
등장한다. 따라서 그것은 다시금 비호혜적 책임 관계의 특징이 되는 일
방성을 가지게 된다. "수평적" 가족 책임은 자식에 대한 부모의 "수직
적" 가족 책임보다 항상 약하며, 덜 무제약적이다. 자식들이 존재하는 한
부모는 그들의 그때그때의 대상에 대해 특수하지 않고 전체적이며(즉
그들을 돌볼 수 있는 모든 것으로 확장되며), 기회에 따라 임시적이
지 않고 지속적이다. 따라서 여기서는 책임 태만의 위험도 마찬가지로

---

8) 분산된 위험은 아마 독특한 종류의 **상호 책임**을 야기한다. 그러나 내가
   일이 진행되는 과정에서 일방적으로 이러한 위험 또는 어느 특별한 위해
   의 (즉 형식적 의미에서 **그것에 대한** "책임"을 지게 되는) 원인이 아닌 한,
   그 의무들은 일반적으로 각자가 다른 사람에게 "기대해도 좋은" 상황의
   의무들이다. 유약함으로 인해 실패한다는 것은 그 상황을 극복하기 위하
   여 요청되는 신의나 그 외의 미덕들(용기, 결단력, 확고 의연함 등과 같
   은)을 위반하는 일이 되지 책임에 대한 위반은 아니다. 내가 만약 동료나
   전체의 일을 적극적인 경거 망동으로 인하여 위험에 빠뜨린다면, 이것이
   바로 엄격한 의미에서 "무책임하게" 행동하는 것이다. 그럴 경우 그 행위
   는 나에게 인과적으로 모든 부담을 지운다.

지속적으로 존재한다. 그것은 노름꾼의 행동과 같은 부정의 적극적 행동을 포함하지 않고, 통상적 의미에서의 비윤리적 행동을 포함하지 않는 "무책임성"의 형식이다. 눈에 띄지 않고 부주의하며 원하지도 않는, 또 그렇기 때문에 더욱 위험하고 (이 행위는 바로 비행위적 방기에 근거하고 있는 까닭에) 어떤 특정한 행위로도 대상화될 수 없는 이 무책임성의 형식에 대해서는 후에 다른 연관 관계에서 다루고자 한다.

5. 자연적 책임과 계약적 책임

자연에 의해 제도화된 즉 자연적으로 존립하는 책임은, 이제까지 제시된 (그리고 모든 사람에게 친숙한) 유일한 예인 부모의 책임에서 볼 수 있듯이, 어떤 사전적 동의에 의존하지 않으며, 취소할 수 없으며, 파기할 수 없는 것이다. 그것은 전체적이다. 예를 들어 직무의 책임과 같이 지시의 부과와 수용을 통해 "인위적"으로 제도화된 책임은 (또한 암묵적 합의 또는 권능으로부터 나오는 책임은) 내용과 시간에 의거한 부과로 서술된다. 수용은 일종의 선택의 요소를 함축하고 있기 때문에, 반대 편에서는 의무로부터의 면제가 가능한 것처럼 선택으로부터의 퇴직이 가능하다. 그러나 더욱 중요한 것은 여기서는 책임이 구속적 힘을 합의로부터 얻으며―이 합의의 창조물이 책임이다―사태의 자기 타당성으로부터 얻지는 않는다는 사실이다. 조세 징수를 위탁받고 이 위탁을 수용한 사람은 이런저런 조세 체계의 가치에 대해 어떻게 판단하건 간에 징세의 **수행**에 전적으로 책임이 있다. 사태의 고유한 청구권에 의해 명령받지 않고 순전히 약정되는 책임성의 관점에서 보면 비록 의무에 반하고 의무를 망각한 행동은 가능하지만, 본래 "무책임한" 행동은 불가능하다. 엄밀한 의미에서 이 개념은 독립적 타당성의 책임에 대한 배반에 대해서만 유보되어 있다. 왜냐하면 이 배반을 통해 진정한 선이 위협을 받기 때문이다. 그럼에도 불구하고 직접적으로 취약한 유형에 속하는 세무 관리의 경우에 있어서도 사태의 존재 당위가 책임의 문제에 있어서 첫째라는 우리의 일반 명제가 변호될 수 있다. 책임의 궁극적 대상이 직접적 대상을 넘어서서―이것이 본래의 "사태"라고 할 수 있다―사회와 인간의 공동 생활의 토대를 이루는 충실 관계 자체의 보존인 한에서 그렇다. 이것은 스스로 구속력을 가지는 본질적 선으로 **존재한다.** (형식적 정언 명법은 여기서 다른 정당화를 통해―특히 앞의 명제가 없어도―동일한 결과에 도달한다.) 그 실존에 있어 확실한 보장이 없으며 전적으로 우리에게 의존하는 이 선에 대한 책임은―그것이 설령 그렇지 않다고 할지라도―자연에 의해 설정된 책임만이 그럴 수 있듯이 절대적이고 취소 불가능한 것이다. 그러므로 직접적으로는 단지 의무 태만으로만 비난받을 수 있는 관리는 간접적으로는 역시 무책임한 것이다.

6. 스스로 선택한 정치인의 책임

인간의 자유를 특징짓는 아주 독특한 방식으로 자연적 책임과 계약 책임의 구별을 넘어서는 경우가 여전히 남아 있다. 이제까지 우리는 다음과 같은 사실을 발견하였다. **만약** 1차적 선이 우리 권력의 작용 영역 안에 놓여 있고, 특히 우리가 실제로 행하고 또 이미 행해지고 있는 활동성의 영역 안에 놓여 있다면 그리고 그런 한에서, 1차적 선은 우리의 책임을 비선택적으로 작동시키며 그것으로부터의 면책을 허용하지 않는다. 합의된 (또는 명령된) 위탁의, 적어도 함께 선택하는, 계약적 책임은 물론 그와 같은 명령적 선을 직접적 대상으로 삼지 않으며, 그렇기 때문에 항상 파기할 수 있다. 그런데 우리 권력의 실제적 영역 안에 있지 않기 때문에 그 점에 대해서 우리가 전혀 책임질 수 없는 무제약적 품위를 가지고 있는 1차적 선의 중요한 사례가 아직도 존재한다. 그것은 **자유롭게 선택한** 책임의 대상이 될 수 있다. 그래서 선택이 우선적으로 등장한 다음에 선택된 책임을 **위하여** 그것을 소유하고 실행하는 데 필요한 권력을 비로소 조달한다. 이의 전형적인 경우는 책임을 획득하기 위하여 권력을 추구하고, 최고의 책임을 목적으로 최고의 권력을 추구하는 정치인이다. 물론 권력은 그 나름의 매력과 보상을 가지고 있다. 명망, 명성, 명령의 쾌락, 영향력 발휘, 세상에 자신의 족적을 남긴다는 창시자적 성질, 그리고 단순한 권력 의식의 향유(세속적인 이득에 대해서는 언급하지 않겠다). 그리고 권력을 추구하는 데는 항상 명예욕이 강한 사람의 동기들이 혼합되어 있다. (자신들에게 중요한 것은 공공선이라는 위선적인 주장을 내세우지 않고는) 결코 정치의 영역에 속하지 않는 적나라하고 이기적인 폭정을 제외하고는 권력을 추구함에 있어서 권력과 결합되어 있는, 그리고 권력으로 인하여 **가능해진** 책임도 같이 의욕하는 진정한 정치인(homo politicus)은 제일 먼저 이 책임을 희망한다. 권력의 대상인 사람들의 이익을 위해 일했다는 말을 들을 수 있다는 데서 진정한 정치인은 자신의 명예를 발견한다. (진정한 정치인에게는 명예가 처음부터 끝까지 문제가 될 수 있다.) 정치인은 곧 이들을 **위해** 권력을 가지고 있다고 할 수 있다. "~에 대한"이라는 권력의 대상이 "~을 위한"이라는 권력의 목적이 된다는 사실이 책임의 본질을 서술한다.

여기서 우리는 인간적 자발성이라는 유일 무이한 특권을 가지고 있다. "아무런 곤란도 없이", 그리고 아무런 위임과 협약도 없이(합법적인 사람들은 거기까지 이를 수 있다) 후보자는 자기 자신에게 책임을 부과하기 위하여 권력을 획득하고자 한다. 책임의 대상은 국가(res publica), 즉 공동적 사태이다. 이는 국가에서 잠재적으로 모든 사람의 사태이지만, 실제로는 일반적 시민 의무의 충족이라는 한계 안에서만 현실화될 수 있는 공공적 사태이다. 공공적 업무에 있어서 지도적 위치의 인수는 이에 속하지 않는다. 어느 누구도 공공적 직무를 얻으려 애써야 한다는 의무에 속박되지 않는다.[9] 그리고 원하지 않는 직무의 임

---

9) "공적인" 즉 정치적 관직(국회 의원, 장관, 대통령)은 관료들의 기술적인 관직과는 구별된다. 그것은 통치와 행정의 차이이며, 통치 행위는 국민 투표적 절차 속에서 이루어진다. 적극적 선거권은 어떤 경우이든 그것을 행사하는 의무로서 규정될 수 있다. 수동적 선거권은 단지 입후보할 수 있는 형식적 자격을 의미할 뿐이다. 후보자로 나서는 사람은 스스로의 선택에서 나서는 것이며, 우선 자기 자신을 선발한 것이다. 아테네의 민주주의도 매년 열리는 추첨에서 결정된 사람이 그 직위를 수락할 의무가 있다는 사실을 알고 있었다. 그러나 그것은 의원직의 정치적 기능과 행정적 기능이 구별되기 이전의 일이다. 즉 **모든** 직위는 "정치적"이었으며, 모든 시민들이 동등한 자격을 가지고 있다는 가정에서 공동의 일을 처리할 경우 누구나 그 직위를 수행할 수 있었다. 공동체의 정치와 관련하여

명을 받아들일 의무도 없다. 그러나 이 직무를 천직으로 느끼는 사람은 그것을 추구하고, 또 그것을 자신의 권리로 요청한다. 구원의 길을 알고 있고, 또 이 길로 **인도할** 수 있다는 확신과 결합할 때에는 특히 공동체의 위험은 용기 있는 자로 하여금 스스로 나서서 책임을 맡을 수 있도록 하는 강력한 동인이 된다. 이렇게 해서 1940년 5월 처칠(W. Churchill)의 시간이 도래하였는데, 그는 이때 완전히 수습 불가능하고 거의 절망적인 상황에서 심약한 사람은 누구도 원하지 않을 지도권을 받아들였다. 첫번째 필요한 조처를 취하고 난 다음에 그는 다음과 같이 이야기하였다. 올바른 과제가 올바른 사람을 만났다는 의식을 가지고 잠자리에 들었더니, 아주 편안히 잠을 잘 수 있었다. 여기서 우리는 앞에서 언급한 것과는 매우 다른 책임욕의 (그리고 이와 상응하는 책임회피의) 개념과 만나게 된다. 그렇지만 처칠이 적절한 사람이 아니었을 수도 있으며, 그가 상황은 아니라고 하더라도 자신을 잘못 평가하였을 수도 있을 것이다. 만약 이러한 사실이 결과적으로 증명된다면, 역사는 잘못된 확신을 가졌던 그를 책임이 있다고 선고할 것이다. 이 확신이 그를 면책시킬 수 없는 것과 마찬가지로, 더욱 능력 있을 수도 있는 후보자들의 과제를 박탈하는 권력 쟁취의 과정에서 진리의 제시가 도덕적 의무가 될 수는 없다. 왜냐하면 어떤 일반적 도덕 규범도 단순한 주관적 확실성의 기준에서 운명적 오류를 저지를 수 있다는 것을 다른 사람에게 의무로 부담지울 수는 없다. 자신의 확실성을 믿는 사람은 오히려 배제할 수 없는 이 오류의 실행 가능성을 자신의 양심으로 수용해야만 한다. 이에 대해서는 일반적 법칙이 존재하지 않으며 오로지 자유로운 행위만이 있을 뿐이다. 처음에 결여되어 있는 정당화의 무보증 상태(아마 어떤 도덕 규범에도 포함되지 않을 수 있는 자기 신뢰의 자만심)에서 이 자유로운 행위는 전적으로 자신의 고유한 도덕적 모험이다. 이 자의의 순간 다음에야 비로소 법칙은 자신의 역할을 하게 된다. 자유인은 주인 없이 기다리고 있는 책임을 자신을 위해 청구하지만, 결국 이 책임의 요청에 예속되게 된다. 그는 책임을 소유함으로써 책임에 속하

실제적 권력은 그러나 "선동가"(부정적으로 왜곡되기 이전의 단어의 의미로는 민족 지도자)에게 있었으며, 그는 최종적으로 자신을 임명하였다.

178

고 더 이상 자신에게 속하지 않는다. 자아의 최고의 자유는 이렇게 가
장 명령적이고 양보하지 않는 당위의 결과를 가져온다.

7. 정치적 책임과 부모 책임의 대비

그런데 가장 자유로운 선택으로부터의 책임과 가장 무거운 의무가 지
워진 자연 관계로부터의 책임, 즉 정치인의 책임과 부모의 책임이 어떻
게 이들이 대립적 양극을 이루는 스펙트럼 전체를 넘어서서 가장 상호
공통적인 것을 갖게 되며, 또 어떻게 이들이 **함께** 책임의 본질에 관하여
가장 많이 가르쳐 줄 수 있는지를 관찰하는 것이 초미의 이론적 관심이
다. 차이들은 금방 눈에 띈다. 하나는 모든 사람의 사태이고, 다른 하
나는 뚜렷하게 드러나는 개별적 개인의 사태이다. 전자의 대상은 자신
이 생산한 완성되지 않은 결실로서 자신과 밀접하게 결합해 있고, 개별
적 정체성을 가지고 있는 소수의 사람들이다. 후자의 대상은 다수의 익
명자로서, 이미 존립하고 있는 사회를 구성하는 독립체이기는 하지만
바로 그 개별적 정체성이 부정되는 (즉 "인격이 고려되지 않는") 사람
들이다. 전자의 원천은—원한 것이든 아닌 것이든간에—이전에 이루
어진 생식 활동이라는 직접적·창시자적 권한으로서, 생산된 자는 완전
히 의존하게 된다. 후자의 원천은 집단 이익의 자발적 수용으로서, 이
것이 비로소 창시자적 권한을 가능하게 하는데, 이해 당사자들 편의 비
교적 자발적인 위탁과 결합되어 있다. 그러므로 하나는 가장 기초적인
자연성이고, 다른 하나는 가장 극단적인 인위성이다. 하나는 직접적이
고 친밀한 교섭 관계에서 실행되며, 다른 하나는 조직적 도구성들의 간
격과 매개 수단을 통해 실행된다. 후자의 경우에 대상은 몸에 내재하고
있으며, 전자의 경우에는 단지 관념 속에 있다. 그렇다. 정치인이 만약
입법자를 포괄한다면, 실제의 대상과 가장 유리된 추상적 책임의 형식
이 가장 구체적인 책임의 형식과 대립한다. 그렇게 극단적인 차이에도
불구하고 책임의 원초적 현상을 통합적으로 서술하기 위하여 양자를 결
합시킬 수 있는 공통점은 과연 무엇인가?

III. 책임의 이론: 탁월한 패러다임으로서의 부모와 정치인

1. 인간에 대한 인간의 책임이 1차적이다

공통점은 인간 존재의 실존과 행복에 관련된 "전체성", "연속성", "미래"의 세 가지 개념으로 요약될 수 있다. 우리는 우선 "인간 존재"라는 관계항을 가장 기초적인 것으로 택하고자 한다. 인간 존재는 보호가 적용될 수 있는 모든 **생명체**들과 마찬가지로 불안정하고, 훼손될 수 있으며, 취소될 수 있는 것이다. 즉 아주 특수한 **무상성**의 양태를 가지고 있다. 그 밖에도 인간은, 인간에 대한—그것이 비록 유일한 것은 아니라고 할지라도—가장 근원적인 청구권을 가지고 있는 책임 대상과의 공통성을 가지고 있다. 모든 생명체는 더 이상의 정당화를 필요로 하지 않는 자신의 고유한 목적이다. 이 점에 있어서 인간은 다른 생명체에 대해 우선권을 가지지 않는다. 단지 **인간만이** 생명을 위하여서도, 즉 그들의 자기 목적을 보호하기 위하여 책임을 가질 **수 있다는** 사실은 예외이다. 그러나 그들이 이 목적들을 스스로 동의하든지 아니면 단지 인정하든지간에 관계 없이, 인간 운명에 대한 공동 참여자의 목적들과 그들의 실존이라는 최종적 자기 목적은 특별한 방식으로 자신의 고유한 목적으로 수용될 수 있다. 모든 책임의 원형은 인간에 대한 인간의 책임이다. 책임 관계에 있어서 주관–객관 가족 유사성의 이 우선권은 의심할 여지없이 사태의 본성에 근거한다. 이 우선권이 의미하는 바는 특히 그 자체에 있어서 그리고 모든 경우에 있어서 그것이 아무리 일방적이라고 할지라도 이 관계가 뒤바뀔 수 있고 가능한 호혜성을 포함하고 있다는 것이다. 그렇다. 그 누군가에 대해 책임이 있는 내가 사람들 사이에서 살아가면서 또한 그 누군가의 책임의 대상이기도 하다는 점에서 호혜성은 종적(種的)으로 항상 존립하고 있다. 이는 인간의 비자족성에서 기인한다. 그리고 **모든 사람**은 부모의 보호라는 원천적 책임을 **우선** 스스로 경험한다. 이 근본 패러다임에서 살아 있는 생명체에 대한 책임의 결합이 가장 확실하게 분명해진다. 다른 사람의 도움을 필요로 하는 자신의 결핍성 속에서 위협을 받으며 살아가는 생명체만이 —원칙적으로 모든 생명체는— 책임의 대상이 될 수 있다. 그렇다고 해서 그 생명체가 존재하지 않아도 되는 것은 아니다. 하나의 생명체로 존재한다는 것이 비로소 대상에 있어서 책임의 전제 조건이 된다. 그렇지만 인간만이 오로지 책임을 **질** 수 있다는 인간의 특성은 동시에 인간은—그 자신이 가능한 책임 주체인—자기와 **동등한** 다른 사람들을 위해서도 책임을 **가져야** 하고 이런저런 관계에 있어서 항상 책임을 가지고 있다는 것을 의미한다. 책임을 가질 수 있는 능력은 책임의 실제성에 대한 충분 조건이다. 그 누군가에 대해 언젠가 그 어떤 책임을 사실적으로 가진다는 것은 (반드시 이 때문만은 아니지만 이 책임을 충족시키고, 단지 책임을 느낀다는 것은) 뗄 수 없이 인간의 존재에 속한다. 인간이 일반적으로 책임의 능력이 있다는 것은 그가 말하는 존재라는 것과 마찬가지로 분명한 사실이다. 그렇기 때문에 만약 이 의심스러운 문제를 다루어야 한다면, 이러한 사실은 인간의 정의 속에 수용될 수 있다. 이런 의미에서 일종의 당위가 실존하는 인간의 존재에 아주 구체적으로 포함되어 있다. 인과 능력을 가지고 있는 주체의 성격은 그 자체 외면적 책임의 형식으로 객관적 구속력을 수반한다. 그렇다고 해서 인간이 아직 도덕적이지는 않다. 그는 도덕적 존재이다. 즉 도덕적이거나 부도덕적일 수 있는 존재인 것이다. 그 나름의 구체적 당위성을 가지고 있는 특정한 구체적 책임을 수반하는 사실은, 인간 이념의 존재론적 요청에 의해 모든 사람에게 제기될 뿐만 아니라 사람들 중에서 이 이념의 집행자 또는 보호자를 찾아야 하는 추상적 당위와는 아직 일치하지 않는다.

2. 인류의 실존: "제 1 명령"

인간의 책임을 기다리는 후보자들 중에서 인간이 차지하는 우선권에 대해 다음의 사실을 덧붙일 수 있다. 그것은 지구상에서의 인류의 등장이 가지는 가치 대차 대조표와는 관계가 없다는 사실이다. 인류 전체를 정당화하기 위하여 아마 인용될 수 있는 소크라테스의 실존 또는 베토벤(L. van Beethoven)의 교향곡에 대해서 끝없는 비행의 목록을 대립시

킬 수 있다. (이를 열거함으로써 짐승의 이름을 더럽혀서는 안 될 정도
로 비열한 행위들이다.) 그래서 판단자의 성향에 따라 대차 대조표는
매우 부정적일 수 있다. 염세주의자의 동정과 격분은 여기서 부정될 수
없다. 어쨌든 희생은 엄청난 것이며, 인간의 비참함은 적어도 인간의
위대함의 정도이다. 전체적으로 보아 인류의 옹호자는, 프란체스코
(Francesco d'Assisi)와 같은 속죄자를 자신의 편에 두고 있다고 할지라
도, 어려운 처지에 놓일 것이라고 나는 생각한다. 그렇지만 존재론적
실상은 그와 같은 가치 판단과는 전혀 관계가 없다. 마찬가지로 (만약
사람들이 그런 대차 대조표를 일단 제정한다면, 그리고 제정하기 때문에
통상 부정적 결과를 가져오는) 고통과 쾌락의 대차 대조표와도 거의 관
계가 없다. "인간 존엄"이 당연하게 거론된다면, 그것은 항상 잠재적으
로만 이해될 수 있을 뿐이다. 아니면 그것은 용서할 수 없는 허영심의
공염불에 지나지 않는다. 인류가 이제까지 실행한 것과 앞으로 실행할
것에 의해 마땅히 실존해야 하든 안 하든 관계 없이, 그 모든 것에 대
해 인류의 **실존**은 항상 우선적이다. 실존을 통해 열어 놓아야 하는 것은
자기 구속적이고 항상 초월적인 **가능성**이다. 우주적 책임으로서의 이 가
능성의 보존은 바로 실존에의 의무를 의미한다. 신랄하게 말하자면, 책
임이 존재할 수 있는 가능성은 모든 것에 선행하는 책임이다.

인류의 실존은 간단하게 인류가 살아 있다는 것을 의미한다. 인류가
잘산다는 것이 다음의 명령이다. '인류가 존재한다'는 적나라한 존재적
사실은 이 점에 대해서 묻지도 않았던 사람들에게 '인류가 계속 존재해
야 한다'는 존재론적 명령이 된다. 그 자체 익명으로 남아 있는 이 "제
1 명령"은 언급되지 않은 채이기는 하지만 그 밖의 다른 명령들에 (이
명령들이 비존재를 자신의 문제로 만들지 않았다면) 포함되어 있다. 생
식 본능의 직접적 실행을 위탁받을 때 이 제1명령은 이 명령의 보다 넓
은 의미를 끌어내는 인간적 덕성의 특수한 명령을 통한 간접적 수용의
뒷전으로 물러날 수 있다. 그런데 참으로 필요한 것은 이 원천적 명령
자체가 그 기초적 내용과 함께 명시적으로 표현되어야 한다는, 예를 들
어 오늘날의 여건과 같은 아주 특수한 여건이다. 그러나 이 명령은 모
든 것에 공통적인 전제 조건으로서 이 덕성의 특수한 명령들을 배후에

서 항상 제재하고 있다. 그 자신의 무근거성을 통해 (왜냐하면 그러한
존재를 발명할 수 있는 어떤 명령도 있을 수 없는 까닭에) 존재적으로
발생한 존재론적 명령은 기초적인—물론 유일한 것은 아니지만—"세계
내 사태"를 제도화한다. 아주 맹목적인 우연이 인류를 사물의 전체 속
에 나타나도록 하였다고 할지라도 일단 실존하는 인류는 계속적으로 이
사태에 대한 의무를 가지고 있다. 그것은 공동체적 책임의 대상이 될
수 있는 모든 사태들 중의 근본 사태이다.

3. 자신의 작품에 대한 예술가의 "책임"

시원적으로 모든 종류의 책임을 생명체와 결합시키는 종적(種的)인
틀 안에서도 비생명체가 역시 문제의 사태가 될 수 있다. 적어도 주관
적이나마 생명을 촉진하는 목적에 종사해서가 아니라, 통상적 의미에서
생명의 이익이라고 불리는 모든 것을 경시하면서조차 그 자체를 위해서
그럴 수 있다. 여기서 우리는 예술가를 생각할 수 있다. 자신의 작품에
대한 천재의 책임과 같은 것이 있는데, 그것은 쉽게 이해되지는 않으나
그 방식에 있어서는 최고의 "책임"이다. 이 책임은 능력의 은총을 받은
사람 또는 능력에 실패한 사람을 강제적으로 장악한다. 여기서 "당위"
로 존립할 수 있는 것은 그에게 다른 모든 것을 망각할 수 있도록 만드
는 필연이다. 죽을 수 있는 인간의 행복 또는 교화는 그의 걱정거리가
되지 않는다. 사태에 대한 망아적(忘我的) 헌신의 이기주의가 완전할 수
있는 것이다. 이것은 도덕의 저편에 놓여 있다. 창조자가 자신의 작품
을 다른 사람이 보기 이전에 파괴한다면, 그는 그 어느 누구에게도 죄
를 짓는 것이 아니다. 그럼에도 불구하고 존재가 인간과 더불어 감행하
는 존재론적 시도의 의미가 그런 작품들이 존재한다는 사실에서 충족되
고, 어떤 족적을 남기지 않는다고 할지라도 그들이 행하는 것들 속에서
그 의미가 분명해진다고 말할 수 있다. 이를 통해서 열려져 있는 가능
성의 시도는 그것이 선취할 수 없었던 의미를 사후적으로 획득한다고
말하는 것이 아마 더 나을지도 모른다. 왜냐하면 첫번째 도구 제작자가
동물의 상태로부터 해방되었을 때 그러한 것들은 어떤 별과 유전자에도

씌어 있지 않았다. 더더군다나 어떤 생존 법칙도 그것을 요구하지 않았다는 사실은 두말할 나위도 없다. 순수하면서도 과분한 작품은 (도덕은 분명히 아니다) 그 자체가 인간의 초월성에 대한 증명으로서 이는 항상 세계 내에서 작용을 하고 있다. 일단 그것이 형성되면 세계의 부분으로서의(예술 작품의 의도는 통상 세계의 부분이 되는 것이다) 예술 작품은 인간을 위해 존재하며, 또 그것이 존재하는 한 자기 자신을 위해서 존재한다. 가장 위대한 걸작도 인간이 없는 세계에서는 말없는 물질 조각이 된다. 그러나 위대한 걸작과 같은 것들이 없다면 인간이 살고 있는 세계는 비교적 덜 인간적인 세계가 되며, 이 세계 거주인들의 삶은 인간성의 면에서 더욱 궁핍해진다. 그러므로 예술 작품의 산출은 역시 인간 세계의 건설적 행위에 속하고, 예술 작품의 현존은 인간이 스스로 만들어 낸 세계에 지속적으로 속하는데, 이 세계에서만 인간적 삶은 자신의 거처를 가질 수 있다. 물론 예술품의 증대 또는 문화의 장려와 같은 동기를 예술가에게 불어넣을 수는 없다. 예술가는 오직 자신의 작품만을 생각한다. 그러나 창조된 것을 인류에 대한 가치로서 보존하는 것(이는 의심할 여지없이 의무이다)과 연관지어 보면, 창조자가 작품에 대해서만 책임을 지고 다른 의무들은 무시할 수 있는 그런 창조자의 면책권을 **인류는** 향유하지 않는다. 두 사람 중 오직 한 사람만이 구조될 수밖에 없는 불타는 집의 유명한 결의론적 딜레마에서, 예를 들어 시스틴 성당의 라파엘로(Raffaello)의 성모와 아이의 예를 들면, 아이를 구하기로 한 도덕적으로 자명한 결정은 미래 인간에 대한 두 "가치"의 비교와는 전적으로 무관하다. [10] (아마 예술가가 예술품의 산출을 위해 행

10) 예술 작품은 나에게 "너는 나를 가지고 무슨 일을 했는가?"라는 질문을 할 수 없지만, 아이는 그 질문을 나의 정신 속에, 예를 들어 신의 왕좌 앞에서는 원고인으로서 나에게 제기할 수 있으며, 나 또한 그에게 답변해야만 하기 때문에 그 결정은 도덕적으로 자명한 것이다. 예술 작품의 경우 나는 단지 약탈당한 예술 애호가들에게만 해명하면 된다. 나는 그들에게 이것이 너희가 처한 상황이고, 너희는 유감스럽지만 모조품으로 만족해야만 한다고 대답**할 수 있다.** 그러나 아이에게 "너는 네 생명 없이도 만족해야만 한다"라고 말할 수는 없으며 그렇게는 어떤 식으로도 그에게 답변할 수 없다. 다시 말하면 나는 나의 선택을 책임질 수 없는 것이다. 이와 같은 권리의 비교 불가능성에 대해, 예를 들어 그 아이는 아마 건달

하였던 것처럼 어떤 사람이 예술 작품을 구조하기 위하여 **자신을** 희생시키는 것은 물론 도덕적으로 허용된다.) 요약하자면 결코 범주화될 수

로 자랄 것이므로 시스틴 성당의 마돈나를 희생시킬 만한 가치가 없을 것이라는 생각은 그 아이가 아마 라파엘보다도 더 위대한 천재가 될 것이라는 항변과 마찬가지로 무의미하다. 이 두 가지 답변으로부터는 아무것도 얻어낼 수 없으며, 상대적 확률로부터도(건달은 천재보다 혼하다) 역시 마찬가지이다. 내가 이러한 상상의 유희를 언급하는 이유는 우선 그것들이 문헌들에서 어떤 역할을 하기 때문이며(A. Brecht, *Political Theory*, 154면 참조. 영문판에서 라드부르흐(G. Radbruch)가 인용되는데, 그는 다시—가설을 방어하면서—그림을 선택한 버드우드 경(Sir G. Birdwood)을 인용하고 있다) 또한 최근 어느 대화에서 고매한 도덕적 순수성을 갖춘 어느 인정받는 학자도 무엇을 택할지 갈피를 못 잡는 심각한 모습을 보였으며, 적어도 그 버드우드 경에게도 정당성을 부여하려 했기 때문이다.

그러나 실제로 그러한 사고 훈련은 가치 개념을 의무론의 토대로서 사용할 수 없다는 것을 보여주려는 것이다. 예술 작품이 인간의 관점에서 볼 때 가치를 지니고 있고 언젠가 그 아이에게도 가치가 있을 수 있지만, 아이의 생명은 아이 자신에게나 또는 다른 사람들에게 그러한 예술 작품과 같은 "가치"가 있는 것은 아니다. 오늘날 서구에서 혼히 그러듯이 "모든 개인적 삶의 무한한 가치"를 말한다면 (기독교가 신의 관점에서 영혼에 대해 말하였던 것의 여광이다) 이것은 모든 생명의 자신에 대한 **권리**, 자기 목적에 대한 권리만을 뜻할 뿐이다. 그 자기 목적은 "무한하지는" 않지만—왜냐하면 그것의 대상이 유한함으로—그러나 다음과 같은 의미에서 "무조건적"이다. (a) 자기 목적은 다른 것으로부터 파생되지 않으며 (b) 자질("가치"도 포함하여)과는 무관하며 그리고 (c) 다른 어느 누구도 그와 같은 것에 대한 권리를 가지고 있지 않다. 모든 잠재적 애호가들의 권리처럼 예술 작품의 가치에 대한 권리는 있을 수 있지만, 아이의 생명에 대한 권리는 자신의 것 외에는 달리 아무것도 없다. (물론 이 생명의 방식에 대해서도 마찬가지이다.) 공동체의 운명, 신앙의 자격과 같은 우월한 권리, 심지어 명예를 지키려는 권리가 개인의 1차적 권리를 단념하도록(예를 들면 전쟁에서) 강요할 수 있으며, 개인의 권리가 죽어 마땅한 범죄를 통해 박탈당할 수 있다는 것도 위의 사실과 모순되지 않는다. 권리가 다른 사람의 권리에 대한 인정과 죽을 수 있는 자세의 의무에까지 이르는 제 의무의 수용을 포괄한다는 사실의 인정을 명령한다는 점에서 그것은 오히려 자신의 1차적 고유권에 속한다. 가치가 물론 의무도 될 수 있겠지만, 이 모든 것은 가치 이론과는 아무런 상관이 없다.

없는 예술가적 창조의 예를 제외하면, 책임의 의미에 적합한 대상은 실제적 생명 또는 잠재적 생명, 그리고 무엇보다도 인간의 생명이라는 사실이 여전히 타당하다.

4. 부모와 국가 지도자: 책임의 총체성

여기서 특히 두 가지 종류의 책임이 두드러진다고 우리는 앞에서 말하였다. 즉 부모의 책임과 국가 지도자의 책임으로서, 이것은 다른 모든 것들에 대해 책임의 본질을 가장 완전하게 서술할 수 있는 특정한 성격을 공유하고 있다. 이러한 특성들을 이제 하나씩 살펴보기로 한다. 첫째로 우리는 **총체성**을 명명하였다. 이로써 우리가 말하고자 하는 바는 이 책임들이 그 대상의 총체적 존재, 즉 적나라한 실존으로부터 최고의 관심에 이르는 모든 양상들을 포괄한다는 점이다. 시간과 본질에서 실제로 모든 책임의 원형인 부모의 책임(그것은 또한 유전적으로 책임에 대한 모든 소질의 원천이고, 책임을 가르치는 초보 학교라고 나는 믿는다)에 있어서 이 점은 분명하다. 직접적인 욕구뿐만 아니라 모든 가능성을 가지고 있는 전체로서의 아이가 부모의 책임의 대상이다. 물론 신체적인 것이 우선적이다. 처음에는 그것이 아마 유일할 것이다. 그러나 다음에는 점차로 넓은 의미에서 "교육"에 속하는 모든 것이 첨가된다. 그 형성 과정에서 감시되고 촉진되어야만 하는 능력, 행동, 관계, 성격, 지식 등이다. 가능하다면 이 모든 것과 더불어 행복도 또한 이에 속한다. 한마디로 말해서 부모의 보호가 전체적으로 주목하는 것은 이 실체의 순수한 존재 자체와 최선의 존재이다. 그런데 그것은 바로 아리스토텔레스가 국가의 존립 근거에 관해 말한 것과 똑같다. 즉 인간적 삶이 가능하고 인간 생명의 실존이 지속되고 좋은 삶이 가능할 수 있기 위하여 국가는 실존하게 된다는 것이다. 그리고 이것이 또한 진정한 국가 지도자의 염려이다.

고대의 지배자는 신하들이 자신을 (러시아의 황제 차르와 같이) "아버지"로 간주하는 것에 만족한다. 바로 여기에 정치의 본질에 속하지 않는 금치산 선고와 같은 것이 있다. 그러나 계몽된 공화제의 경우에 있어서도 이 상징에는 특정한 권리가 여전히 남아 있다. 정부의 최고 집단이 다수 의지를 수행할 뿐만 아니라 지도하는 곳에서는 항상 그렇다. 세습적 임금을 도외시한다면 "국가 지도자"는 이 단어의 완전한 의미 그대로 자신의 직무와 권력이 계속되는 한 공동체의 생명 전체를 위해, 즉 소위 말하는 공공 복지를 위해 책임을 진다. ("국가 지도자"를 위해 지배하는 "통치 집단"이 자의적으로 설정될 수 있다.) 그가 어떻게 위임받은 지위에 오게 되었는지 하는 것은 여기서 전혀 다른 문제이다. 찬탈마저도 권력과 함께 책임을 만들어 낸다. 책임을 위한 권력의 획득은 충분히 쿠데타의 동기가 될 수 있다. 설령 권력만을 추구하였다고 할지라도 권력은 책임을 객관적으로 수반한다. 권력의 정도는 책임을 부모 책임과 유사하게 만든다. 그것은 다시금 물리적 실존으로부터 최고의 이익에까지, 실존의 안전으로부터 충족에까지, 그리고 안녕으로부터 행복에까지 이른다.

5. 대상에 있어서 두 책임의 중첩

그런데 양 책임은 극단적 개별성과 극단적 일반성을 가지고 있는 대립된 양극으로부터 특기할 만한 방식으로 서로 간섭한다. 우선 대상에 있어서 그렇다. 아이의 양육은 인간 세계에로의 인도를 포함한다. 그것은 언어로 시작해서 사회적 신념과 규범의 법전 전체를 매개하는 것으로 이어지는데, 이 신념과 규범의 소유를 통해 개인은 보다 넓은 공동체의 구성원이 된다. 사적인 것은 본질적으로 공공적인 것을 향해 열리며, 또 개인 인격의 존재에 속하는 것으로서 공공적인 것을 자신의 고유한 완전성 속으로 끌어들인다. 다른 말로 표현하면 "시민"은 교육의 내재적 목표이고 부모 책임의 일부분이다. 그리고 이것은 국가에 의해 부과됨으로써 그렇게 되는 것은 아니다. 부모가 자식을 (그 밖의 다른 목적이 비록 많다고 할지라도) "국가"를 위해 교육하는 것과 같이 다른 한편으로 국가는 스스로 아이들의 교육에 대한 책임을 떠맡는다. 대부분의 사회에서 초기 단계는 가정에 맡겨진다. 그러나 다음의 모든 단계들은 국가의 통제, 규정과 원조에 속하게 된다. [11] 그래서 "교육 정책"

이 존립할 수 있는 것이다. 다른 말로 표현하면, 국가는 시민을 완성된 형태로 받아들이는 것이 아니라 그 형성 과정에 같이 참여하는 것이다. 그렇다. 필요한 경우에는 국가가 부모와 **대립하여** 아이의 보호권을 떠맡을 수 있으며, 부모 책임의 실행을 강요할 수 있다. 이러한 일은 바로 (극단적으로 집단화된 경우를 제외하고는) 통상 공공적 간섭으로부터 면제된 초기 단계에 이루어진다. 그렇지만 대표적인 예는 물론 일반적인 취학 강제이다. (예를 들어 "선입견의 부재"라는 요청과 같이) 이론을 어떻게 인지하든간에 사회 질서의 편입 수단으로서 일정 정도의 관념적 주입은 특정한 "학습 자료"의 매개와 분리될 수 없다.

부모의 책임과 국가적 책임이—가장 사적인 책임과 가장 공적인 책임, 가장 친밀한 책임과 가장 일반적인 책임—양측의 대상이 가지는 총체성을 통해 어떻게 중첩되는가(그 밖의 다른 점에서 보완하는가) 하는 점을 교육 영역은 가장 명확하게 보여준다. 그렇지만 극단적으로 집단화하는 경우에는 공공적 측면이 완전히 사적인 측면을 대체하고, 부모의 권력을 가지고 부모의 책임을 폐지할 정도로 총체성이 진행될 수 있다. 이는 부모와 가정의 권력이 완벽하여 당시에 강력하였던 관습 외에는 누구도 간섭할 수 없었던 초기 상태에 대한 다른 극단일 수 있다. 세대를 넘어서는 인간적 공동 생활의—이것이 바로 문제된다—근본 형식인 가정의 폐지가 장기적으로 인간에게 무엇을 의미할 수 있는가가 앞으로 밝혀져야 한다. (어쨌든 반드시 개인적 영역으로 존재할 필요는 없는) 사적 영역의 축소는 확실하고, 사적인 영역과 공적인 영역 사이의 차이가 거의 지양될 것이다. 그렇게 되면 "국가 지도자"는 **모든 것**을 보호해야만 한다. 이것이 급진적 공산주의와 분리될 수 없는 것처럼 보이는 "전체주의"가 가질 수 있는 **하나의** 의미이다. 그러나 이 극단적인 경우는 우리가 국가 지도자의 책임과 그것이 가지고 있는 부모 책임과의 유사성에 관해 주장한 것을 강화시켜 줄 뿐이다. 그렇다. 정치인의 관점에서 보면, 정치의 역사는 권한 분배가 국가에 유익한 방향으로 점진적으로 전이되는 것이라고, 즉 부모의 책임이 점진적으로 국가에 양

---

11) 이것은 세속 국가의 현대적 발전이지만, 이전에는 교회가—마찬가지로 공적인 기관으로서—같은 과제를 수행하였다.

도되는 것이라고 말할 수 있다. 그래서 현대 국가는 그것이 자본주의적이건 사회주의적이건, 또 자유주의적이건 권위주의적이건, 평등 민주주의적이건 엘리트주의적이건간에 관계 없이 결과적으로 점차 "가족주의적"으로 되어 간다.

6. 감정에 있어서 두 가지 책임의 유사성

a. 대상의 측면에서 뿐만 아니라 주체 내의 조건의 관점에서도 두 가지 총체적 책임들은 서로 연관되어 있다. 부모의 경우에 무엇이 주관적 전제 조건들인지는 누구나 다 안다. 그것은 자신의 총체적인 창시자적 권한에 관한 의식, 도움을 청하는 아이의 총체적 보호 욕구에 대한 직접적 직관, 그리고 자발적인 사랑이다. 분만 이후에 처음에는 신생아에 대한 포유 동물 어미의 "맹목적" 강박 감정이 나타나지만, 인격이 드러나면서는 점차적으로 유일한 정체성을 가지고 있는 이 주체에 대한 부모의 사려 있는 인격적 사랑이 시작된다. 이와 같이 직접성의 어쩔 수 없는 중압감하에서 주관적 조건은, 비교적 덜 원천적인 다른 관계에서의 객관적 조건이 그러한 것과 마찬가지로 아무런 역할을 하지 못한다. 유사한 모든 경우에도 불구하고 생식 관계에 제일의 지위가 부여되는데 인간 관계 중 그 어떤 것도 책임의 명증성에 있어서는 이에 대적할 수 없다. 정치인은 자신에게 책임을 부과하는 공동체의 창시자가 아니다. 오히려 공동체가 이미 존재하고 있다는 사실이 그가 자신에게 책임을 부과하고, 또 이 책임을 위해 권력을 조달하는 근거이다. (아이에게 젖을 물리는 엄마가 글자 그대로 먹이의 원천이고, 부양하는 아버지가 기능적으로 그러하듯이) 정치인은 먹이의 원천이 아니다. 기껏해야 그는 먹이를 자급 자족할 수 있는 능력의 보존자와 조종자에 불과하다. 일반적으로 말하면, 정치인이 곤경에 처해 있을 때에도 그 없이 헤쳐 나갈 수 있는 독립적 존재와 관계하고 있다는 사실을 의미한다. 또한 본래적 의미에 있어서의 "사랑"은 일반적이고 비인격적인 것에 대해서는 불가능하다. 그럼에도 불구하고―가장 기초적인 마지막 사실을 먼저 언급하자면―사랑과 비교할 수 있는 공동체에 대한 정치적 개인의 감정 관

계가 존립한다. 그는 이 공동체의 운명을 최선의 방향으로 조종할 수
있기를 바란다. 왜냐하면 그것은 이익 단체보다는 훨씬 원천적인 의미
에서 "자신의" 운명이기 때문이다. 그는 (정상적인 경우에) 이 공동체
에서 출생하였고, 이 공동체를 통해 형성되었다. 그는 비록 이 민족과
국가의 (또는 신분 등등의) 아버지는 아니라고 할지라도 "아들"이며,
이 점에서 그는 이 민족과 국가에 속하는—살고 있고 앞으로 도래할 그
리고 이미 살았던—다른 모든 사람들과 "형제 관계를 맺고" 있다. 이는
차용된 이 상징의 원천인 가정(家庭)에서와 마찬가지로 단순한 의무 관
계 이상의 것을 정당화한다. 즉 전체와의 정서적 동일성, 개별자에 대
한 사랑과 유사한 "유대성"의 느낌이 그것이다. 그렇다. 운명의 유대성
마저도 감정에 대해서는 공통적 출신이라는 지위를 차지한다.[12] 형이상
학적 우연과 같이 양자가 일치한다면 이 결합은 매우 강력하다. 그렇게
되면 감정의 사실은 마음으로 하여금—그 자체로는 수용의 문제를 따
지지 않는—의무를 수용할 수 있도록 만들고, 받아들인 책임을 감정의
충동으로 촉진시킨다. 사람들이 사랑하지 않는 것에 대해 책임을 진다
는 것은 비록 불가능한 것은 아니라고 할지라도 어렵다. 그래서 사람들
은 "경향심과 관계 없이" 의무를 행하기보다는 오히려 이 의무에 대한
사랑을 스스로 산출한다. 물론 (항상 특수할 수밖에 없는) 사랑의 편파
성은 사랑의 영역을 넘어서는 인간적 책임성 전체에 대해 불의를 저지
를 수 있으며, 아마 저지를 수밖에 없을 것이다. 그러나 책임의 수용은
어쨌든 선택적이고, 마음에 친밀한 것을 선택한다는 것은 인간의 유한
성에 적합한 일이다. 그래서 국가 지도자가 동포와 시민 공동체의 평등
성으로부터 모든 사람을 위해 특정한 역할을 떠맡는다면, 인위적으로
만들어진 그의 공무에는 자연적인 요소가 포함되어 있다. 비록 자연적
부모 관계가 유대성과 아무런 관계가 없다고 할지라도, 책임에 있어서
국가 지도자의 역할은 아버지의 역할과 유사하다.
 b. 아이의 총체적 **의존성**을 고려할 때에도 정치적 주체에도 역시—비
록 추상적이기는 하지만—아이와의 유사점이 있다. 그것은 일반적이기

---

12) 모세의 경우는 그 반대이다. 노예가 된 자신의 종족과의 운명의 유대감
   을 그는 출생 공동체로부터 열망하였다.

190

는 하지만 항상 특수한 것에서 명백해지는 지식으로서, 공익의 일들은 단순하게 "스스로 만들어지고", "저절로 되는" 것이 아니라 의식적인 업적과 결정이 필요하고, 그리고 항상 개선을 필요로 하고 또 구원도 종종 필요로 한다는 지식이다. 한마디로 말해 그것은 국가(res publica)도 역시 필요의 피조물이라는 지식이다. "사람들"이 감정적으로 동일시하고 떠맡아야만 하는 대상의 안에서도 훼손 가능성과 위협의 가능성이 존립한다. 모든 이에게 해당하는 이 "사람들"로부터 스스로 선택하는 국가 지도자의 "나"가 형성된다. 그는 "모든" 사람에게 무엇이 최선인지를 어느 순간에나 가장 잘 알고 있고, 또 그것에 대해 이미 존립하고 있는 합의를 가장 잘 실행에 옮길 수 있다고 믿는다. 이 믿음이 과연 정당한가 하는 물음은 객관적으로는 항상 열려져 있는 문제이다. (왜냐하면 그에 의한 역할의 점유는 다른 사람의 시도를 방해하기 때문이다.) 그렇지만 주관적으로는 모든 믿음이 공공적 필연성에 응답하는 국가 지도자의 책임이 가지는 총체적 성격에 필수적이다. 이 필연성을 스스로 선택하는 자도 구성원으로서 공동체에 스스로 예속된다는 사실, 따라서 결국에는 평등한 사람들 사이에 평등한 사람으로서 존재하며 공공적인 일 속에서도 자신의 고유한 일을 같이 추진한다는 사실이 그의 역할을 부모의 역할로부터 구별시킨다. 부모는 아이의 필수적 용무를 나누어 가지는 것이 아니라, 그 용무를 행하는 아이를 돌보기 위해서는 이러한 일들로부터 벗어나 있어야 한다. 국가 지도자가 자신의 역할을 정당화하기 위해서 이미 충족된 이 전제 조건 외에 굳이 특정한 능력을 통해 자신의 탁월함을 제시할 필요가 없다.

c. 정치적 영역에 해당하는 등가물이 없는 것은 일방적이고 절대적인 **창시자적** 관계이다. 이것은 추가할 필요도 없이 부모의 역할에 대한 확실한 근거가 있는 자격과 의무를 정당화한다. 그리고 이에 유사한 어떤 감정도 정치적 책임을 부모의 책임과 결합시키지 못한다. 국가 지도자는 그가 아무리 건설적으로 작용하였다고 할지라도 결코 첫번째 창조자가 아니다. 그 자신이 항상 공동체의 피조물로서 이 공동체의 사태를 장악한다. 따라서 그가 책임져야 할 대상은 그가 만들어 낸 것이 아니라 그를 만든 것이다. 예를 들어 공동체를 지금까지 이어져 내려올 수

있도록 만든 선조들에 대해, 자신에게 전권을 위임한 사람들인 동시대인의 유전 공동체에 대해, 남아 있는 사람들의 불확정적 미래에의 존속에 대해 책임을 져야 하는 것이다. 이러한 것들 중 어떤 것은, 예전에는 전혀 없었던 새로운 생명을 비로소 탄생시키는 절대적 창시자의 권한을 제한한다면, 부모 역할에도 역시 타당하다. 이로써 우리가 제시한 책임 모델의 다른 두 가지 요소를 이미 언급하였다. "총체성"의 요소로부터 스스로 추론되는 "연속성"과 "미래"의 요소들인데, 우리는 우선 전자를 아주 간단하게 다루고자 한다.

7. 부모와 국가 지도자: 연속성

  책임의 총체적 본성으로부터 연속성의 결과가 생겨나는데, 그것은 우선 책임의 **실행**이 중단되어서는 안 되는 거의 동어 반복적 의미에서이다. 부모의 염려와 정권은 자신에게 휴가를 허용할 수 없다. 왜냐하면 대상의 생명은 중단 없이 계속되며, 항상 새롭게 요구 조건을 만들어 내기 때문이다. 책임이 실현되는 매번의 계기마다 여기서 고찰한 두 가지 책임들이 주목해야만 하는 특정한 **문제**보다 보호되고 있는 **실존** 자체의 연속성이 더욱 중요하다. 특수 책임은 그런 실존의 개별적 양태뿐만 아니라 시간에 제한되어 있다. 선장은 자신의 승객에게 그들이 이전에 무엇을 하였고, 또 후에는 무엇을 할 것인지 묻지 않는다. 또 그들이 여행을 좋은 의도를 가지고 하는지 아니면 나쁜 의도를 가지고 하는지, 그들의 행복을 위해서인지 아니면 불행을 위해서인지, 제3자의 이익을 위해서인지 아니면 손해를 위해서인지를 묻지 않는다. 이 모든 것은 그에게 문제되지 않는다. 그들을 안전하게 한 장소에서 다른 장소로 운송하는 것이 그의 문제인 것처럼 그의 책임은 배 위에 승객들이 있는 것으로써 시작하고 끝난다. 극히 제한되었지만 동시에 높은 책임의 통상적 예를 들어 보자. 진료 관계로 시작하는 의사의 책임은 환자의 치료, 고통의 약화, 생명의 연장으로 확대되지만 그 밖의 모든 복지와 고통은 배제되며 그렇게 획득한 실존이 얼마나 "가치 있는가" 하는 것은 고려하지 않는다. 그러나 의사의 책임도 역시 진료의 종료와 함께 끝이 난다. 그러나 총체적 책임은 항상 다음과 같이 물어야 한다. "다음에는 무슨 일이 발생하는가? 그것은 어떤 결과를 가져오는가?" 그리고 동시에 다음과 같이 묻는다. "이전에는 무슨 일이 발생하였는가? 지금 일어나는 일은 이 실존의 전체적 형성 존재와 어떻게 결합되는가?" 한 마디로 말해서 총체적 책임은 "역사적"으로 접근해야 하고, 그 대상을 역사성 속에서 파악해야 한다. 이것이 우리가 "연속성"의 요소로 서술하고자 하는 것의 본래적 의미이다. 정치적 책임은 이 점에서 물론 시간의 양 방향으로 비교할 수 없을 정도로 역사적 공동체와 일치하는 넓은 폭을 가지고 있다. 우리는 여기서 명백한 전통의 요구, 즉 선조들의 작업으로부터 (또한 태만과 죄로부터) 물려받은 모든 것에 관해서는 긴 말을 하지 않으려 한다. 지금 살고 있는 사람들을 넘어서서 공동체의 미래가 제시하는 분명한 요구에 관해서도 긴 말을 하지 않겠다. 어차피 미래의 양태에 관해서는 독립적으로 다루게 될 것이다. 시간을 관통하는 연속성 속에는 보존해야 하는 **동일성**이 있으며, 이것은 집단 책임의 통합적 부분이라는 점만을 말해 두기로 하자.

유일 무이한 개인에게 그토록 집중적으로 향해 있는 부모의 책임에 있어서 책임의 지평은 배가된다. 첫번째 협의의 지평은 자신의 고유한 인격적 역사성을 가지고 있고, 역사적으로 자신의 정체성을 획득하는 아이의 개별적 형성을 포괄한다. 이에 관해서는 모든 교육자가 알고 있다. 그런데 이것과 떼어 놓을 수 없는 다른 것은 첫번째 언어 발음부터 시작되는 집단적 전통의 매개와 사회 안에서의 생활에 대한 준비이다. 이로써 연속성의 지평은 역사적 세계로 확장된다. 전자는 후자로 전환된다. 그래서 교육적 책임은 어쩔 수 없이 사적인 영역에서조차 "정치적" 책임일 수밖에 없다.

8. 부모와 국가 지도자: 미래

생명에 대한 책임이―그것이 개인적인 것이든 공동체적인 것이든간에―이 생명의 직접적 현재를 넘어서서 관계를 맺는 것은 무엇보다 미래이다. 그때그때 실행되는 사태 관리의 출발과 결말에 관련된 통속적인 의미에서 이것은 모든 책임과 가장 특수한 책임에도 해당한다. 다음날의 체온 곡선, 아직 더 남아 있는 운전 거리는 현재 순간의 염려 속에 포함되어 있다. 그러나 이렇게 오늘의 염려 속에 내일이 자명하게 포함되어 있다는 사실은 시간성과 더불어 주어져 있는 것이지만, 우리가 지금 숙고하고 있는 바와 같이 "총체적 책임"과의 상관 관계에서는 전혀 다른 차원과 성격을 획득한다. 여기서는 전체 실존의 미래가, 책임자의 직접적 작용과 구체적 계산 가능성을 넘어서서, 그때그때마다 항상 바로 옆에 있는 것을 돌보는 책임의 모든 개별적 활동의 공동 대상이 된다. 바로 옆에 있는 대상이 알 수 있는 예견의 영역에 놓여 있는 데 반해 전체 실존의 미래는 예견할 수 없는 것이다. 이는 객관적 여건의 방정식에 있어서 알 수 없을 정도로 많은 미지의 대상들 때문만이 아니라 관련된 생명의 자발성 또는 **자유** 때문이기도 하다. 그런데 이 자유는 모든 미지의 것들 중에서 가장 위대한 것으로서, 그럼에도 불구하고 총체적 책임에 같이 포함되어야만 한다. 따라서 책임자가 자신의 **작용**을 통해 더 이상 스스로 책임질 수 없는 것, 즉 보호되고 있는 실존의 자기 원인성은 보호 의무의 궁극적 대상이다. 이 초월적 지평에서 보면 책임은, 그의 총체성에 있어서 규정적일 수는 없으며 단지 가능하게 할 수 있을 뿐이다. 책임 대상의 고유한 미래성은 책임의 가장 본래적인 미래 양태이다. 책임이 감행할 수 있어야만 하는 최고의 충족은 아직 존재하지 않았던 것의—스스로 이것의 형성을 돌보았지만—권리 앞에서 물러서는 것이다. 자기를 넘어서는 그러한 범위의 관점에서 보면 책임이 우리의 **한시적** 존재의 존재론적 성격에 대한 도덕적 보완에 다름아니라는 사실이 분명해진다.

IV. 책임의 이론: 미래의 지평

1. 양육의 목표: 성인이 됨

부모의 책임과 정치적 책임 사이에는 미래 관계의 특정한 차이들이 분명하게 눈에 들어온다. 부모는 비로소 형성되어 가는 인간과 관계를 가진다. 그리고 이 형성은 그때마다 거쳐야 하는 미리 규정된 특정한 단계들을 가지고 있으며, 또 그로써 아이 관계와 부모의 책임이 끝나는 "성인(成人)이 됨"의 목표를 가지고 있다. (부모의 책임을 대체하는 것은 여기에 속하는 문제가 아니다.) 사람들은 이러한 모든 것을 그것이 가지고 있는 구조적 일반성으로 이미 알고 있으며, 또 자기 활동적이고 생물학적인 원동력을 긍정함으로써 이를 동시에 바란다. 따라서 교육은 내용적으로 특정한 목표를 가지고 있는데—그것은 본질적으로 책임 능력을 포함하는 개체의 독립성이다—이를 성취함으로써 (또는 그것의 기대 가능성을 성취함으로써) 시간적으로 특정한 결말에 도달한다. 이 결말은 교육자의 판단에 따라 나타나는 것이 아니라 고유한 법칙에 따라 나타나게 되며, 더더군다나 그 성공의 정도에 따라 나타나는 것이 아니다. 왜냐하면 자연이 여기서 일을 주재하고, 교육이 이루어져야만 하는 특정한 시간을 일회적으로 보장하기 때문이다. 그 다음에는 이제까지의 객체가 스스로 책임의 주체가 된다. 비록 이 주체가 미리 파악할 수 없는 개방성의 상태에서는 부모 책임의 미래 지평에 같이 포함된다고 할지라도, 이 개방성이 의미하는 바는, 이제는 책임이 더 이상 임무로서 존립하지 않으며, 해방된 실존의 성장 과정을 바라보며 과연 책임이 맡은 바의 일을 잘 했는지 잘 못했는지를 돌이켜 물어 볼 수 있을 뿐이라는 사실이다. 그러나 잘했든 못했든 책임은 유기체적 성장 과정의 순서에 적응해야 한다. 이 성장 과정에는 인격적 성장 과정도 결합되어 있어서, 여기에서 역사성과 자연은 대상 안에서 서로 깊이 간섭한다.

2. 역사적 형성은 유기체적 형성과 비교될 수 없다

한정적인 개인의 형성 과정이라는 이 사실에 대해 공적이고 집단적인 영역은 실제로 비교할 만한 것을 제공하지 못한다. 영향력 있는 역사 이론과 유혹적인 수사학에 대한 이러한 전면 부정이 변호되어야 한다는 점을 우리는 고백하고자 한다. 이 점은 후에 다루기로 하자. 여기서는 일단 부정적 주장만을 하기로 한다. 사회, 민족, 국가의 역사, 간단히 말해서 "역사"는 미리 결정된 목표가 없으며 그런 목표를 향해 진행되지도 않는다. 역사에 있어서는 결코 정당한 의미에서 유아기, 성숙기, 노년기라고 말할 수 없다. 그 유혹이 아무리 크다고 할지라도 모든 유기체적 비교들은 특히 성장의 비교는 여기서 잘못된 것이며, 결국 혼란스럽게 만든다. 모든 사회는 예전부터 모든 연령층의 사람들로 구성되어 있다. 지배했던 사람들은 항상 성인들이었으며, 고대 사회에서 대개 경험, 지식, 판단에 있어 성숙한 사람들은 가장 나이 많은 사람들이었다. 문화 상태의 "원시성"(지극히 상대적 개념이다)과 이것은 아무런 관계가 없다. 그리고 이것은 많은 사회의 무역사성과도 아무런 관계가 없다. 인류의 "유아기"에 관해서는 오로지 신화적으로 또는 시적인 자유를 가지고 말할 수 있을 뿐이다. 구석기 시대의 인간과 유명하지만 영원히 알 수 없는 "원시 집단"은 가혹한 실존 조건에 대처해야만 했다. 만약 그들이 이 일을 어린 아이처럼 행하였더라면, 우리는 오늘날 여기 존재할 수 없을 것이다. 민족의 신화들은 유아적인 것과는 거리가 멀고, 그 의식(儀式)들은 유희적인 것과는 거리가 있으며, 마법은 결코 순박한 것이 아니다. 미지의 것에 대한 공포는 미성숙과는 거리가 있으며, (친족 체계, 족외혼 등의) 사회 관계의 금기 질서는 결코 복잡하지 않은 것이 아니며 단순하지도 않다. 그리고 빼놓을 수 없는 것으로서, 기술은 모든 발전의 단계에서 **항상** 발명의 재주가 있었으며, 자연을 기만하는 교활함은 현대의 평균적 도시인이 할 수 있는 것을 대개 능가한다. 이전의 선교사와 탐험가들(또한 노예 상인들)이 그들의 원시인 또는 야만인들을 "아이들"이라고 말하였던 경멸은 이미 오래 전에 인류학에서 사라졌다. 그러나 미래에 자기 사회 또는 모든 사회의 규정을 알

196

고 있다고 내세우고, 또 이제까지의 모든 것이 단지 준비에 불과하고 지금의 상태는 과도기이며, 진정한 역사의 목표에 대해 알고 있다고 주장하는 사람들을 결코 믿어서는 안 된다. 어디로부터 우리의 관점에 대한 반박이 기대될 수 있는지 사람들은 이미 알아차릴 것이다. 그것은 정치적·유토피아적 역사 종말론과 무한한 진보에 관한 비정치적 믿음으로부터이다.[13] 이미 말한 바와 같이 이 문제는 앞으로 다루게 될 것이다. 우리의 명제는 분명하다. 미래는 (그것이 가지고 있는 본질적 미지성은 차치하고서라도) 과거에 있었던 모든 시간의 부분이 그랬던 것 이상도 이하도 아닌 "그 자신"일 뿐이다.[14] 비록 중단 없는 것은 아니라고 할지라도 자연적으로 존립하고 있는 역사 내의 형성—원한다면 인류의 형성—은 배아로부터 성인으로의 개체의 형성과는 전혀 다른 의미를 가진다. 인류가 존재한 이래로(발전사적으로 앞서 간 것은 내면적으로 표상할 수 없다) 인류는 항상 이미 현존하고 있는 것이며, 이제 산출되어야 하는 것은 아니다.[15] 인류가 존재하면서 여건의 강압과 자유 행위를 통해 다양한 형성 과정, 즉 완전한 의미에서 인류의 역사에 예속되어 있다고 할지라도, 인류는 결코 그때마다 새롭게 시작하는 개체가 그러하듯이 미완성에서 완성으로, 임시적인 것에서 궁극적인 것으로 진행되는 미리 계획된 전체 형성 과정의 대상이 아니다. 인류에 관해서는 결코 인류가 "아직 아닌" 바의 것을 말할 수 없으며, 오로지 인류가 과거의 이런저런 시간에 아직 아니었던 것에 관해서만 돌이켜 보며 말할 수 있을 뿐이다. 예를 들면 중세인은 "아직" 과학인이 아니었으며, 비잔틴 풍 금빛 바탕의 그림은 "아직" 관점적 공간 묘사가 아니었으며, 유목민은 "아직" 경작자가 아니었다. 그러나 인간 존재는 그때마다 오늘날 존재하고 있는 것보다 "미완성"은 아니었다.

13) 내재적 역사 이론이 아닌 종교적 종말론(예를 들면 유태교의 메시아주의)을 뜻하는 것이 아니다.
14) "모든 시대는 신에 대해 직접적이다"라고 랑케(L. von Ranke)는 헤겔(G.W.F. Hegel)에 반대하여 말한다.
15) 그것의 성서적 비유는 "신의 형상으로" **창조된** 아담이다. 종말 이후의 "새로운 아담"의 비지상적 변용으로 무엇을 기대하건간에 이것은 지상에서의 미래 인물은 분명히 아니다.

3. 역사적 은유로서의 "청년"과 "노년"

집단적 의미에서 청년과 노년을 말하고자 한다면, 우선 인류가 이미 오래 전부터 존립하고 있고 우리가 볼 수 있는 모든 사회는 이미 오래 되었다는 사실을 기억해야 한다. 특히 "원시적" 사회에 특징적인 정적이고 "무역사적인" 사회들은 오래된 사회들이다. (물론 우리는 "노년"이라는 낱말로 생물학적 선조 계열이 모든 사회에서 똑같이 오래되었다는 통속적 사실 이상의 것을 말하고자 한다.) 어느 정도 시원적이고, 이런 의미에서 젊다고 할 수 있는 것은 기껏해야 북미 대륙의 백인 이주민 사회와 같이 역사 과정의 한가운데서 비교적 비어 있는 공간 안에 식민주의자들에 의해 새로이 형성된 사회들이다. 그런데 지구의 완전한 거주화 이래로 영원히 끝나 버린 이 일은 이제까지의 역사에 있어서 아주 "늦게" 일어날 수도 있었다. 유사한 의미에서 "젊다"고 할 수 있는 것은 신생 국가들이다. 특히 이제까지 국가가 없었던 또는 막 해방된 민족들의 국가들인데, 이 곳에는 신선한 충동, 미경험, 모험들이 어쩔 수 없이 거의 청년적 상태로 결합한다. 이 상태는, 예를 들어 쉽게 유아병과 비교를 할 수 있을 정도로, 나름의 장점과 약점을 가지고 있다. 그러나 집단적 실존이 분명히 문제되는 곳에서 항상 그렇듯이 이 과정에서는 처음부터 성인처럼 진지하게 진행된다. 다른 한편으로 발전된 문명을 포함한 모든 시대에는 유아적 족속들이 짧은 시간 동안 (항상 국가 통치 기술의 과실로) 공공의 무대를 범람할 수 있다. 그리고 이들은 오늘날 우리가 충분히 알 수 있는 바와 같이 자신들의 무지로 인하여 생긴 쓰디쓴 결실을 맛보게 한다. 그 밖에도 우리는 전체 공동체의 정치적 성숙과 미성숙에 대해 말할 수 있다. 그러나 연령 비교와 그 밖의 성장 법칙적 정식에서 일반적으로 의미하는 바는 그렇게 짧은 변동들이 아니라 역사적 "전기"(傳記)의 비교적 긴 단위들이다. 물론 여기서 언어는 심각하게 왜곡되어 있다.

예를 들어 제국에 대한 추후의 지식으로부터 그 시원을 되돌아보면서 로마의 유아기를 말하고, 예전의 일곱 언덕의 도시에서 미래의 위대함의 토대와 "씨앗"을 발견하는 것은 역사학자와 (시적인 상상력의) 무구

198

한 특권이다. 타르퀴니우스(Tarquinius)와 리키니우스(Licinius) 경작법 시대에 정치인이 이탈리아에 대한 지배를 천명하고, 지중해와 결국에는 전지구를 로마 제국의 영토로 천명하고 나서 로마 정치를 실행하고자 하였다면, 이 정치인은 무모함 때문에 모든 국가 관직으로부터 당연히 배제되었을 것이다. 이것이 적어도 그 시대가 생각할 수 있는 개념의 범위 안에서(왜냐하면 다른 민족들에 대한 이 민족의 지배는 이미 존립 하고 있었기 때문이다) 정치인은 아니라고 하더라도 예언자가 "미친 입 으로" 말할 수 있었다고 한다면, 캘빈(J. Calvin) 시대에는 예언가마저 도 19세기의 산업화된 유럽을 꿈에서조차 생각할 수 없었다. 물론 일종 의 "상관 관계"가 존립하고 있다는 것은 누구도 감히 부정할 수 없겠지 만, 예견과 예견 가능성의 상관 관계는 존립하지 않는다. 따라서 이것 은 선지식과 인과적 통제가—적어도 주체의 의견으로서—본질적 전제 조건인 정치적 책임의 미래 지평이 될 수 없다.

4. 역사적 기회: 선지식이 결여된 인식(마케도니아 왕 필립)

여러 세대에 걸친 또는 아마도 수세기 동안에 집단적 운명이 결정된 다는 의식을 가지고 실행되는 역사적 **기회**의 포착은 전혀 다른 종류의 것이다. 그래서 마케도니아 왕 필립(Philip)은 페르시아 제국, 그리스 세계와 마케도니아 권력의 상태로부터 그때 가능한 것이 무엇인가를 분 명하게 파악하였다. 그에 의해 정치적·군사적으로 세밀하게 준비된 알 렉산더 원정의 성공은 그가 옳았음을 말해 주었다. 그가 실패했다 하더 라도 그를 옳지 않다고 할 수는 없었을 것이다. 그는 물론 성공의 결과 가 무엇인지 개별적으로도 예견할 수 없었고, 세계사적 전체에 있어서 도 예견할 수 없었다. 그가 이 성공에 관해 생각할 수 있었던 모든 표 상은 분명히 틀린 것이었다. 그러나 자신의 왕국과 이 왕국의 지배권하 에 통합된 그리스 문화에 유리하게 지배 관계의 일대 전환이 보상으로 성취될 수 있다는 징후가 실제로 분명해졌다. 이 보상 자체의 바람직한 성격에 대해서—페르시아 궁정과 아시아 민족들은 완전히 제외하고서 라도(예컨대 데모스테네스(Demosthenes)와 같이 다른 한편의 동시대인

들은 이에 관해 전혀 다르게 생각하였다)—그는 추호의 의심도 하지
않았다. 소망 가능성들을 비교하기 위하여 역사적 대안들을 구성할 수
없는 관찰자는 상당히 커다란 영향력을 가지고 있는 기회를 올바른 식
견과 결단력 있는 행위로 포착하였다고 말해야 할 것이다. 물론 이에
관해서 우연과 행운이 일종의 역할을 했다는 본래 자명한 진리를 망각
해서는 안 된다. (예를 들면 필립의 계산으로는 천재 알렉산더를 전혀
예측할 수 없었다. 그렇지 않았다면 필립의 살해는 이 꿈의 종말을 의
미했을 수도 있었다.)

5. 예견에 있어서 이론의 역할: 레닌의 예

이론은 이 순간의 인식에는 아무런 관여도 하지 않는다. 정치적·사회
적 미래의 이론을 알지 못했던 고대에서 이는 자명한 일이다. 현대에서
는—1917년 자신의 순간을 맞았던 레닌(W. Lenin)의 예에서처럼—상
황이 다른 것처럼 보인다. 그렇지만 그것도 겉보기에만 그렇다. 마르크
스주의 이론이 그에게 목표를 확신시켰지만, 이 목표를 실현할 수 있는
행동의 순간에 대해서는 그렇지 못했다. 그 반대였다. 이론은 이 순간
에 대해 전혀 다르게 예견하였다. 그리고 이 방법을 통해 이 순간 이
장소에서 목표를 실현할 수 있다는, 행동을 통해 보여진 가능성에 대해
학설은 추후에 적응해야만 하였다. 레닌은 주어진 순간에 교조적 목표
를 비교조적으로 성취할 수 있다는 가능성을 발견하였고(즉 산업 자본
주의적 단계의 가장 낙후된 말단으로부터) 이론의 틀에 박힌 문자와는
반대로 공산주의 혁명의 시기를 위한 유일한 기회를 감지하였다는 사실
에서 레닌의 천재성이 드러난다. 행동의 성공이 이 중요한 순간에 대한
자신의 시각이 정확하였음을 증명해 준다. 그리고 다름아닌 성공이 후
세의 판단으로 하여금 그의 행동을 모험과 구별하여 주었다. 레닌의 예
견이 전체적으로(개별적인 것은 어쨌든 즉흥적 판단에 맡겨져 있다) 그
밖에 얼마나 더 영향력이 있었는지는 미결의 문제로 남겨 두어야 한다.
확실한 것은 예를 들어 독일 혁명의 부재가 전체 계획의 수정을 강요하
였다는 사실이다. (칸트의 "조정적 이념"과 같이) 거리 때문에 현실과

의 혼합으로부터 보호된 지도적 최종 관점과 관련된 것은 아니라고 할지라도 방법과 관련하여 수정이 강요되었다. 그런데 이렇게 긴 도정에서는 우선 성취 가능한 것이 이를 넘어서는 구원의 약속에 의해 미화되어 그 자체 목표가 된다. 실제로 성취된 것이 과연 레닌이 바랐던 것이었는지, 아니면 오늘날에도 그가 여전히 그렇게 간주할 수 있는 것인지 하는 문제는 결정할 수 없다. 물론 항상 논쟁의 여지가 있게 마련인 이런저런 것이 바람직한 것인지는 차치하고서 말이다. 그렇지만 자신의 행위로 세계사적 전회가 일어나고, 이 전회를 통해 비록 영원히는 아니라고 할지라도 여러 세대에 걸쳐 사물의 진행 과정에―그것도 정의되고 의욕된 목표를 향한―새로운 방향이 주어졌다는 사실에 대해 레닌은 착각하지 않았다. 이렇게 우리는 실천적 국가 지도자가 먼 미래를 적어도 추상적으로나마 바라볼 수 있었고 그 책임을 떠맡아야 했던 사례를 역사상 처음으로 가질 수 있을 것이다. 그런데 먼 미래는 과거의 국가 통치 기술과는 전적으로 폐쇄된 상태였다.

6. 분석적 인과 지식으로부터의 예언

이론의 역할이 여기서 부정될 수는 없으나 상당히 복잡하기는 하다. 사회적이고 경제적인 인과성의 현대적 분석은 우선 일반적으로 예전의 모든 지식에 비해 비교할 수 없을 정도로 우월하다는 것이 분명하고, 이 분석은 또한 미래에 대한 추정적 추론을 가능하게 한다. 그런데 이 추론들은 그 추론이 아무리 불안정하다고 할지라도 미래 사유를 과거에 관한 단순한 유추로부터 해방시켜서, 그것을 경험의 반복적 귀납으로부터 아직 없었던 것의 연역으로 이전시킨다. 즉 추측에 의한 미래의 계산이다. 순수한 사태로서의 지식과 무관하지 않은 일로서 사회적 사건에 대한 공공적 통제의 권력, 즉 정치적 의지의 간섭하는 고유 인과성, 간단히 말해 사회에 대한 국가의 권력이 동시에 상당히 증가하였다. 이러한 사실은 다시금 예언과 선계획의 힘에 이익이 된다. 미래 상태를 기술자적 방식으로 구성하는 일이 원칙적으로는 가능해진 것처럼 보이며, 그것에 대한 관념적 모델들도 손에 넣을 수 있다. 그러나 그것과 대립하고 있는 것은, 이론적·실제적으로 해결해야만 하는 사회의 제 사건들이 (그와 함께 요구되는 모델들도) 점차 조망하기 어려울 정도로 복잡해진다는 사실이다. 알지 못하는 것들의 수도 알려진 크기의 목록과 함께 증가한다. 그것은 대상에 대한 지식과 대상의 자기 운동 사이의 특이한 경쟁으로서, 그때그때의 (추정적이거나 실제적인) 지식의 심리학적 피드백은 쓸데없이 알지 못하는 것까지도 자신의 것으로 계산한다. 더 좋은 정보를 가지고 있는 그 예언이 순익에 있어서 실제로 더 확실하게 되었는가 하는 문제는 아직 미지수이다. [16] 그렇지만 앞의 방향으로 훨씬 광범위한 시간 지평을 가지고 있는 이론적 지식의 투입이 집단 운명의 향배와 더 결합되어 있으며, 이전의 국가 통치 기술이 꿈꿀 수 있었던 것보다 더 책임에 따라야 한다는 사실에는 변함이 없다.

7. 사변적 이론에 따른 예언: 마르크스주의

레닌의 예를 통해 설명된 바와 같이 여기에는 개별적인 경우에 있어서 인과적 분석과 거의 관계가 없는 예언적 현상이 속한다. 시간에 속해 있는 대상의 전체 법칙성과 같은 것에 관해 알고 있고, 미리 규정된 미래를 이 법칙성으로부터 개략적으로 도출하는 포괄적이고 사변적인 역사 이론이 그것이다. 그러한 것은 완전한 세속화를 통해, 즉 초월적 구원사를 대신하여 등장한 총체적 내재성의 원칙을 통해 가능해졌으며, 그것은 구체적 사회에 대한―자연 과학적 모범을 지향하는―냉철한 인과 분석만큼이나 역사적으로 새로운 종류의 것이다. [17] 대표적인 예는 물론 마르크스주의이다. 여기서 우리는 합리적 토대 위에서 이루어지는 세계사적 예측을 보게 된다. 필연적으로 있어야 하는 것과 당위적으로 존재해야만 하는 것을 비교함으로써 정치적 **의지**에 대한 목표 설정 또한 동시에 보게 된다. 미리 인식된 이론의 진리가 정치적 **의지**에 동기를 부여하고 난 이후에 정치적 의지는 이론의 진리 증명에 있어서 중요한 요

---

16) 나 개인적으로는 부정하고 싶다.
17) 처음으로 또한 거의 동시에 헤겔과 콩트(A. Comte)가 주장하고 있다.

소가 된다. 도래해야 할 것을 만들어 내야 하는 정치적 행위의 결과는 미래에 대한 거대한 책임과 결정론적 면책성의 지극히 기이한 혼합이다. 역사 종말론의 윤리에 관해서 우리는 독립적으로 다루게 될 것이다. 결과적으로 가능한 책임의 지평을 엄청나게 확장시키는 미래에 대한 투사에 있어서의 이론의 역할만이 여기서는 우리의 문제이다.

　과거의 역사와 도래할 역사, 즉 전체 역사의 이론으로서 마르크스주의 이론은 관통하는 원칙으로 과거를 설명하는 것과의 일치하에 미래를 정의한다. 즉 이미 지나간 것의 뒤에 아직 남아 있는 것으로서 미래를 정의한다. 본질적인 역학에 있어서 계급 투쟁의 역사인 이제까지의 모든 역사는 전체 과정의 의사 일정에 올려진 무계급 사회로 지양될 것이다. 또 역사는 당위적으로 그렇게 되어야 한다. 정치적 의지는 역사 필연성과 동일시되는데, 적어도 이 필연성을 관철시키도록 소명을 받은 계급 프롤레타리아에게는 그렇다. 목표와 이해 관계의 일치는 이 경우에 이해 관계가—그 자체가 필연성의 일부분이다—당위의 기능을 담당하는 결과를 가져온다. 이로써 존재와 당위의 곤란한 간격의 문제는 넘어설 수 있고, (이론에 따르면 무력할 수밖에 없는) 추상적이고 도덕적인 요청의 관념론은 회피할 수 있었다. 그럼에도 불구하고 앞에서 언급된 일치가 자동적으로 이성적인 것은 아니며 모든 사람이 인식된 "최선의 이해 관계"에 따라 행위하는 것은 아닐 뿐만 아니라, 그 밖에도 그에게 이 사실을 인식시키는 사람들이 이제까지의 경험에 의하면 다른 계급으로부터 나와야 하고, 그래서 일치의 이점을 향유하지 않기 때문에, 필수 불가결한 "당위"는 여전히 이론의 결정론에 있어서 일종의 수수께끼이다(이에 관해서는 아래를 보라). 어쨌든 이론의 총체적 성격 때문에 여기서는 진리의 물음이 특수한 분석적 지식보다 더 결정적인 역할을 한다. 그런데 수많은 다른 요소들의 공동 작용을 통해 이미 자격을 인정받은 분석적 지식의 미래 투사는 항상 아무런 피해 없이 방법의 전체가 수정될 수 있다. 이와는 반대로 통합적 체계는 이 체계의 무제약적 정당성과 함께 부침한다. 즉 그 원칙의 진리 그리고 과거의 것을 분명하게 설명하고 앞으로 도래할 것을 예언하는 데 있어서 이 원칙이 가지는 성과와 더불어 생기하고 또 퇴락하는 것이다. 그러나 여기서

"진리"는 무엇을 의미하고, 또 그것은 어떻게 증명되는가 ?

8. 자기 실현적 이론과 행위의 자발성

엄밀하게 보면 이론은 오로지 이 이론에 의해 영향을 받을 수 없는 그래서 이론에 선행하는 과거를 통해서만 검사할 수 있다. 이론이 이 검사를 어떻게 수행하든간에 과거로부터 미래에로의 추론은 일종의 비약이다. 이 비약은 논리적으로는 가설 이상의 것을 제시할 수 없지만, 심리적으로는 관찰된 결단성과 더불어 감정과 의지 영역의 비이론적 요소들에 의해 촉진될 수밖에 없기 때문에 일종의 믿음의 비약이다.[18] (실제로 과거를 해석하는 데는 그와 같은 비약이 작용하며, 그것도 결정적으로 작용한다. 왜냐하면 선입견을 가지지 않은 사람이라면 이것이 지성에 의해 **단지 그렇게만 인식될 수밖에** 없다고 주장하지는 않을 것이기 때문이다.) 있었던 것으로부터 앞으로 도래할 것을 추론하는 이 점에서 이미 자유의 요소가 작용한다. 그렇다면 어떻게 이 가설과 믿음의 정당성이 사물의 진행 과정에서 증명되는가 ? 자연 과학에서처럼 연역된 예언이 실제로 일어남으로써 증명되는 것은 아니다. 왜냐하면 인간이 인간에 관해 공공적으로 사색하는 여기에서는 **이론의 실존 그 자체가 역사적 사실로서 인식 대상의 전제 조건을 변화시킨다.** 이론은 자신의 진리를 현실화시킬 수 있는 인과적 힘을 스스로 획득하기 때문에, 즉 의도적으로 예측의 적중에 기여하기 때문에, 이 이론은 자기 실현적 예언에 속할 수도 있다. 이론의 정당함은 그것의 진리를 증명하는 것이 아니라 정서에 대해 가지는 이론의 힘을 증명한다. 그런데 이론은 이 정서를

---

18) 자연 과학에서는 다르다. 실험을 통하여 조사된 경험을 포함한 모든 과거의 경험이 일정한 규칙에 따른다는 것이 증명되었다면, 이것은 미래에도 그럴 것이라 증명된 것이다. 왜냐하면 근거에 바탕을 둔 우리의 가정에 따르면 자연은 변하지 않을 뿐 아니라(기분에 따라 변하지 않는 정형성이 없다면 자연 과학도 존재하지 않을 것이다) 자연에 대한 나의 의견에 영향을 받지도 않기 때문이다. 역사의 경우에 이러한 정형성은 적어도 문제점이 많은 가정이며, 역사 주체의 의견과 역사에 대한 그들의 이론에 의한 영향은 역사 자체의 "인과성"에 속한다.

204

통해 특정한 행위들의 원인이 되는 것이다. 이 경우에는 이론 속에 이미 예정되어 있는 이론의 실천화는 아주 독특한 방식으로 증명의 전제 조건을 창조한다. (그 밖에도 반증의 전제 조건도 만들어 낸다. 성공과 마찬가지로 실패 역시 이론의 영향 탓으로 돌릴 수 있다. 예를 들면 다음과 같다. 만약 이 이론을 누설하지 않았다면, 자본주의는 이 이론의 위협에 대해 그렇게 잘 방어할 수는 없었을 것이다.)

그렇지만 이에 대해서는 어쨌든 정서에 대한 그 힘이 이미 이론을 증명하고 있다고 반박할 수 있다. 이 이론은 그런 자세를 이미 자신의 역사 논리에서 실증할 수 있다. 즉 이론의 출현 자체가 역사적으로 필요한 것으로서, 이 이론의 고유한 추론으로 이미 "예견되어 있다"는 사실을 증명한다. 따라서 어떤 의미에서는 이론의 실존이 이론의 정당성을 증명하는 것이다. 자기 자신을 포괄하는 이론, 즉 이론의 사유 가능성과 그 실현의 지금 상태를 설명할 수 있는 이론(이는 헤겔의 사변적 발명이다)은 논리적으로 인상적인 위치에 있다는 사실을 부정할 수는 없다. 여기서 "존재론적 증명"의 기만성이 얼마나 반복될 수 있는가 하는 문제를 탐구하기 위하여 우리의 시간을 할애하지는 않을 것이다. [19] 왜냐하면 그것은 근본적으로 중요한 것이 아니기 때문이다. 비록 이론에 나름의 논리를 인정한다고 할지라도, 위에서 간단히 언급한 사실은 여전히 남아 있는 문제이다. 즉 많은 사람들은 진리를 수용하고 또 많은 사람들은 그렇게 하지 않는다는 사실, 그리고 양자는 자신들의 이해 관계와 일치하여 수용하든가 아니면 자신들의 이해 관계에 반하여 수용하기 때문에 적어도 여기서는 이론적으로 결정되지 않는 자유의 요소가 작용하고 있다는 사실이 남아 있다. 그렇다면 **무엇 때문에** 복음은 받아들여지거나 거부되는가? 대답의 일반성은 의심의 여지가 없다. 모든 과거 해석을 제외하면 이론은 일종의 **목표**를 설정한다. 이론은 이 목표의 가까워진 가능성, 역사 필연성과 소망성을 보여준다. **소망성** 자체가 즉 목표의 자기 호소가 개인적 선택으로서 일반적으로 이 선택을 정당화하는 이론을 긍정하는 근거였다고 가정한다면 지나친 것일까? 단순한

19) 간단하게 지적한다면, 세계가 존재해야 한다는 것은 그것이 실제로 있다는 사실로 증명되지는 않는다.

역사 필연성으로는 아무런 소용이 없다. 자신은 역사 필연성의 집행자에 불과하고, 본래 그가 행위하는 것이 아니라 자신을 통해 "역사"가 행위한다는 정치적 행위자의 자기 사면을 물론 어떤 도덕적 법정도 받아들일 수 없다. 반대로 행위자는 자신의 행위뿐만 아니라 그에게 이러한 행위를 하도록 만든 확신에 대해서도 책임을 져야 한다. 행위자가 자신에 대해 행하는 것보다 이러한 판결은 그에게 더 정당하며, 또 이 판결은 자기 비하로부터 그를 보호한다. 왜냐하면 사회주의의 깃발 아래 모여들었던 사람들에게는 도덕적 분노, 동정, 정의에 대한 사랑, 모든 사람을 위한 더 나은 인간다운 삶에 대한 희망이 (대개는 그 실현을 체험할 수 있다는 전망 없이) 그들의 영혼을 움직였다는 사실을 부정하는 것보다 더 큰 부당함은 없기 때문이다. 마르크스주의자들이 다른 "유토피아적" 사회주의자들과 구별하고자 하였던 "과학적 사회주의"라는 낱말을 그렇게 진지하게 받아들일 필요는 없다. "사회주의"는 주단어이다. 즉 그것은 헌신을 불러일으키고 과학적 지원을 환영하도록 만드는 하나의 **이상**이다. 레닌, 트로츠키 (L. Trotski), 룩셈부르크 (R. Luxemburg)는 최고의 의미에서의 정열 없이는 생각할 수 없다. 그것은 그들에 의해 인식된 **선**(善)에 대한 정열이다. 그들은 초인격적 목적에 대한 의무를 보유하는 도덕적 성향들을 가지고 있었다. (그렇지만 목적이 수단을 정당화한다는 도덕적으로 위험한 확신도 겸비하고 있었다.) 모든 것을 미리 계산하는 태도를 경멸하는 가장 자유로운 자발성의 이러한 원천이 없다면, 모든 문제는―그 학설이 결정론적이건 아니면 그 반대이건간에―아주 나쁜 상태에 처할 것이다.

판단에 의해 냉각된 이 정열이 국가 지도자를 만든다. 판단은 다시금 자유이다. 판단은 이론의 지시로부터 해방된다. 우리가 본 바와 같이 레닌의 경우에 판단은 행동의 비교조적 순간을 선택하였다. 이 순간부터는 어떤 후퇴도 없었다. 사건들의 완고한 진행 과정은 레닌과 그의 후계자들에게 자유로운 판단의 새로운 실행을 명령하였다. 이 경우에 목표 외에도 방법까지 미리 규정하였던 이론서에 따라 모든 일이 진행되었다면, 어떤 국가 통치 기술도 필요하지 않았을 것이다. 공무원에 불과한 권력자는 단지 이 책을 찾아보기만 하면 된다. 혁명 후 러시아의 역사는 정치사에 있어서 가장 공식적 문자에 충실한 경우인데, 이 역사는 그 반대를 아주 인상적으로 보여준다. 공식적으로는 여전히 신성 불가침인 이론은 현실의 완강함에 적응하게 되고(국가 통치 기술에 종사하는 해석학의 아주 특수한 기술이다), 우회로는 어느 정도 확고한 목표에 이를 수 있는 유일한 길이 된다. 그러나 우회로는 여건의 산물이지 계획의 산물이 아니다. 예를 들어 이론은 사회주의를 위한 사회주의적 업적으로서의 산업화를 전혀 예견하지 않았다. 이론은 오히려 반대로 사회주의를 자본주의적으로 완성된 산업주의의 변증법적 결실로 예견하였다. 20)

"정확성"의 물음에 대해서는 관변 석의자(釋義者)들 외에는 아무도 관심을 가지지 않는다. 레닌이 얼마나 이 문제에 관심을 가졌던가를 우리는 알지 못한다. 그러나 그가 실용주의자였던가 아니면 교의학자였던가 하는 문제는 그의 천재성이 자신이 행한 사업이 가지는 미래 **차원**에 대한 지식에도 불구하고 실제로 일어났던 사건들의 대부분을 예견할 수 없었다는 사실을 확인하는 데는 아무런 차이가 없다. 여기에 존립하고 있는 유일한 역설적 확실성은 불확실성의 확실성이다. 이것이 의미하는 바는 인간사에 있어서 항상 기대하지 않은 것, 본질적으로 미리 예견할 수 없는 것이 국가 지도자를 소용 없게 만들지는 않는다는 사실이다. "실현된" 무계급 사회에서도 국가 지도자가 필요 없는 것은 아니기 때문에, 일이 끝난 다음에 국가의 업무를 볼 수 있다고 흔히 인용되는 세탁부에 대해 우리는 자신 있게 말해도 된다. 이 점에서 레닌은 잘못 생각하였다. (이 말도 하나의 예언이라는 점을 우리는 주목하여야 한다！)21)

---

20) 그 이론의 다른 모순점들은 "사회주의적 조국"의 이념과 함께 공산주의 형제국인 중국과의 갈등이 자본주의적 적성국인 미국과의 갈등보다 더 클 수도 있다는 예측할 수 없는 이념이다.

21) 예언적 요구를 담고 있는 역사 이론들 중에서 **실천적** 함의를 가지고 있는 유일한 이론은 마르크스 역사 이론이며, 따라서 정치적 책임이라는 주제를 다룰 때 고려해야만 하는 유일한 이론이다. 이와 같이 스스로 실현되는 활동의 요소들을 배제한 역사 이론들이 미래에 대한 예상을 하면 어

떻게 되는지, 우리는 스펭글러(O. Spengler)의 예에서 잘 볼 수 있다. 그의 욕심은 역사학을 과거의 단순한 인식에서 미래의 전망으로 끌어올리려는 것이었으며, 자신의 형태학적·유기적 방법으로 그것을 이룰 수 있다고 믿었던 것이다. 생물학적 "연령" 비교는 이곳의 단골 메뉴이며, 미래는 나이를 먹는 일과 마찬가지로 확정되어 있다. 즉 우리가 미리 그 사실을 알고 있든지 모르고 있든지 관계없다는 것이다. 단지 운명주의적 역사 도식만이 미래에 대한 예상을 허용한다는 점에서 스펭글러는 논리적으로는 정당하다. 그러나 그의 예언들은 어떠한가? 러시아의 부상과 같이 지극히 일반적인 사실은 이미 19세기 역사 이론을 가지고 있는 사람이나 그렇지 않은 사람들이나 단순한 추측으로(도스토예프스키(F. Dostoevskij) 같은 범슬라브적 예언자들은 약속으로) 예상하곤 하였다. 러시아 부상의 조건들은 이미 갖추어져 있었으며, 그 당시에는 소규모로 현실화되어, 지평선상에 그 윤곽을 드러내었기 때문에 판단 능력이 있는 사람들에게는 두드러져 보였다. "러시아주의"의 수천 년 세계라는 스펭글러 특유의 예언이 이루어지려면 우선 기다려야 한다. 오늘날 말할 수 있는 것은 단지 반 세기가 지난 이 세상에서 전체 사상은 시대에 뒤떨어진 느낌이 든다는 점이다. 실제로 그 이론의 결론들 중 우선적으로 검토할 수 있는 곳에서 그 결과는 일반적으로 비난의 대상이 된다. 하필이면 서구의 수학이 아주 새로운 지평을 열어 놓으면서 가장 창조적 발전을 시작하려는 그 순간, 그 이론은 수학의 가능성이 이제 다 고갈되어 더 이상 기대할 것이 없다는 주장을 펼치고 있다. 고대의 역사적 민족 전체의 소멸, 궁극적 "농노화"의 이론은 평상시는 좀더 냉정한 아류였던 토인비(A. Toynbee)조차 모방하게 하였지만, 그 이론 역시 비슷한 상황에 처해 있다. 그는 중국이라는 엄청난 실례에 대해서 침묵하면서도 보잘것없는 유태 민족이 자신의 이론을 반증하면서 감히 다시 적극적인 역사의 주체가 되려고 하자 그들을 용서할 수 없었다. 그러나 그것이 현실이 되자 그는 존재해서 안 되는 것은 존재할 수 없다는 보람 없는 증명에 매달린다. (스펭글러는 이 점에서 니체의 예를 따르면서, 유태인 문제에 있어서는 좀더 열려진 시각을 가지고 있다.) 다행히 20세기의 수학자들이 스펭글러를 무시하였듯이 벤구리온(Ben Gurion)도 토인비에 신경쓰지 않았다.

예기치 못한 뜻밖의 일의 증인들은 오늘날 살고 있는 우리들(종종 살아 남은 사람들)이다. 그러한 뜻밖의 일들로 미루어 우리는 반드시 일어나야만 할 일들은 모두 일어났다는 사실을 증명하는 역사 구성에 있어서 추후 사실의 부분을 이성의 장난으로 간주하게 될 것이다. 물론 역사 구성이 지적인 사람들의 손을 거치면 과거의 이해에 기여할 수도 있다는 사실은 변함이 없다. 마르크스주의가 어떤 면에서 하나의 예외인지는 위에서 논의되었다.

208

V. 정치적 책임은 얼마나 먼 미래에까지 미치는가?

1. 모든 국가 통치 기술은 미래 국가 통치 기술의 가능성에 대해 책임이 있다

미래에 대한 정치적 책임의 폭은 어떠한가? 정치적 책임은 부모의 책임과는 달리 대상의 본성에 의해 설정된 종료의 기한을 가지지 않지만, 다른 한편으로 선지식의 범위에 대한 인과적 영향 범위의 과잉에 의해 곤란을 겪으며, 그래서 대부분의 경우에는 행위자에게 공식적으로 책임지울 수 있는 것보다 더 많은 책임을 떠맡기게 된다. 이 물음에 대해 우리가 앞에서 행한 고찰은 일종의 암시를 해준다. 왜냐하면 확실한 역사 예언의 정도에 관한 우리의—전체적으로는—회의적 고찰들이 아주 일반적이고 매우 기초적인 지식을 가져다 주었기 때문이다. 즉 (사건이 가지고 있는 원칙적 반계획성 때문에) 여전히 존립하는 국가 지도자적 자유의 필연성에 대한 지식이다. 이로부터 다시금 그의 행위가 미지의 영역에까지 다다르는 미래 차원을 의식적으로 가지는 국가 지도자에 대한 아주 일반적인, 그러나 결코 공허하지 않은 명법이 산출된다. 즉 동류의 국가 지도자가 계속적으로 등장하는 것을 방해하는 어떤 행위도 하지 않는다는 명법이다. 따라서 그것은 공동체에 필수적이지만 미리 예측할 수 없는 자발성의 원천을—이 원천으로부터 미래의 국가 지도자들이 충원된다—폐쇄하지 않는다는 명법으로서, 가능한 후보자들이 자신의 고유한 역할을 반복함에 있어 하수인 또는 로봇이 되어 버린 상태를 목표에서 뿐만 아니라 이에 이르는 방법에서까지도 만들어서는 안된다는 것이다. 간단히 말해서 국가 통치 기술의 한 가지 책임은 미래의 통치 기술이 가능할 수 있도록 주시하는 것이다. 아무도 이 원칙이 무지로부터 쟁취한 지식으로서 내용이 없으며, 의도적 침해의 능력이 없다고 말할 수 없다. 이는 원칙의 비범성에 대한 기준들 중의 하나이다. 개별적 과제를 가지고 있는 모든 총체적 책임은 그 과제를 충족시키는 것 외에도 책임 있는 행위의 가능성이 미래에도 역시 존립하도록 하는 책임을 항상 가지고 있다는 것이 여기서 말하는 원칙이다. 어쨌든 **자기 전제 조건의 보존**에 대한 이 책임의 원칙은—정언 명법의 자기 일치 원칙과의 유사성은 여기서는 중요한 미래 관점 때문에 단지 표면적일 뿐이다—일반화된 형태로 경제적·생태학적·기술론적·생물학적·심리적 "정치"와의 구체적 연관 관계에서, 특히 결의론적 부분에서, 더 자세하게 다루게 될 것이다.

2. 지속적 변화의 지배에 있어서 단기적 지평과 장기적 지평

정치적 책임의 시간 범위에 관해서 그 밖에 무엇을 말할 수 있는가? 물론 그것은 항상 우선적으로 가장 가까이 있는 것과 관련이 있다. 왜냐하면 순간의 기회가 포착되기를 요구하듯이 순간의 위급한 사항들은 타개책을 요구하기 때문이다. 그러나 선견지명의 장기적 시각도 여기에 속하며, 그것도 **현대적** 활동들에 특유한 인과적 영향 범위로 말미암아 새로운 정도로 요청된다. 이 선견지명의 범위는 이제까지 고찰한 바에서 알 수 있듯이 두 가지 상이한 지평들을 가지고 있다. 사용할 수 있고 추정적 추론을 허용하는 분석적 지식을 통해 직접적 상황들을 넘어서서 (예를 들면 조세의 인상 또는 인하와 같이) 개별적 시작의 작용들을 어느 정도 가설적으로 미리 계산할 수 있는 단기적 지평이 그 하나이다. 지금 시작된 것의 운동량이 인간 조건의 **모든** 요소들과의 상호 작용을 통해 점증적 크기로 확장되는 장기적 지평이 다른 하나이다. 그런데 이 인간 조건의 요소들에 관해서는 계산상 많은 미지수들이 있기 때문에 적절하게 서술할 수 있는 것이라고는 아무것도 없다. 물론 두 가지는 예외이다. 즉 인과적으로 분명한 특정한 **가능성**(개연성)들로서 이들은 결국 통제로부터 벗어나게 된다. 그리고 다른 하나는 인간 운명 전체와 관련된 이 가능성들의 **엄청난 크기**이다. 이제까지 단지 간단하게 다룬 (선의의 인간 경멸이라는 특별한 위험을 포함해서) 현대 인간 권력과 인간 책임의 문제는 뒤로 미루기로 한다. 우리는 투사적으로 구별할 수 있는 가능성들을 고찰하고 지금 이 순간에 대한 윤리적 함의들을 해명하게 될 것이다. 이는 지식에 대한 권력의 과잉을 알 수 있는 (그래서 정치적 책임에 포함시킬 수 있는) 윤리에 대한 탐구이다.

그런데 단기적 지평에 관해서 우리는 그것이 오늘날 예전의 국가 통치 기술과 인간의 계획이 접근할 수 있었던 범위를 훨씬 넘어섰다는 점을 이미 말하였다. 그렇지만 여기서 일종의 역설을 간과할 수 없다. 한편으로 우리는 우리의 전현대적 선조들보다 미래에 관해 더 많이 알고 있으며, 다른 한편으로 조금밖에 알지 못한다. 주어진 것에 방법론적으로 적용하는 우리의 분석적·인과적 지식이 훨씬 커졌기 때문에 더 많이 아는 것이다. 예전 사람들은 전체적으로 보아 머물러 있는 (아니면 그렇게 보이는) 것과 관계하는 반면에 우리는 구성적인 **변화**의 상태와 관계하기 때문에 조금밖에 알지 못한다. 예전 사람들은 다음 세대에 관습, 감정, 세계관, 지배 관계, 경제 형식, 자연 자원, 전쟁과 평화의 기술이 그들 세대보다 아주 많이 다르지 않으리라는 것을 확신할 수 있었다. 우리는 대부분의 것이 달라질 것이라는 점을 알고 있다. 그것은 정태적 상황과 역동적 상황 사이의 차이이다. 역학은 현대의 기호이다. 그것은 이 시대의 우유적 속성이 아니라 내재적 특성일 뿐만 아니라 우리의 운명이다. [22] 그것은 우리가 새로운 것을 계산할 수 없으면서도 항

---

22) 물론 역동성 그 자체는 집단적 인간 상태에 속하지 않는다. 역동성의 지배는 그 자체가 하나의 역사적 현상으로서, 다시 말하면 원칙적으로 다른 상태에 자리를 내주어야 할 역사적 가능성에 종속되어 있다. 그 현상은 이런 형태로는 이제까지 유일 무이하며, 상당 부분은—지수상의 성장률을 볼 때 아마 전체가—기술의 발생, "자기 운동"과 연관된다. 그렇다고 해서 이전의 역사가 균형을 이루면서 일정한 형태로 흘러갔다는 의미는 아니다. 민족 대이동이 야기한 극적인 역사적 변동과 위기를 지속적으로 자생하는 우리 시대의 내재적 역동성과 혼동해서는 안 된다. 내적인 충동보다는 외적인 강요가 그것의 원동력이었으며, 이동과 정복이 완성된 후에는 모든 것이 가능한 한 빨리 제자리를 찾아 안정을 이루려 하였다. 현저하게 눈에 띄는 존재 방식의 변화는 예외였으며, 그 외에 재난과 같은 부침들은 승리자의 행운의 상대적인 면이었다. 멀리 떨어져 뒤돌아 볼 때 눈에 들어오지만, 그 동시대인들은 의식하지 못하는 장기간에 걸친 변동들은, 정적인 문화의 변동이라 할지라도 정치적·사회적으로 계획할 수 있는, 즉 한 세대의 시야에서 행동하는 우리 시대에 속하지 않는다. 바로 여기에 변화**와** 발생하고 계속 발생하리라 기대되는 새로운 것에 대한 의식이 우리의 일상에 속한다는 결정적인 사실이 들어 있다.

상 그것을 고려해야 한다는 사실을 의미한다. 또한 그것은 변화는 확실하지만 무엇이 변하게 될지는 확실하지 않다는 것을 의미한다. 예를 들어 앞으로 도래할 발명과 발견들은 예견할 수 없으며, 미리 계산에 넣을 수도 없다. 무엇인가가 계속해서 존립할 것이며, 그 중에는 아주 중요한 의미를 가지고 경우에 따라서는 혁명적 의미를 가지는 것이 있을 것이라는 사실만이 거의 확실할 뿐이다. 그렇지만 이것을 근거로 하여 계산을 할 수는 없다. 지속적 변화라고 하는 이 미지의 "x"는 모든 계산과 방정식들을 유령처럼 따라다닌다. 우리가 분석과 컴퓨터의 도움으로 일종의 기술로 발전시켰던 모든 미래 투사들은 이와 같은 경고에 예속되어 있다. 미래 투사들은 예전의 미래 평가들이 할 수 있던 것보다 더 많이, 더 정확하게, 더 멀리 우리에게 말해 주지만, 또한 더 많은 것을 미해결인 채로 남겨 놓아야 한다. 이 미래 투사들은 다음과 같을 수 있다. 지금의 통계와 경향으로는(역학이 같이 계산된다) 1985년에는 어느 정도의 에너지 공급이, 그리고 2000년에는 어느 정도의 에너지 공급이라는 결과가 산출된다. 예를 들면 원자 기술—이 기술의 가속화 작업은 앞의 계산에 대한 근거를 제시한다—과 같은 지금 막 발전하고 있는 기술이 진보하면 상태는 어느 정도 개선될 것이다. 충분히 노력하면 경험상 그런 진보들은 기대될 수 있다. 그것도 아주 확실한 것은 아니지만, 어쨌든 노력을 명하고 (사태의 중요도에 따라) 비용이 많이 드는 잘못된 실험의 모험을 정당화할 정도로는 확실하다. 이렇게 예언은 실천적 정치로 전환된다("맨해턴 계획"(Manhattan Project) 참조). 즉 예언에 의해 고취된 행위가 예언의 적중을 촉진해야 한다든가 아니면 방해해야 한다는 의미에서 그렇다. 특히 후자는 일반적으로 제 1 원인인데, 그것은 경고로서의 예언은 당연히 국가 지도자의 방지책에 대한 강력한 동기이고 구원의 약속보다 책임에 대해 더 강력한 지시 명령을 규정하기 때문이다. 어쨌든 오늘날에는 이런 지경에까지 이르렀는데, 이에 관해서는 앞에서 이미 많은 것을 말하였다(2장 참조). 다음 수십 년동안의 그리고 도래하는 다음 2천 년대의 인구 평가 기능을 이렇게 이해할 수 있다. 이미 급속도로 진행중인 규모에 있어서 (대량 학살의 방법 외에는) 수정의 여지가 없는 것은 환경 세계의 황폐화를 회피하면서 주어진 식량 수요를 적시에 준비해야 한다는 것이다. 그 밖에도 인구 증가에 의해 여전히 영향을 받을 수 있는 것은 성장 곡선을 파국의 방향으로부터 적시에 딴 쪽으로 돌릴 수 있는 정치를 요구한다. 불행의 예언은 그 예언이 적중하는 것을 예방하기 위하여 행해졌다. 상황이 아주 나쁘게 되지는 않았다고 말함으로써 있을 법한 경고자들을 조소하는 것은 아마 부정(不正)의 극치일 것이다. 그들이 웃음거리가 되는 치욕은 그들의 공로일 수도 있다.

3. 과학 기술적 진보의 기대

다시 한번 미래 진보의 예산 문제로 되돌아가자면, 이것은 필연적으로 여명의 구역을 형성하는데, 이 구역 안에서는 허용된 것 즉 책임질 수 있는 것의 경계를 뚜렷하게 그을 수 없다. 알고 있는 범위 내에서의 방법적 진보는 거의 과학 기술적 복합체의 일상에 속하고, (예를 들어 상응하는 기금을 제공함으로써) 의식적으로 원하는 방향으로 진행되는데, 이 방법적 진보 외에도 연구의 경험에 의하면 간혹 소위 말하는 "돌파"가 기대될 수 있다. 이론이 방향을 지시하였고, (예를 들면 오늘날 통제된 핵융합과 관련하여) 원칙적 가능성이 증명되고 난 다음에, 만약 이 돌파를 위해 작업이 이미 이루어지고 있다면 그렇다. 그러나 이 돌파를 미리 계획에 넣을 수는 없다. 물론 이 돌파와 그것의 지속적인 출현에 대한 근거 없는 희망은 커다란 내기에서의 승률을 철학적으로 계산하는 데 동시에 고려될 수 있다. 그런데 오늘날 전체로서의 인간 사업은 하나의 커다란 내기가 되어 버렸다. 그러나 국가 지도자는 어떤 경우에는 이 희망을 가질 수도 있지만, 설령 그에게 다른 방법이 없다고 할지라도 가능한 한 내기를 해서는 안 된다. 그는 여기서 물론 그럴 필요는 없지만, 전체적으로 예측할 수 없는 것을 장래 준비의 테두리 안에 같이 고려해야 한다. 왜냐하면 오늘날 사람들은 어쨌거나 구체적으로 희망하는 "돌파"의 문턱에 서 있다고 할 수 있기 때문이다. 거의 일상적으로 되어 버린 진보에서처럼, 이 돌파를 위해 온갖 종류의 것을 행할 수 있다. [23] 그러므로 내기를 해서도 안 되며 계산해서도 안

되는 것도 예견하는 정치의 대상이 된다. 본질적인 것, 즉 정치적 계획
에서 중요한 공익을 판돈으로 걸지 않고 단지 과잉의 수단을 투입함으
로써 내기를 한다고 할 수 있다. 공익에 있어서는 그 내기를 이길 것이
라는 도박꾼의 전망은 아무런 역할을 하지 않는다. 이러한 사실은 미리
예측할 수 없는 불특정적 방식으로 소위 말하는 "토대 연구"에 대한 국
가 지원에 해당한다. 이 토대 연구는 다시 말하면 어떤 목표도 정의된
것이 없는 순수 이론과 같은 것으로서, 이 이론에 관해서는 일반적으로
그것이 언젠가는 실천적이고 공공적인 이익에 도움이 될 수 있다는 것
밖에 약속할 수 없다. 규정되어 있지는 않지만 현실적인 정치적 책임의
지평을 여기서는 아직 생각할 수 없다.

  희망과 필요에 의해 고취된, 그리고 종종 과학의 전능에 의해 조장된
기적에 대한 기대들은 조금 다르다. 예를 들면 전혀 새로운 종류의 에
너지 자원이 발견되거나 또는 이미 알려진 에너지 자원이 새롭게 출현
한다는 사실, 진보에 있어 환영할 만한 뜻밖의 일에는 끝이 없으며, 또
이런저런 뜻밖의 일이 적시에 우리를 궁지에서 벗어나게 도와줄 것이라
는 사실들은 지난 세기에 경험한 것으로 미루어 보아 전혀 배제할 수
없다. 그렇지만 이런 사실에 의지한다는 것은 매우 무책임한 일일 것이
다. [24] 마찬가지로 무책임한 일은 인간이 모든 것에 적응할 것이라는
(경우에 따라서는 적응되게 할 수 있다는) 예언에 의지하는 것이다. 비
록 이 예언이 지극히 옳고, 그리고 생명이 주로 적응을 의미한다면 이것
은 끊임없이 변하는 테크놀로지의 사도(使徒)가 제공할 수 있는 최선
의, 상당히 믿을 수 있는 생존의 보장을 의미한다고 할지라도 그렇다.

---

23) 그럼에도 불구하고 일어나지 않을 수도 있다. 현재 미국에서 진행되고
  있는 암 연구보다 추구하는 목표에 있어서 더 분명하고, 재능과 수단에
  있어서 더 풍부한 연구(비정치적인 예를 든다면)는 없을 것이다. 그러나
  그 연구가 최종 목표를 달성하지 못할 수도 있다. "암의 치료약"은 전혀
  없을 수도 있기 때문이다.
24) "기술"은 자신이 만들어 낸 문제들은 스스로 해결할 수 있으며, 이제까
  지의 기술이 우리에게 끼친 해악을 없앨 수 있는 수단을 발견하기 위하여
  더욱 완벽한 기술이 요청된다는 확신이 이에 속한다. ("상처는 상처를 낸
  창만이 낫게 한다.")

214

그런데 (일단 인정된) 이 확실성에 의지하는 것은 앞의 예에서 불확실한 것을 신뢰하는 것과 마찬가지로 무책임하다는 점을 우리는 말하고자한다. 왜냐하면 여기서 문제되는 것은 "그것이 적중할 것인가?"(사람들은 그렇게 되는 것을 두려워해야 한다)의 물음이 아니라 다음과 같은물음이기 때문이다. 인간은 그것에 적응해도 되는가? 사람들을 그것에적응하도록 강요하거나 허용해도 되는 것인가? 사람들은 적응의 대상으로서 어떤 전제 조건들의 등장을 허용할 수 있는가? 이러한 물음들은 인간의 이념을 개입시킨다. 역시 국가 지도자의 책임에 속하는 이인간의 이념은 그 책임의 궁극적 내용이고, 그 총체성의 핵심이며, 그미래성의 본래 지평이다. 여기에 관해서는 뒤에 다루기로 한다.

4. 오늘날의 집단적 책임에 대해 일반적으로 기대되는 시간 범위

오늘날 국가 통치 기술에 대한 어떤 처방책도 아직 있지는 않지만,예견적 계획의 시간 범위와 마찬가지로 책임의 시간 범위도 예상 외로확대되었다는 사실이 이 모든 것의 결과로 추론된다. 후자에 대한 전자의 과잉, 예견적 지식에 대한 인과적 영향력의 과잉에 대처할 수 있는도덕적 상관 개념은 이미 언급되었고, 앞으로도 계속 다루게 될 것이다. 그러나 있을 법한 "유토피아적" 장기 목표에 비해 겸손한 것으로서구체적이고 잘 규정된 목표 설정의 범위는 이미 새로운 차원에 도달하였다. 정치적 국가 행정이 계획에 대한 조작 가능한 전제 조건을 제공한다면, 5개년 계획은 매일 먹는 빵과 같이 거의 일상에 속하며, 처음부터 이미 다음 수준의 반복을 안중에 두고 있다. 소위 말하는 "미개발국가"에 속한 새로 해방된 민족의 지도자들은 발전된 산업 국가를 따라잡는다는 목표를 국민들에게 설정할 수 있으며, 이를 위해 두 세대 또는 그 이상을 계산에 넣을 수 있다. 이러한 경우에 실증된 본보기들이모방되고, 새로운 착상의 모험이 계속하여 이루어지고, 또 이 과정의단계들이 어느 정도 미리 결정되어 있다고 할지라도, 계산에 있어서는알 수 없는 많은 요소들이 충분히 있다. 그리고 그것이 기획자에 대해아무런 돌발 사건 없이 진행된다면, 이는 정말 뜻밖의 일일 것이다. 최종 목적을 위한 것이라는 이유로 국민 전체를 자기 자신의 주체를 위하여 희생시킬 준비가 되어 있는 무자비하기 그지없는 정권들 외에는, 물론 순간의 위급한 사항들이 항상 우선권을 가진다. 잘 알려진 이 사실에 대해서는 이로 족할 것이다. 그렇지만 모든 문제에서 중요한 핵심적 관점은, 이제까지 적용될 수 없었던 의미에서의 **책임**이 이를 통해 비로소 전혀 새로운 내용과 전대 미문의 미래 범위를 가지고 정치적 행위와 정치적 도덕의 영향권 안으로 들어왔다는 사실이다.

VI. 왜 "책임"이 이제까지 윤리 이론의 중심부에 있지 않았는가

1. 지식과 권력의 근접 영역: 영속성의 목표

우리가 윤리학의 중심부에 두고자 하는 책임의 **개념**이 왜 전통 도덕 이론들에서 뚜렷한 역할을 하지 못하였으며, 그 결과로 책임**감**이 도덕적 의사 형성의 감정적 요소로서 등장하지 못하고, 사랑이나 존경과 같은 다른 감정들이 그 직무를 대행했는가 하고 우리가 제기하였다가 미결인 채 남겨 두었던 질문에 대한 대답을 우리는 여기에서 비로소 발견하게 된다(4장, I, 6 참조). 우리는 책임이 권력과 지식의 기능이라는 사실을 살펴보았으며, 권력과 지식의 상호 관계가 결코 단순하지 않다는 사실도 알게 되었다. 미래에 관해서는 대부분을 운명과 자연 질서의 영속성에 위임하고, 모든 관심은 현재의 것과 그 당시의 것을 올바르게 행하는 일에만 집중되어 있을 정도로 위의 두 요소들은 이전에는 제한되어 있었다. 올바른 행위란 올바른 존재에서 가장 잘 이루어진다. 그러므로 윤리학은 우선적으로 "덕"(德)과 관련된 것이었다. 덕은 바로 최선의 인간 존재를 서술하는 것으로서, 그것의 실행 외에는 멀리 떨어진 그 이후에는 관심을 기울이지 않았기 때문이다. 분명히 지배자들은 왕정의 "영원한" 지속을 염려하였지만, 그것을 위해 할 수 있었던 일은 근본적으로 제도적인, 그리고 사회적인 지배 관계(그것의 이념적 제재도 포함하여)의 확립뿐이었다. 즉 현재 상태를 공고히 함으로써, 그리고 반복되는 왕위 계승자들의 올바른 교육을 통하여 왕정의 존속은 보장될 수 있었다고 믿었던 것이다. 결국 항상 다음 세대가 준비되어 있으며, 동일한 가구가 비치된 동일한 집에서 살 수 있는 미래의 세대들은 그들의 반복으로 간주되었다. 그 집은 처음부터 잘 지어져야만 되었다. 그리고 덕의 개념은 그 집의 유지라는 목표를 지향하였다.

비세습적인 공화정에서도 크게 다를 것이 없었다. 국가론에 대해서 우리가 은혜를 입고 있는 고전 철학자들이 헌법의 상대적인 이점에 대해서 생각할 때면 항상 영속성이 결정적인 준거가 되었으며, 그것을 이루기 위한 자연적 수단은 자유와 규율의 정당한 균형 유지였다. 최선의 헌법은 가장 영구적인 것이었고, 덕은 영속성에 대한 최선의 보장이었다. 다시 말하면 좋은 헌법은 스스로 시민들의 미덕을 장려해야만 했다. 이때 개인의 진정한 선(필연적으로 모든 개인들은 아니지만)과 국가의 실용적 선의 일치는 국가를 단순히 공리적인 기관의 차원을 넘어서게 하여 내재적으로 도덕적인 기관으로 만드는 것이다. 덕을 갖춘 시민은 자신의 최고 능력을 개발시킬 것이며(그러기 위해서는 자유가 필수적이다), 필요하다면 언제라도 국가 안녕을 위해 봉사할 각오가 되어 있지만, 동시에 자신의 소유와 그 소유의 행사를 곧 자기 실현으로 향유할 수도 있다. 올바른 정치는 지속적으로 그들 덕을 보지만, 그렇다고 스스로 개인적 행복을 대신할 필요는 없다. 모든 덕들—개인적 탁월성의 방식들—은 이러한 이중적 측면을 드러낸다. 용기는 외부의 적에 대항하는 수호자들을 국가에게 제공하고, 명예심은 최고 직책들의 후계자들을 공급한다. 신중함은 만용적 모험들로부터 국가를 보호하며, 절제는 모험으로 몰고 갈 수 있는 욕망의 고삐를 늦춘다. 현명함은 선취할 수 없는, 즉 투쟁의 대상이 될 수 없는 선으로부터(나중에 "홀로 진실된" 종교가 이것을 철저하게 변화시켰다!) 시선을 돌리게 한다. "각자에게 자기 몫을 주는" 정당성은 분노를 불러일으키고, 나아가 시민 전쟁으로까지 비화될 수 있는 불평등감을 없애 주거나 감소시킨다. 정당성 자체는 지속의 중요한 조건에 속하지만, 결코 절대적 정당성 때문에 전체 건축물의 파괴를 권유하지는 않을 것이다. 그것은 단지 덕일 뿐, 다시 말하면 하나의 행동 양식이지 관계의 객관적 질서의 이상(理想)은 아닌 것이다. 그러나 아직도 유효한 것은, 사적인 동시에 공적인 존재로서의 인간에게 현재 좋은 것은 미래에도 역시 좋을 것이다라는 명제이다. 그러므로 미래에 대한 최선의 준비는 내적 특성상 지속되리라 기대되는 현재 상태의 장점들 속에 있다. 국가 통치 기술은 이런 좋은 점들을 다음이나 그 다음 세대에게 미루지 말고, 그것이 있다면 보호해야만 하며, 그것이 없다면 그때그때의 현재 속에서 실현시켜야만 한다. 더욱이 사람들은 인간사의 불확실성, 우연과 행운의 역할을 충분히 의식하고 있다. 즉 그것들에 미리 대처할 수는 없으며, 단지 개인의

좋은 심신 상태와 가능한 한 큰 저항력을 갖춘 공동체의 체질로만 그것
을 대비할 수 있다는 것이다.

2. 역동성의 부재

이렇게 근본적으로 동일한 것이 반복되리라 예상하고, 단지 예측 불
가능한 운명만이 그것을 위협할 수 있다고 생각할 수 있는 전제 조건은
오늘날 모든 현대적 존재와 의식을 지배하고 있는 **역동성의 부재**이다.
사람들은 인간사도 자연과 마찬가지로 강물 속에 있다, 즉 생성의 세계
속에 있다고 본다. 이 "강"은 결정된 방향으로 흘러가지는 않는다. 물
론 멸망으로 흘러갈 수는 있지만, (우주가 유지하고자 하는 질서의 회
전 법칙을 통해 자신의 존속을 확고하게 하듯이) 좋은 법을 가지고 현
존하는 것을 공고화함으로써 그것에 대처할 수 있다고 생각했다. 우리
의 존재가 지속적으로 자생하는 변화의 징표 아래 서 있는 한, 우리에
게 오늘의 것은 변화의 "자연적" 생산품으로서 항상 진정 새로운 것,
이제까지 없었던 것을 창출해야만 한다. 옛날 사람들의 국가에 관한 지
혜로는 이것을 모방조차 할 수 없다. 자신들의 현재가 그와 같은 그림
자를 미래에 던지지 않고, 근본적으로 스스로만 헤아릴 줄 알면 되었던
그들에게 "앞으로 올 것에 대한 책임"은 행위의 자연적 규범이 될 수 없
었다―그들은 우리의 것과 견줄 만한 대상을 가지지 못했으며, 그것을
미덕이라기보다는 오만으로 간주했을 것이다.

3. 전통 윤리의 비"수평적"·"수직적"인 실행(플라톤)

그러나 우리는 모자라는 힘(운명과 자연의 통제), 제한된 선지식과
부족한 역동성 등 모두 부정적인 측면에 방향을 맞추기보다는 좀더 깊
이 살펴볼 필요가 있다. 인간의 천성과 자연 환경으로 구성되어 있는
인간 조건이 근본적으로는 항상 동일하며, 다른 한편 이것들을 담고 있
는 "생성"의 흐름은 본질적으로 창조적이지도, 방향을 가지지도, 그렇
다고 초월적이지도 않은 비합리적 과정이라면, 인간의 삶의 지향점인

본래적인 것은 "수평적인 것", 즉 시간의 진행에 있지 않고, "수직적인
것", 다시 말하면 시간성을 초월하여 모든 지금에 온전히 그대로 있는
영원 속에 있다고 할 수 있다. 현대의 존재 이해와 윤리학과 가장 강하
게 대치하고 있는 플라톤을 살펴보자. 선(善)으로 나아가려는 감정적
원동력으로서의 플라톤의 "에로스"는 모든 경쟁자들 중에서도 "사태"
자체의 영향을 가장 많이 받으며, 스스로 덕이라고 내세우지 않기 때문
에, 그가 우리의 관점을 가장 잘 부각시킬 수 있는 시금석이 될 수 있
다. 우리는 주관성 속에서 이처럼 결정적으로 중요한 직책을 맡기기 위
해 우리가 선택한 "책임감"에 대해서도 그것이 선과 의무로 인식된 하
나의 사태와 관계되는 것이라는 말을 했다. 덧붙인다면 "세계 속의 한
사태"라고 할 수 있으며, 더 과장하여 말한다면 "세계의 사태"가 되기
도 한다. 바로 여기에 차이점이 있다. 에로스의 "문제"는 선 그 자체이
며, 이것은 이 세상의, 즉 생성과 시간의 세상의 문제가 아닌 것이다.
에로스는 상대적으로는 보다 나은 존재로의 지향이며, 절대적으로는 완
전한 존재를 추구하려는 노력이 된다. 완전성의 척도는 영원함이다. 그
러므로 맹목적 에로스는 동물적인 생식에까지 작용한다. "끊임없이 동
일한 것"은 진정한 존재에로의 1차적 접근이다. 인간의 이성적 에로스
는 보다 직접적인 접근 방식을 통해 존재에로의 접근을 초월하고, 현자
에게서는 결국 가장 직접적인 직관을 통해 초월한다. 우리가 윤리학에
서 요구하는 바와 같이, 에로스는 기원과 대상에 따라서 존재론적으로
근거지어졌다. 그러나 존재론은 다른 것이 되어 버렸다. 우리의 존재론
은 영원의 존재론이 아니라 시간의 존재론이다. 영원함은 더 이상 완성
의 척도가 되지 못한다. 그 반대가 오히려 더 타당하다. 우리가 초월적
존재를 "폐지"한 이후, "절대적인 생성"(니체)에 내던져지고, 절대적 생
성을 선고받았기 때문에, 우리는 그 속에서, 다시 말하면 무상함 속에
서 본래적인 것을 찾아야만 한다. 그럼으로써 비로소 책임성이 지배적
도덕 원칙이 될 것이다. 시간성이 아닌 영원성을 지향하는 플라톤적 에
로스는 자신의 대상에 대한 책임을 지지 않는다. 그 속에서 추구하는
것은 뛰어난 그 무엇이지만, 그것은 "되어 가는" 것이 아니라 이미 "존
재"하고 있다. 시간이 그것에 아무런 해를 끼치지 못하고 아무것도 그

것에 영향을 줄 수 없으므로 그것은 결코 책임의 대상이 될 수 없다. 영원자 즉 영원한 존재자($\dot{\alpha}\varepsilon\acute{\iota}$ $\check{o}\nu$)는 책임을 필요로 하지 않는다. 그것은 단지 사람들이 자신에 참여하기를 기다릴 뿐이며, 세상의 매개로 인하여 굴절된 영원의 모습이 영원에 대한 욕구를 불러일으킨다. (우리의 감정에는 특이하게도 무상한 것만이 사랑을 받을 수 있으므로) 우리는 단지 변하는 것, 부패와 쇠퇴의 위협을 받는 것, 간단히 말하면 무상성 속에서 무상한 것에만 책임질 수 있을 뿐이다. 이것 혼자 남아 있고 동시에 그것에 대한 우리의 힘이 엄청나게 증가하였다면, 도덕에 미치는 영향 또한 무한하다. 그러나 이제까지 이것은 불분명하며, 우리가 다루려고 하는 것도 바로 이 문제이다. 플라톤의 관점은 명확하였다. 즉 그는 영원한 것이 현세적이 되는 것을 원하지 않았고, 단지 에로스를 통하여 현세적인 ("에로스에게 가능한 한") 것이 영원하게 되기를 바랐던 것이다. 에로스가 덧없는 모사들에 의해 자극받는다 하더라도, 결국 영원성에 대한 갈증이 바로 에로스의 의미이다. 종의 보존에 대한 우리의 염려는 정반대로 시간성에 대한 갈증이며 그러한 갈증은 자기 자신의 새로운 의무들을 부과하지만, 그러한 의무 중에 완전함, 내적으로 궁극적인 것을 추구해야 되는 의무는 속해 있지 않다.

4. 칸트, 헤겔, 마르크스: 종말론으로서의 역사 과정

a. 종전의 관점(수천 년 동안의 유형학이라는 확장된 의미에서의 "플라톤적" 관점)에서 지금 지배적인 관점으로의 급변은 특히 **칸트**의 "조정적 이념"에서 잘 드러난다. 조정적 이념이 ("구성적"이라 하더라도) 실제로 무한한 접근의 한계 목표로서 해석될 수 있는 한, 그것은 플라톤의 "선의 이념"의 등가물이다. 그러나 접근의 축은 수직적인 것에서 수평적인 것으로, 종좌표는 횡좌표로 바뀌었다. 추구하는 목표, 예를 들어 "최고선"은 주체의 앞에서 무한하게 미래로 이어져 있는 **시간의 배열** 속에 들어 있으며, 이 배열을 따라 많은 주체들의 누적되는, 인식하는 혹은 도덕적인, 활동을 통하여 점차적으로 그 목표에 가까워지게 된다. 플라톤의 도식에서는 개인의 내면적 향상에 부과되어 있던 것이

여기에서는 외적인 역사 과정에 위탁되어 있거나 강요되어 있다. 그리고 과정의 전체 수확에서 개별 주체가 참여하는 많은 모든 "진보" 모델들에서 그러하듯이 항상 부분 작품에 불과하다. 물론 칸트도 역사적 과정을 아직 이상을 위한 충분한 수단으로 인정할 수 없었다. 왜냐하면 시간은 원래 실재적이 아니라 단지 현상 세계에 속하기 때문이며, 시간이 "최고선"에서 요구되는 행복과 도덕적 품위의 일치를 언젠가는 일반적 상태가 되게 할 수 있는지, 가치에 대한 시간의 무관심에도 불구하고 이 일반 상태로 나아가는 방향을 설정할 수 있는지를 시간의 인과성으로부터는 기대할 수 없기 때문이다. "실천 이성의 요청"이라는 방법을 통해서 여기서는 다음과 같은 믿음의 희망이 도움을 줄 수 있음에 틀림없다. 즉 비현상적이고 도덕적인 인과성을 가지고 있는 **초월적** 원인들이 (수직적 존재 질서의 잔재가) 자신의 고유한 수단을 가지고 있는 현상적·물리적 원인들을 속여 자신에게 이익이 되게 할 수 있다는 믿음과, 도덕적 의지가 세계 내에서 헛된 것은 아니라는 믿음의 희망을 말하는 것이다. 세속화는 여기에서 아직 전심 전력을 다하지 않고 있고, 규제적 이념하에서 주체는 적어도 **마치** 자신의 도덕적 행위가 자신의 내적 자질이 될 뿐 아니라 세계의 도덕화에도 기여할 것처럼 생각할 수는 있다. 그것은 하나의 허구적·비인과적인 책임이라 부를 수 있다. 그 책임은 이 지상에 있는 사물들의 개연적 진행을 무시해도 되지만, 사이비 종말론적인 지평으로 개개의 행위를 치장해 주는 것이다.

b. **헤겔**이 비로소 극단적인 내재화의 길에 발을 내디뎠다. 조정적 이념은 의지자들과 행위자들의 머리를 넘어서서 구성적인 것이 되며, 결코 단순한 현상이 아닌 시간은 이념의 자기 운동을 통한 자기 실현의 진정한 매개자가 된다. 이성의 "간계"는 외부로부터 오는 것을 통해 지배하는 것이 아니라 역사의 역동성 자체를 통하여, 또 실행하는 주체들의 전혀 다른 의도들을 통하여 지배한다. 도덕적 목표는 이러한 역동성의 자동적인 힘에서 가장 잘 지켜진다. 어느 누구도 그것에 책임이 없고, 그것의 실패에 책임질 필요가 없다. 여기에서는 역사의 자기 운동의 원칙은 인식되어졌지만, 주체들의 구체적인 인과성 원칙은 그 속에 흡수되어 버렸다.

c. 마르크스와 함께 그 유명한 헤겔적 역동성의 "전도"가 일어나며, 그와 함께 이제 일어나야 할 혁명적 도약에 영향을 미칠 수 있는 활동가로서의 의식적 행동이 개입된다. 행위자가 스스로 동일화하였던 자신의 의도는 이제까지는 은폐되어 있었으나 이제 노출되어 버렸다. 그리고 이성의 간계는 마침내 행위자의 의지와 일치하게 된다. 정당한 주체들이 적당한 순간에 의도를 인식한 것은 간계의 마지막 행위였으므로 그 의도는 차후에는 불필요하게 되어 은퇴할 수 있었다. 이제 그의 전권을 위임받은 혁명의 행위자들은 과정의 방향은 결정하지 않고 오히려 스스로를 혁명의 수행자로 간주하지만, 그들은 혁명자의 다음 출산 때에는 산파의 역할을 떠맡을 수 있다(떠맡아야만 한다!). 여기에서 처음으로 **역동성의 깃발 아래 역사적 미래에 대한 책임**을 윤리적 지도에 그려 넣었다는 것은 합리적 통찰력의 산물이며, 그 때문에 마르크스주의는 역사적 책임의 윤리학을 성립하려는 우리의 이론적 노력에 항상 대화 상대자가 되어야만 한다. 그러나 마르크스주의는 역사의 방향과 목적을 알고 있다고 믿기 때문에, 그것은 아직 칸트의 조정적 이념의 상속자이다. 단지 그 이념의 무한성은 벗어던지고, 그 대신 유한성의 옷을 걸쳤으며, 헤겔적 내재화를 가지고 세계의 인과성으로부터의 분리로부터도 구원되었다. 다시 말하면 조정적 이념을 역동성의 논리적 법칙으로 임명한 것이다. 그러나 우리 포스트 마르크스주의자들은 (이것은 대담한 결정으로서, 아마 많은 사람들이 즐겨 듣고 싶어하지 않는 단어일 것이다) 이 사안을 달리 보아야만 한다. 기술이 권력을 쟁취하면서(이것은 어느 누가 미리 계획하지 않은, 전적으로 익명적이고 저항 불가능한 혁명이다) 역동성은 이전의 관념 세계에서는 전혀 포함되지 않았던, 그리고 마르크스적 이론을 위시한 어떤 이론에서도 함축될 수 없었던 측면을 수용하게 된다. 이것은 목표의 성취 대신에 보편적인 재앙을 야기할 수도 있는 방향이며, 지수상으로 급격히 가속화된 그 속도는 우리의 두려움을 불러일으키면서, 우리의 모든 통제를 벗어난 것처럼 보인다. 우리는 이제 내재하는 "역사 속의 이성"을 더 이상 믿을 수 없으며, 사건의 자기 활동적 "의미"에 대해서 이야기하는 것은 확실히 경거 망동이라는 사실은 분명하다. 그리고 우리는 **알고 있는 목표 없이** 앞으로만 몰아대는

과정을 전혀 새로운 방식으로 장악해야만 한다. 이것은 모든 이전의 견해들을 골동품화하며, 책임에 다음과 같은 과제들을 부과한다. 이 과제의 척도에 따르면 우리의 감정을 동요시키는 중요한 문제, 즉 사회주의적 혹은 개인주의적 사회가, 권위적인 혹은 자유로운 사회가 "인간"에게 더 나은가 하는 문제는 이차적인 문제로 변한다. 이 이차적 문제는 앞으로 닥칠 상황을 극복하는 데 더욱 적합하다. 이것은 합목적성 또는 생존 명령의 문제이지 더 이상 세계관의 문제는 아니다. 25) 그러나 이러한 언급으로 마르크스주의에 대한 우리의 대결이 끝나지는 않는다.

5. 오늘날 전도되는 "너는 할 수 있다. 왜냐하면 너는 해야만 하기 때문이다"라는 문장

오늘날 우리가 처한 상황이 윤리적으로 새롭다는 점을 칸트의 명령 "너는 해야만 하기 때문에 할 수 있다"를 대치시킴으로써 명확하게 설명할 수 있다. 우리가 수시로 반복하듯이, 책임은 권력의 상관 개념이므로 권력의 종류와 범위는 책임의 범위와 종류를 결정한다. 권력이 커져서 권력의 행사가 어느 차원에 이르게 되면, 책임의 크기뿐만 아니라 그것의 질적 성질도 달라져서 권력의 행위가 당위의 내용을 만들어 내게 된다. 즉 이 당위는 근본적으로는 일어나고 있는 것에 대한 대답인 것이다. 이러한 사실은 당위와 능력의 통상적 관계를 전도시킨다. 근본적으로 중요한 문제는 인간이 무엇이며 무엇을 해야 하는가(이상의 명령), 그리고 그것을 할 수 있는가 또는 할 수 없는가 하는 것이 아니라 그가 그것을 할 수 있기 때문에 실제로 행하고 있는 것이며, 의무는 그 행위로부터 나온다는 것이다. 즉 의무는 행위의 인과적 운명에 의해서 약속된 것이다. 칸트는 "너는 해야만 하기 때문에 할 수 있다"라고 말한다. 오늘날 우리는 다음과 같이 말해야만 한다. 네가 행하기 때문에, 네가 할 수 있기 때문에 너는 해야만 한다. 즉 너의 지나친 능력

---

25) 해당 명령이 어떻게 수용되는가의 방식에 있어서—예를 들면 불가피한 것으로 인식되는 권위적 질서에 기꺼이 순응하는가, 아니면 마지못해 받아들이는가—이것은 하나의 실제적 차이가 될 수 있다.

(Können)이 이미 작용하고 있다. 물론 이 두 경우에 능력의 의미와 대상은 각각 다르다. 칸트에 있어서 성향은 의무에 종속되어 있고, 이와 같은 비인과적·내적 능력은 개인들에게 일반적으로 있다고 전제되어 있으며, 의무는 바로 그런 능력에 방향을 맞추고 있다. (집단이 의무의 수신자라면, 집단에서 드러나는 그러한 능력은 극히 의심스럽다. 정부의 강제력이 필요한 이유가 바로 여기에 있다.) 그와 대립되는 우리의 명령은 "능력"을 다음과 같이 생각한다. 인과적 결과를 세상에 허용하고 난 다음 우리 책임의 당위와 대결시킨다. 이러한 결과로 인하여 현존재의 조건 자체가 위험에 처해 있다면, 완전함, 최고의 삶의 추구, "선의지"(칸트)에 대한 보다 고차원적 추구는 윤리학에서 얼마 동안만이라도 속물적 의무들 뒤로 돌려야 한다. 이 속물적 의무들은 마찬가지로 속물적인 세상의 인과성이 우리에게 부과한 것이다. 어느 누구도 이 순간, 플라톤이 제시한 길은 미래의 인간들이 다시 걸어갈 수 있는 것인지 아닌지를 말할 수는 없으며, 그가 우리의 진실보다는 존재의 진실에 더 적합하지 않는가 하는 문제는 아직 미해결인 채로 남아 있다. 현재는 우리 자신이 해방시켰던 지평적인 역동성이 우리를 "장악하고" 있다. 내가 초월의 폐지라고 불렀던 것이 아마 역사의 가장 거대한 오류였을 수도 있다는 혐의조차도, 이미 시작되었고 그 진행이 우리 자신에 의해 유지되고 있는 것에 대한 책임이 가장 우선적이라는 의무로부터 우리를 면제시켜 주지는 않는다.

6. 인간의 권력-책임의 당위의 뿌리

책임의 들판에서 뒤엉킨 길을 걸어가면서 우리가 배웠던 것(4장의 초반)은 동시에 "도덕 이론의 비판점"으로서 우리의 길을 조정하였던 질문, 즉 도대체 어떻게 의지로부터 당위로 나아갈 수 있는가의 질문에 대한 대답이 된다. 즉 모든 경우에서 목적을 추구하면서 목적성의 자연 목적 자체를 행하는, 다시 말하면 "선" 자체인 의지로부터, 의지에게 특정한 목적들을 허용하거나 금지하는 당위로 말이다. 인과적 폭력이 지식과 자유와 연합한다는 유일하게 인간적 의미에서의 **권력** 현상이 의

지로부터 당위로의 이행을 매개한다. 인과적 목적력으로서의 "권력"은
삶의 전영역에 광범위하게 퍼져 있다. 호랑이와 코끼리의 힘은 크다.
흰개미와 메뚜기의 힘은 더욱 크며, 그보다 더 큰 힘을 가지고 있는 것
은 아마 박테리아와 바이러스일 것이다. 그러나 그 힘은 목적에 의해
움직이지만 맹목적이고 자유롭지 못하며, 마찬가지로 맹목적으로 무분
별하게 자연의 목적을 추구하면서, 다종이 섞인 전체의 평형을 공생적
으로 유지하는 모든 힘들의 대항 속에서 자연스러운 한계를 발견한다.
여기에서 자연의 목적은 엄격하지만 잘 관리되고 있다고, 다시 말하면
존재의 내적 당위는 스스로 충만되고 있다고 말할 수 있다. 그러나 인
간에게 있어서 권력은 지식과 자의성으로 인하여 전체로부터 해방되었
으며, 그러므로 그것은 인간 자신과 전체에 불행이 될 수 있다. 인간의
능력은 자신의 운명이며, 점차적으로 일반적인 운명이 될 것이다. 유일
하게 인간에게서만 자신이 의식적으로 행사하는 권력의 자기 통제라는
당위가 의지로부터 발생한다. 그것도 처음에는 자기 자신의 존재와 관
련하여 발생한다. 인간 속에서 목적성의 원칙은 목적을 설정할 수 있는
자유와 목적을 실행할 수 있는 권력을 통하여 스스로를 위협할 수도 있
는 최고 정점에 도달하였기 때문에, 원칙의 이름하에 인간은 스스로를
당위의 1차적 대상으로 만든다. 그 당위란 위에서 언급하였던 "1차적
명령"으로서, 비록 그가 할 수 있을지라도 인간 속에서 이룩된 것을 그의
이용 방식을 통해서 파괴하지 말라는 것이다. 더 나아가 그는 자신의
권력의 법칙에 종속되는 모든 다른 자기 목적들의 유언 집행인이 된다.
우리는 이와 같이 보존하는 것들을 넘어서는 것들, 즉 그가 소위 무로
부터 비로소 만들어 내야만 하는 목적들과 관련된 당위에 관해서는 침
묵한다. 왜냐하면 창조는 책임의 권한 밖에 있는 것이다. 책임은 창조
를 가능하게 하는 존재에만, 다시 말하면 인간 존재의 보호에만 미칠
뿐이다. 이것이 바로 책임의 보다 더 겸손한, 그러나 더 엄격한 "당위"
이다. 따라서 의지와 당위를 연결시키는 것, 즉 권력은 책임을 도덕의
중심부에 세우는 것과 동일한 것이다.

VII. 아이: 책임의 원초적 대상

1. 신생아의 "현존" 속에 있는 기본적 "당위"

부분적으로 시대에 묶여 있는 책임 이론에 대한 고찰을 끝내면서 우리는 다시 한번 시간을 초월한 모든 책임의 원형인 아이에 대한 부모의 책임으로 돌아가 보자. 그것은 발생학적·유형학적인 관점에서도 원형이라 할 수 있지만, "인식론적" 즉 그것의 직접적 명증성 때문에도 분명히 원형이라 할 수 있다. 책임의 개념은 당위의 개념을 함축한다. 우선적으로는 무엇의 존재 당위를, 그리고는 그 존재 당위에 대한 대응속에서 어떤 사람의 행위 당위의 개념을 포괄하는 것이다. 말하자면 대상의 내적 권리가 우선적이다. 존재 내재적 요청이 비로소 객관적으로 존재 통과적 (즉 한 존재에서 다른 존재로 이행하는) 인과성에 대한 의무를 근거지운다. 객관성은 실제로 객체로부터 나와야 한다. 그러므로 신존재의 모든 증명이 (칸트에 의거하여) 존재론적 증명으로 환원되거나 존재론적 증명에 의존하고 있다는 점이 보여주듯이, 도덕적 규정들의 타당성 증명은 결국 "존재론적" 당위를 증명하는 것으로 환원될 수 있다. 후자를 증명할 수 있는 가능성이 전자를 증명할 수 있는 가능성보다 낮지 않다면, 오늘날의 상황이 그러하듯이 윤리 이론이 처한 상황도 열악할 것이다. 오늘날 이론이 직면하고 있는 어려움은 소위 존재와 당위간의 격차로 인한 것이며, 그 간격은 신적이든 인간적이든 하나의 **명령**을 통해서만 좁혀질 수 있다는 것이다. 두 가지가 모두 타당성의 근거로는 문제점 투성이이다. 하나는 가설적으로 승인된 권위를 가지고 있지만 이론이 분분한 실존 때문이며, 다른 하나는 사실적 실존에도 불구하고 권위가 없기 때문이다. 어떤 존재자 자체로부터, 이미 주어져 있는 또는 비로소 가능한 존재자의 존재 속에서 "당위"와 같은 것을 도출할 수 있다는 가정이 부정되는 것이다. 적나라한 "현존"(ist)—지금 있는 것, 있었던 것 또는 앞으로 올 것—의 개념이 여기에 토대를 이루고 있다. 그러므로 여기에서 필요한 것은 **존재적 패러다임**이며, 그 속에서 단순한 실제적 "현존"이 명백하게 "당위"와 일치된다. 따라서 이 패러다임은 "단순한 현존"의 개념을 허용하지 않는다. 엄격한 이론가는 그러한 패러다임이 도대체 있느냐는 물음을, 마치 자신은 전혀 알지 못한다는 듯이 제기할 것이다. 그 대답은 다음과 같다. 우리가 알 수 없었을 때는 우리들 각자의 시작이었던 것이며, 우리가 볼 수 있고 알 수 있을 때는 항상 우리의 시선 속에 들어오는 것이다. 어디에 그와 같은 일치가 이루어지는지 하나라도 그 예를—존재론적인 독단론을 파괴하기 위해서는 단 하나의 경우를 예로 들어도 충분하다—들어 보라는 요구에 대해서 우리는 가장 친숙한 것을 제시할 수 있다. 그것은 신생아이다. 그의 단순한 숨결이 항변할 수 없는 하나의 당위를, 즉 자신을 받아들이라는 당위를 주위에 제기한다. 바라보라, 그러면 너는 알게 될 것이다. 나는 여기에서 "항변할 수 없다"고 말하지 "저항할 수 없다"고 말하지 않는다. 왜냐하면 모든 당위와 마찬가지로 이 당위의 힘에도 물론 저항할 수는 있기 때문에,[26] 그의 외침은 무감각의 벽에 부딪칠 수 있으며(적어도 어머니의 경우라면 이것은 하나의 변종으로 간주되지만) 또는 규정으로 정해진 기아(棄兒), 첫 출생자의 희생 등과 같은 다른 "외침들", 그리고 적나라한 자기 보존의 욕구 등에 의해 들리지 않을 수 있다. 그러나 그러한 요청 자체와 그것의 직접적 명증성의 무항변성에는 변함이 없다. 또한 나는 세상에 대한 "청탁"("나를 받아들여 줘")이라고도 하지 않는다. 갓난 아기는 아직 부탁할 수 없기 때문이다. 그리고 무엇보다도 가장 사람의 마음을 움직이는 부탁이라 하더라도 책임 져야 할 의무는 없기 때문이다. 그러므로 동정, 자비 또는 어떠한 감정도, 심지어 사랑도 여기에 해당되지 않는다. 엄격한 의미에서 내가 말하고자 하는 것은 단순히 존재적인 현존재자의 존재는 타자에 대한 당위를 내재적으로 그리고 명백하게 함축하고 있으며, 자연이 강력한 본능과 감정을 통하여 이러한 당위에 도움을 주거나 용무를 전혀 덜어 주지 않는다 하더라도 그러한 당위를 실행에 옮긴다는 것이다. 그러나 왜 하필이면 "명백하냐고" 앞서 말한 이론가는 물을 것이다. 실제적으로

---

26) 전혀 저항할 수 없는 당위는 이것이 아니라, 바로 강제성이다.

그리고 객관적으로 "거기"(da) 있는 것은 세포들의 덩어리이며, 그 세포들은 다시금 분자들의 덩어리로서, 분자들의 물리 화학적 상호 작용은 분자의 **지속 조건**과 함께 인식될 수 있다. 그러나 이것이 지속**되어야만 하며**, 그러므로 누군가가 이것을 위해 무엇인가를 해야 한다는 것은 드러난 자료에 속하지 않으며, 어떤 방식으로도 그에게 "납득되지" 않는다. 물론 그렇다. 그러나 여기에서 보여지는 것이 그 신생아인가? 그 수리 물리학자의 분석적인 시선은 그를 향해 있지 않고, 의도적으로 그의 실재의 가장자리 한 면만을 보고 있으며, 그 외의 다른 면들은 어둠 속에 놓여 있다. [27] 가장 명백하게 드러난 것이 시력의 사용을 요구하는 것은 자명한 일이다. 우리의 "바라보라, 그러면 너는 알게 될 것이다"는 바로 이것을 지향한다. 이러한 전체 사태의 조망이 환원의 필터를 거쳐 그것의 마지막 잔여물을 보는 것보다 진리 가치면에서 떨어진다는 것은 미신이며, 이 미신은 자연 과학이 스스로 설정한 인식 영역의 저편에서 자연 과학의 성공의 위광에만 의지하여 그 생명을 유지한다.

여기에서 나타난 것을 분해할 필요가 있다. 즉 의심의 여지없는 직접성 외에도 어떠한 측면이 존재 속에 있는 당위의 기타 모든 다른 진술들보다 여기에서 제시된 증거를 두드러지게 만들며, 그것을 경험적으로 1차적이며 직감적으로 가장 자명한 것으로 만들 뿐만 아니라, 내용면에 있어서도 가장 완벽한 패러다임으로, 문자 그대로 책임의 대상의 전형으로 만드는가를 분석해야만 한다. 우리는 그 대상의 탁월성이 현존재의 소유와 비소유의 유일한 관계에 토대를 두고 있다는 사실을 발견하게 될 것이다. 그 관계는 시작하는 생명에만 고유하며, 그 생식의 인과 관계, 즉 이제 막 시작된 인과 관계를 지속하도록 의무를 부여하는 것이다. 바로 그 생명의 지속이 책임의 내용인 것이다. 이러한 상황의 특이함과 전형성이 고찰되어져야만 한다.

---

27) 여기서 다루고 있는 방법론과 인식론 문제의 상세한 토론을 위해서는 논자의 연구 "Ist Gott ein Mathematiker", in *Organismus und Freiheit*, 5장 참조.

2. 존재 당위의 덜 절실한 요청들

a. 세계가 존재해야만 하는가라는 물음은 무의미하지는 않다 하더라도 커다란 의미가 있지는 않다. 왜냐하면 긍정적이든 부정적이든 그 대답은 아무런 영향을 미치지 못하기 때문이다. 세계는 이미 거기 있으며 지속될 것이다. 그의 현존재는 위험에 처해 있지 않으며, 설령 그렇다 하더라도 우리는 아무것도 할 수 없다. 신이 창조한 대로 그렇게 "존재해야" 하지만 이 당위의 실행에 우리는 관여하지 않았다. 일반적으로 우리와는 완전히 무관하게 스스로 존재하는 것과 그것의 경우에 따라 인식된 존재 당위는 우리의 형이상학적 의식에 의미가 있을지는 모르지만—여기서처럼 우리의 실존을 포함한다면 더욱 그렇겠지만—우리의 책임에는 아무런 의미도 없다.

그러나 세계가 저런 방식보다는 이런 방식으로, 아니면 여차여차한 방식으로 존재해야 하는가라는 물음은 조금 다르다. 이 경우 우리가 영향력을 행사할 수 있는 공간과 아울러 책임의 공간도 생기게 되며, 이것은 인간적 인과성이 작용하는 보다 좁은 영역을 지시한다. 만약 세계나 세계의 한 부분(물론 부분을 통하여 전체에도 해당되지만)에 대한 존재 당위가 있다면, 그러한 질적인 존재 당위는 분명히 직접적으로 명백하지는 않을 것이며, 존재론적인 논증 속에서 비로소 표출되어야만 한다. 4장의 서두에서 보여준 우리의 시도는 그러한 논증에 내재한 논리적 허약성에 대한 좋은 표본이다. 그리고 무엇보다 중요한 사실은 자연은 스스로를 돌보고 있으며, 우리의 가치 평가적 동의나 부인을 묻지 않는다는 것이다. 이런 또는 저런 면에서 자연을 도와야 한다는 의무는 적어도 익명적인 것으로서, 순간의 절박성은 가지고 있지 않다. "사람은" 이것이나 저것을 보살펴야 하지만, 그렇다고 바로 나만이 그래야 하는 것은 아니다. 그리고 꼭 오늘일 필요는 없으며, 아마 모레부터나 또는 내년에 할 수도 있다. 왜냐하면 세계와 같이 자신의 힘으로 존립하는 것은 인간의 순간적 곤경이 지나가기를 기다릴 수 있으며, 일반적으로 자신의 보다 나은 본질 존재가 "조만간에" 보다 열악한 지원을 극복할 수 있는 기회를 스스로 열어 놓고 있다. 여기서 주의할 점은 "보다 나은 것"이 반드시 미래의 것은 아니라는 것이다. 그것은 보다 더 나쁠 수도 있는 미래에 대비해서 보존해야 할 것일 수도 있다(예를 들면 고의적으로 야기된 고등 동물의 말살).

b. 이처럼 스스로 강력한 힘을 가진 "이미 있는 존재"에 대하여 아직 있지 않은 것, 이 세상에 전혀 있지도 않았던 것, 그러나 있을 수 있으며 우리를 통하여 비로소 있을 수 있는 것의 상황은 어떠한가? 그것이 자연의 상태이든 사회의 상태이든 여기에서 문제되는 것은 미래의 **상태**이지 개인적 실존들은 아니다. 그러한 것이 실현 가능한 것으로 우리의 머리에 떠오르면—그것이 반드시 "최고선"일 필요는 없다—그것의 존재 당위에 대한 지식의 척도에 따라 그것의 생성은 이제 인간적 책임의 과제가 된다. 즉 이미 존재하는, 이미 낯이 익은 사태 전체를 위한 책임의 과제가 된다. 아직 존재하지 않는 것은 어떠한 것도 그 자체로서 자신의 현존재에 대한 권리를 가지고 있지 않으며, 또한 우리에게 그를 존재하게 해달라는 요구를 할 수도 없다. (우리가 그것의 가능성을 영원한 왕국 속에서 기다리고 있는 이미 있는 존재로 실체화할 경우에는 다르다.) 그것 때문에 현재의 상태가 존재해야만 하는 세계의 사태는 다시금 위에서 언급한 불확실성 속에 서 있으며, 어떤 특정한 경우를 위해 비로소 증명되어야만 한다. 무엇보다도 그 상태는 일반적인 것이다. 즉 상태를 구성하게 될 특정한 개인들이지만, 현재 존재하지 않는 개인들은 어떤 식으로도 예측할 수 없으며, "존재 당위"의 문제도 지금 여기에서는 아무런 의미도 없다. 그리고 그들 중 누구의 실존도, 상태에 따라 임의적으로 교환할 수 있는 까닭에, 상상할 수 있는 어떠한 미래의 책임 속에서도 포함되어 있지 않다. 그렇다. 예를 들어 "사회"와 같은 한 상태의 (즉시 실현 가능한 상태와는 달리) 계획은 그것이 구성원들의 일회적 동일성에 예속되는 조건하에서만 비로소 가능하다. 그러므로 "그 인간들"이 이미 있은 후에 미래에 인간들은 존재해야만 한다고 말해도 되지만, "누가" 그때그때의 인간들일지는 다행스럽게도 미결인 채 남아 있다. 그리고 그가 있기도 전에 이런 사람이나 저런 사람이 있어야만 한다고 말하는 것은 무의미하다.[28] 그러므로 "자유"가 (또는

---

28) 이것은 천재나 "보통 사람"에게도 마찬가지로 해당된다.

"책임"이) 실제적으로 이 세상에서 계속 유지될 것이라 말한다면 정당하다. 왜냐하면 자유에 대한 존재론적 가능성이 사실에 입각하여 명확해졌기 때문이다. 이러한 추상적 "당위"를 인정함으로써, 정황이 그러하다면 우리는 그 추상적 당위에 대한 구체적 책임을 인정할 수도 있다. 그러나 여기에서 보장하는 것의 본질로 미루어 볼 때 이 자유가 그때그때 무엇을 행할지에 대해 책임진다는 것은 결코 가능하지 않다. 또는 마지막 예를 든다면, 예술과 학문도 그것들이 현재 있기 때문에 앞으로도 마땅히 있어야만 한다고 (이전에는 그렇게 말할 수 없었지만) 말할 수 있으며, 앞으로도 계속 예술과 학문이 존재하도록 노력할 것이라 말할 수 있다. 그러나 미래의 예술가들의 궁극적 작품들과 미래의 연구자들의 발견들은 미리 결정할 수 없을 뿐만 아니라 그런 연유에서 책임의 가능한 대상도 아니다. 그것들의 계획 불가능성이 바로 우리가 책임감을 느끼는 것의 기본적 구성 요소인 것이다. (이는 재단 설립자들을 위한 경고이다.) 우리가 유토피아의 권리와 그에 적합한 인간의 권력을 일단 전제한다면 아직 있지 않은 것, 이제까지의 상태들을 넘어서는 인간 상태에 대한 계획은 바로 이러한 추상적 조건하에 서 있는 것이다. 그러므로 이 모든 경우에 있어서 우리는 익명의 미래에게 특별한 것이 아닌 일반적인 것의 빚을 지고 있으며, 특정한 내용을 가진 현실이 아니라 형식적 가능성의 빚을 지고 있다. 연기할 수 없는 상황의 집중적 점화경 속에 처해 있는 국가 지도자도 통상적으로 그러한 추상적 범위 내에서 많은 구체적 책임들을 지고 있기는 하지만, 그 역시 공동체의 존망과 관련되는 아주 드문 극단적 결정의 순간에만 강제적 직접성의 실천적 당위와 부딪친다. 그러나 바로 이것이 예외가 아닌, 우리가 여기에서 모든 책임의 전형으로 내세우자 하는, 본연의 반대 예 속에서 영속하는 규칙인 것이다.

3. 책임의 본질에 대한 신생아의 원형적 명증성

방금 서술한 막연한 책임들의 배경에 비하면 신생아가 청구하는 언제나 시급하고 명확하고 선택 불가능한 책임은 다른 것들과는 비교할 수 없을 정도로 뚜렷하게 두드러진다. 이미 거기 있는 존재의 자기 증명적 폭력과 아직 있지 않은 존재의 절망적 무능력, 모든 생명체의 무제한적 자기 목적과 그 목적에 일치하기 위하여 그 생명체에 속해 있는 능력이 일단 형성되어야 한다는 필연이 신생아 속에서 합일되어 있다. 이 형성되어야 하는 필연은 낯선 인과성이 충족시켜야만 하는 중간자이다. 즉 비존재 위에 무력한 존재가 매달려 있는 것이다. 극단적 불충분성 속에서 생산된 것이 생산자를 통해 다시 무로 추락하는 것을 막는 일, 그 생산물의 지속적 성장에 대한 보호는 말하자면 존재론적으로 예견된 것이었다. 그 의무의 수락은 생산 속에 이미 포함되어 있다. 그것의 이행은 (타자를 통해서라도) 완전한 의존성 속에 있는 자체 타당한 존재에 대한 거부할 수 없는 의무가 되는 것이다. 신생아가 매번 내쉬는 숨소리가 예고하는 그의 내재적 존재 당위는 그렇게 타자들의 타동적 행위 당위가 된다. 타자들은 그렇게 전달된 요청이 받아들여지도록 도움을 주며, 그 요청에 포함된 목적론적 약속의 점진적 이행을 가능하게 해준다. 아이의 호흡이 지속되며 그 속에서 그 요청이 부단히 새로워짐으로써, 궁극적 고유권이라는 아이의 내재적이고 목적론적인 약속이 이행되어 그들을 의무로부터 해방시킬 때까지, 타자들은 지속적으로 이 일을 행해야 한다. 객체에 대한 그들의 권력은 여기에서 행위의 권력뿐 아니라 중단의 권력도 의미한다. 중지한다는 것만으로도 치명적일 수 있을 것이다.

말하자면 그들은 총체적 책임을 지고 있으며, 근본적으로 이것은 동포의 곤경에 대한 인류애적 의무 이상의 것이다. 가장 근본적이고 가장 강력한 의미에서의 책임은 존재의 창시자적 권한으로부터 나온다. 이러한 창시자적 권한에는 실제적 생산자뿐 아니라 다른 모든 사람들이 연관되어 있는데, 이들은 각자의 경우에 있어서도 자신들의 동의를 번복하지 않음으로써 생식의 질서에 구속되어 있다. 즉 스스로에게 생명을 허용하는 모든 사람들, 간단히 말해서 그때그때 존재하는 인류 가족 자체를 뜻한다.

그러므로 국가는 자국 내에 있는 어린 아이들에 대해서는 국민의 복지에 대한 일반적 책임과는 전혀 다른 책임을 가지고 있다. 유아 살해는 다른 살인과 마찬가지로 범죄 행위이지만[29] 굶주리고 있는 아이, 즉 아이가 굶주리도록 내버려 둔다는 것은 인간에게 부여할 수 있는 모든 책임들 중에서도 가장 원초적이고 가장 근본적인 책임을 회피하는 일이 된다.

태어나는 모든 아이와 함께 소멸성에 직면하여 있는 인류는 다시 새롭게 시작하며, 그런 의미에서 여기에는 인류의 존속에 대한 책임이 관련되어 있다. 그러나 이것은 지금 고찰한 극명한 구체성의 근본 현상에 대해서는 너무 추상적이다. 우리가 앞으로 다루게 될 저 추상적 책임에는 "한" 아이를 생산하는 의무는 속해 있지만, 이 아이를 생산한다는 것은 전혀 들어 있지 않다. 왜냐하면 그의 개체성(Diesheit)은 결코 예측할 수 없기 때문이다. 그러나 지금 책임의 대상은 바로 절대적으로 우연적인 유일성을 지니고 있는 이 개체성이다. 여기에서 "사태"는 그것이 지닌 가치의 평가와는 전혀 상관없으며, 비교와도 그리고 계약과도 아무런 상관이 없는 유일한 경우인 것이다. 비개인적 책임의 요소가 존재 원인의 야기(주체의 모든 인과성 가운데 가장 극단적인)에 내포되어 있으며, 미리 묻지도 않았던 객체에 대한 모든 개인적 책임을 관통하고 있다.[30] 생산자의 행위는 종적인 것이며 그들 스스로 생각해 낸 것이 (아마 전혀 알지도 못했을 것이다) 아니기 때문에, 모든 사람들이 공동 책임을 가지고 있으며, 책임 회피에 대한 아이들과 손자들의 고발, 즉 모든 고발들 중에서 가장 포괄적이지만, 실제적으로 가장 소용 없는 고발은 지금 살고 있는 모든 사람에게 해당된다. 그들의 감사도 마찬가지

---

29) 자동차를 운전하는 사람들의 가장 커다란 두려움이 어린 아이를 친다는 것이라는 점은 심리적 사실이다.

30) 어린 아이는 부모에게 비난조로 아니면 다른 말투로 "당신들은 왜 나를 낳았어요?"라고 물을 수는 없다. 왜냐하면 그들은 이 "나"라고 하는 것의 개체성에는 아무런 영향을 미칠 수 없기 때문이다. 단지 "왜 당신들은 한 아이를 낳았는가?"라는 질문을 던질 수 있을 뿐이다. 그럴 경우 대답은 이 책임을 수락하는 것 자체는 의무였으며, 그것도 아직 존재하지 않는 아이에 대한 의무가 아니라(그런 의무는 있을 수 없다), 구속력 있는 인간 전체의 사업에 대한 의무였다는 것이 될 것이다. 나중에 이 문제를 다룰 것이다.

이다.

그러므로 신생아 속에서 표출되는 "당위"는 의심의 여지 없는 명증성, 구체성과 긴박성을 가지고 있다. 개체성의 가장 극명한 사실성, 개체성에 대한 절대적 권리와 존재의 극도의 나약성이 여기에서 합쳐진다. 신생아 속에서 전형적으로 드러나는 것은 책임의 장소는 생성 속에 던져진, 무상에 내맡겨지고, 파멸에 위협받는 존재라는 사실이다. 영원의 관점(sub specie aeternitatis)에서가 아니라 시간의 관점(sub specie temporis)에서 책임은 사물을 바라보아야 한다. 자신의 모든 것을 한순간에 잃어 버릴 수도 있다. 지속적으로 위험 수위에 놓여 있는 존재의 훼손 가능성의 경우에 책임은 그러한 순간들의 연속이 될 것이다.

어떻게 이러한 원천적 본보기가 명증성과 내용면에 있어서 모든 책임의 원형이 될 뿐 아니라, 그것의 씨앗이[31] 다른 책임의 지평선으로 확장될 수 있는지는 여기에서 상세히 다루지는 않겠지만, 앞으로 논의하게 될 다른 책임의 영역들에서 간간이 드러날 것이다. 이제 우리는 이 영역들을 살펴보기로 하자.

---

31) 그것이 유전적이고 심리적인 것인가 하는 문제는 (내가 추측하듯이) 최초의 무성 시험관 인간이 만들어져서, 그에게도 책임감이 발달하는지 우리가 관찰할 수 있을 때에만 비로소 경험적으로 검증될 수 있는 사실적 문제이다.

제 5 장

오늘날의 책임: 위협받는 미래와 진보 사상

I. 인류의 미래와 자연의 미래

1. 유기체적 세계와 이해 관계의 유대성

인류의 미래는 부정적 방식으로 "전지 전능하게" 되어 버린 기술 문명 시대에 있어서 인간적 집단 행동의 제1차 의무이다. 여기에는 필수 조건으로서 자연의 미래가 포함되어 있음은 분명하나, 인간이 자기 자신에게 뿐만 아니라 생명 영역 전체에 위험하게 된 이래 그것과는 무관하게 그 자체로서 하나의 형이상학적인 책임이다. 이 두 사안을 분리할 수 있다 하더라도—다시 말하면 황폐해진(그리고 대부분 인공적인 것으로 대체된) 생활 환경을 가지고도 우리의 후손에게 인간적이라 부를 수 있는 삶이 만약 가능하다 하더라도—오랜 자연의 창조 기간을 거쳐 생성되어 현재 우리 손에 넘어 온 지구의 왕성한 생활력은 그것 자체로서도 우리의 보호를 요청할 권리를 가지고 있다. 그러나 인간상에 대한 풍자 없이는 그 두 가지를 실제로 분리할 수 없으므로, 오히려 더욱 결정적인 "보존 또는 파괴"라는 대안이 가장 순수한 의미에서 인간의 이해와 그의 고향 세계로서의 다른 생명들의 이해를 일치하게 한다. 그럼으로써 우리는 이 두 의무를 인간 중심적인 편협성에 빠지지 않고도 인간에 대한 의무라는 주개념하에 동일한 것으로 다룰 수 있다. 그렇다고 해서 이 두 의무를 인간에만 국한시키고 그 외의 다른 자연을 제외한다는 것은 인간의 축소, 인간의 탈인간화를 의미하며, 생물학적인 보존이라는 행운의 경우에도 인간 본질의 축소는 이른바 인간 본질의 존엄성에 의하여 증명된 그의 목적에 위배된다. 진정으로 인간적인 관점에서 자연은 우리의 권력의 자의성에 대항하는 자긍심을 보존할 수 있다. 자연으로부터 생성된 우리는 자연이 생성한 다른 유사한 것들 전체에 대하여 신의를 지킬 의무가 있는데, 그 중에서 우리 자신의 존재로의 생성이 가장 우위를 점하고 있을 뿐이다. 우리가 정확하게 이해했다면, 이 우위는 다른 모든 것을 자신 밑에 포함하고 있다.

2. 종의 이기주의와 그것의 공생적 결과

생존 경쟁 속에서 경우에 따라 발생하곤 하는 인간과 자연의 양자 택일에서는 어쨌든 인간이 항상 유리하며, 자연의 존엄성이 인정되더라도, 자연은 인간과 인간의 지고의 존엄성에 굴복해야 한다. "보다더 높은" 권리의 이념이 여기에서 논쟁의 여지가 있다 하더라도, 본성에 따라 종의 이기주의가 항상 앞서가며, 다른 생활 세계에 대한 인간 권력 행사는 능력에 의하여 근거지어진 자연스러운 권리이다. 그것은 실제적으로 바로 자연 전체가 훼손 불가능하며, 자연의 모든 것 하나하나를 인간이 마음대로 사용할 수 있다고 간주되던 모든 시대의 관점이다. 그러나 계속해서 인간에 대한 의무가 절대적인 것으로 여겨진다 하더라도, 그 의무는 이제 자기 존재의 지속과 온전함을 유지하기 위한 조건으로서 자연에 대한 의무를 포함하지 않을 수 없다. 우리는 더 나아가 위험 속에서 새로이 발견된 인간과 자연의 운명 공동체가 우리에게 자연의 고유한 존엄성을 인식하게 해주며 공리적인 것을 넘어서 자연의 불가침성을 보존할 것을 요청한다고 주장한다. 보존되어야 하는 "불가침성" 속에 함께 포함되어 있는, 즉 스스로 보존되어야만 하는 삶의 법칙 자체가 이러한 명령을 감상적으로 이해하지 못하게 한다는 사실은 말할 필요도 없이 당연하다. 모든 종은 다른 종들에 의해서 살아 가고, 그들의 환경을 함께 결정하며 그러므로 모든 종의 단순한 즉 본능적으로 행해지는 자기 보존은 다른 생명 구조에 대한 끊임없는 간섭을 의미하기 때문에, 다시 말해 다른 생명에 대한 권리 침해는 생활 영역에 공동으로 속해 있다는 사실로 인해 불가피하다. 간단하게 말하면 잡아 먹고 잡아 먹히는 것은 자신의 보전을 위해 그 명령을 긍정할 수밖에 없는 바로 그 다양성의 존재 원칙이다. (비유기체적 자연과의 신진 대사는— 전체가 그것에서 시작되었음에 틀림없지만—단지 가장 하위의 경계에서만 일어난다.) 이렇게 서로 제한하는, 항상 개별적인 멸망을 동행하는 침해는 전체적으로 볼 때 공생적인 것이다. 물론 인류 이전의 진화의 역동성에서 우리에게 친숙한 저 생성, 멸망과 보존이 정태적인 것은 아니다. 생태학의 엄격한 법칙(맬더스(T. Malthus)가 맨 먼저 인식했었다)은 개별적인 생활 형태가 전체를 지나치게 착취하거나, 하나의 "우세 종"이 지나치게 확산되는 것을 방해했으며, 그러므로 전체의 존립은 개별의 변동 속에서도 안전할 수 있었다. 증가 일로에 있던 인간의 침해 자체도 얼마 전까지만 해도 여기에서 예외일 수는 없었다.

3. 인간에 의한 공생적 평형 상태의 파괴

뛰어난 사고 능력과 그 우월한 사고로 인하여 가능하였던 기술 문명의 힘으로 하나의 생활 양식, 즉 "인간"이 다른 모든 것을 (그와 함께 자기 자신도) 위험에 빠뜨리게 되었다. "자연"이 인간을 만들어 낸 것은 자연의 가장 커다란 모험이었으며, 스스로에게 유익하며 전체로 통합하는 전자연(Physis)의 합목적성에 대한 아리스토텔레스적 표상은 이것으로 반증되었다. 물론 아리스토텔레스 자신은 이러한 결과를 예상하지도 못했을 것이다. 그에게 있어서 자연을 초월하지만 자신의 관조적 성찰로 자연에게 아무런 해를 끼치지 않는 것은 인간에게 있는 이론적 이성이었다. 저 이론적 지성의 유산으로서 "학문"을 생산한, 해방된 실천적 지성은 자신의 사유뿐만 아니라 자신의 행위를 자연과 대치시켰는데, 그 방식은 전체가 무의식적으로 기능하도록 내버려 두지 않았다. 인간 속에서 자연은 스스로를 혼란시켰으며, 단지 인간의 도덕적 능력 (우리는 이것도 마찬가지로 자연의 탓으로 돌릴 수 있다) 속에서만 이미 흔들려진 자기 조정력을 불완전하게나마 보상할 수 있는 길을 열어 놓았다. 자연의 상황이—또는 더 겸손하게 말한다면 인간에게 가시적인 상황이—이제 이러한 기반 위에 서 있다는 것은 그 자체만으로도 끔찍한 일이다. 진화를 혹은 그보다 더 짧은 인류의 역사를 시간적 표준으로 삼으면 이것은 자연의 운명에 있어서 하나의 갑작스러운 전환이다. 갑작스러운 전환의 가능성은 인간과 함께 이 세계 속으로 들어 왔지만, 세계와는 독립된 지식과 의지의 본질 속에 이미 들어 있었다. 그러나 전환의 실현은 천천히 성숙되는 것 같았는데, 갑자기 한순간에 거기에 있게 된 것이다. 현 세기에 들어서면서 오래 전에 예고되었던 지점에 도달하게 되었으며, 그로써 위험은 가시적이고 위협적인 것이 되었다. 이성과 결탁한 권력은 그 자체로 책임을 동반한다. 이것은 예전부터 인간 상호간의 영역에서는 자명한 일이었다. 책임이 최근에는 종전의 범위를 넘어서서 생물계의 상태와 인간 종족의 미래의 생존까지 포괄하게 된 것은 분명히 이러한 영역에 대한 권력의—1차적으로는 파괴의 권력이지만—확장과 연관이 있다. 권력과 위험은 하나의 책임을 눈앞에 보여준다. 이 책임은 우리가 선택의 여지없이 자신 외의 다른 것들과도 유대해야 하며, 자신의 존재가 만약 동의하지 않는다 하더라도 그 유대를 일반적인 것으로 확대해야 한다는 것을 의미한다.

4. 위험은 근본적 의무인 비존재에 대한 부정을 드러낸다

다시 한번 반복해 보자. 우리가 여기에서 말하고 있는 의무는 문제가 되고 있는 사안이 위기에 처하자 비로소 그 모습을 드러낸다. 이전에는 그것에 대해 말한다는 것은 무의미한 일이었다. 위험에 처해 있는 것은 스스로 말을 한다. 이제까지 주어져 있던 것이, 자명한 것으로 여겨지던 것이, 행동하는 데 있어서 결코 주의를 기울이지 않았던 사실이, 즉 인간이 있고 삶이 있으며 그것들을 위해 세계가 있다는 사실이 인간의 행위로 인하여 갑자기 위협받는 모습을 보인 것이다. 바로 이러한 위협의 조명하에서 새로운 의무가 그 모습을 나타낸다. 위험 속에서 태어났으므로 그것은 필연적으로 우선 보존, 유지와 보호의 윤리를 요청할 뿐 진보와 완성의 윤리를 요구하지는 않는다. 이와 같이 목적이 소박함에도 불구하고 이러한 명령은 이제까지 인간 운명의 개선을 위하여 행해지던 다른 어떤 것보다도 아마 더 어렵고 더 큰 희생을 요구할 것이다. 우리는 4장의 서두에서 자연의 집행자일 뿐만 아니라 이제는 자연의 목적 행위의 잠재적인 파괴자로서 인간이 일반적인 긍정을 자신의 의지 속에 받아들이고, 비존재에 대한 부정을 자신의 능력에 부과해야만 한다고 말했다. 자유의 부정적인 권력은 허용과 불용이 긍정적인 당위로부터 나오게 하는 결과를 가져 왔다. 이것이 바로 도덕의 시작이지만, 물론 긍정적인 의무론으로는 부족하다. 우리의 이론적 기도에는 다행스럽게, 그러나 우리가 오늘날 처해 있는 상황에는 불행스럽게도 우리는 인간의 본질에 대한 인식으로부터 유추해 낼 수 있는 인간선과 "최선의 인간"의 이론을 끌어들일 필요는 없다. 지금 이 순간 "본래의" 인간에 대한 모든 작업은 그 작업의 **전제**를 구하기 위하여, 즉 충분한 자연 속에서의 인류의 **실존**을 위하여 뒤로 제쳐 두어야 한다. 세계사적 현재 (Jetzt)의 위기 속에서 우리는 시대에 따라 그 대답이 유동적인 질문 즉 인간은 어떤 존재이어야만 하는가 하는 열려진 **질문**으로부터 그 질문의 토대가 되지만 이제까지 결코 문제시되지 않았던 **지시 명령 즉** 인간은 존재해야만 한다는, 그것도 인간으로서 존재해야만 한다는 명령으로 되던져졌다. 여기에서 "~으로서"는 우리가 알고 예감할 수 있는 한의 인간 본질을 "존재해야 한다"라는 명법 속에 그것의 필연성의 마지막 근거로서 포함시키며, 명법을 준수하는 대가의 심연이 존재론적 비준을 함께 삼켜 버리지 않도록, 다시 말하면 존재적으로 구출된 실존이 더이상 인간적이지 않을 경우를 대비하여야 한다. 요청될 수도 있는 희생이 너무 심할 경우 생존의 윤리에서는 이것이 미묘한 측면이 될 수도 있다. 생존의 윤리는 우리에게 지금 부과되어 있는 의무이며, 그것은 수단이 목적을 파괴할 수도 있는 두 개의 심연 사이에 놓여 있는 산마루라 할 수 있다. 우리가 보유하고 있는 지식의 불확실한 조명 속에서, 인간이 수천 년의 문화적 노력으로 스스로 일구어 온 것들을 존중하면서 우리는 이 산마루를 변동시켜야 한다. 그러나 지금 중요한 것은 어느 특정한 인간상을 만들어 내어 영구히 고착시키는 것이 아니라, 우선 인간의 경우 종의 실존과 함께 주어져 있는, 그리고—우리가 "신의 형상"이라는 약속을 믿는 것처럼—인간적 본질에 항상 새로이 기회를 제공할 수 있는 **가능성**의 지평을 열어 두는 것이다. 지금 이 순간, 그리고 앞으로 해야 할 가장 우선적인 것은 비존재에 대한 거부—인간의 **비존재에 대한 거부**—이며, 위협받는 미래의 비상 윤리는 그 거부를 수단으로 하여 인간의 의무가 될 **존재에 대한 긍정**을 집단적 행위로 전환시켜야 한다.

II. 베이컨적 이상의 재앙

우리가 여기에서 가정하였듯이 현 상태를 그대로 내버려 둘 때 우리는 곧 요한 묵시록적 상황에 처할 것이라는, 즉 총체적 재난이 임박한 상황 속에 살게 될 것이 사실이라면, 이 모든 것은 유효하다. 여기에 관해서 우리는 지금 몇 가지 사실을, 아마 익히 알려진 사실을 말해야만 한다. 위험은 자연 과학적·기술적 산업 문명의 비대화로부터 기인한다. 우리가 베이컨적 기도라고 부르는 것, 즉 지식을 자연의 지배라는 목표에 맞추고 자연의 지배를 인간 운명의 개선을 위해 사용할 수 있도록 만든다는 기도는 그것이 자본주의적으로 실행되면서 처음부터 합리성이나 정당성을 소유하지 못했다. 물론 그 기도 자체는 합리성, 정당성과 충분히 조화를 이룰 수 있었는지도 모른다. 그러나 그 기도는 필연적으로 생산과 소비의 무한화를 낳는데, 인간적 목표 설정은 단기적이고 성공의 정도는 예측할 수 없기 때문에 그러한 성공의 역동성은 아마 모든 사회를 압도할 것이다. (어떠한 사회도 현명한 사람들로만 구성되어 있는 것은 아니다.)

1. 지나친 성공에서 오는 재앙의 위협

학문적 기술을 통하여 자연을 지배하려고 하는 베이컨적 이상이 내포하고 있는 재난의 위험은 그것의 **성공** 정도에 달려 있다. 성공은 경제적인 것과 생물학적인 것 두 가지 종류의 것이다. 필연적으로 위기를 야기할 수밖에 없는 이 두 측면의 관계는 오늘날 명백히 드러났다. 오랫동안 독주해 온 경제적인 성공은 인간의 노동력의 투입이 감소함에도 불구하고 양적·질적으로 증가된 1인당 상품 생산, 다수의 복지 향상, 체제 내에서의 모든 사람들의 비자의적인 소비 증가 등에서 드러나는데, 한마디로 말하자면 사회 전체와 자연 환경과의 신진 대사가 급격히 증가한 것이다. (자연 내적인 부패는 여기에서 도외시한다 하더라도) 이것만으로도 유한한 자연의 저장품을 과대하게 사용하는 위험을 가지고

있었다. 그러나 이 위험은 처음에는 그리 커다란 주의를 끌지 못했던
생물학적인 성공으로 보강되었고 가속되었다. 생물학적인 성공이란 신
진 대사를 하는 집합체의 숫적 증가, 즉 최근에는 지구 전체에 걸쳐 기
술 문명의 작용 영역 안에 있는 인구 지수가 증가한 것을 말한다. 이것
은 먼저 시작한 발전을 다시 한번 외부로부터 가속화시키고 그 효과를
배가하였을 뿐만 아니라, 인구 발전이 스스로 멈출 수 있는 가능성을
빼앗아 버렸다. 정태적 인구는 어느 시점에서 "이제 충분해！"라고 말
할 수 있지만, 증가하고 있는 인구는 "좀더！"라는 강박 관념에 사로잡
혀 있다. 생물학적 성공은 경제적인 성공을 문제삼았을 뿐 아니라, 즉
부의 짧은 축재로부터 다시 빈곤이 되풀이되는 일상으로 돌아왔을 뿐만
아니라, 상상을 초월할 정도의 인류와 자연의 재앙으로 이어질 수 있다
는 사실이 명백해지기 시작했다. 지구의 신진 대사의 문제점에 입각해
볼 때 인구의 폭발적 증가는 복지 향상을 위한 노력에 찬물을 끼었으
며, 점차 빈곤해지는 인류는 어쩔 수 없이 헐벗은 생존을 위하여 인류
가 행복을 위해 할 수 있었던 아니면 해도 되었던 것, 즉 지구를 무자
비하게 착취하는 행위를 하지 않을 수 없게 된다. 그것도 지구가 호령
하며 인간의 무리한 요구를 거부할 때까지. 어떤 대량 사망과 대량 학
살이 "할 수 있는 사람은 스스로를 구하라"고 하는 상황을 수반할 것인
가는 상상조차 비웃을 정도이다. 그토록 오랫동안 인공적으로 유지되어
온 생태학의 평형 법칙은 자연 상태에서는 어떠한 종(種)이라도 하나의
종이 지배하는 것을 막았지만, 우리가 인내의 한계를 넘어서서 무리하
게 요구한다면 자신의 무서운 권리를 청구할 것이다. 그 후 잔존하는
인류가 황량해진 지구 위에서 어떻게 새로 시작할지는 우리의 상상을
넘어서는 일이다.

2. 자연에 대한 권력과 권력 행사의 강박 사이의 변증법

이것이 현재 인류의 발전 곡선의 역동성 속에 이미 내포되어 예측 가
능한 묵시론적인 전망이다. 여기에 권력의 변증법이 자리잡고 있으며,
그것에 필적할 수 있는 것은 권력에 대한 정관적(靜觀的)인 포기가 아니

라 한 단계 더 높은 권력이라는 것을 우리는 이해해야 한다. 베이컨의 명제는 아는 것은 힘이다라고 말한다. 이제 베이컨의 기도는 스스로, 즉 자신의 지휘 아래 승리의 최고점에서 자신의 부족함과 자아 모순을 드러내 버렸다. 다시 말하면 자기 자신에 대한 통제력을 상실하였으며, 그것은 바로 인간을 스스로에게서, 그리고 자연을 인간으로부터 보호할 수 있는 능력을 상실하였음을 의미한다. 자연과 인간을 보호할 필요성은 바로 기술적 진보의 과정에서 획득된 권력의 규모로 인하여 대두되었다. 그러나 대규모의 권력은 그것을 사용해야 할 필요성이 증가하면서 자신과 자신의 업적을 파괴하리라 예상되어지는 진보에 제동을 걸 수 없는 **무능력**을 놀랍게도 표출한다. 베이컨이 예측하지 못했던, 지식이 산출한 권력의 심오한 역설은 권력이 자연에 대한 "지배"(즉 자연 이용의 증가)를 이루었다 할지라도, 그와 동시에 **자신에 대한 완전한 예속**이라는 결과를 가져왔다는 것이다. 권력은 스스로 막강하게 되었으며, 권력의 달콤한 약속은 협박으로, 구원의 전망은 묵시론적 전망으로 탈바꿈한 것이다. 만약 (권력이) 우선 재난 때문에 정지하지 않는다면, 이제 요청되는 것은 권력에 대한 권력—계속적인 권력 행사를 해야만 하는 권력 자신의 강박에 대한 무능력을 극복하는 것이다. 다함이 없는 것처럼 보이는 자연에 직접적으로 행사하던 1차적 권력이 사용자의 통제를 벗어난 2차적 권력으로 넘어간 이후 지배자를 질질 끌고 다니는 지배가 자연의 벽에 부딪쳐 산산조각이 나기 전에, 지배의 자기 절제는 3차적 권력의 일이 되어 버렸다. 즉 더 이상 인간의 권력이 아니라 권력 자신의 권력이 되어 버려, 가짜 소유자에게 자신의 사용을 지시하고 자신을 의지 없는 집행자로 만들며 인간을 해방시키는 대신 노예로 만드는 2차적 권력에 대한 권력이 필요한 것이다.

3. 숙원의 "권력에 대한 권력"

인간으로 하여금 다시—그리고 제때에—"그의" 권력을 통제하게 하며 폭군이 되어 버린 권력의 독재를 파괴하게 하는 3차적 권력은 어디에서 올 수 있는가? 그것은 여러 정황으로 미루어 볼 때 사회로부터 도출되어야 한다. 왜냐하면 어떤 사적 견해, 책임 또는 불안도 그러한 과제에 근접할 수 없기 때문이다. 서구 산업 사회의 "자유" 경제는 죽음의 위험 속으로 달려가는 역동성의 진원지이므로, 우리의 시선은 자연스럽게 공산주의라는 대안으로 향하게 된다. 그것이 우리에게 절실한 도움을 줄 수 있을까? 공산주의는 그런 일을 할 준비가 되어 있을까? 이런 관점에서만 우리는 마르크스주의적 윤리학을 고찰하고자 한다— 즉 인류의 꿈을 성취하고자 하는 관점이 아니라, 파멸에서 인류를 구원하고자 하는 관점에서. 우리의 시선이 마르크스주의로 향하는 이유는 전체 인류의 사업의 미래가 바로 그것의 목표이고 초점이며(물론 마르크스주의는 여기에서 "세계 혁명"이라 말하지만), 그 목표를 위하여 현재를 희생시킬 각오도 되어 있고, 그것이 지배하는 곳에서는 그 희생을 강요할 수도 있기 때문이다. 적어도 자본주의적 서구 사회에서 그런 경우를 보기는 어려울 것이다. 정치적으로 부과된 극도로 강한 사회적 규율만이 현재의 이익을 장기적인 미래의 요청 아래 종속시킬 수 있음은 명백한 사실이다. 마르크스주의도 진보주의의 한 형태이기 때문에, 다시 말해 마르크스주의는 스스로를 결코 긴급 조처로 파악하지 않고 보다 차원 높은 형태의 "인간"의 실현을 위한 과정으로 파악하는 까닭에, 마르크스주의가 오늘날의 보호 목적에 대해 제공하는 기회들도 역시 그것 안에 내재하고 있는 목표 실현 의도의 맥락에서 평가되어야 한다. 마르크스주의의 "개량주의"는 현대의 근본 방향과 일치한다. 우리는 앞장에서 마르크스주의를 다루면서 일단 보류하였던 문제를 다시 취급하게 되는데, 그것은 우리가 관심을 기울이는 미래에 대한 책임의 윤리가 진보를 이상으로 삼는 윤리와 어떤 관계에 있는가 하는 문제이다.

III. 마르크스주의와 자본주의 중 어느 것이 위험에 더 잘 대처할 수 있는가?

1. 베이컨적 이상의 집행자로서의 마르크스주의

진보주의적 세계관의 기본적 표현으로 블로흐(E. Bloch)의 공식인 "S는 아직 P가 아니다"를 차용할 수 있는데, 여기에서 "P"는 보편적인 상태로서 소망하는 것과 포기한 것이며, 우리의 과제는 그것을 실현하는 것이다.[1] 그와 같이 불확실한 상태가 인간의 상태이다. "P"의 아직-있지 않은-존재가 **인간 일반**의 상태라는 것은 본래의 인간이 아직 우리 앞에 있으며, 이제까지의 인간은 그것이 아직 아니며 결코 그것인 적이 없었다는 것을 의미한다. 이제까지의 모든 역사는 인간이 진정한 인간이 될 수 있고 또 되어야만 하는 진정한 인간의 전(前)역사인 것이다. 문화를 통한 인류의 도덕적 진보에 대한 애매 모호한 믿음은 어떠한 행위의 계획도 규정하지 않는데, 그것을 제외한다면(나타날지 모른다고 기대되는 니체 식의 초인과 같은 엉뚱한 것은 말할 것도 없고) 역사적으로 두 형태의 실제적·규정적 이상이 있다. 우선 자연에 대한 권력의 증대를 의미하는 베이컨 식의 이상이 있고, 그 다음에는 무계급 사회의 마르크스적 이상이 있는데, **후자는 전자를 이미 전제하고 있다.** 자연 지배라는 소박한 베이컨 식 이상을 사회 변혁의 이상과 결합시키며, 이 통합된 이상으로부터 마지막 인간을 기대하는 마르크스적 기도만이 행위의 방향을 1차적으로 미래에 두고 그곳으로부터 현재에 규범을 부과하는 윤리의 원천으로서 진지하게 고려의 대상이 될 수 있다. 마르크스적 기도는 베이컨적 혁명의 결실을 인간의 이해에 가장 잘 부합하도록 통제함으로써, 자본주의하에서는 기대할 수 없는 전체 인간 종족의 상승

---

1) "S는 아직 P가 아니다", "주어는 아직 술어가 아니다"라는 공식은 블로흐의 철학의 가장 짧은 논리적 표현이다. E. Bloch, *Philosophische Grundfragen I. Zur Ontologie des Noch-nicht-seins*(Frankfurt, 1961), 18면 참조. *Ernst Bloch zu ehren*, hrsg. v. S. Unseld(Frankfurt, 1965), 135~143면에 있는 A. Low 의 "S ist noch nicht P"에 대한 토론 참조.

246

이라는 애초의 약속을 지키려고 한다고 말할 수 있다. 그런 의미에서 마르크스주의는 예언과 의지가 똑같이 함축되어 있는 능동적인 종말론으로서 의무를 수반하는 미래의 선에 시선을 고정시키므로 희망의 징조 속에 있는 것이다. 공적 영역에서 그리고 세속적 전제의 토대 위에서 우리의 동의를 구하는, 다른 어떤 사상들보다도 우월한 이 미래에 대한 책임의 사상을, 불가피한 세계사적 순간으로부터 우리에게 주어지는 비종말론적 의무론과 비교하지 않을 수 없다. 그들의 관계를 결정한다는 것은 추상적 정당성을 가린다는 문제가 아니라 구체적인 절박성의 문제이다. 물론 그 유토피아적 이상의 프로메테우스적 주제넘음에 대해서도 몇 마디 비판의 말을 빠뜨릴 수 없을 것이다.

2. 마르크스주의와 산업화

이 두 관점—현실 수호적인 관점과 미래를 약속하는 관점—에 공통적인 것은 "수평적" 지향을 제외한 기술적·산업적 문명의 전제와, 이 전제가 갖는 모든 예측의 출발점으로서의 의미이다. "미래 약속적" 관점에 대해서는 간단한 설명이 필요하다고 본다. 사회주의가 기계 기술의 시작과 함께 나타나며, 마르크스를 통한 학문적 증명은 여기까지 형성된 자본주의의 상황을 근거로 한다는 것은 우연이 아니다. 단순화시켜 말한다면 이 상황에 있어서 사회화는 **이득이 되는** 것처럼 보이기 때문이다. 물론 사회화는 자본주의 위기 이론이나 프롤레타리아의 빈곤화 이론을 가지고도 필연적으로 또한 정치적으로 이룰 수 있는 것처럼 보인다는 점을 제외한다면 그러하다. 첫번째 관점은 다른 두 관점들보다 문제가 없다. 현대적 기술을 통한 사회적 생산의 증가로 인하여 비로소 정당한(평등한) 분배가 빈곤의 보편화로 귀결되지 않게 되었다—그 이전에 평등한 분배는 불공평의 감정을 치유하였을 뿐 다른 도움은 주지 않았을 것이다. 궁핍한 경제에 있어서 부족한 것을 공평하게 나눈다면 다수의 사람들에게는 유리하지만 빈부의 차이는 극히 미미하게 되며, 그런 상황에서는 소수에게 부와 자유가 편향되는 불공평이 오히려 문화에는 득이 된다고도 감히 말할 수 있다. 원시적 기술의 시대에는 문화를 위해서 항상 무시무시한 대가를 치러야만 했다. (우리에게 없어서는 안 될 고대 문화 유산도 노예 경제가 없었다면 가능했을까?) 국가가 보장하는 모든 사람들의 평등한 빈곤은 다수의 빈곤에 병행하는 소수의 부보다는 도덕적으로 덜 도발적이기는 하지만, 이런 이득만으로는 사회 주의적 이상이 역사를 움직일 정도까지 고무되지는 않았을 것이다. 적나라하게 표현한다면 프롤레타리아를 유혹하는 포상이 커지면서 혁명은 노력을 기울일 가치가 있게 된 것이다. 이것은 확실히 정당하였다. 이미 수중에 있는 포상이 가장 컸던 곳인 발전된 산업 국가에서 대중들은 이 길을 가지 않았고, 오늘날 반대로 가장 빈곤한 나라에서는 자본주의적 모범에 따라 그 포상을 얻기 위한 수단으로 사회주의가 권장된다는 것은 현대 기술이 이룩한 물질적 풍요의 과시가 현대 사회주의 이념에서 가장 근본적인 요소라는 사실을 바꿔 놓지는 못한다. 이제까지 사회주의가 권력을 잡은 모든 곳에서는 자신들의 현실적인 과감한 정치를 선전하는 상표로서 산업화를 추진하고 있다. "공포의 원칙"이 아닌 "희망의 원칙" 아래에서 태어나, 시작부터 "진보적"이었던 마르크스주의는 경쟁 관계에 있는 자본주의라는 자신의 적만큼 베이컨적 이상에 예속되어 있다는 것이 증명된다. 즉 자본주의와 똑같이 행동하여 마침내 기술로부터 획득할 수 있는 결실에 있어서 자본주의를 능가한다는 것이 어디에서나 사회주의의 확고한 실현 의지의 법칙인 것이다. 간단히 말하자면 마르크스주의의 근원은 베이컨적 혁명이며, 스스로를 선택받은 집행자, 자본주의보다 더 나은(더 효과적인) 집행자로 생각한다는 것이다. 물론 그것이 더 나은 혁명의 주인이 될 수 있는지는 아직 조사해 보아야 할 것이다. 우리가 미리 대답한다면 사회주의는 구원의 전달자라는 역할에서 재난의 방지자라는 역할로 스스로 탈바꿈할 때, 즉 자신의 생명의 숨결인 유토피아를 포기할 때 비로소 더 훌륭한 베이컨적 이상의 주인이 될 수 있다는 것이다. 만약 그렇다면 그것은 아주 다른, 외적인 조직 원칙에 이르기까지 변화되어 거의 알아 볼 수 없게 된 "마르크스주의"일 것이다. (이 고통이 이로운 것인지 아닌지 알 수는 없지만) 선동적인 이상은 그와 함께 사라져 버릴 것이다. 계급 없는 사회는 인류의 꿈의 실현이 아니라 앞으로 닥쳐 올 위기에서 인류를 보존할 수 있는 조건인 것이다. 인류 보존에 기여하는 기회와 그것을 저해하는 기회를 검토해 보자.

3. 기술론적 위험을 극복할 수 있는 기회에 대한 고찰

우리 시대의 가장 위대한 언표와 양면으로 연결되어 있는 열정 때문에 여기에서 극히 조심스러운 행보를 취해야 할 것이다. 여기서 그 생활 체계들의 내적 장점을 조사해 보려는 것이 아니라 두 체계에 모두 낯선 목적에 그것들이 쓸모가 있는지 없는지를 살펴보려는 것이기 때문에, 객관성을 유지해야 하는 우리의 과제는 한결 가벼워진다. 그 과제의 목적이란 기술론적 욕망을 억제하여 인류의 파멸을 방지한다는 것인데, 어느 것도 다른 것에 양보를 하지 않는 상황이다. 지금 현재로는 증명될 수 없는 기회에 대한 다음의 추론은 하나의 최초 시도라는 성격을 가진다.

a. 욕구 경제 대 이윤 경제, 관료주의 대 기업주의

이윤 추구에 의해 지배받는 경제의 비합리성에 대해 사회주의는 베이컨적 유산을 관리하는 데 있어 더욱더 높은 **합리성**을 약속하며 맞선다. 집단적 **욕구들**에 부합하는 중앙 계획은 경쟁력의 소모와 소비자의 말초 신경을 자극하는 시장 상품의 횡포를 방지할 수 있으며, 그러므로 자연의 저장품을 절약하면서도 물질적 번영을 이룰 수 있다는 것이다. 이런 측면에서의 낭비는 우리가 문제삼고 있는 상황에서는 아픈 상처 중의 하나이므로 이윤을 추구하지 않는 경제와 사회 질서의 중요한 장점이 여기 있는 듯이 보인다. 그러나 이제까지의 경험으로 미루어 보면 논리적으로 그렇게 정연한 장점도 적어도 부분적으로는 중앙 집중적 관료주의의 널리 알려진 결함—위로부터의 잘못된 지도, 아래로부터의 노예 근성과 비방주의 등—으로 희석이 되어 버렸다. 분명한 것은 수뇌부의 올바른 결정들은 거의 확실하게 전체 경제 기구와 사회 기구에서 관철될 수 있듯이 결정에 있어서의 오류도 그와 비슷한 막대한 영향을 미친 다는 점이다. 그리고 "밑으로부터"의 술선 수범을 질식시키고 전체 국민의 창의성을 억제함으로써 더 융통성 있고 열려진 자본주의의 경쟁 체제하에서보다 구원의 길이 더 먼 곳에 있는 듯이 보인다. 물자 공급에 있어서는, 물론 점차 정도를 넘어서는 낭비의 대가를 치르기는 했지만 이제까지 후자가 더 유리한 위치에 있었음이 확실하다. 이러한 자본주의의 낭비를 관료주의의 특징인 본의 아닌 낭비와 지속적으로 비교한다면 어떤 결과가 나올지는 비용 계산에 있어서는 아직 미결이다. 이 점에 있어서 이윤 경제도 자신에게 유리한 점과 불리한 점이 있다. 한편으로 그것은 욕구를 부추김으로써 소비를 끝없이 몰고 가는 낭비를 저지르지만, 다른 한편 경쟁으로 인하여 부득이 가격 인하를 해야 하며, 그러기 위해서 원자재를 절약해야만 하는 내적 동기를 가지고 있다는 점이다. 경쟁 없는 국가 경제는 살아 남기 위하여 비용을 절감할 필요성을 느끼지 못한다. 어떤 사회적 장점도 가지고 있지 않고 단지 국가 경제의 단점만을 대부분 가지고 있는 독점 자본주의라 하더라도 마찬가지의 면역성을 누리지는 못한다. (경영자를 포함하여) 투자자에게는 항상 **위험** 요소들이 도사리고 있으며, 그것이 "경제성"에 대한 경쟁이 없어도 생산 과정에서 절약의 습관을 유지하게 한다. 독점 기업이라 하더라도 적자를 보면서 경영될 수 있다. (물론 아주 다양한 이윤의 격차가 있다.) 그러나 국가 공무원으로 구성된 관료들은 아무것도 손해볼 것이 없다. 위험 부담이 없다는 사실은 이윤에 대한 관심을 차단시키는 비싼 대가를 치른다. 다시 말하자면 "이윤성"은 비합리적 요소이지만 경제적 스펙트럼의 생산의 끝머리에서는 합리성의 효과를 낸다—물론 소비의 끝부분에서는 비합리적 영향을 미친다.

그럼에도 불구하고 욕구 기준 그 자체는 이윤 기준보다는 더 나은(왜냐하면 그 자체로 합리적이므로) 합리성의 **전제 조건**이다. 그것이 어떻게 사용되는가는 이론적으로 극히 완고한 심리학이 결정한다. 모든 것은 **무엇이 욕구로 간주되는가**에 달려 있다(예를 들면 군비 확장, 아래를 참조). 욕구의 결정 과정이 얼마나 합리적으로 또는 비합리적으로 이루어지는가에 따라, 판단을 지배하는 요소가 현재인가 아니면 미래인가에 따라, 그리고 미래이면 어떤 관점에 의해서이며 국가적 이기주의가 얼마나 강한가에 따라, 정권이 국민의 호감을 확신하는 정도에 따라 (등등) 생태계의 희생을 치르면서도 무한한 자원의 가장 불합리한 낭비가 행해질 수 있는 것이다. 이윤 동기의 제거는 적어도 낭비를 강요하는 하나의 요소, 즉 처음에는 전혀 원하지 않았고 게다가 알지도 못했던 상품에 대한 구매력을 인위적으로 **조장하는 것**을 없앤다는 것은 확실하다. 낭비를 강요하는 다른 요소들이 사회주의적 체제 자체라기보다는 현존 사회주의 체제의 불완전성과 국제적 상황에 놓여 있다는 가정도 가능하다. 그러나 만약 발생한다면 중앙으로부터 발생하는 오류의 결과가 엄청나다는 사실은 최고의 자율성이 보장되고 극도로 개선된 관료주의하에서도 변함이 없으며, 오히려 그로 인해 결과가 더 커질 수도 있는 것이다.

b. 절대적 행정력의 장점

사회주의적 사회에서는 합리적 정신을 이룰 수 있는 좀더 나은 기회를 가지고 있으며, 거기에다 그 정신을 실제적으로 관철하며, 그것을 위하여 인기 없는 것도 부과할 수 있는 좀더 큰 **권력**을 가지고 있다. 중앙 집중적 권력의 단점에 대해서는 이미 언급하였지만, 이제 그 장점에 눈을 돌려 보자. 그것은 우선적으로 독재 정치 자체의 장점인데, 우리가 (여기에서 유일하게 토론할 만한 것으로서) 사회주의의 공산주의적 모델을 다루면서 문제삼는 것이 바로 이 점이다. 밑으로부터의 사전 동의 없이 내릴 수 있는 수뇌부의 결정은 사회 기구 내에서 (아마 수동적인 저항을 제외하면) 아무런 저항에 부딪치지 않으며, 국가적 장치가 어느 정도 믿을 만할 경우 확실하게 실행된다. 그것은 당사자 자신이었다면 결코 부과하지 않았을 조처들도 포함하며, 그 결정이 다수에게 해당된다면 민주적 체제 내에서는 동의를 얻어내기가 힘든 조처들도 들어 있다. 그러한 조처들이란 바로 위협적인 미래가 요구하며 계속 요구하게 될 그런 것들이다. 모든 전제주의적 정권의 장점이 여기서 논의되는데, 우리와의 관계에 있어서는 호의적이며 올바른 통찰력을 가지고 있는 전제 정치여야만 한다. 그러한 전제 정치가 "우익"보다는 오히려 "좌익" 쪽에서 나올 수 있는가 하는 의문(특별히 여기에서는 그것의 집행부가 공산당의 기구에서 보충되는가 하는 의문)이 생기게 되며, 이 질문에 대해서 우리는 우선 답변을 미루겠다. 그러나 공산주의적 전제 정치는 이미 존재하고 있으며 여기에서 이른바 1차적인, 이제까지 유일한 제안이 제출되었으므로, 우리는 그것이 **권력** 기술적으로는 자본주의적·자유주의적 민주주의의 복합체가 가지고 있는 가능성보다는 우리의 불유쾌한 목적을 위해서는 더 적합하게 보인다고 말할 수 있다. 실제적인 문제는 다음과 같은 것이다. 우리가 믿고 있듯이 단지 엘리트만이 도덕적인 능력이나 지적 능력으로 보아 우리가 제시한 미래에 대한 책임을 맡을 수 있다면, 어떻게 그러한 엘리트를 생산하여 그 책임을 완수할 수 있는 권력을 부여할 것인가? 지금 이 순간 우리는 이와 같은 이중적 문제의 권력적 측면에 대해 말하고 있는 것이다.

c. 대중의 금욕적 도덕의 장점과 공산주의에서의 그 지속의 문제

그러나 권력은 근본적으로 피지배자들이 기꺼이 지배받고자 하는 수용 태도에도 달려 있다. 그러한 수용 태도를 강요할 수 있는 폭력의 능력을 과소 평가하고 싶지는 않지만, 그것은 그 자체로는 바람직하지 못할 뿐만 아니라 영구적으로는 의심스러운 수단이다. 지속적인 희생이 요청되기 위해서는 독재적인 정부라 할지라도 정권과 국민의 일체감이 필요하다. 마르크스주의는 순수한 "도덕주의"로서 스스로에 의해 형성되고, 지배받는 사회 전체를 관통하며, 그것을 직접적인 대표자나 지지자에만 국한시키지 않는다는 점에서 커다란 이점을 가지고 있다. "전체"를 위하여 살고 전체를 위하여 자신을 희생한다는 것이 공공 도덕의 신조인 것이다. 혁명의 아버지들이 찬양해 마지않던 검약의 정신, 자본주의 사회에서는 낯선 그 정신은 적어도 그 규범을 믿는 사회에서는 하나의 습관으로서 계속 살아 있을 것이다. (입에 발린 고백이라도 가치가 있다.) 간단히 말하면 금욕적 태도는 사회주의적 규율 일반에 본래

들어 있는 것이다. 바로 이 점은 우리가 앞으로 맞이할 거친 요구와 단념의 시대에 아주 유익한 것이다. 그런데 금욕의 정신, 검약의 정신은 현대 자본주의의 시초에는 자본주의의 특성 중의 하나였으며, 자본주의의 운명을 경고하였다는 점을 상기할 필요가 있다. 그러나 그 정신은 자본주의의 물질적 성공의 홍분 속에서 철저하게 상실되었으므로, 풍요에 젖어 있는 중심 지역의 내부로부터 그것을 회생시킨다는 것은 거의 불가능하며(물론 새로운 종교의 예기치 않은 간섭은 이 경우에는 고려되어서는 안 된다), 마찬가지로 외부로부터의 강요도 힘든 일이다. 이제까지의 풍요로운 삶의 후원자들에게도 그러한 강요는 내적으로 적합한 일이 아니며, 게다가 그들의 감독하에서의 그러한 강요는 고통스러운 일을 받아들이는 데 있어서 중요한 비이기적인 동기의 신빙성을 없애 버릴 것이다. 자본주의의 목적인 물질적 풍요를 역시 목표로 삼는 공산주의가 한번 맛보기 시작한 성공의 유혹을 물리칠 수 있는지 물어보아야 할 것이다. 그것이 자본주의와 경쟁 관계에 있는 한, 소비 영역에서 자발적으로 자본주의의 업적 뒤로 물러설 각오가 되어 있는지도 의문이다. 만약 공산주의가 사치에 젖은 나라들에서 권력을 잡을 경우, 자신의 권력의 첫발을 생활 수준의 하락 특히 낯선 민족들에게 유리하게 물자 공급을 국제적으로 조정할 때 요청되는 생활 수준의 하락으로 내디딜 수 있는가 하는 의문도 발생한다. 이러한 것들은 대답하기 어려운 질문들이며, 러시아와 중국의 경험에 미루어서도 쉽게 결론을 끄집어 낼 수 없다. 물론 그곳에서 검약한 생활은 일반적이지만, 물자 공급의 부족한 능력을 단순히 우월한 선의로만 돌릴 수는 없기 때문에 검약의 자발성 역시 불확실하다. 다른 한편 금욕 정신의 생명력 자체는 공산주의의 경우 자본주의보다 긴 것 같지는 않지만, 공산주의하에서는 출발이 늦은 관계로 전(全)지구적으로 강요된 궁색함과 오히려 가까우며, 이제 막 이룩한 풍요를 썩히는 데 필요한 시간도 적다고 할 수 있다. 그러므로 공산주의는 커다란 불협화음 없이, 즉 크게 눈에 띄지 않게 앞으로의 풍요를 위한 금욕주의에서 더 큰 빈곤을 방지하기 위한 금욕주의로 전환할 수 있을 것이다. 무대 위에 마지막으로 등장한 중국은 아마 가장 나은 기회를 가지고 있다고 할 수 있다. 그러나 공산주의의 양 대국은 아직 한 가지 사실을 입증하지 못했다. 즉 그들이—자신들의 보다 나은 미래를 위하여 커다란 희생을 할 의사가 있다 하더라도—세계의 다른 지역들을 위하여 번영을 포기할 각오가 되어 있는지를 증명하지 못했는데, 우리의 문제가 가지는 전세계적 포괄성과 천연 자원의 지역적 불균형을 고려할 때 그것이 우리에게 더 중요한 문제이다. 국가들의 전세계적인 "계급 투쟁"이 두드러지고 있으나, 여기에 대해 해답을 가지고 있을 법한 (초국가적인) 마르크스주의 이론 즉 마르크스주의적 민족 국가와 지역 국가의 실천이 실제로는 심각한 경우 다른 주권 국가들보다 집단 이기주의에서 더 자유로울 수 있다는 징표를 보여주지 않고 있다. 여기에 관해서 우리는 나중에 다시 논의해야만 한다.

d. 유토피아에 대한 열광이 검약에 대한 열광으로 전환될 수 있는가? (정치와 진리)

이러한 모든 의혹에도 불구하고 마르크스주의가 자신의 신봉자들에게 주입할 수 있었던 열정의 첨단 기지 자체는 변함이 없다. 마르크스주의 신봉자들이 결핍을 이겨 내겠다는 마음의 자세에 대적할 만한 것을 자본주의는 가지고 있지 않다. 이곳에서 이미 습성이 되어 버린 풍요로운 삶의 쾌락주의를 (지독한 곤경이 그것을 강요하기 전에) 자발적으로 버리기 위해서는 새로운 종교적 대중 운동이 필요할 것이다. 그러나 그 능동태에서 문제되는 것은 유토피아에 대한 열정, 즉 궁핍의 희생을 치르고 획득할 수 있는 실현에 대한 열정이다. 만약 전혀 다른 목적으로 즉 인류의 자기 절제라는 빛나지 않는 목적으로 유도될 경우, 그 열정은 얼마나 빨리 고갈되어 버릴지 의문이다. 어쨌든 열정 그 스스로는 이 목적을 위하여 악용되었다고 생각할 것이다. 단지 속임수를 통해서만 그 열정을 악용할 수 있는데(목적이 대체되었다는 사실을 숨긴다거나 하는 방식으로), 그렇다고 그것이 세계사에서 첫번째 보기는 아닐 것이다. "이데올로기" 비판을 전면에 부각시켰던 마르크스주의가 "허위 의식"을 가지고 변화된 목적에 봉사하여야 한다면 그것은 얼마나 커다란 운명의 아이러니인가—이번에는 아무튼 의식적인 것이지만, 그 외의 경우에 지배적 이데올로기는 오히려 이해의 무의식적 산물로 간주되었다. 그러나 여기에서 허위 의식이 올바른 의식에 의하여 유지된다니! 나는 그러한 생각에 놀라서 뒤로 물러서지는 않는다.[2] 아마 이러한 대중 사기의 위험한 유희(플라톤의 "고상한 거짓말")가 결국 정치가 제공할 수 있는 유일한 길일 것이다. 즉 "희망의 원칙"이라는 가면을 쓴 "공포의 원칙"에 영향력을 부여할 수 있는 유일한 길일 것이다. 그러나 그것은 은밀한 충성심과 비밀 목표를 가진 엘리트를 전제로 하는데, 전체주의적 사회에서 그런 엘리트가 생겨날 수 있는 개연성은 자유(또는 개인주의적) 사회의 자유로운 의사 결정의 조건하에서보다는 낮다고 할 수 있다. 물론 자유로운 사회에서 그 엘리트들이 권력을 장악했다고 가정할 경우 그 통치 권력은 훨씬 미약한 반면, 공산주의의 경우에는 수뇌부의 결탁은 절대주의의 모든 권력에다 이상을 구실로 삼아 심리적인 권력까지 자기편으로 확보할 수 있는 장점이 있기는 하다.

이제 우리는 외지인이 움직이기 꺼려 하고, 되도록이면 정치학의 전문가들에게 위임하고 싶은 정치적인 것의 안개 구역에 들어섰다. 이곳에서는 새로운 마키아벨리가 필요한데, 그도 자신의 이론을 엄격히 비전(祕傳)의 폐쇄적 방식으로 개진해야 할 것이다. 물론 도덕적·실용적으로 더 바람직한 것은 인류의 사안을 "진실한 의식"의 처분에 맡기고, 그 의식에 속하는 공적인 이상주의, 즉 우리 자신의 후손과 **동시**에 고통받고 있는 동시대의 다른 민족들을 위하여 자발적으로 포기한다는 이상주의를 확산시키는 일일 것이다. 물론 이런 일도 불가사의한 "인간"의 불예측성을 감안할 때 불가능한 것도 아니다. 그것을 희망한다는 것은 믿음의 문제이며, 이것이 실제로 "희망의 원칙"에 아주 다른, 한편으로는 더 소박하면서도 다른 한편으로는 더 위대한 의미를 부여하는 것이다. 경험적으로 볼 때 그런 믿음은 별 근거가 없지만, 그렇다고 그것을 거부할 근거도 역시 없다. 그것에 책임을 지울 수는 없는 것 같다. 이것으로 충분하다. 지금까지 전체의 사고 전개는 마르크스주의의 본질적 내용과는 아무런 상관이 없으며 단지 그것의 역사적 실제성의 몇몇 형

2) 플라톤의 "국가"는 공적인 진실성의 문제에 있어서 자유주의적 순진성에 대한 좋은 단련이 될 것이다.

식적 특성들이 미래의 보장이라는 다소 불확실한 사업에 도움이 될 것
으로 기대하는 것이다. 본인은 냉소주의라는 비난을 받을 각오가 되어
있으며, 내 자신의 선의를 약속하면서 그 비난에 맞서고 싶지는 않다.

e. 포기의 자세를 위한 평등의 장점

 마르크스주의에 유리한 측면이 하나 있는데, 그것은 다시 마르크스주
의의 본질적 내용과 관계 있는 것이다. 무계급의 사회를 증명할 수 있
는 현실적 평등은 선포된 궁핍이 특권층에는 해당이 안 된다는 의심을
불식시켜 준다. 이런 종류의 불신은 계급 사회에서는 계층이 금권에 의
해서 결정되든지 아니면 다른 요소에 의해 결정되든지간에 피할 수 없
는 것이며, 대개는 정당한 근거를 가지고 있다. 그러나 부담이 어느 편
에도 치우치지 않고 중립적이라는 사실은 자발성을 불러일으키는 반면,
그러한 불신은 실행하는 데 있어서 폭력의 사용을 필요하게 만든다. 의
도를 신빙성 있게 해주며 실행에 있어서 명확히 드러나는 **공정성**은 정상
적인 상황보다는 전환과 유지의 정치가 가져올 극단적인 강제의 상태에
서 더욱더 요청된다. 불공평성의 감정과 편파적인 희생의 강요는 사태
전체에 치명적인 것이 될 수 있다. 불평은 이루 말할 수 없이 많을 것
이지만, 적어도 도덕적 감정을 상하지 않게 하는 대답을 가질 수 있어
야만 한다. 그러나 공산주의 국가에서도 권력 관계는 있기 때문에 이
체제하에서 정당 권한의 불가침성은 (민주주의처럼 물러나게 할 수 있
는 권력에서보다 훨씬더) 정말 중요한 문제가 된다.
 여기에서도 모든 것이 최상으로 돌아가지 않는다는 것은 익히 알려진
사실이며, 인간 본성을 미루어 볼 때 그럴 수밖에 없을 것이다. 특별히
은혜를 받은 관료주의의 관리자들이 사회적 생산으로부터 스스로 급여
를 지불하는 일은 공공연히 행해지며, 여러 형태의 부패는 권력의 향유
와 떼놓을 수 없다. 지역적이고 민족적인 불평등, 예를 들면 러시아 민
족의 지배 등이 여기에 첨가된다. 이러한 것들이 개선될지 아니면 더
나빠질지 예측을 허용하도록 하는 것이 체제 내에는 아무것도 없다. 설
령 그렇게 불리어지지는 않는다 하더라도, 신분 특권은 고도의 기능 분

화와 책임의 차이와 함께 현대의 기술이 지배하는 사회에서는 피할 수 없는 것이며, 사심 없는 희생은 사회주의적 인간에게서도 기대할 수 없다. 관련자들이 서로서로 나누어 가지는 경제적·사회적 프리미엄이 세습되지 않는 한, (우리 논의의 범위 안에서는) 눈에 띄는 불평등이라 하더라도 참을 만할 것이다. 다른 한편 밑으로부터의 통제가 없다는 것은 실제 지배 계급의 극히 자연스러운 경향에 제재를 가할 수 없다는 나쁜 징후이다. 즉 "무계급 사회"도 계급이 전혀 없지는 않다는 것이다.

그럼에도 불구하고 모든 사회주의에는 평등의 원칙과 같은 것이 속속들이 스며들어 있어, 사회주의가 선택할 수 있는 어떤 다른 대안들보다도 정의와 **정의의 추정**을 좀더 확실히 보장할 수 있다고 말할 수 있다. 물론 대안들 중에 민주주의가 있다면 상황은 달라질 것이다. 왜냐하면 만일 국민이 대표자들을 직접 선출하고 일정한 기간 뒤에 다시 선거를 실시한다면, 국민은 그들을 감독할 수 있기 때문이다. 앞으로 닥칠 포기의 정치라는 시련 속에서 민주주의는 적어도 일시적으로나마 쓸모없다는 것은 앞 장에서 암암리에 가정된 것이며(필연적으로 현재의 이해가 먼저 대변될 것이다), 지금 이 순간 우리의 사유는 마음에 내키지는 않지만 여러 형태의 "전체주의" 사이를 헤매고 있는 것이다. 그런 시점에서 공식적 국가 신조로서의 사회주의는, 어느 정도 우리의 의도에 부합하는 실천과 결점 많은 실천에도 불구하고, 포기의 정치가 대중들에게 받아들여지는 데 심리적 부담을 덜 준다는 사실은 부인할 수 없다. 사회주의적 구조 그 자체를 통해서 보증되는 것은 결코 아니지만, 지도부가 스스로 올바른 방향을 잡는 것을 **전제한다면** 여기에서 사회주의는 우위를 점하고 있으며, 다른 곳에서는 미움받는 마르크스주의도 그것으로부터 득을 본다. 여기 언급한 전제들 위에 얼마나 멀리 우리의 논리를 전개할 수 있을지—그 위대한 "만약"—앞으로 설명될 것이다.

4. 논의의 잠정적 결과: 마르크스주의의 가산점

우리가 사태를 도구적으로 고찰하고 지배자들이 세계적 사업에 객관적인 우선성을 부여할 것을 합의하였다면(매우 가설적인 것이지만), 여기까지의 결론은 사회적 규율면에서나 사회적 신뢰의 측면에서도 마르크스주의가 다른 독재 정치보다는 앞서간다는 것이다. 우리는 여기에서 허구들이 커다란 역할을 한다고 말했다. 무엇보다도 다음 두 가지의 허구인데, 하나는 전체를 열광시킬 수 있는 유토피아의 이상이며 다른 하나는 일상적인 것들에서 특권 부여의 의혹을 제거할 수 있는 제도적 평등의 원칙이다. 이것들은 아주 다른, 즉 반대의 의미에서도 "허구들"일 수 있다. 유토피아의 허상은 그것이 진리가 아니라 하더라도, 다시 말하면 유토피아의 추구가 적어도 일시적이나마 실제로 연기되었다 하더라도 여기에서는 유익할 수 있다. 평등한 공정성의 허상은 그 중 많은 것이 사실이라면 더욱 좋다. 다시 말하자면 가능한 한 공정해야 하지만, 더욱더 중요한 것은 되도록이면 공정하게 보여야 된다는 것이다. (존재를 넘어서는 허상은 정치적 가치를 항상 지니고 있지만, 그 반면 존재 뒤로 처지는 허상은 최상의 현실이라 하더라도 그 정치적 영향을 일부 감소시킨다.) 우리가 여기에서 "허상"을 대변하면서 말하고자 하는 것은 인간의 견해 자체가, 그것이 진실이건 거짓이건 상관없이 사건에 있어서 하나의 요소라는 점이다. 또한 유토피아의 경우에 우리는 어떤 특별한 상황에서는 허구가 더 유익할 수도 있다고 확실히 말한다. 다시 말하면 진실을 견디기가 너무 어려울 때에는 선의의 거짓이라도 끌어 와야 한다는 것이다. 물론 그와 같은 생각이 "인간들"을 너무 과소 평가할지도 모른다. 아마 잔인한 진실이라도 소수의 사람뿐 아니라 다수도 감격시킬 수 있을지도 모른다. 이것은 어두운 시대에는 좀더 나은 희망일 것이다.

IV. 추상적 기회들의 구체적 검토

내적으로 냉정한 "마르크스주의"에 가산점을 주었던, 즉 미래의 어려운 과제를 극복하는 데 있어 좀더 나은 기회를 가졌다고 결론지었던—그런 것처럼 보이는—도구적 계산 뒤에 하나의 중요한 의문이 떠오른다. "마르크스주의"가 자신의 더 좋은 기회를 인지하게 될 기회는 어떤 것인가? 이 질문은 이른바 앞서 행한 비판에 대한 메타 비판을 요청하는 까닭에 이미 실행된 비교를 다시 미결로 남겨 놓는다. 왜냐하면 "마르크스주의"는 하나의 추상이며, 우리가 관계하는 것은 구체적인 마르크스 체제와 구체적인 공산당이기 때문이다. 우리는 기회에 대한 기회와 관련된 얼핏 보기에 반복적인 질문을 던진다.

1. 공산주의 국가에서의 이윤 동기와 이윤 극대화 동인

우리는 앞서(5장, III, 3, a) 이윤 기준보다 욕구 기준이 합리적으로 우월하다고 말한 바 있다. 그러나 이윤 동기가 정말 공산주의 사회에서는 제거되었는가? 물론 사적인 이윤 동기는 있을 수 없는데, 체제 자체가 그런 기회를 허용하지 않기 때문이다. 그러나 그것이 세계의 다른 지역들의 희생을 통한 **집단적** 이윤 추구를 배제하는가? 원자재와 타민족의 경제 잠재력의 무자비한 착취(그 지방의 "공산주의자들"의 도움을 얻은)에 있어서 자본주의적 식민지주의에 뒤떨어지지 않는 경제적 제국주의가 막강한 권력으로 가능한 것은 아닌가? 공산주의의 이데올로기는 그것과는 정반대라고 말할 수도 있겠지만, 확실히 믿을 만하지는 않다. "한 나라의 사회주의"가 애국주의, 집단 이기주의, 민족적 권력 정치와 결합한 사례를 우리는 이미 알고 있기 때문이다. 비사회주의적 세계는 적은 아니라 하더라도, 적어도 하나의 대상으로 취급될 것이다. 사회주의가 전지구적 필요성에 대해서 더 나은 통찰력을 가지고 있다고 내세울 수도 없다. 그러기 위해서는 우선 마르크스적 권력 집단에 과연 그런 기회가 있는지 물어야 할 것이고, 둘째로는 여기에서도 올바

른 인식은 자신의 영토에만 국한되기 때문이다. 1974년 부쿠레슈티에
서 열린 세계 인구 회의에서 인구의 증가에 성공적으로 기여했다고 자
부하던(공산 정권이 무언가 이룩할 수 있다는 명백한 실례라고 생각했
다) 중국은 극한 어조로 그리고 좀더 정확한 지식을 인정하지 않으면서
"제국주의자들"에게 속지 말 것을 "제3세계" 나라들에게 충고하였다.
제국주의자들은 제3세계 나라들에게 도움이 될 수 있는 세계 긴장의 조
기 완화를 방해하려는 냉소적 의도에서 그런다는 것이었다.[3] 이것은 경
제적인 착취가 아닌 권력 정치적 착취이지만, 우리 문제에 있어서는(즉
생태학적으로 보면) 아마 후자가 전자보다 더 황폐한 결과를 가져온다.
경제적인 것에 머무른다면 **효과면에서** 이윤 동기와 비슷한 극대화 동기
는 자본주의와 마찬가지로 마르크스주의에도 원래 내재되어 있다. 그것
에 제동을 건다는 것은 내적·외적 요인 때문에 무척 힘든 일이다. 내
적인 것이란 결국 (물질주의적) 유토피아와 연관되는 문제인데, 우리는
나중에 이것을 따로 다룰 것이다. 이제 우리는 이미 언급하였던 문제
로, 욕구 원칙은 무엇을 욕구로 인정하며 욕구 중에서 어떤 것들에 우
선성을 부여하는가 하는 점에 대해서는 아직 답변을 못하고 있다는 점
으로 돌아가자. 극대화의 외면적 이유에서 벌써 그것들 중 몇 가지가
엿보인다. "나쁜 선례들이 좋은 풍습을 망친다." 성공적인 자본주의의
산업 체제와 병존함으로써, 사회주의 국가들은 자국민들에게도 거의 비
교할 만한 것을 제공해야만 한다. 그 체제를 예정된 바대로 흡수 통합
해 버리면, 외부로부터의 감염이 내부 감염이 되어 버린다. 병존의 상
황이 낳은 군비 확장의 열병은 경제적인 낭비를 극한까지 몰고 가며,
내부의 안정을 위하여 물질적 풍요가 망각되어서는 안 되는데도 그 한

3) 한편으로 자본주의 세계에 대항하리라 기대되는 동맹자로서의 "제3세
계"를 숫적으로 늘리고, 다른 한편 그들의 내부적 압력을—즉 그들의 빈
곤!—증가시켜 부자들에게 향하게 될 폭발을 더욱더 불가피하게 만들려
는 것이 그 이해 관계라는 생각이 더 정확하다. 이것은 무자비한 권력 정
치적 계산으로서, 우리가 그 사이에 스스로 부자가 될 때에만 오산할 수
있는 계산인 것이다. 그것에 대해서는 마르크스주의도 반대하지 않는다.
그러나 불장난 즉 세계 대화재를 일으킬 수 있는 불장난이 "세계 혁명"이
라는 개념 속에 들어 있다.

계를 넘어서고 있다. 그러므로 내부와 외부의 유혹이 손을 맞잡게 되고, 산업 성장은 계속되어야만 한다. 현대의 산업 사회는 모두 지구에 죄를 짓고 있었는데, 거기에 러시아가 가세한 것이다.

2. 세계 공산주의가 지역적·경제적 이기주의에 대한 보호막은 아니다

"한 나라의(또는 몇몇 나라의) 사회주의"는 기껏해야 하나의 전단계일 뿐이며, 사회주의적 세계 정부만이 도움을 줄 수 있다는 논리를 내세울 수도 있다. 그 점에 있어서는 두 가지 사실이 명백하다. 우선 현재 여건상 세계 전쟁만이 그 상태를 전세계적 범위로 이룩할 수 있으며, 세계 전쟁이 일어난 후에는 우리가 여기서 다루고 있는 것 대부분에 대해 더 이상 말할 필요가 없을 것이다. 우리의 사상적 관심사는 단계적인 인류 파멸을 어떻게 하면 막느냐는 것이며, 점진적 파멸을 갑작스러운 파멸로 대체한다면 그것보다 더 몰상식한 대안은 없을 것이다. 둘째로 사회주의적 세계 국가가 별탈 없이 설립된다 하더라도, 많은 소속 국가들에게 있어서 그것은 외부의 통치이며—부유한 나라들에게는 많은 것을 포기하도록 강요할 때, 가난한 나라들에게는 성장을 방해할 때 그렇다—온 민족의 자존심을 건 지역적 해방 운동은 피할 수 없을 것이다. 다시 말하면 중앙에서 통치되는 세계 국가는 필연적인 당파성으로 인하여 압제 권력으로 인식되기 때문에 어쩔 수 없이 불안정하다. 그런 상황에서는 사회주의라 하더라도 다를 수가 없다. 주권을 가진 국가들을 회원으로 하는 연방 체제라 하더라도 마찬가지이다. 사회주의 국가들간에도 자신의 이익을 위한 갈등이 있을 수 있으며, 극한 상황에서는 전쟁 또한 가능하다. 집단적 단위들은 계속해서 지역적·민족적으로 구성될 것이다. 집단적 이타주의의 예는 이제까지 세계사에서 찾아볼 수 없었으며, 앞으로 언젠가 생길 것이라고 가정할 만한 근거도 현재로서는 전혀 없다. 전체적으로 상승할 때 즉 지속적인 경제 성장을 이룩할 경우, 또한 경제 성장이 인구 증가를 앞서갈 때, 원칙적으로는 모든 산하 소속 단위들도 비교적 만족할 수 있을 것이다. 왜냐하면 모두에게 조금씩 이득이 돌아가며, 더욱이 가장 가난한 국가들은 생활의 향상을 감지하기 때문이다. 그런 상황이라면 소련 연방은 심각한 불평등에도 불구하고 존속할 것이다. 즉 성공적인(즉 평화적인) 세계 사회주의는 경제적 팽창과 밀접하게 맞물려 있는데, 경제적 팽창 없이는 전 세계의 빈곤을 제거할 수 없기 때문이다. 물론 지금 있는 부를 국제적으로 과격하게 재분배한다면 가능할지도 모른다. (이미 말했듯이 이 방법은 모든 폭력을 동원해야 되고, 그리고 난 후에는 더 이상 분배할 것도 없을 것이다.) 그러나 세계 전체로 볼 때 성장의 시대는 지역적으로 나아지는 (또는 반드시 필요한) 곳도 있겠지만 곧 끝날 것이며 전체 과정은 멈춤의 신호 속에 있을 것이며, 더욱이 몇몇 앞서간 지역들은 축소를 감수해야만 할 것이다. 사회주의도 이러한 사태를 되돌릴 수 없다. "가진 자"와 "가지지 못한 자"(러시아는 이미 첫번째 집단에 속하며, 곧 중국도 속하게 될 것이다)의 분리는 세계 사회주의 역시 물려받을 것이며, 두 집단 사이를 조정하려는 움직임에 대한 저항은 간단하게 국제 정치에서 "국내 정치적" 저항이 될 것이다. 각종 분리주의는 피할 수 없으며, 포기의 통치를 희생해야만 다시 평화를 되찾을 수 있을 것이다.

3. 마르크스주의에 있어서 기술의 문화

더욱이 마르크스주의가 경제적 극대화 정책을 포기하는 데 장애가 되는 것은 내부의 **체질적** 문제들이다. 즉 국제적인 규모가 아니라 이미 개별적인 국내 규모의 문제들이다. 우선 1차적으로 기술의 문화를 들 수 있는데, 그것은 서구에서는 도저히 찾아볼 수 없는 믿음과 같은 힘을 누리고 있다. 우리는 앞에서 마르크스주의가 베이컨주의의 결실이며, 스스로 그것을 집행하는 데 적임자로 자처하고 있다고 말했다. 처음부터 마르크스주의는 기술의 권력을 찬양하였으며, 그것이 사회화와 합동으로 구원을 가져다 주리라 기대하였다. 그러므로 마르크스주의는 기술의 권력을 제어하려고 하기보다는, 그것을 자본주의적 소유자의 사슬에서 해방시켜 인간 전체의 행복을 위하여 사용하려고 하였다. 그것을 직접 고안한 서구는 여기에 더 회의적이다. 우리가 "소외"라는 단어를 들을 때, 즉각적으로 떠올리는 것은 기계를 통한 노동 대상으로부터의 소외, "영혼 없는" 손동작으로 생산 과정이 황폐하게 분화됨으로써 야기된 노동의 의미로부터의 소외이며, 그 외에 대도시의 인공 세계로부터 자연의 소외 등이다. 그러나 마르크스주의자는 자연을 변형시키는 인간의 노동을 통한 세계의 "인간화"에 대해 긍정적으로 말한다. (자연에 대한 감상주의나 "낭만주의"보다 그에게 더 낯선 것은 없다.) 내가 틀리지 않는다면 "소외"란 말은 어떤 마르크스주의의 저서들 속에서도 기계로 인한 작업의 소외를 의미하지는 않았으며, 단지 노동 수단을(그와 함께 생산품도) 다른 사람이 소유함으로써 생산자가 자신의 생산품으로부터 소외당한다는 의미만을 가지고 있다. 이러한 "소외"는 노동자가 노동 수단과 노동 생산품을 소유함으로써, 즉 사회화를 통하여 치유될 수 있다는 것이다. 그러나 그때 "기술적 소외"는 극도의 합리화를 조장하는 사회성으로 인하여 더욱 심해진다. 그와 연관된 노동 과정의 "탈영혼화"에 대한 비판, 의혹은 정통 마르크스주의에서는 반동적 낭만주의로 펌하되었을 것이다. 그러나 진정으로 시민 계급적·자유주의적 사고를 넘어서는 것은 기술의 전지 전능에 대한 거의 종교에 가까운 믿음이다. 나이 든 사람 중 소련 연방의 시작을 경험한 사람들은 "사회주의는 전력화(電力化)이다"와 같은 슬로건, "시멘트"라는 책 제목, 철도 공사를 영웅화하는 아이젠슈타인(S.M. Eisenstein)의 영화, 트랙터에 대한 찬미와 모든 산업 공장, 기술적 진보를 사회주의에 대한 기여로 미화하는 것들을 기억할 것이다. 이러한 유아적 시기에 대해서는 이해의 미소를 보낼 수 있다. 그러나 훨씬 후에 결코 천진스럽지도 않게 맬더스주의는 공식적으로 시민 계급 이론이라는 "유죄 선고를 받았으며"—중국보다 훨씬 앞서—사회주의적으로 수행되는 학문과 기술은 식량 증산을 통해 인구의 증가와 보조를 맞출 수 있다는 것이 모스크바에서 공포되었다. 즉 인간 기술에는 자연적 한계가 있다는 이념 자체가 명시적으로 부정된 것이다. 물자 부족은 불충분한 기술이나 악의적 시장 조작의 책임이며, 물자 부족이 계속되는 것은 계급 때문이라는 것이다. 그 중 어느 정도가 솔직한 생각이며 어느 정도가 위선인가 하는 것은 별 상관이 없다. 왜냐하면 거짓도 공식적 이론을 보호하기 위하여 짜낸 것이며, 그래도 그것이 어느 정도 구속력이 있기 때문에 진실해진다는 것이다.

"진리"에 대한 이데올로기의 지배를 극명하게 보여주는 하나의 보기는 공식적으로 올바른 **유전학**이 무엇인가 하는 논쟁 때 생겨난 리센코 (T.D. Lysenko) 에피소드이다. 이야기의 우스꽝스러운 측면 때문에 더 중요한 부분이 간과되어서는 안 되는데, 그것은 여기에서 **사회**에 대한 **기술론적** 초안이 문제되었다는 점이다. 생물학적 "환경"으로서의 사회는 인간을 생물학적으로도 형성할 수 있는 권력을 가져**야** 하며, 자신의 변형을 통하여 사람도—자신에 맞춰—**변형**시킬 수 있어야 한다는 것이다. 그러나 사회의 자기 변형은 의도와 계획에 따라 실행되므로, 사회적 **조건**의 조작은 인간의 유전학적 조작을 위한 인위적 수단이 되며, 전체로서의 사회는 인간의 본성을 결정하는 기술이 된다. 그 당시에는 아직 새로운 "서구"의 유전 공학에서는 숙명론적인 즉 "반동적인" 측면 (환경의 영향에 대한 유전자의 면역성, 인종학을 위한 결론 도출 등)만 강조되었던 반면, 함축되어 있었던 조작적인 즉 "진보적인" 가능성은 보지 못했다. 물론 그러한 가능성들은 개별적 경우에만 쓰여질 것이고, 개인적 자의성이 가질 수 있는 공간을 허용했을 것이다. 마르크스주의 이론에 의하면 결정론은 집단적이어야만 하며, 그러므로 자의는 한 단계 후퇴하여 집단의 형태를 띠는 것이다. 물론 마르크스주의는 리센코 오류의 시신을 밟고 넘어서서 재빨리 서구의 학문적 유전학의 기술적 잠재력과 평화 협정을 체결할 것이다. 물론 이 잠재력이 "그 사회"에 의해 통제된다면 말이다. 그것을 이용할 수 있는 마르크스주의의 권한은 아직 다양한 전통과 종교의 잔재들이 인권을 가지고 있는 시민 계급적 서구 사회보다는 그 특성상 장애물을 덜 가지고 있다. 이제는 기술의 진보가 한때는 종교의 특성이었던 "대중을 위한 아편"이 되어 버렸으며, 기술이 **오로지** 대중만을 위한 것은 아니라는 사실이 자본주의에서보다 마르크스주의에서 더욱 분명하다는 점은 무척 염려스럽다. 여기서 중요한 것은 테크놀로지적 충동이 마르크스주의의 근본 특성 속에 내재하고 있으며, 또 그것이 자연 전체를(인간의 본성까지도) 아직 완성되지 않은 인간의 자기 완성을 위한 수단으로서만 파악하는 극단적 인간 중심주의와 결합할 때 충동에 대항하기가 더 어려워진다는 점이다. 이러한 정신적 요소는, 설령 수량화될 수는 없다 하더라도, 우리가 기도하는 "기회"의 평가에서 간과되어서는 안 된다.

4. 마르크스주의에서 유토피아의 유혹

최대의 내적 유혹은 마르크스주의의 가장 깊은 곳에 자리잡고 있는 "유토피아"에 있다. 그것은 마르크스주의의 가장 고상한, 그러므로 가장 위험한 유혹이다. 마르크스주의의 역사관 또는 단순화시키는 존재론에 들어 있는 "유물론"은 마르크스주의 이상의 진부한 물질주의적 내용을 뜻하기 때문에, 그것은 결코 유혹이 아니다. 유물론은 목적이 아니라 조건에 관련되는 것이다. "우선은 먹어야 하고, 그 다음에 도덕이다"에서는 "우선"뿐만 아니라 "그 다음"도 진지하게 취급해야 한다. 그것이 말하고자 하는 것은 목졸려 죽어 가는 자와 다를 바 없는 굶주린 자(기아의 위험에 처해진 자) 즉 가장 원초적이고 동물적인 필수품도 없는 자는 전(前)도덕 상태에 묶여 있다는 것이며, "그 다음"에 실제적으로 "도덕이 오며", 그가 권리 주장을 하게 된다는 것이다. 겉보기에는 "도덕"을 진부하게 만드는 그 뻔뻔한 평범성은 실제로는 그 자체 제3의 것에 대한 도덕적 책무, 즉 인류성을 가로막는 상태를 제거해야 한다는—그 (무도덕의) 상태를 더 이상 사람들이 "그렇지만 상황은 그렇지가 못해"라고 말할 수 없는 상태로 전환시키는—책무를 수행할 협정을 그렇게 맺는 것이다. 이것이 사회주의의 전체 유토피아라면, 누가—그 길을 선택한 데 대해 의심은 하겠지만—그것 때문에 감정을 상하겠는가? 그러나 이러한 박애적 해석은 물자 공급의 순전히 경제적인 해석과 마찬가지로 마르크스주의를 과소 평가하는 것이다. "공평성"이라면 좀더 가깝게 근접하는 것이겠지만, 그러나 그것도 아직 이상을 서술하는 것이 아니라 그 이상을 위한 조건을 서술할 뿐이다. 좀더 공정한 상태는 이제까지 불평등한 관계로 인하여 계급 쌍방에 억제되었던 "본래"의 인간적 잠재력이 표출되도록 문을 열어 주어야 한다. 이제까지의 모든, 그리고 무계급 상태 이전의 역사는 단지 "전역사"이며, 인류의 본래 역사는 새로운 사회와 함께 비로소 시작된다고 하는 다소 수수께끼 같은 말의 의미가 바로 이것이다. 그러면서 종래의 부정과 갈등을 청산하는 것 외에 "인간"의 보다 차원 높은 실현은 **긍정적으로 무슨 내용으로** 이루어지는가 하는 의문에는 신중하게도 침묵으로 일관하였다. 과거의 비본래적 역사만을 염두에 두고 있는 마르크스주의자가 그것에 관한 이념을 가지고 있다고 거짓말을 해서는 안 되기 때문에, 침묵을 지키는 그들의 태도는 일면 타당하다고 할 수 있다. 매혹적이지만 공허한 유토피아의 평판과 그것이 내세우는 공약에 직면하여 우리는 다음과 같은 질문을 던지지 않을 수 없다. 즉 보다더 공정한 상태는—그 자체로는 부인할 수 없는 가치를 지니고 있지만 아마 다른 인간적 금전으로, 예를 들면 문화적 광채로 그 대가를 치러야 하는 가치일 것이다—이제까지 가로막혀 있던 인간의 본질 중 **무엇을** 폭로할 수 있는가(또는 폭로를 허용하는가)? 또한 그러한 것이 있으며 그것이 구출되기만을 기다린다는 믿음은 어디에 근거하는가?

V. 앞으로 도래할 "본래적 인간"의 유토피아

1. 미래의 본래적 인간으로서 니체의 "초인"

마르크스주의에서는 유토피아가 침묵을 지키기 때문에 우리는 정반대
되는 곳에서 동일한 견해에 도달한, 즉 이제까지의 모든 것은 동물에서
미래의 초인으로 넘어가는 과도기이며 전단계라는 니체(F. Nietzsche)에
시선을 돌려야 될 것 같다. 니체는 이미 그 그림자를 미래에 드리우고
있는 인간의 크기에 대한 자신의 관념을 마르크스주의자들보다 더 많이
드러내 보여주고 있다. 니체는 물론 유토피아 신봉자는 아니었으며, 앞
으로 도래할 일반적 상황이나 인간 시도의 종말을 의미할 "궁극적" 상
태에 대해서는 전혀 말한 바 없다. 과도기 존재란 엄격하게는 인간과,
그리고 오리라고 기대되는 "초인"에만 적용된다. 그런데 그 초인은 다
시금 자신을 넘어서서 다른 것을 추구하게 되고, 곧 끝없이 열려진 지
평선을 바라볼 것이다. 니체는 사회주의적 평등의 축복이나 그 외의 모
든 일반적 행복에는 단지 경멸의 시선을 보낼 뿐이며, 그러므로 그는
여백으로 남겨진 유토피아의 내용을 채울 수 있는 보충적 원천으로서
고려의 대상이 안 된다는 사실을 우리는 알고 있다. 어쨌든 인간의 위
대함과 나약함, 숭고함과 천박함, 건전함과 비뚤어짐을 생생하게 표현
할 수 있는 그가 가장 위대한 것을 기대한다고 할 때, 그가 무슨 말을
하는지 스스로 알고 있을 것이다. 이제 그의 영웅들(어떤 의미에서 그
들 대부분은 그의 적이기도 하다)을 살펴보자. 사람들은 위대한 영혼들
이 시간을 초월하여 이끌어 오고 있으며, 아마 미래에도 계속 이어질
"정상 회담들"을 생각할 것이다. 그 정상은 더 높아질 것인가? 그것이
무엇을 뜻하는지 상상하기가 어렵다. 아마 정상들은 지금처럼 그리 드
물지는 않게 되고, 연이어 나타날 수 있지는 않은가? 그것도 가능하겠
지만, 여기에서 니체에게 숫자가 중요한지 확실히 알 수가 없다. 아니
면 그가 이런 생각을 했다고 주장할 수 있는가? 즉 "플라톤이 두 세계
이론에 현혹당하지 않았다면 플라톤은 무엇이 되었을까? 유태인에 대

한 스피노자(B. Spinoza)의 증오가 유태인의 신을 파멸시키지 않았다면, 스피노자는 무엇이 되었을까? (등등)" 그것은 불가능하다. 그는 자신의 영웅들의 다른 모습을 원하지는 않았을 것이다. 물론 그들은 아직 미래의 "자유로운 정신들"은 아니었으며, 신의 죽음 뒤에 즉 초월의 궁극적 상실 뒤에, 이제까지와는 전혀 다른 "강건함"과 "용기"를 그들에게서 요구할 수 있는 것도 아니다. 그것이 바로 니체가 이름 붙일 수 있는[4] 초인의 유일한 덕인데, 그것은 화를 복으로 만드는 것과 같다. 그러나 그것도 그가 과거에서 알고 있던 것을 조금 발전시킨 것에 불과하다. 간단히 말하면 "인간"과 마찬가지로 "초인"도 항상 있었으며, 미래의 초인은 과거의 초인과는 다르겠지만, 이제까지의 초인도 항상 그전과는 달랐었다. 그러나 좀더 숭고한 인간의 초래를 위해, 또는 초인의 출현을 가능하게 하고 장려하기 위해 또는 단지 초인이 나타날 개연성을 높이기 위해 구체적으로 무엇을 해야 하는지 (초인을 사육할 수 있는 영역에 대한 우연한 상징들을 제외한다면) 니체는 말해 주지 않는다.

2. 도래할 본래적 인간의 조건으로서의 무계급 사회

이 점에 있어서 마르크스주의는 몽상가의 희망에 비해 정치적 사상과 행동을 갖추었다는 이점이 있다. 그는 좀더 숭고한, 좀더 진실한 인간이 나타날 수 있는 조건에 이르는 길을 하나 알고 있는 것이다. 그 길이란 혁명이며, 그 조건들을 합친 것이 무계급 사회이다. 그곳에 함축되어 있는 전제가 바로 마르크스주의와 니체를 (고전 철학자들의 대부분과) 구별해 주는 것이며, 마르크스주의와 대부분의 다른 진보주의 신조들이 공통적으로 가지고 있는 것이 또한 그 전제이다. 즉 인간은 근본적으로 "선하며" 단지 상황으로 인해 나빠졌다는 것이다. 그러므로 본질적 선함을 되살리기 위해서는 단지 올바른 환경만 조성해 주면 된다는 것이다. 또는 달리 표현하면 인간은 환경의 산물이며, 올바른 환경

---

4) 우리는 신적이면서도 장난기 섞인 무책임감을 모든 것을 시도하려는 의도로 부를 수도 있겠지만, 이것은 현재의 담화 즉 "책임"에 집중되어 있는 담화와는 무관한 영역에 속한다.

은 올바른 인간을 낳을 것이라는 것이다. 이 견해에 따르면 인간의 선함과 악함은 단지 좋은 또는 나쁜 환경의 기능이 된다. 진보의 한 측면은 적어도 장애물의 제거에 달려 있다. 그리고 이제까지의 환경—즉 계급 사회와 계급 투쟁—은 마르크스주의에 따르면 좋은 적이 없었고 인간도 역시 그랬는데, 무계급 사회가 비로소 선한 인간을 산출할 것이다. 이것이 마르크스주의의 본질에 있어서 "유토피아"이다. 여기에서 "선함"은 이중의 의미가 있는데, 우선 성격과 행동의 선함 즉 **도덕적** 자질이고 다음으로 초경제적 가치에 있어서 (경제적인 가치는 그 조건이 되기 때문에) 생산성과 그것의 품질 즉 **문화적** 자질이다. 이 두 가지 면 가운데 적어도 한 가지 면에서라도 가설상 무계급 사회가 이제까지의 여느 사회보다도 더 나으며, 그곳에서 비로소 인간의 진실한 잠재력이 그 모습을 드러낸다는 것이다. 이것은 무엇을 뜻하는가?

a. 무계급 사회의 문화적 우월성?

"문화적인 것"을 접하게 되면, 우리는 다시 니체의 수수께끼에 이르게 된다. 더 위대한 천재들이 있다는 것인가? 아니면 천재들이 더 많다는 것인가? 아니면 더 행복한? 사회적으로 더 자비로운? 그것에 이르는 조건들에 대해서 우리는 아는 바 없다. "더 많이"와 관련해서는 이제껏 빈곤에 억눌렸던 많은 재능들이 만개할 수도 있으며, 만약 그렇다면 그것은 이득이 될 것이다. 그러나 반대로 많은 재능들이 사회적 검열의 증가로 억압받을지도 모르며, 그렇게 되면 결산은 예측하기 어렵다. 질적으로는 진단하기 더 곤란하다. "천재"의 비밀에 대해서 우리는 어쨌든 침묵해야만 한다. 그에게 마지막으로 강요되는 것은 아마 유용성일 것이다. 개인들에 대해 말하지 않는다면, 그 사회가 어두웠던 이전 시대에 선물하였던 것보다 더 위대한 예술을 주리라 기대할 수 있는가? 아마 더 얌전한 것임에는 틀림없다. 하나의 더 강력한 학문? 더욱더 공익에 치중하는 학문이 오히려 개연적이다. 이 "아마"조차도 최대한 봐준 것이다. 실제로 우리는 집단적인 또는 개인적인 창조에 관계 없이 창조의 조건에 관해서는 아는 바가 아무것도 없다. 그리고 어떻게, 어디에서, 그리고 어느 시대와 사회에서 예를 들어 평범하지 않은 위대한 예술이 탄생하는지에 대해 무엇인가 술어적으로 사용할 수 있는 것을 전혀 알지 못한다. 단지 중용의 커다란 법칙이 무계급의 사회나 그 밖의 다른 사회들에게도 똑같이 적용된다는 것에 대해서는 확신을 가지고 있다. 그러나 어디에 중점을 두는가, 즉 예외에 중점을 두는가 아니면 일률적 규칙에 중점을 두는가에는 차이가 있을 것이다. 그러나 그곳에서조차도 비일상적인 것이 질식할 정도로 처벌받지 않는 한 그 효과는 확실하지 않다. 문화적 광채가 그러한 부정적인 조건과 연관되어 있다면 아마 우리는 좀더 평등한, 그리고 인간적 불행으로 덜 일그러진 사회를 위하여 문화적 광채와 흥미로움을 포기할 의사가 있을 것이다. 합목적성을 위해서 막강한 속물 근성을 참고 견디는 것이 옳다고 생각할 것이다. 모든 것을 다 가지려고 하는 어린 아이의 소원(=유토피아) 대신에 그것을 예 또는 아니오로 대답하여야만 하는 것이 전체 문제를 대하는 올바른 태도일 것이다. 그러나 양자 택일을 해야 할 때 도덕적인 측면에 우선성을 부여한다면, 아마 그 자체로는 유효한 직접적인 요청과, 도덕의 실현과 연결된 즉 도덕적인 면에서 "유토피아적"인 희망들을 구분하여야만 한다. 도덕적으로 "좀더 나은" 인간 일반에 대한 희망이 바로 언급한 대가를 치를 각오가 되어 있는 이상의 핵심이다. 그것의 상황은 어떠한가?

b. 무계급 사회의 시민들이 도덕적으로 우월한가?

"선함"이 환경의 기능이라는 전제는 여기에서 훌륭한 역할을 한다. 이 전제의 정당성은 집단의 문화적 창조의 문제에서는 도덕적 상태에서만큼 그렇게 확실하지 않다. 의도한 바대로 그리고 예상한 바대로 된다면 공동체화한 경제 질서에 뒤따르는 좀더 공평한 물자의 분배는 폭력, 잔인함, 시기, 탐욕, 사기 등에 대한 충동을 없앨 것이며, "끝에 처진 자는 개에게 물린다"는 무자비한 경쟁의 작업장보다는 아마 형제 같지는 않다 할지라도 좀더 평화스러운 인간 관계가 지배할 것이라고 쉽게 시인할 수 있다. 빈곤이 사라진다면 틀림없이 궁핍에서 오는 범죄 행위

는 줄어들 것이다. 나쁜 행동을 하게 하는 다른 충동과 동기가 있는지
는 불확실하다. (여기서 사람들은 곧 정치적 욕망을 생각하게 된다.)
우리는 그때 인간의 본성, 그 본성의 감염성 또는 영민함 등을 믿을 수
있을 것이다. 인간의 본성이 제거될 수 있고, 존재 자체가 하나의 스캔
들이어서 그러한 동기들을 제거하지 못하도록 저지하지는 않는다. 항상
그러하듯이 결론은 다음과 같다. 그러한 동기가 없어진다면 인간은 못
알아 볼 정도로 착해지고 시기심 없고 공정하며 서로서로 우애 있는 관
계를 유지하고, 인간은 모두다 제도적인 것을 구현하게 되며 즉 "객관
적" 윤리를 내면화하여 자동적으로 실천하게 되고, 그래서 국가는 덕을
갖춘 자로만 구성된다. 이것을 어떤 사람도 진지하게 믿지는 않을 것이
며, 사회주 국가조차도 자신의 경찰 체제와 밀고자 체제가 철저하게
증명하듯이 그것을 믿지 않을 것이다. 스스로를 위해 혼자 싸워야 하는
사람보다는 많은 면에서 도덕적으로 유리한 위치에 처해 있는 "사회주
의적" 인간도 가능한 모든 기준에 따라서는 좋은 사람이거나 나쁜 사람
일 수 있다. 사회적 변명이 금지되고 책임 소재가 더욱 명확해진다는
것은 윤리적으로 하나의 장점이 될 수 있다. 유혹이 존재하는 한—인
간의 마음은 항상 유혹을 느낄 것이다. 바라건대 인간은 그렇게 말하고
싶어할 것이다—인간은 인간일 뿐 결코 천사가 아니라는 사실이 유효
할 것이다. 이것을 말하면서 우리는 거의 수치심을 느낀다. 그럼에도
왜 우리는 그래야만 하는가?

c. 마르크스적 유토피아의 인과적 조건으로서의 물질적 풍요

그 이유는 유혹의 위험한 힘, 즉 유토피아 자신의 위험한 힘 때문이
다. 예를 들어 그것을 실현하기 위한 노력의 과정에서 무자비해질 수
있는 위험과 같은 일반적 위험은 이제 우리의 문제가 아니다. 우리 주
제와 관련하여 유토피아의 특별한 위험은 그것이 인과적 **조건**하에서 빈
곤을 피해야만 하고, 사치스럽지는 않다 하더라도 만족할 만한 육체적
존재의 충족을 추구해야만 한다는 것이다. 유토피아의 존재론적 가설의
유물론은 인간의 진실된 잠재력을 자유롭게 하기 위한 단호한 전제로서

물질적 복지를 들고 있으며, 유물론은 그 스스로가 목적은 아니지만 목
적을 위한 필수 불가결한 수단인 것이다. 기술의 도움에 의한 풍요함의
추구는 아무튼 자본주의와 공통으로 가지고 있는 천박한 동기를 넘어서
서 유토피아의 종복이라는 더욱더 고상한 의무가 된다. 진실한 인간의
실행이 그것을 요청하는 것이다. 누구도 말하기를 꺼려 하는 두 가지
사실을 이제 말하려고 한다. 첫째 오늘날의 조건하에서 우리는 유토피
아를 누릴 수 없으며, 둘째 그것 자체가 하나의 허구적 이상이라는 것
이다.

VI. 유토피아와 진보 사상

1. 유토피아적 이상으로부터 결별할 필요성

a. 복지에 대한 약속의 심리학적 위험

"우리가" 복지의 향상을 전세계에 걸쳐서 평균적으로 이룩하는 것이 더 이상 가능하지 않다는 것은 앞 장에서 자세히 논의하였다. 발전된 나라들에게 그것은 포기를 의미하는데, 그 이유는 저개발국들의 수준 향상은 자신들의 희생으로만 이루어질 수 있기 때문이다. 그러나 그곳에서도 여유는 많지 않다. 전지구상의 부와 부를 이룩하였던 생산력을 무차별적으로 재분배하더라도(평화적으로 실행할 수는 없지만), 가장 가난한 지역의 생활 수준을 단순한 최저 빈곤에서 벗어나게 할 정도로만 향상시키기에도 넉넉하지 않다. 그들이 단지 성장을 이룩한다는 것만으로도 다행이라고 우리는 생각할 것이다. 그러나 최상의 경우에도, 다시 말하면 개별적인 성공에도 불구하고 그들은 더 먹으려는(항상 충족되지 않는) 탐욕만을 키울 것이다. 그럼에도 불구하고 유토피아를 진척시키는 풍족함에 훨씬 못미쳐 있는 이런 곳에서 무엇인가가 일어나야 한다는 것은 명확하다. 그렇다면 마찬가지로 분명한 점은, 세계적 부의 대부분을 자신들의 소비적인 생활 양식을 위해 낭비하는 미국의 복지는 자발적이든 아니면 민족들의 "계급 투쟁"으로 강요되든간에 피부로 느낄 정도의 손실을 감수해야만 한다는 것이며, 이는 적어도 심리적으로는 유토피아에 호의를 가질 수 없는 요인이 된다. 반대로 이것은 모든 이를 위한 평등한 정의의 약속보다 좀더 매력적인 약속으로 자신을 선전해야만 한다. 다수의 사람들이 나중에 이득을 본다는 확신을 가져야만 하며, 그렇지 못하더라도 적어도 손실은 보지 않는다는 계산을 할 수 있어야 한다. 특히 강대국 즉 부유한 나라들의 국민 다수에게 모든 것이 달려 있다. 그러나 그 대가를 지불해야 하는 사람들은 바로 그들이다. 여기에서 유토피아의 마법은 "좀더 적게"가 아니라 "좀더 많이"

를 지향하기 때문에, 정말 우리가 해야 하는 일에는 단지 방해가 될 뿐이다. 오히려 좀더 커다란 재해에 대해 경고하는 것이 좀더 진실한 정치일 뿐 아니라 지속적으로 더 효과적인 정치일 것이다.

요약하면 성장보다 오히려 감축이 표어가 되어야만 하며, 그것은 이데올로기적으로 얽매여 있지 않는 실용주의자들보다 유토피아의 대변자들에게 더 큰 어려움을 줄 것이다. 이제까지 세계적으로 중요한 순간에 유토피아적 사고의 위험성에 대해 살펴보았다. 그것은 세계적 문제를 해결할 수 있는 후보자로서의 마르크스주의의 "기회"에 대한 논의이다. 단지 실용적인 측면에서 행해진 계산으로도 값비싼 젊은 시절의 꿈—인류에게 있어서는 유토피아—을 포기하라는 성숙의 명령이다.

b. 이상의 진리 또는 비진리와 책임자의 과제

유토피아의 꿈이 실제로 얼마만한 가치가 있는지, 즉 그것을 포기함으로써 무엇을 잃으며 또는 무엇을 얻을 수 있는지 물어 보아야 할 시간이다. 그 꿈이 진실이 아니라면, 그것을 포기함으로써 **진리**를 얻거나 적어도 진리에 훨씬더 근접할 것이다. 그러나 그것이 진리이거나 진리의 근사치라 하더라도(여기서 진리가 회의적인 믿음 포기의 부정으로 존재한다면) 항상 유익한 것은 아니다. 유토피아의 심리학적 가치, 즉 그것이 대중을 행동과 고통으로 나아가도록 고무할 수 있다는 사실은 의심의 여지가 없다. 역사의 힘으로서의 "신화"는 그것이 사실이든 허구이든 상관없이 필수적이다. 유토피아는 바로 그러한 신화로서 기적적 힘을 발휘하였다. 그런데 여기서 생각할 수 있는 것은 허구적 착각을 포기할 수 있는 성숙이다. 예를 들면 이제까지 약속의 광채를 필요로 하였던 인류의 단순한 보존을 스스로 책임지는, 즉 몰아적 희망에서 행하는 대신에 몰아적 공포에서 책임을 지는 성숙이 그것이다. 그러나 우선 지도자들이 확고한 믿음을 가지고서 자신들의 이상에 현혹당하지 말아야 한다. 적어도 그들에게는 진리의 문제가 결정적 역할을 해야 한다. 그것도 곧 또는 나중에, 전체적으로 또는 부분적으로, 한번에 또는 여러 단계를 거쳐서, 개연성이 높은가 낮은가와 같은 시간의 문제를 초월하여 중요한 역할을 한다. 이상이 내포하고 있는 "진리", 내적 정당성과 합법적 실용성의 문제가 중요한 것이다. 실용적인 이유에서 단순히 연기하는 것이 아니라, 진정으로 그러한 유토피아적 관점과 결별하는 것만이 미래를 이끌어 갈 그들에게 도덕적이고 지적인 자유를 준다. 그 도덕적이고 지적인 자유는 그들이 해야 할 결정에는 없어서는 안 될 필수 요건인 것이다. 그들이 그러한 냉정한 진실을 어떻게 국민에게 전달할 것인가 하는 문제는 이제 정치 기술에 속하는 문제이지 철학의 문제는 아니다.

자, 이제 진리의 문제를 제기하여 도덕적 유토피아에 집중해 보자. 그것의 조건인 물질적 유토피아가 현재 조달하기 어려운 것으로 인식된다 하더라도 목표에 대한 환상으로서 자신의 권력을 아직 유지하고 있다. "인간"이 유(類)적 존재로서 도덕적으로 더 나아지고 현명하게 되리라고 말한다는 것은 의미가 있는가? 진보의 개념이 거기에도 적용될수 있는가?

2. "도덕적 진보"의 문제점

우리는 오늘날 종종 도덕적 진보는 지적인 진보, 다시 말하면 학문적·기술적 진보와 보조를 맞추지 못했으며, 지적 진보 내에서도 인간, 사회, 역사에 대한 지식은 자연에 대한 지식에 못 미치고 있다는 말을 듣는다. 그리고 이러한 두 가지의 맹점은 뒤떨어진 분야를 끌어올리면 제거될 수 있으며, 그럼으로써 인간은 이제까지는 일방적이었던 진보를 완벽하게 한다는 말들도 한다. 그러한 견해들은 인간적, 특히 윤리적 현상을 완전히 오인하고 있다고 나는 믿는다. 인간, 사회, 역사에 대해서 "아직" 자연 과학적 지식과 비교할 만한 지식이 없다는 사실은 단순히 그것들은 "자연"과 동일한 의미에서 "알 수가 없으며", 자연과 유사하게 알 수 있는 것은 본질적인 것에 해당하지 않는다는 데 기인한다. 특히 이 가지적인 것은 자연의 "가치 중립적인" 기술적·조작적 지식과별 무리 없이 결합하며, 그 자신은 간극의 다른 편에 있는 까닭에 이 간극을 메꾸는 데 전혀 기여하지 않는다. 이 단순한 개괄적 주장에 대

해 우리는 좀더 심사 숙고하라고 호소할 수밖에 없다. (여러 상이한 대
상에 대한 각각 다른 의미의 "지식"을 발전시키는 철학적 증명은 현재
의 과제와는 너무 다른 방향으로 논의를 돌리게 될 것이다.) 우리 모두
가 원하고 있는 **도덕적** 개량은 어떠한가? 사회적 과정에 적용되는 "진
보"의 개념을 **여기에서도** 사용할 수 있는가?

a. 개인에서의 진보

"진보"의 개념이 원래 **여기에서**, 즉 도덕적 영역과 개인적 영역에서
나왔다는 사실은 하나의 역설이다. 버니언(J. Bunyan)의 《천로 역정》
(*Pilgrim's Progress*)은 영혼의 구원의 발전을 다루고 있으며, 소크라테스 이
래로 덕은 덕을 통하여 성장하며, 덕은 올바른 교제, 모범, 연습, 인식
과 꾸준한 노력—처음에는 외부로부터 모방을 통하여 일깨워진, 그러
나 점차적으로 내면화된 "선에 대한 사랑"—이 중요한 역할을 하는 **교
육**의 산물이라는 데에는 이의가 없다. **개인**은 나아질 수 있는 능력이 있
으며(학교에서, 그리고 육체적 숙련에서도 점점더 발전한다), 바깥에서
의 도움도 있고, 주체 내에서도 하나의 길이 있다는 것은—발전의 점근
선(漸近線)적으로 무한한 운동이 가능하다—의심 밖의 일이었다. 모든
생명체는 무에서 시작하여 모든 것을 획득해야만 하기 때문에, "진보"
는 누구나가 모두 관여하였던 개인의 발달 속에서도 필연적 발전의 법
칙이다. 문제는 "좀더 나아지는" 방향으로의 발달이 청년기의 학습과
생물학적 성숙의 도달을 넘어서까지 지속되는가이다. 이 점에 있어서
윤리학은 인간이 죽음에 이르기까지 지식이나 능력, 윤리적 성격에서
지속적으로 발달해야만 한다는 입장을 취했다. 좀더 완벽한 것 그리고
이룰 수 있는 것은 아직도 이제껏 이룬 것의 저편에 있기 때문에, 자기
교육으로서 교육은 육체적 성숙을 넘어서서 지속되어야만 하며 지속될
수도 있다는 것이다. "진보"의 이념은 여기에 개념으로 그리고 이상으
로서 자리를 차지하고 있으며, 더욱이 개인적 "유토피아"라는 말을 할
수도 있다. 그럼에도 불구하고 이 모든 것은 개개인에 관한 것이며, 그
의 심리 육체적 개인과 "영혼"이 문제시된다. 집단에 대해서도 비슷한

견해가 있는가? 단체, 역사적 사회나 인류에게도? "인류의 도덕적 교육"과 같은 것이 있는가?[5] 개체 발생론에 해당되는 사항이 좀더 일반적으로 "계통 발생론"에도 적용될 수 있는가?

우리는 이미 앞 장에서 즉 역사적 예측과 알 수 있는 책임의 미래 지평의 문제와 관련하여 이 문제를 논의하였으며, 개별 존재와 역사 존재 사이에는 **어떠한 유효한 유사성도 없다**는 결론을 내렸다. 여기에서 우리는 진보의 개념과 집단적 유토피아와 연관지어 이 문제를 다시 살펴보겠다.

b. 문명에서의 진보

"문명"에서도 진보를 이룰 수 있으며, 그 외의 모든 종류의 인간적 기능에서도 진보가 있고, 그것이 개체의 생명을 넘어서서 증식되어 (전승될 수도 있으며) 보편적 소유가 될 수 있다는 사실은 분명하다. 즉 학문과 기술, 사회적·경제적·정치적 제도, 삶의 안전과 쾌적, 욕망의 처리, 문화적으로 산출된 목표와 향락의 종류의 다양함, 그것을 향유할 수 있는 계층의 확대, 법적 상태, 개인적 존엄성의 공적 존중, 그리고 물론 "도덕"에서도, 다시 말하면 거칠 수도 세련될 수도 있고 엄할 수도 관대할 수도 격렬할 수도 평화로울 수도 있는 공동 생활의 외적·내적 습관에서도(개개인을 각인하는 "민족성"의 형성으로까지 이어질 수도 있다) 그러하다. 이 모든 것에서 좀더 나은 것으로, 적어도 더 바람직한 것으로 진보할 수 있다. 물론 우리 모두 알다시피 가끔 끔찍한 퇴보도 있었다. 그러나 전체적으로 볼 때 인류가 이제까지 "향상"되었다

---

5) 진보의 개념은 여기에서 "발전"의 개념과 같은 일을 겪었다. 즉 원래는 개체 발생학에 속하였다가 그것에서 다른 곳으로 전용되었으며, 마침내 계통 발생학을 위하여 독점되다시피 하였다. 이에 관해서는 H. Jonas, *Organismus und Freiheit*, 65면 이하 참조(= *The Phenomenon of Life*, 32면 이하). 오늘날 "발전"이라는 말을 들으면 곧 다윈주의를 생각하게 되며, 개개인이 "살면서 발전시킨 특이한 형식"을 연상하지 않는다. 마찬가지로 "진보"라는 단어를 들으면 개인적인 삶의 길이 아니라 곧 사회와 역사를 머리에 떠올리게 된다.

고 말할 수 있으며, 또 마찬가지로 미래에도 향상의 가능성이 있다고 말할 수 있다. 단지 우리는 오늘날 충분히 인지하고 있듯이 그 대가를 치러야만 한다는 것이다. 모든 이익과 함께 소중한 것도 없어지며, 문명의 인간적인 그리고 동물적인 비용이 너무 높으며, 그것은 진보와 함께 더욱 오르리라는 데 대해서 더 이상 부언할 필요가 없을 것이다. 그럼에도 불구하고 우리가 만약 선택권을 가지고 있다면(대다수는 그것조차 가지고 있지 않지만), 우리는 아마 그 비용을 감당하거나 아니면 "인류"로 하여금 그 비용을 떠맡게 할 것이다. 예외는 만약 그 대가가 전체 사업을 무의미하게 하거나 파괴할 경우에 해당된다. 이제 개별적으로 어떠한 진보가 있는지 살펴보자.

3. 과학과 기술에서의 진보

자연에 관한 지식과 기술의 경우에는 가장 명확하다. 지속적인 성장이 그 사안상 가능할 뿐 아니라 실제적으로도—물론 중단되기는 하였지만—이제까지 인류 역사의 과정에서 가장 명백하게 이루어졌다. 두 사업의—서로 뗄 수 없이 융해되어 버린—오늘날의 상태를 감안할 때, 미래에도 그들의 운동은 지속될 것처럼 보인다. (더욱이 수익은 지수상으로 더욱 증대할 것이다.) 어쨌든 그들은 본질상 그럴 능력을 가지고 있으며 어떠한 제한도 가할 수 없다. 여기에서 진보는, 더욱이 잠재 능력으로 볼 때 무한할 수 있는 진보는 의심의 여지없이 명확한 사실이며, 뒤에 나오는 모든 것은 그전의 것보다 **더 우수하다**는 진보의 상승 특성은 단순한 해석의 결과가 아니다. 그 상승의 대가가 어떤지는 물론 덜 분명하다.

a. 과학적 진보와 그 대가

과학으로 말할 것 같으면 그 과제와 그 가능성의 무한함은 인식 대상(자연)의 본질과 인식 자체의 본질에 근거하며, 과학의 수행은 권리일 뿐 아니라 능력을 보유하고 있는 인식 주체의 고상한 의무이다. 그러나 이 주체는 이제 더 이상 개개의 정신이 아니라 지식을 저장하는 사회의 "집단 정신"이며, 바로 여기에 과학적 진보의 내면적 **비용**이 근거한다. 즉 과학 자체의 질이라는 대가를 치르는 것이다. 그 이름은 "전문화"이며, 그것이 지식 자료의 엄청난 증가와 분화, 그리고 그것에 대비해 발전된, 점점더 미세해지는 특수 방법에 직면하여 이미 "존립하는" 총체적 지식의 극단적 단편화를 만들어 낸다. 개인은 그 과정에 창조적으로 참여하고 정말 당면한 일에 도움이 되는 방관자로서 이해하지만, 그는 자신이 밀접하게 소속되어 있다는 것 외에는 모든 과정의 공동 소유권을 포기하는 대가를 치른다. 총체적 지식량은 증가하지만 개개인의 지식은 점점더 단편적인 것이 되어 버린다. 우리는 여기에서 그 지식 과정에 **직접 참여하는 자**, 즉 연구자와 전문가에 대해 말하고 있다. 또한 전체적 지식은 점점더 비교적(祕敎的)인 것이 되어 일반인들에게 전달하기 어렵게 되고, 그래서 대부분의 사람들은 그것에서 소외된다. 자연에 대한 진정한 지식은 예전부터 항상 적은 엘리트의 몫이었지만, 오늘날 우리가 양자 역학의 비밀에 무대책인 것처럼 교양을 갖춘 뉴턴의 동시대인이 그의 작품에 그렇게 무기력했는지는 의심스럽다. 틈은 점차 더 벌어질 것이며, 그 틈 사이의 빈 자리에는 대체 지식과 미신이 세력을 넓혀 갈 것이다. 그럼에도 불구하고 아무도 그 과정을 멈추기를 호소하지 않는다. 인식의 모험을 계속 앞으로 밀고 나가는 것은 최고의 당위이며, 그 대가가 설령 크다 하더라도 그것을 치를 각오가 되어 있는 것이다. 바로 여기에 진정한 진보**와** 우리에게 전적인 동의를 **요청**하기를 바라는 진보의 권리의 사례가 있으며, 그것은—아마 유일하게—이론의 여지없이 확실한 사례일 것이다. 그러나 그것은 본질적으로 종결될 수 없기 때문에 유토피아의 실현과는 아무런 상관도 없다. 이론과는 동떨어진 영역에서 인식의 승리나 패배는 유토피아의 달성에는 득도 해도 되지 않는다. 이제까지의 과정을 지켜볼 때 유토피아는 현재의 상태로서도 그리고 활력에 대한 기대로서도 어떠한 이론적 원동력과 이론의 지속적 성공을 필요로 하지 않는다. 이 시점에서 유토피아에 바랄 수 있는 최선의 것은 유토피아가 지배를 할 때에도 위의 두 가지 사항을 방해하지 않는다는 것이다. 진리 자체와 진리의 추구는 유토피아의 현

존을 통해 인간의 **모든** 상태를 아름답게 장식하는 것이다. 유토피아가
사라질 때는 마찬가지로 인간의 상태가 볼품없이 된다.

b. 기술적 진보와 그것의 도덕적 이중성

　자연 과학의 건장한 자손인 **기술**은 전혀 다른 상황에 처해 있다. 기술
은 세계를 변화시키고, 인간의 공동 생활의 실제 조건과 방식을 결정적
으로 규정하며, 많은 경우에는 자연의 상태까지도 규정하므로, 그것은
유토피아의 실현과 구상된 내용들에 분명히 영향을 미친다. 실제로 여
러 가지의 유토피아들은, 정치적인 것이든 문학적인 것이든(내가 진지
하다고 생각하지 않는 "목가적" 유토피아를 제외하고), 그것의 핵심이
비록 테크놀로지적이지 않다고 할지라도 의식적으로 기술을 자신들의
기획에 포함시킨다. 촉진과 억제와 관련되는 한, 어떤 기술은 유토피아
에 의해 기대되고 소망되지만, 또 다른 것은 공포의 대상이 되기도 한
다. 우리는 이미 앞 장에서 공산주의 형태를 띤 유토피아가 거칠게 되어
버린 기술을 **제어**할 수 있는 가능성을, 즉 여기에서 바람직한 억제의 가
능성을 가지고 있는지를 살펴보았다. 그것은 과학에서와는 달리 기술에
있어서 진보는 바람직하지 않을 수도 있다는 것을 의미한다. (왜냐하면
기술은 단지 효과를 통해서만 정당화되며 스스로는 정당화될 수 없기
때문이다.) 그러나 기술은 자신과 쌍둥이가 되어 버린 자신의 생산자인
과학과 공통점을 가지고 있는데, 그것은 뒤따르는 모든 것은 앞의 것보
다 필연적으로 **우수하다는** 의미에서 "진보"가 기술의 운동에 있어서 부
인할 수 없는 명백한 사실이라는 것이다. 이것은 가치 평가가 아니며
단지 소박한 사실 확인이라는 점을 중시해야 한다. 우리는 좀더 강한
파괴력을 가진 원자 폭탄의 발명을 한탄하며 가치에 역행하는 것으로
생각할 수 있지만, 단지 원자 폭탄이 기술적으로 "좀더 나으며" 이러한
의미에서 그 발명은 유감스럽게도 진보라는 점을 한탄하는 것이다. 기
술적 진보의 문제는 이 책 전체의 주제이므로, 여기에서는 더 이상 깊
이 다루지는 않겠다. 과학과 기술이 의형제를 맺은 이후 그들에 관해
확인할 수 있는 것은, 무엇인가 일어났다 하면 그것은 그 둘 중 하나의

280

성공담이며, 그것도 내적 논리에 근거한 지속적 **성공**으로서, 앞으로도 마찬가지를 약속한다는 것이다. 오랜 세월에 걸쳐 추구되는 인간 공동의 어떤 다른 사업에서도 이와 비슷한 말을 할 수는 없을 것이다. 앞장(1장, IV, 1, 31면)에서 서술했듯이 기술의 성공은 공공적인, 그리고 모든 생활 영역을 포괄하는 눈에 띄는 화려한 자신의 자태를 가지고— 문자 그대로 개선 행렬인데—일반적 의식 속에 신에 반항하는 프로메테우스적 사업을 단순한 수단의 역할에서 (모든 기술 자체는 하나의 수단임에도) 목적의 역할로 환원시키며, "자연의 정복"을 인류의· 소명처럼 보이도록 각인시킨다. 즉 호모 사피엔스로서의 인간을 호모 파베르로서의 기계인이 지배하며, 외면적 **권력**을 최상의 선으로 간주하는 것이다. 물론 그것이 개개인을 위한 것이 아니라 종으로서의 인류를 위한 것이라는 사실은 자명하다. 여기에는 마지막이 없기 때문에, 그것은 무한한 목표를 향한 영원한 자기 극복의 "유토피아"라고 할 수 있을 것이다. 과학은 이론의 삶이라는 자기 본래의 목표에 더 적당하겠지만, 그것도 단지 소수의 숙련가 무리들에게만 해당된다. 마지막으로 도덕성과 관련하여 보면, 과학과 기술이 도덕성과 아무런 연관이 없는 것은 아니다. 진보의 이념에 관하여 제기되는 문제는 과학과 기술이 진보를 통해서 일반적인 도덕적 교화에 기여하는가이다. 지식에 몸을 맡긴다는 것은 그 자체가 도덕적 선이므로 **학문**은—그리고 인식하는 사유 일반은—그것을 수행하는 사람들에게 교화적 영향을 미칠 것이지만(그럼에도 불구하고 언제나 불쾌한 방식으로 작용하는 것은 아니지만), 교화는 학문의 발전이나 결과를 통해서가 아니라 학문의 연마와 수련을, 다시 말하면 학문의 정신을 통하여 이루어진다. 이 점에 있어서 뒤따르는 것은 앞의 것보다 나을 것이 전혀 없으며, 따라서 일반성의 문제를 건드리지 않는다. 그러나 그것은 **기술**이 세계에 쏟아 놓는 모든 것에 영향을 받으며, 그러므로 실제적으로 결과의 진보인 기술의 진보에 영향을 받는다. 그러한 기술의 결과들—인간적 쾌락을 위한 성과들과 인간적 상태의 형성의 성과들—은 너무나 복잡하여 많은 것들은 교화적 영향을 미치고, 또 다른 것들은 도덕 파괴적이며, 동시에 두 가지 상반된 영향을 미치기도 하므로 여기에서 어떻게 결산해야 할지 나도 알 수가 없다.

단지 이중적이란 것만은 확실하다. 기술을 통한 생활 조건과 생활 습관의 장기적 개조가 생물 중에서도 가장 유연한 "인간"의 유형적 변화를 초래한다면(근거 없는 상상은 아니다), 이러한 변화는 결코 도덕적·유토피아적 이상의 방향으로 가지는 않을 것이다. 기술적 축복에 지배적인 통속주의만으로도 이 모든 것을 훨씬 개연적으로 보이게 한다. (기술적 질서의—실제적인 그리고 심리적인—대중 억압이 개인에게 금치산 선고를 내린 경우들을 굳이 상기시킬 필요는 없을 것이다.)

4. 사회적 제도들의 도덕성에 관하여

학문과 기술에서는 명확하게 진보, 더욱이 잠재 능력상 무한한 진보를—나중의 상태가 이전의 상태를 항상 능가하는 유일한 운동으로서 영원한 반(反)엔트로피적 운동이다—말할 수 있지만, 도덕적인 것과 훨씬더 밀접한 정치 사회적 질서의 영역에서(조금 전까지만 해도 역사에 더 많은 자료를 제공하였다) 이 그림은 덜 명확해진다. 그것에 관해 깊이 사유하게 되면, 집단적 생활에서 도덕적 영역에 가까이 서 있는 것일수록 "진보"가 자연적 운동의 형태가 될 가능성은 불확실하다는 것을 법칙으로 세우고 싶어진다. 도덕적으로 중립적인 것, 완전히 "객관적인" 기준에 따라 정해진 것들은 많으면 많을수록 좋다고 여겨지는데, 그러한 것들이 오히려 단계적 완벽화에 더 적합한 것들이다. 간단히 말하면, 존재(Sein)보다 능력(Können)이 더 좋다. 그러나 더 나은 그리고 더 나쁜 국가 질서, 경제 질서, 그리고 사회 질서들이 **있으며**, 그것들은 그 자체가 더 또는 덜 도덕적인 경우 즉 도덕적 규범에 타당할 수 있는 경우를 제외하고는 구성원들의 도덕적 존재 즉 "덕"에 더 좋은 또는 더 나쁜 **조건**을 부여한다.

a. 전제 정치의 패덕적 효과

사회와 도덕의 양자가 일치한다는 것이 그렇게 확실하지는 않다. 오히려 부정적 측면이 더 많을 것이다. 그것 자체가 특정한 윤리적 가치

와 모순 관계에 있는 전제 정권은 여러 가지 방법으로 권력의 소유자와
희생자를 타락시킨다. (그것은 동일한 사람 안에서 섞여 있을 수 있다.)
그 속에서 순수함을 유지한다는 것은, 일반적인 보통 사람에게서 기대
하고 요구할 수 있는 것 이상의 비범한 미덕을 요구하는 일이다. 과거
의 행렬에서 "인간"이 얼마만한 도덕적 위대함의 능력이 있는지 보여주
는 진리의 증인들의 모습을 놓치고 싶지는 않지만(그러한 모습이 없다
면 우리는 그런 것을 알 수도 없다), 그 값진 순교자의 미덕 때문에 순
교의 기회를 제공하는 그 상황을 좋다고 할 사람은 아무도 없다. 반대
로 순교의 보기들은 우리로 하여금 그와 비슷한 것이 필요 없는 상태를
추구하게 만든다. (플라톤은 소크라테스 같은 사람이 죽지 **않아도** 되는
국가를 추구하였다.) 미덕이 가벼울 필요는 없지만 그렇다고 해서 다수
의 사람들이 가지기에 그 대가가 너무 커서는 안 된다. 또한 사람들은
그 미덕의 광채가 자신 속에서 빛나기를 원하지 그것이 악덕의 어둠 속
에서 두드러져서—물론 그때 가장 밝게 빛나겠지만—비지상적인 광채
를 띠기를 바라지는 않는다. 여기에서 우리들은 소수가 아닌 다수의 사
람들에 대해서—즉 공동체의 무수한 구성원들의 평균치(그것만으로도
유토피아와 관련된다)—말하고 있다. 사람들이 그러하듯이 미덕이 장
려되어야 하지 사기를 저하시켜서는 안 된다. 무엇보다도 **악덕**이 부추겨
져서는 안 되는데, 그러한 예를 우리는 전제 정치에서 찾을 수 있다.
전체주의적 전제 정치에서 악덕은 가장 총체적으로 장려된다. 즉 지배
자에게는 전횡과 잔혹함이, 피지배자에게는 비겁함, 위선, 비방, 친구
의 밀고, 몰인정, 숙명주의적인 무관심—한마디로 불안의 악덕과 수단
과 방법을 가리지 않는 생존의 모든 악덕이 조장된다. 이러한 모든 것
이 악덕이 아니고 상황에 따라서는 외부인이 판단하기 어려운 인간의
나약함이 될 수도 있지만, 그럼에도 그것은 인간성의 부정적이고 수치
스러운 측면임에는 틀림없다. 그러한 악덕에는 보상이 주어지고, 인간
성의 보다 긍정적인 측면에는 무거운 형벌이 걸려 있다. 그러한 속죄는
결코 불가능하지는 않지만(우리가 살고 있는 세기를 포함한 과거 수세
기 동안 항상 새로이 감동을 주는 경험들이다), 의연한 사람들의 희생
은 여기에서 더욱더 위대해지는 것이다. 그것은 인간에 대한 우리의 믿

음을 구해 주기 때문에 (그것들이 알려진다면) 결코 헛되지는 않다. 회의하는 인류에게 주어지는 이러한 독재 정치의 비자의적 선물이 선물을 준 사람의 책무를 면제하게 해서는 안 된다.

b. 경제적 착취의 패덕적 효과

우리가 정치적 전제 정치에서 묘사하였던 것이 사회의 다른 제도적 측면에도 적용될 수 있다. 즉 그것들은 개인적 윤리에 유익할 수도 해가 될 수도 있는, 그 중에서도 특히 후자의 도덕적 **조건**을 만들어 낸다. 예를 들면 **경제적** 질서인데, 이로써 우리는 "자유"와는 전혀 다른 것이 문제시되는 마르크스주의적 유토피아의 논점에 근접한다. 우리가 마르크스주의의 자본주의 비판에서 중요한 표어를 끄집어 낸다면, **착취** 관계 그 자체는 비도덕적이며 그 착취로 이득을 얻는 자나 손해를 받는 자 모두에게 패덕적 영향을 끼친다. 착취자는 그들이 단순히 착취자라는 사실만으로 죄를 짓게 되며, 더욱이 아무도 그의 행위를 죄책감 속으로 몰고 가지 않기 때문에 냉혹해지고 양심을 기만하는 것과 같은 도덕적 황폐화의 피해를 스스로 당한다. 물론 그것 없이는 자신의 역할을 성공적으로 수행할 수도 없지만. 더욱이 자신들의 개인적 생활에서 그들은 모범적이 되고자 하며, 가장 부드러운 동정이(그것이 미치는 곳에 가서는 희미해지지만) 그들에게 없지도 않다. 또한 기업가들에게는 항상 그들에게 고유한 미덕도 있다. 그러나 도덕적으로 바르지 못한 근본 상황 속에서 그들 자신도 자신들이 하고 있는 일로 인하여 같이 더러워진 것이다. 부정을 행하는 사람은 자신의 영혼을 더럽힘으로써 자기 자신에게 피해를 끼친다는 소크라테스의 말은 "착취자"에게도 해당되는데, 그 행위가 자신이 직접 선택한 것이 아니라 단순히 소속 계급으로 인하여 어쩔 수 없이 이루어졌다 하더라도 그러하다. 범인의 개인적 측면을 이와 같이 축소하면 우리는 다음과 같이 말할 수 있다. 즉 **체제**는 역할을 일반적으로 왜곡함으로써 도덕적으로는 자신의 부당 이익자에게까지 불이익이 돌아가게 한다는 것이다.

그런데 착취를 당하는 사람들은 어떠한가? 착취를 **당함으로써** 그들의 영혼도 나빠지는가? 그들의 도덕적 잠재력은 그들에게 가해지는 행위로 인하여 손실을 입는가? 이것은 자신을 짓누르는 상황을 극복할 수 있는 영혼의 자유를 과소 평가할 수도, 과대 평가할 수도 있는 문제이다. 여기에서 중요한 것은 그것의 객관적 결과로서의 불평등이 아니라 불평등의 정도이다. 그것이 어느 정도를 넘어서면 희생자들의 모든 내면적 자유를 박탈한다는 것은 당연하다. 소크라테스는 말하기를, 부정한 행위를 하는 주체 스스로는 부정한 행위를 당하는 사람보다 더 많은 피해를 입는다고 하였다. "불법"이 문제가 되는 한 이 문장은 타당할 것이다. (우리가 심리학을 계산에 넣는다 하더라도 소크라테스보다는 니체를 더 믿어야만 할 것이다.) 그러나 객관화된 부정은 새로운 인과성을 만들어 내고, 당하는 사람에게 끼치는 그것의 도덕적 폐해에 대해 우리는 질문을 던져야 한다. 소크라테스처럼 여기저기서 행해지고 당하는 개개의 행위가 아니라, 부정의 체제의 희생자들에게 미치는 영구적인 영향에 대해서 묻는 것이다. (체제 변동의 효과를 예측하기 위해서 우리는 이것을 알아야만 한다.) 대체적으로 말하자면 그 영향은 삶 전체의 상황을 결정하는데, 육체적・절대적으로 필요한 필수품에 이르기까지 그 영향력이 미치고 있으며, 그것의 일상적인 명령에 비하면 부당하다는 감정조차도 부차적인 것이 되어 버린다. 경제적 착취의 객관적・지속적인 결과인 부당한(생산 능력에 부적당한) 물자 분배에 대해서 우리는 산업 자본주의의 초기의 자료를 통해 그것이 손해를 보는 대다수의 사람들을, 다른 것을 할 아무런 여유도 없이 단순한 생존에 급급한 가장 헐벗은 상태로까지 강등시킨다는 것을 알고 있다.[6] 이것이 인간 전체에게 손해를 끼치고 빈곤을 더욱 빈곤하게 하고 도덕적인 빈곤에까지 이르게 한다는 사실은 자명하다. 정치적 전제주의에서의 폭력과 공포의 역할을 여기에서는 물질적 빈곤과 물질에 대한 욕구가 맡는다. 설령 그것이 "미덕"에 대한 감각을 질식시키지 않은 곳에서는 적어도 그 비용을 너무 높게 만든다. 브레히트(B. Brecht)의 말이 우리 귀에 울린다. "우선 먹어야 하고 그 다음에 도덕이다", "그럼에도 불구하고 현실은

---

6) 이것에 관해서는 F. Engels, *Die Lage der arbeitenden Klasse in England* 와 비교.

그렇지 않다 ! "⁷⁾ 이 말에 함축되어 있는 "상황"의 권력에 대한, 그리고
"도덕"의 제약성에 대한 철학은 나중에 다룰 것이다. 그것들은 유토피
아의 부정적인 측면을 지나서 (여기서는 다루지 않은) 그것의 긍정적인
측면에도 중요한 것이기 때문이다. 그릇된 정치적 질서와 마찬가지로
그릇된 경제적 질서의 상태가 개인들의 "선함"을 가로막을 수 있다는
사실은 이제 의심의 여지없이 확실하다. (동물적으로도 가치 없는 것이
인간적 존엄성을 허용하지 않는 명백한 극단적 경우를 제외하고 그렇
다.) 그 상황이 영혼에 어떤 기적을 일어나게 할 수 있는가 하는 물음
을 다루기 위해 여기서 멈출 필요는 없다. 어쨌든 부정적 증상은 명백
하다.

c. "선한 국가": 정치적 자유와 시민의 도덕성

이것은 긍정적인가? 좋은 경제 질서와 사회 질서 즉 "선한 국가"가
선한 인간을 산출한다는 것이? 장애물의 제거가 도덕성을 가져온다는
것—즉 "포식"과 함께 "도덕"도 생긴다는 것? 그대로 내버려 두면
인간은 선할까? (위의 질문들은 동일한 것들이 아닌데, "산출하다"와
"그대로 두다"는 동일하지 않기 때문이다.) 지금 우리는 덜 확고 부동
한 땅 위로—부정적인 면이 긍정적인 면보다 훨씬더 분명하게 드러나

---

7) 《서 푼짜리 오페라》(*Dreigroschenoper*)에서: "좋은 인간이 된다 ! 그래 누
가 되고 싶지 않겠는가?／재산을 가난한 자에게 준다, 왜 안 돼?／모든
사람이 선하다면, **그의** 왕국은 멀지 않았어／어느 누구가 기꺼이 그의 빚
속에 앉으려 하지 않겠는가?／선한 인간이 된다? 그래 누가 되고 싶지
않겠는가?／그러나 유감스럽게도 이 별 위의／부는 보잘것없고 인간들은
미숙하다／평화와 화합 속에 살고 싶지 않은 사람 누구 있겠는가? 그러
나 상황은, 그것들은 그렇지 않다!／／바로 그 점에서 그는 옳다／세계는
가난하고, 인간은 악하다." 우리는 독일어로 된 정치적 풍자에 있어서 유
일하게 브레히트에 필적하는 선배인 하이네(H. Heine)의 〈시궁쥐들〉에
나오는 시구(詩句)를 상기한다(이 시는 다음과 같은 불멸의 구절로 시작
된다. "두 종류의 쥐가 있다:／굶주린 쥐와 배부른 쥐"). 즉 "감각적인
쥐떼들／그것은 그저 먹고 마시고자 한다／먹고 마시는 동안 그는 생각하
지 않는다／우리의 영혼이 불멸이라는 것을."

는 윤리의 영구적 운명으로—들어서는 것이다. 우리가 도달할 수 있는 어떤 회의(懷疑)도 나쁜 관계를 제거하고, 능력껏 좀더 나은 것으로 대체하라는 의무로부터 우리를 벗어나게 하지 못한다는 것을 우리는 곧 알아차린다. 도덕적 추문은 없애야만 한다. 비록 우리가 그것을 무엇으로 대신할지 확실히 알지 못한다 하더라도. 인간이 소망하는 것과 관련하여 회의를 하든지, 아니면 확신을 하든지 이 의무에 있어서는 아무런 차이도 없다. 그러나 단순한 부조리의 개선을 넘어서서 하나의 사회상을 보여주는 원대한 목표 설정이 흔히 그러하듯이 유토피아에 있어서는 그것들이 차이를 나타낸다. 그러므로 여기에서 다시 선한 국가와 선한 시민의 관계를 묻는 오래된 질문을 다시 제기한다.

우리는 곧 칸트(I. Kant)의 극단적인 말, 즉 악마로 구성된 국가라 하더라도 기능만 잘한다면, 그것도 자유의 법칙8)에 따라 잘 기능한다면 바로 그것이 최고의 국가라는 말(홉즈와는 반대의 주장이다)을 기억에 떠올리게 된다. 그것은 천사에게도 최상이 될 그런 국가이다. 말하자면 그것은 도덕적으로 무관심한 국가이다. 이 국가론은 고대의 철학적 국가론(부분적으로는 실천)과 의식적인 대립 관계에 있다. 고대의 국가론에 따르면 선한 국가는 시민들의 덕을 위한 양성소가 되어야 하며, 역으로 국가의 번영은 그것에 달려 있다는 것이다. 국가는 자신의 시민들만큼 좋을 수 있다는 말은 공적인 품행 방정 이상을 뜻한다. (예를 들면 고대 로마에서는 가정에까지 관청의 풍기 단속의 손길이 미쳤다.) 많은 사상가들에게는 아직 잔존하고 있으며(헤겔!), 공화적·혁명적 열기 속에서 "시민의 미덕"(자유를 장식하는 말로서)이라는 표어로 한때 부흥되었지만, 마키아벨리 이래로 "도덕적 감화원"으로서의 국가라는 고대 이념은 근대적 국가 사상에서는 점차 사라졌다. 국가를 목적 기구로서 설정하는 자유주의적 사상이 서구 사회에서는 지배적인 국가관이다. 그것은 개인의 안전을 보장하면서도 그 한도 내에서 자유로운 힘의 게

---

8) 시대적으로 그것과 같은 시대에 속하며, 이론적으로도 유사한 아담 스미스(Adam Smith)의 "보이지 않는 손"의 학설이 있는데, 이에 따르면 방해받지 않는 이윤 추구 속에서 모든 개인 이기주의들의 대립은 시장 법칙의 자동성을 통해 경제 전체의 최고 이익이라는 결과를 낳는다고 한다. 그 이전에는 만드빌(B. Mandeville)의 공식 "개인적 악-공적인 선"이 있다.

임에 넓은 공간을 허용하는데, 특히 사생활에는 가능한 한 국가가 간섭해서는 안 된다는 것이다. 여기에서 보호해야 할 권리의 개념은 요구하는 의무의 개념을 압도한다. 금지되지 않은 것은 허용되며, 법률을 위반하지 않으면 법의 이행이 된다. 그 외에 개개인이 공적으로 보장된 자유 공간에서 행하는 것은 그의 일이지 국가의 일이 아니라는 것이다. 최상의 국가는 이에 따르면 사람들이 그 존재를 가장 알아차리지 못하게 하는 국가이다("야경 국가"). 반대로 공산주의적 사회 목표는—개개인의 생활이 공적인 이익으로 점철되고, 공적인 이익에 적응하고, 공적 요구에 응해야만 하는(이제까지 실제적으로는 이스라엘의 키부츠만이 적절한 보기이다)—고대의 국가 이념으로 되돌아가는 듯한 느낌을 준다.

이러한 두 가지의 추상화 중에서 택일할 필요는 없다. 우리의 문제는 공적인 체제가 스스로를 어떻게 생각하는가가 아니라, 그들이 실제적으로 어떠한 영향을 미치는가이기 때문이다. 좋은 방향으로든 나쁜 방향으로든 구성원의 존재를 규정한다는 것이 우리가 중요시하는 사안이다. 우리가 전제 정권의 부패적 영향에 대해서 말하였던 것으로부터 도출할 수 있는 결론은 자유적 정권은 적어도 **이러한** 부패의 원인을 미연에 방지할 수 있다는 점에서 좀더 낫다는 것 정도이다. 이러한 진부한 면을 제외하면 자유적 정권 역시 자신들 나름의 문제로 골머리를 썩고 있는데, 그들의 근본 문제는 결코 좋은 방향의 자유가 아닌 기형적 자유 자체이다. 자유의 확대는 그것의 올바른 사용이 그릇된 사용보다 많을 것이라는 전제하에서 이루어지며, 이러한 결과를 확신하는 사람은 인간이 선천적으로 선하다는(**통찰력** 자체의 분배에 대해서는 아무리 바란다고 해도 결코 말할 수 없지만) 확고한 신념을 가지고 있는 사람이다. 그러나 그러한 확신을 가지고 있지 않은 사람도 자유의 내기에는 참여해야만 한다. 그 내기 자체가 도덕적 가치이며, 높은 대가를 치를 만하기 때문이다. 얼마나 높은 대가를? 이 질문에 대해서는 선험적으로 주어진 대안이 없고, 책임감과 지혜를 가지고 상황에 따라 답변을 해야 한다. 대부분의 경우 나중에 얻게 되는 지식이 답변을 하게 되는데, 그 이유는 처음의 내기를 시행하면서 다음의 내기가 드러나기 때문이다.

어떠한 경우이든 자유적 체제는 자유 속에서만 잘 자라는 미덕을 허용하며, 미덕을 소유하는 것이 마찬가지로 자유에 기인하며 부자유의 체제가 대항할 수 있는 악덕을 피하는 것보다 일반적으로 높이 평가된다. 자신의 판단에 따라 독립을 감행하는 것 자체가 하나의 미덕이며, 규정 속에서 보호받는 것보다는 인간에게 더 어울린다는 것이 전체 결론의 요점이다. 그래서 우리는 인간 행위의 모든 영역에서 자유 체제가, 그것이 스스로 방종하지 않는 한 도덕적 이유에서 억압적 체제보다 나으며, 비록 억압적 체제가 다른 많은 그리고 중요한 인간적 이익에 더 잘 부합할 수 있다 하더라도 그러하다는 것을(우리 쪽에서 본다면 확실히 서구 세계의 편견을 가지고서) 인정하게 된다. 그리고 다른 대안들에 대해서도 마찬가지이다. 법치 국가가 자의적 국가보다 나으며, 법 앞의 평등이 불평등보다, 능력의 권리가 출생의 권리보다 나으며, 기회에 대한 열려진 문이 특권으로 선별된 것보다, 자신의 일을 자신이 결정하고 공적인 일에 공동 참여하는 것이 관청의 집행인에게 영구적으로 위임하는 것보다 나으며, 집단적 동질성보다는 개인적 다양성이 낫고, 그러므로 강요된 획일성보다는 다른 것에 대한 관용이 낫다. 여기서 다소 진부한 것들을 열거하면서 "좀더 낫다"로 표시되는 것들은 기술적으로 그렇다는 것을 뜻할 **수도** 있다. 즉 공공 질서가 떠맡는 사회적 과제들을 좀더 수완있게 해결한다는 의미에서 좀더 성공적인 지배 체제를 의미할 수 있다. 그러나 꼭 그런 의미만 있는 것은 아니다. 우리의 요점은 그것들이 수완에 있어서는 더 뛰어날 수 있는 상대방보다 도덕적으로는 우월하다는 것이다. "좋은 것"이 무엇인지 규정하지 않고도 도덕적으로 더 나은 또는 더 나쁜 사회 체제가 있다는 것은 분명하다. 법치 국가와 같이 좀더 나은 체제가 시민적 자유의 확대이며 발전과 오랜 노력의 결실이라면, 즉 다른 것들보다 역사적으로 **뒤늦게** 등장하였다면, 여기에서도 진보라는 말을 쓸 수 있다. 여기서 측정된 것과 같이 그것이 더 낫다는 사실은 반드시 그것의 항구성을 보장하지 않으며, 반대로 장점들 **속에**, 무엇보다도 자유의 장점들 속에 모순, 내적 위기, 타락, 게다가 정반대로 급변할 수 있는 싹이 들어 있다는 것을 부언해야만 한다. ("퇴보"라는 말은 마지막 경우에는 적합하지 않은데, 새로운 전제 정권

은 새로운, "진보적"인 모습을 지닐 것이기 때문이다.) 한마디로 말한
다면 도덕적으로 좋은 것은 동시에 **불안정한** 체제이며, 그러므로 1차적
인 **형식적** 요청으로 그 내용이 지속된다는 보장을 내세우는 "유토피아"
에 그 체제는 적합하지 않다. 우리가 가장 진보적 단계에서의 그 무시
무시한 "격변"을 기억한다면, 나중의 것이 반드시 더 나은 것은 **아니라**
는 점은 어쨌든 확실하다. 물론 그것이 권력을 사용하는 방법에 있어서
아마 기술적 진보의 득을 단단히 보고, 그 점에서 종전의 체제보다 뛰
어날 수는 있지만.

d. 자유적 체제의 타협적 성격

우리가 위에 열거한 목록, "*A*는 *B*보다 낫다"를 더 연장한다 하더라
도, 소망했던 체제는 그 **내용**에 있어서 바람직스러운 것의 "이상"을 구
체화하지 않는다는 것은 곧 드러난다. 개인적 안전과 공공의 안전은 불
안보다는 낫고, 그러므로 기존 질서가 느슨한 것보다는 확고한 것이 나
으며, 법률 위반을 용이하게 하는 것보다 법의 강요가 (악법이 아니라
는 전제하에) 낫고, 그러므로 효율적인 경찰과 사법부가 비효율적인 것
보다 낫다(예를 들어 개인적 권리와 자유를 지나치게 고려함으로써).
또한 "법과 질서"의 복합체를 넘어서서 "안전"의 원칙과 관계하게 되
면, 경제 생활의 기분에 맡김으로써 빈곤과 고난을 용납하는 것보다 모
든 사람들의 육체적 근본 욕구의 충족을 법적으로 보장하는 것이 더 좋
으며, 또한 무절제한 경쟁의 결정에 맡기는 것보다 사회적 생산(교육과
보건 서비스, 일자리와 같은 비물질적인 생산까지도)의 분배를 공적으
로 규정하는 것이 더 낫다. 그러므로 이른바 자유 시장의 "헤엄쳐라,
그렇지 않으면 익사해라 !"라는 개인주의적 체제보다는 "복지 국가"가
더 낫다 등등 첫번째 목록의 좋은 것들을 **포함한** 이 모든 것들을 통하여
불안정보다는 안정이 낫다는 결론을 내린다. 이와 같이 이론의 여지가 없
는 두 개의 "…보다 낫다" 목록("부자유보다는 자유가 낫다"와 "불안정
보다는 안정이 낫다")에서 모든 것을 똑같은 분량으로 **함께** 가질 수는
없으며, 한 편의 재화들은 다른 편의 어떤 것을 희생해야만 얻어질 수

있다는 것을 우리는 곧 알게 된다. 또한 여기에 (극단적으로) 화합할
수 없는 것들 중에서 타협하고 조정하는 것이 현실적으로 바랄 수 있는
최상의 것이라는 점은 명확하다. 실제로 현실적인 것은 모두 그러하듯
이, 여기에서도 "비교 가능성"의 원칙이 지배한다. 특히 어쩔 수 없이
내적인 아노미의 위협과 (평등주의적이거나 비평등주의적인) 강요를 통
한 시정이라는 외적 위협 사이에서 줄타기를 해야 하는 **자유** 체제는 **본
성적으로** 타협의 기반 위에 서 있으며, 그 타협 역시 본성적으로 불완전
할 뿐 아니라, 더욱이 자유라는 전제로 인하여 유동적이므로, 즉 항상
새로 적응해야 하는 과제에 직면하여 있으므로, "안정"은 결코 그들의
주제가 아니다. 그러나 "유토피아"는 기질상 타협이나 미완성, 어중간
함이나 불안정과는 전혀 맞지 않다. 내적으로 비타협적이며 "완전하게"
(그리고 불변적인) 가질 수 있는 것은 반대쪽이므로, 모든 **실제적** 유토
피아주의는 그것들을 토대로 해야 한다. 그것은 개인을 버리고 집단을
선택해야 하며(기타 등등), 즉 다른 관점에서 보면 불완전할 수도 있는
것을 선택해야 한다. 그것들을 얻기 위하여 치른 자유의 대가가 그들에
게 그리 높지는 않고, 희생된 것을 단순한 환상("시민 계급의 편견")으
로 설명한다는 사실이 물론 우리의 판단을 제한하지는 않는다.

5. 유토피아의 종류에 관해서

a. 이상적 국가와 최선의 가능 국가

비교 가능성 원칙을 끌어들인 이상 우리는 최고의 또는 "이상" 국가
의 완전히 서로 다른 두 개념을 구분해야만 한다. 즉 한편으로는 실현
성을 고려하지 않고 이념 속에서 최상의, 즉 그 자체로서—인간 행복
의 이상에 따라—가장 바람직한 것으로 자유로이 고안해 낼 수 있는 국
가이며, 다른 한편으로는 자연의 한계와 인간의 불완전함을—인간은
천사도 아니며, 그렇다고 악마도 아니다—고려하면서 실제 조건하에서
될 수 있는 최선의 **가능** 국가이다. 눈앞에 그려 볼 수 있도록 두 가지의
상상적 모델을 고안해 보면, 하나는 오점 없는 이상적 절대성 속에서

찬란하게 빛나며, 다른 하나는 인간과 자연의 불완전성이 뒤섞여 비감을 느낄 정도로 퇴색해 보인다. "사상들은 쉽게 이웃하며 살지만, 사물들은 한 공간에서 격렬하게 부딪친다." "공간"의 법칙을 우리의 사유 속에 받아들이면 다른 종류의 유토피아를 상상할 수 있다. 그 하나는 말 그대로의 의미로 "우-토피아"(어느 곳에도 없는 것)로서 한가한 사유의 공중 누각에 속한다. 또 다른 좋은 예로 플라톤의 "국가"를 들 수 있는데 인간사의 혼란스러운 강물에서 여러 행운이 겹치면 실현될 가능성도 있겠지만—현실성은 **있지만**—그런 일이 실제로 일어나리라고 기대하기는 어렵다. (거의 일어날 확률이 없는 것이 실제 일어난다면, 그것을 유지할 수 있는 기회는 더 좋겠지만, 그것이 오래 지속될지는 불확실하다.) 그러나 그 모델 자체는 현실적인데, 다시 말하면 세상이 존재하듯 세상에서 존재할 가능성이 있다. 그것이 인간의 장벽을 계산에 넣고, 다른 한편으로 자신에게 주어진 과제에 맞추어 (오래 지속될 수 있는 안전성과 관련되는) 자유에 대한 불확실한 내기를 하지 않기 때문에, 이러한 종류의 "현실적" 유토피아는 물론 권위주의적이고 가족주의적인 요소를 포함한다. (그것 때문에 플라톤은 오늘에 이르기까지 많은 징계를 받아야만 했다.) 그것은 말 그대로의 의미로 "유토피아"인데, 그 이유는 그것이 정치적 행위를 하기 위한 계획으로 간주되지 않기 때문이다(있음직하지 않은 그래서 거의 영향력이 없는 "행운"이 일어나는 경우를 제외하고는). 그러나 정치적으로 추구할 만한 것, 정치적으로 가능한 것에 대한 근본 사상으로서의 유토피아는 결코 "한가하지" 않으며, 정치적 실천의 미로에서의 본보기로서 역할을 할 수 있다.

b. 마르크스주의적 유토피아의 새로운 성격

그러나 우리의 현대적 유토피아주의자들은 이러한 구분에 만족하지 **않는다.** 그들은 진지하게 **자신들의 유토피아를 실현시키고자** 한다. 그들에 따르면 유토피아는 역사의 덕분으로 이제부터는 **실제로** 소망할 수 있고 추구할 수 있다는 것이다. 비록 그전에는 그렇지 않았다 하더라도 그것이 그들에게 구름 속의 이상을 의미하는 것은 아니기 때문에, 그들이 이제 두번째의 다소 풀죽은 종류의 유토피아를 제시한다고 우리는 추측할 수 있다. 즉 그것은 "이상주의자"들과 전혀 다를 바 없는, 단지 다른 사실주의자이기를 원하는 사람들의 사실주의일 것이라는 것이다. 그러나 그들이 선택하는 것은 결코 이런 것이 아니다. 현재의 혁명적 유토피아주의의 특이한 점은 위에서 언급한 마르크스주의 이전의 대안들을 넘어서는 새로운 종류의 제3의 유토피아이다. 우리가 지금 살펴보고자 하는 것은 바로 이것이다.

마르크스주의자는 우리가 지금까지 전개해 온 유토피아에 대한 논점을 두 가지 점에서 반박할 수 있다. 우선 혁명이 논의되지 않았다는 점이며, 두번째로 **혁명**으로 인하여 인류 방정식에 도입된 전혀 **새로운 것**이 과거로부터의 유추법을 무효화한다는 점을 간과하였다는 점이다. 왜냐하면 자신들의 경우에 유토피아적 상태의 **도래**는—즉 무계급의 사회에서의 사회화된 생산 상태는—설령 "발전"과 내재적 진보의 방향이 유토피아를 변증법적으로 준비하여 지금 실제적으로 **가능하게** 만들었다 하더라도 그 발전과 그것의 내적 진보에 위탁되지 않았으며, 결정적 방향 전환을 위해서는 혁명 즉 사건의 전개 속으로 의식적이며 과격하게 개입하는 것, 또 다른 말로 표현하면 대단위 수준에서의 인위적 **개입**을 통해 사건을 손에 쥐고서 새로운 상태를 창출해야 한다는 것이다. 새로운 상태가 "인간에게" 가장 적합한 것인 한, 이러한 의미에서 그것은 하나의 예술품인 것이다. 또한 이 예술품은 인간 실존의 조건에 있어서 정말 새로운 것으로서 이제까지 억눌려 있었던 인간의 잠재력을 해방시킴으로써 이전의 상태와의 비교는 더 이상 유효하지 않게 되고 이제까지의 인간의 역사는 단지 전역사로서 퇴색되는 것이다. 인류의 본래적 역사, "본래적 인간"은 이와 함께 시작하는 것이다. 이러한 "본래적인 것"이 어떤 성질의 것인지—즉 이제 보여주어야만 하는 본래적인 것의 **내용**—에 관해서 우리가 처해 있는 지금의 비본래적인 상황에서는 아직 말할 수 없다. 지금 말할 수 있는 것은 두 가지이다. 첫째는 부정적으로 이제까지 알려진 인간의 "본성"으로부터 도출된 반(反)유토피아적 비판점들은 더 이상 효력이 없는데, 그 이유는 그 "본성" 자체가 이제는 극복된 그 여건들의 산물이기 때문이라는 것이다. 둘째는 긍정적으로 그 여건들이 인간을 억압하고 왜곡시키기 때문에, 그것에서 벗어난 상태는 마침내 인간을 본래의 제한되지 않는 그 자신으로 해방시킨다는 것이다. 그때서야 비로소 시작되는 진실한 인간 역사는 자유의 최초의 왕국의 역사이다. 그 실제적 내용의 불예측성을 우리는 새로운 인간에 대한 믿음으로 이겨내야 한다.

제 6 장
유토피아 비판과 책임의 원칙

5장의 마지막 문장이 바로 6장의 주제가 된다. 즉 이제까지 인간의 본성으로 간주되던 것은 억압적이고 왜곡적인 여건의 산물이었으며, 계급 없는 사회가 비로소 인간의 진정한 본성을 세상에 드러낼 것이며, 그 "자유의 왕국"과 함께 진정한 인간 역사가 시작된다는 것이다. 이것은 도수 높은 포도주이다. 이와 비슷한 약속은 이제까지 종교의 신앙 속에서만 있었다. 메시아의 도래와 함께 또는 신의 아들들의 "두번째의 왕림"과 함께 이루어지는 인간의, 그리고 인간 본성의 메시아적 변화, 첫번째 창조가 끝나면서 모든 원죄에서 자유로운 두번째 천지 창조가 일어난다. 옛 아담의 추락에서 다시 일어나 그 죄를 결코 반복하지 않는 "새 아담"이, 즉 신의 형상이 마침내 궁극적으로 원래 뜻했던 그 순수함 그대로 이 지상에 출현한 것이다. 그러나 그곳에도 새로운 상태에 대해서는 더 이상의 자세한 언급은 없다(히브리 예언자들이 시적으로 그려낸 온 우주의 평화를 제외한다면). 새로운 아담에 대한 **세속화된** 종말론은 종교에서 변신을 실현하는 신적인 기적 행위를 이 세상의 이유들로 대체해야 하는데, 그러한 이유들은 생산의 사회화를 통하여 **만들어** 낼 수 있는 인간 생활의 외적인 **조건들인** 것이다. 바로 그 조건을 산출하는 것이 혁명의 과제이다. 즉 혁명은 여기에서 신의 간섭이라는 역할을 대신하며, 그 밖의 모든 것은 혁명의 결과에 맡기면 된다는 것이다. 성령의 축복 없이 그것은 스스로 성령 강림의 기적을 이룰 수 있는 것이다. 그러므로 모든 것이 혁명과 혁명의 단계에, 즉 혁명을 **일어나게 하는** 과정에 집중되어 있다. 전통적 유토피아들과는 달리 마르크스주의가 무언가 말할 수 있는 것은 유토피아의 **존재**에 대해서가 아니라 그것의 **도래**에 대해서이다. 종교적 종말론에서 신국을 자세히 그릴 수 없는 것과 마찬가지로 유토피아의 존재도 역시 미리 묘사할 수 없다. 기껏해야 그곳에서는 죄가, 이곳에서는 계급 사회의 폐해가 **사라**

진다고 부정적으로만 묘사할 수 있을 뿐이다. 새로운 상태의 긍정적 내용에 대해서는 여기에서도 그리고 다른 곳에서도 상상조차 할 수 없는데,[1] 바로 이것은 마르크스 이전의 유토피아들의 주요한 업무였다. 물론 그들에게는 반대로 어떻게 유토피아가 "도래"할 것인지는 어둠에 싸여 있었다. 이 점이 실제로 마르크스주의 유토피아의 새로운 사실이며, 그것이 세속화된 종말론 또는 종교의 유산임을 증명하는 것들 중의 하나이다. (다른 것은 이제까지의 모든 역사의 "범죄성" 또는 극단적인 임시성에 대한 학설이다.) 그러나 믿음에 대한 이 얼마나 터무니없는 요구인가! 신에 대한 믿음은 신이 미래에 이룰 인간의 변용을 "예견할 수도 없이", 즉 그것에 대한 아무런 표상도 없이 최상의 것으로 미리 긍정하며, 그것을 위하여 "메시아의 진통", 최후의 경련을 받아들여도 정당하다. 전혀 알려지지 않은 상태에서는 믿음만이 지배하며, 그것은 옳다 그르다 논쟁할 수 없는 것이다. 그러나 "진통"이 인간의 일이며, 즉 세계 혁명이며, 그것의 결과인 계급 없는 사회가 익히 알려진 우리 세상의 원료들로 이루어진다면, 현세적으로 사유된 구원의 인과 관계에 대한 믿음 역시 현세적인 검토 대상이 되어야만 한다. 초월적 기적의 "예측 불가능성"을 이승적 유토피아의 약속된 그 이후를 위해 불러들일 수는 없다. 왜냐하면 우리는 그 이후를 스스로 시작해야 하기 때문이다. 그러나 "예측 불가능성"은 거기서는 필요 없는 희생의 물음을 제기한다.

  여기에서 조사가 요구되며 조사할 수도 있는 믿음은 복합적이다. "관계의 권력"에 대한 믿음과 "인간"은 완전히 그 관계의 산물이라는 믿음, 그리고 모든 면에서 최상의 또는 명백하게 좋은 관계—축복으로만 이루어진 그 어떤 것—가 있을 수 있으며 또한 그 선한 관계 속에 있는 인간은, 그 관계로 인하여 그와 마찬가지로 선하며, 마지막으로 이 선한 인간은 이제까지의 관계하에서는 있을 수 없었기 때문에 선례가 없다는—"본래적 인간"이 아직 나타나지 않았다는 믿음이다. 바로 마지막

---

1) 탁월한 유토피아주의자인 블로흐(E. Bloch)는 예외로 취급해야만 한다. 그러나 그에게 있어서도 구체적인 것을 상상하기에는 대부분이 너무 신비적이다.

믿음이 우리에게 두통거리이다. 왜냐하면 마르크스적 유토피아의 열정은 그것을 열망하는 현 상태를 단순히 개선하겠다는 의도에 있는 것이 아니라, 즉 부정과 궁핍의 제거(이것을 위해서는 많은 개혁 프로그램들이 있다)에 있는 것이 아니라, 이제까지 알려져 있지 않은 상태를 통하여 **인간을** 더욱 고상하게 **변신시킨다**는 약속에 있다. 이것이 그러한 엄청난 전망을 위하여 무엇을 과감히 시도할 수 있는가에 결정적 영향을 미칠 수도 있다.

I. 이 지구의 저주받은 자들과 세계 혁명

여기에서 삽입되어야 하는 것은(유토피아 사상을 검토하는 일이 이것으로 인해 조금 지연될 것이다) 본래 혁명 호소의 대상이었던 대중을 움직이기 위해서 혁명의 목표가 지나친 "극단성"을 띨 필요는 없었다는 사실이다. 대중들은 자신들로 인하여 점차 더 부유해지는 자본주의 속에서 빈곤화된, 그리고 (이론상) 점차적으로 더 빈곤해질 운명의 산업 노동자들이었던 것이다. "자신들의 쇠사슬 외에는 잃어 버릴 것이 아무것도 없는" "이 지상의 저주받은 자"들에게 이제 가능하다고 인식되는, 자신들의 결속을 통하여 강요될 수 있는 재분배와 사회화를 통해서 그들의 견딜 수 없는 처지로부터 **구원**되기 위해서는 새로운 인간에 대한 소망이나 또는 지상 위의 어떤 천국도 필요하지 않았다. 구원 그 자체는 고통의 꿈이었다. 이제까지의 착취자와 거의 비슷한 위치가 된다는 사실, 그리고 자신들 덕으로 이룩한 그들의 사치를 값싸게 맛볼 수 있다는 사실은 고통당하는 사람들에게는 가장 대담한 "유토피아"로서 부족함이 없다. 또한 혁명을 시도하기에도 그것은 충분하다. 혁명이 설령 실패한다 하더라도 더 나빠지지는 않을 것이며, 성공한다면 더욱 좋다—그로써 결정적으로, 모든 것에서 "좋다면" 어쨌든 마찬가지이다. 사회주의적 혁명 사상가들은 빈곤이라는 강력한 원동력, 고통받는 자들의 구원에 대한 강렬한 욕구에 호소할 수 있었다. 하지만 그들의 **혁명** 목표는 그것을 훨씬더 넘어서는 것이었다. 그것을 해소할 수 있는 길이 달리 없다면, 그 동기는 모든 인간적 규범의 척도에 비추어 볼 때 폭력적 전복을 정당화하기에는 도덕적으로나 실용적으로 충분한 것이었다.

1. 고통의 새로운 전지구적 분배를 통한 "계급 투쟁" 상황의 변화

그것은 "이 지상의 저주받은 자"들에게 오늘날까지 아직 유효하다. 발전된 산업 국가 내에서는 (자본주의적 "서구"에서는 공산주의적 "동구"보다는 덜 하겠지만) 그들은 대중 현상, 집단 현상으로서는 더 이상 존재하지 않으며, 이른바 제3세계의 미개발된 옛 식민지 국가에는 아직도 찾아볼 수 있다. 그러나 그들도 지금은 경제적으로 부흥하고 있는 사회들에서 억압받는 계급이 아니라 빈곤한 민족들로서 존재한다.[2] 이러한 사실이 찬양받는 혁명의 출발점과 의미를 변화시키는 것이다. 즉 여기에서 "세계 혁명"은 완전히 새로운, 근본적으로는 **대외 정치적** 의미의 혁명이 되는 것이다.

a. 서구의 "산업 프롤레타리아"의 평화 회복

방어할 힘 없이 시장의 무질서에 맡겨져 있는 산업 프롤레타리아는 모든 사람들이 알고 있듯이 기술적 생산 향상의 과실을 수확함으로써 성공적인 진보를 이룩하였던 나라에서는 이제 과거에 속한다. 비록 협상을 통하여 쟁취한 이득이 계속 불평등하다 하더라도 막강한 노조와 계약에 의존하는 "경영자"들이 협상 테이블에 마주앉는 곳에서는 일방적인 착취를 말할 수 없다. 규약으로 규정된 권력 투쟁과 거의 엇비슷한 세력 관계는 사업 수익에 대한 임금의 지분을 결정하며, 그와 함께 전체적으로 사회 생산의 마지막 배분을 결정한다. 협상이 실패할 경우, 아직은 평화스러운 파업은 직접적인 협상 상대뿐만 아니라 기타 경제 분야를, 그리고 생활에 필수적인 서비스 분야에서는 전체 국민을 인질로 삼으며, 그러므로 종종 "자본"이 양보하여야만 한다. 일부는 강요로써, 일부는 자신의 재치를 (뿐만 아니라 도덕을) 통해 상대편으로부터 획득하여 법적 보장을 받은 이러한 "개혁적" 발전의 경제적인 계급 이

---

2) 나는 여기에서 주로 해방된 식민지 국민들을 생각한다. 남아프리카나 로디지아, 남미 국가 중 어느 것도 이 분류에 맞아떨어지지 않는다. 정착한 식민지 지배층과 인종적·문화적으로 다른 토착민들과의 관계는 경제적 착취와 정치적 억압, 종족 차별이 복합되어 있는데, 그것은 현대적 산업이 존재한다 하더라도 민족적 동질 사회인 서구의 계급 국가들의 도식에는 들어맞지 않는 특이한 현상이다. 여기에서 "계급 투쟁"은 특별한 형태를 띠게 되는데, 예를 들면 "프롤레타리아"에 해당되는 사람들의 원래의 해방이 그것이다. 세계 혁명적 잠재력을 고려할 때 그들은 후진 세계의 탈식민지 민족들과 함께 산정된다.

익은 이미 잘 알려져 있다. 즉 구매력, 노동 조건과 노동 시간에 비추어 볼 때 오늘날 서구의 자본주의 체제하의 노동자들의 생활 수준은 프롤레타리아화 되기[3] 이전 과거의 노동자와 농민 대다수의 수준을 훨씬 능가하며, 무자비한 초기 자본주의의 희생자들에게 오늘날의 상태는 천국처럼 보일 것이다. 그들이 혁명으로 더 많은 것을 얻을 수 있었을지에 대해서는 심히 의심스럽다. 더욱이 공공 복지의 "사회주의적" 측면, 예를 들어 노후 보장과 의료 보장은 과거의 생존 불안의 커다란 짐을 덜어 주었다. "먹는 것"의 부족으로 "도덕"을 정지시켰던 과거의 극단적 사례는 하나의 집단 운명으로서는 이 세계 **내에서는** 더 이상 존재하지 않는다.[4] "서구"의 노동 계급들은 체제의 기능적인 역학 속에서 압력의 수단을 자신들 쪽으로 확보하였고, 그러므로 체제 유지의 수익자가 되었다. 또한 전체적으로 평화적인 과정의 결실들은 그러한 체제 유지의 이해 당사자인 노동 계급들로 하여금 혁명의 후보자로서는 부적합하게 만들었다. 억압받는 계급이 많지 않아서 혁명은 일어날 수가 없는 것이다. 혁명의 진정한 전위 집단들은 자신들의 입양(入養) 계급의 상황이 단순히 "개선"되는 것을 의도하지 않았으며, 그것을 오히려 "뇌물"로 의심하였다. 그러므로 예전부터 "수정주의"(개량주의)를 최악의 적으로 규정하였던 그들의 태도는 일면 이해가 간다. 더 나아가 그들의

---

3) 미국에서 살고 있는 저자는 자신의 집에서 수리를 하는 전기 기술자나 함석장이가 강의하는 것보다 시간당 수당에 있어서 더 많이 번다는 것을 증언할 수 있다. 그리고 많은 복지 수혜자들조차 소비 습관에 있어서 그보다 더 앞선다.

4) 그런 사실에 직면하여 어떻게 블로흐가 "노동자들은 자본주의적 계급 국가에서 예전부터 자유에 굶주려 왔다"(*Das Prinzip Hoffnung*, 1061면 참조)라는 말을 할 수 있는지 이해가 가지 않으며, 이것은 한 지식인이 — 블로흐와 같이 고상하고 민감한 지식인이 — 자기 자신의 무가치함에 대한 격분 속에서 무엇을 가치 있다고 생각할 수 있는지를 우리에게 알려 준다. 그 외에도 그것은 비자본주의적 국가들에서 실제로 굶주리는 자들에게는 하나의 모욕이 된다. 그토록 안락한 "굶주림"은 그들에게는 열망의 대상이 될 것이다. 엥겔스(F. Engels)가 《영국 노동자 계급의 상황》(*Die Lage der arbeitenden Klasse in England*)을 쓴 이래, 마치 블로흐 자신의 그리고 그에게 친숙한 세계에서는 아무것도 일어나지 않은 듯한 인상을 준다.

의도 뒤에 숨겨져 있는 본래의 "유토피아"는 이제 특권층 출신인 극단적 이상주의자들이라는 엘리트 분파들의 관심 사항이며, 역설적이게도 전체 사회 내에서 그들의 선교 대상에게는 거의 지지를 얻지 못한다. 그들의 자연스러운 전술적 동지들은 오늘날 전혀 엉뚱한 곳에 있다. 다른 세계의 "이 지상의 저주받은 자들"이 바로 그들의 자연스러운 동지들이 된 것이다. 자신의 나라 안에서는 더 이상 설 땅을 잃어 버린 진정한 유토피아주의가 원하는 것은 그들의 처지를 개선함으로써 성급하게 평화 회복을 이루는 것이 아니라, 진정되지 않은 그들의 혁명적 잠재력을 동원하는 것이다. 자신의 복지 국가에서 옳든 그르든 성취한 평화는 어떤 의미에서는 그들 문제의 전(前)종말론적인 승리이기도 하다. 왜냐하면 그 평화는 자신들의 위협 없이는 (그리고 자신들의 도덕적 능변의 설득력 없이는) 이룩할 수 없었기 때문이다. 또한 그 평화는 원래 사상의 비유토피아적이고 합리적인 요소들이 전체적으로는 "사회주의 쪽"으로 방향을 잡은 지배 체제의 비혁명적이고 단계적인 변형을 통해서도 실현될 수 있다는 것을 보여준다. [5] 그 외에도 "자본주의"의 개조를 통해서 가시화되는 여러 요소들과 혁명에서 태어난(그러나 아직도 전(前)유토피아적인) 현존 "공산주의"가 구조적으로 수렴화하고 있다는 사실은 여러 번 언급한 바 있다. 아무튼 현대의 복지 사회의 형태 속에서 자유의 원칙들과(그리고 비이성의 요구들과) 탄력 있게 대응하면서 확산되고 있는 사회화는 서구 사회들의 일반적인 방향인 것처럼 보인다. 이 모든 것들이 완벽함과는 거리가 멀지만, 완벽함이란 유토피아 속에서만 말할 수 있는 것이다.

b. 국가들의 투쟁으로서의 계급 투쟁

물레방아에 물이 (그리고 폭발에는 폭약이) 필요하듯이 마르크스적 혁명에 필수적인 이 지상의 저주받은 자들은 결코 부족하지는 않다. 이

---

5) 우리는 여기에서 영국과 미국의 예들을 생각하지만, 비스마르크(O. Bismarck)와 빌헬름 2세 치하의 독일도 생각할 수 있다.

미 말했듯이 그들은 지구의 "미개발" 지역의 비참한 국민 대중들이다. 물론 그 지역 내에서도 다시 억압받는 계급들이 있기는 하지만 전체적 빈곤이 너무 크고 내인적(內因的)이라 얇은 계층의 지역의 기생 - 상류층을 쓸어 버린다 하더라도 커다란 도움이 되지 않는다. 전체로서의 그들은 전지구적 권력과 부의 위계에서 "억압받는" 계급이며, 그들의 "계급투쟁"은 필연적으로 국제적 차원에서 벌어져야만 한다. 궁핍으로부터 동기 유발된 추진력은 그들 자신이 우선적으로 무엇을 원하든간에 세계 혁명이 의도하는 유토피아를 위해 한 곳으로 끌어 모을 수 있다는 것이다. 그리고 여기에서도 다시금 그 자체로는 유토피아 추구와는 아무런 관계가 없는 특권층 국가 내의 모든 박애주의적·평등주의적 본능도 유토피아 추구의 도움으로 가동할 수 있다고 생각한다. 그러나 민족적 무대에서, 다시 말하면 기능적으로도 영토적으로도 결합되어 있는 동일한 사회 내에서의 계급 투쟁 때의 상황과 이 상황은 근본적으로 다르다. 모든 것이 여기에서는 훨씬더 매개될 수 있으며 고립시킬 수 있다. 우세한 국가들의 착취자로서의 책임은 단지 일부만 인정될 수 있다(= 경제적 제국주의). 자연의 불혜택이 또는 역사적·인류학적 특성이 문명적 진보를 요원하게 하는 데 한몫을 하였을 수도 있다(그러한 관계들이 순환적이듯이 후자가 전자의 결과가 아니라면). 윤리학이 바깥으로부터의 도움을 유발해야만 하는 한 그것은 자발적이고 관대하며 동시에 좀더 부드러운 윤리학이어야 하며, 자신의 나라에서처럼 응분의 책임감, 공정성과 유대성을 강조하는 것이어서는 안 된다. 비참한 빈곤을 인간성에 호소할 수는 있겠지만, 멀리 떨어져 있는 나라 사람들의 굶주림은 못 본 체할 만큼 눈에 보이지 않는다는 사실은 무감각하게 만들기에 충분하다. "자비심은 집에서 시작된다"는 여기에서도 다시 한번 그 정당성을 확인한다. 직접적인 책임감이 미칠 수 있는 범위는 좁다. 개인 심리학에 따르면 그러하다는 것이다. "고상하고 남에게 도움을 베풀며 선할지어다"고 기대할 수 없는, 그러나 여기에서 실제적인 행위자인 집단, 즉 정치적 집합체에게 있어서는 일깨워진 자기 이익이 개인 윤리를 대신하며, 그러한 이해 관계는 실제로 잉여품을 양도함으로써 타국민의 고통을 완화할 뿐만 아니라 세계 빈곤의 원인 제거를 위하여 자기 충족을 지속적으로 포기할 수도 있다. 국가적 차원의 "유산자"들에게서 부족한 것은 교양, 즉 **선견지명**과 같은 이타적 선이 아니라 이기심이다. 즉 이기심이 가지는 **장기적 안목**인데, 물론 이기심은 어쩔 수 없이 근시안적 단견으로 흐르기 쉬우며, 그 이유는 "자아"는 그때그때 살고 있는 사람들에 의해 대변되기 때문이다.

원시안적인 자기 이익은 두 가지 측면으로 나누어 생각해 볼 수 있다. 결국 건강한 세계 경제가 자국 경제에 미치는 보다 나은 영향, 그리고 축적된 빈곤이 국제적 폭력으로 폭발할 수 있다는 불안이 그것이다. 후자는 국가간의 전쟁이라는 전통적인 형태를 띨 수 있으며(예를 들면 "봉기하는" 빈곤 민족들이 제 3 세력의 지도 또는 무장하에서 동맹을 맺을 수 있다), 또는 과잉 국가로 하여금 빈곤 국가들에게 경제적 공물을 강요하기 위한 국제적 테러리즘이라는 새로운 형태가 될 수도 있다. 어떤 경우이든 "계급 투쟁"은, 종족 전쟁으로까지는 아니라 하더라도 고전적 형태의 국가간 전쟁으로 변질될 것이며, 공격받은 국가들은 (그 나라의 노동 계급도 포함하여) 자국 국민들에게 민족적 결속을 선동할 것이다. 그 결과로 국민들 가운데 남아 있던 상대방에 대한 호감은 질식되어 버릴 것이다. 극한 상황일 경우 결국 좀더 약한 상대에 대한 폭력을 호소하게 될 수도 있다. 승리할 경우 패배자에 대한 뒤늦은 원조의 여운을 띠면서도 말이다. 우리는 지금 현실적인 예상을 하고 있는 것은 아니다. 그러나 여기에서 펼쳐지고 있는 국제적 무정부주의의 전망은 **건설적** 예방을 지향하는 현명한 정치가 장기적인 자국의 이익이라는 관점에서 볼 때 최상의 선택으로 보이게 한다. 좀더 평화적인, 순수하게 경제적인 측면을 따져 볼 때에도 역시 마찬가지의 결론이 도출된다.

2. 새로운 계급 투쟁 상황에 대한 정치적 대응

a. 국가적 자기 이익에 있어서 전지구적이고 건설적인 정치

그러한 건설적 정치는 그러나 엄청난 문제들에 봉착해 있다. 자발적

인 상황일 경우에 한해서 수여자의 내부에서 그러한 정치에 대한 국민
적 합의를 이끌어 낼 수 있는가와 같은 원래 정치적이고 예비적인 문제
들을 도외시하더라도 그렇다. 건설적이란 무엇을 의미하는가? 우선적
으로 생각해 볼 수 있는 것은 후진국들에게 투자 지원과 기술 지원을
하여 산업 혁명을 외부로부터 촉발시키는 것인데(원산품의 사회적 과실
은 피하면서), 다시 말하면 선진국들의 기존 생산력에 견줄 만한 생산
능력을 **추가하는 것**, 즉 선진국에 집중되어 있는 고도의 기술을 전지구
상에 확산시키는 것이다. 우리는 앞서 오늘날 벌써 지쳐 있는 징후를
나타내고 있는 지구가 그와 같은 배가된 공격에 더 이상 견디지 못하리
라고 예측한 바 있다. 그 한계가 어디 있는지 현재로서는 정확히 말할
수 없지만, 그렇다고 그 한계까지 가서도 안 될 것이다. "고기압 지역"
에서 "저기압 지역"으로 현재 가동할 수 있는 능력은 부분적으로 이동
시켜서 전지구적 환경 부담을 적당히 유지하는 것도 하나의 대안이 될
수 있다. 가장 낮은 곳을 높인다는 데 그 목적을 두는 전체 수준의 평
준화는 물론 가장 높은 곳을 낮추게 된다. 즉 그것은 생산력의 절단과
동시에 소비력의 감소를 의미하며, 그럴 경우 정치적인 예비 문제는 긴
급한 문제로 변한다! (이성적인 소비 개념에 따르면) 과잉 발달한 나
라들에도 삭제할 수 있는 여지가 충분하며, 설령 그렇다 하더라도 우리
는 조부모나 부모 세대보다는 소비의 측면에서 훨씬 앞서간다고 할 수
있다. 그러나 뚜렷이 눈앞에 보이는 필연성 없이 그것을 강요한다면 주
관적 반응은 전혀 다를 것이며, 예를 들어 미국에서는 자연스럽게 폭동
(다시금 노동자 계급을 포함한)이 일어날 것은 거의 확실하다. 그럼에
도 불구하고 해결책은 이 방향에서만 찾아질 수 있다고—가능하다면
자발적으로, 필요한 경우에는 강제적으로라도—나는 확신한다. 그러나
명백한 사실은—이것이 바로 우리의 요점이다—모든 건설적 해결은 막
대한 기술의 투입을 필요로 하며(오늘날 지구 인구의 숫자만 보더라도
옛날 상태로 돌아간다는 것은 거의 불가능하다), 환경에 가한 상처가
치유되기 **위해서는** 새로운 기술적 진보가, 즉 방어적으로 개선된 기술이
요청된다는 것이다. 그 새로운 해결책은 공격적으로는 이미 언급한 바
있는 자연 환경이 인내할 수 있는 한계를 더 **뒤로 밀치는 것**이다. 그러나

306

이것은 필연적으로 점점 불확실하게 될 것이며, 또한 무한하게 계속되지도 않을 것이다. 자신으로 인해 생겨난 문제들을 해결하기 위하여 새로운 것을 만들어 내야만 하는, 즉 스스로 구속하는 진보의 변증법은 우리가 찾아내려고 하는 미래의 책임에 대한 윤리의 근본 문제이다. 언젠가 진보의 이념 자체는 인간-환경 관계에서 팽창주의적인 목적들로부터 벗어나 "항상성적"(호메오스타시스적) 목적으로 나아갈 것이다. (그러한 목적들은 과거의 것을 허물어 버리지 않는 발전을 위한 과제를 기술에 부여할 것이다.) 이 순간에 말할 수 있는 것은 단지 우리가 기술을 통해 발을 내디뎠고, 앞으로 계속 움직이게 될 지역 안에서는 과다함이 아니라 신중이 문제의 해답이며, 유토피아의 마술은, 여기에서 우리의 주제인, 앞에서 요구되는 형안(炯眼)을 흐릴 수 있는 마지막 것이라는 점이다. 이 문장 속에는 우리가 더 이상 그것을 믿지 않는다는 뜻이 담겨져 있다.

b. 유토피아의 이름을 내건 폭력에 대한 호소

그러나 유토피아의 신봉자들은 전혀 다른 상황 판단을 하고 있으며, 세계 혁명을 위한 폭력의 의미에서 제3세계의 아케론(저승에 있는 재앙의 강)을 움직이는 데 전혀 주저하지 않는다. 왜냐하면 우선 "인간들"의 본연의 자신을 되찾게 하기 위해서, 그 마지막 인간 왕국이 이 지상 위에 달리 이루어질 수 없다면, 어떠한 대가를 치러도 원칙적으로 타당하며, 대학살조차도 고통스럽기는 하지만 선의에서 치러지는 필수적인 작전으로 보이게 하기 때문이다. (이제까지 존재하던 것은 성질상 "소모할 수 있는 것"이다.) 둘째로 유토피아의 꿈은 기술 공학의 한계와 위험이 이제 더 이상 존재하지 않는다는 내용을 함축하고 있다. 기술이 이윤 경제의 비합리성에서 벗어나 더욱 현명하게 사용될 수 있기 때문만이 아니라, 아직까지 개발되지 않은 기술의 진보적 잠재력을 구속하던 사회적 억압에서 벗어나 진정으로 사슬에서 풀린 프로메테우스로서 자신의 최고 가능성에까지 이를 수 있기 때문이다. 이러한 기술에는 사회로부터의 제재 외에는 다른 한계란 있을 수 없다. 그때그때 자신을 뛰어 넘어서는 **능력의** 한계도, 결실을 추구하는 기술의 투입으로 인한 **자연의** 한계도 없다. **마찬가지로** 자연의 잠재력도 그 자체로는 무한하며, 단지 유토피아가 영민한 발명술로 자신을 해방시켜 주기를 기다리고 있다는 것이다.[6) 셋째, 성공 자체가 불확실하다 하더라도 성공에 대한 실제적인 기회는(목표 자체가 **가능하면,** 실현 가능성은 항상 있다) 현존 체제가 인간에게 어울리지 않기 때문에 인류를 포함한 모든 것을 거는 도박 놀이(바방크 놀이)를 금지한 약정을 파기할 것이다. **진정한 인간을 가능하게 한다**는 것과 같이 절대적으로 구속력 있는 목표를 실현시키기 위해서는 사람들은 전체를 다 내기에 걸 것이다. 그런데 이 전체는 그 목표에 의해 비로소 정당화되는 까닭에 이 목표가 없다면 우스꽝스러운 풍자가 될지도 모른다. 이것이 양자 택일의 것이라면 기술 공학의 가장 극단적 모험도 감행할 것이다. 그 결과가 지고의 축복이 될 수도 또는 최악의 재앙이 될 수 있다 하더라도 상관없다.

모든 도덕적인 측면("대가"가 인간적인가 아니면 비인간적인가 하는 문제)을 도외시할 때에 1차적으로 말할 수 있는 것은 권력의 희생이라는 기치를 내건 사람들은 권력의 중재를 호소할 수 없다는 것이다. 중재자의 판결이 자신들에게 불리하게 내려질 가능성이 상당히 크며 그럴 경우 그들은 이성과 그 밖의 개혁 세력에 대한 호소력도 상실하게 될 것이기 때문이다. 그러나 그뿐만 아니라 그들이 승리할 경우에도 권력의 판결은 다시금 흠집 투성이의 권력 체제를 낳게 될 것이다. 둘째로 그러한 아마겟돈의 전투에서 비롯된 지구와 인간의 황폐는 유토피아의

---

6) 유토피아의 이중적 무한성은—인간의 기술과 기술에 대응하는 자연— 블로흐의 다음과 같은 말 속에서 명확하게 드러난다. "인공 비료, 인공 조명이 개발되어 사용되고 있는데, 이것들은 밀밭의 종합적 경계 개념을 가지고, 수천 배의 수확을 거두게 만들 것이다. 이것은 잡종 생식과 '반농업 운동'과도 비교할 수 없을 정도이다. 간단히 말한다면 기술 그 자체는 느리고 국부적인 자연의 노동을 원료의 구속으로부터 해방시킬 사명을 가지고 있으며, 그럴 능력이 있다고도 할 수 있다. … 주어진 자연의 새로운 과도한 자연화는 임박하였다"(*Das Prinzip Hoffnung*(Frankfurt, 1959), 1055면). 이러한 전망 속에 들어 있는 인과 법칙인 무지의 요소는 앞으로 다루게 될 것이다.

도래를 그것에 필요한 "자원" 때문에라도 오랫동안 기다리게 할 것이다. 이 때문에 **절망하는** 것은 아니지만 자유롭게 결정하는 자원의 **사용자들**은 이 사실을 주목해야 한다는 점을 나는 거듭 강조한다. 셋째로 "전부, 아니면 무"라는 각오에 대해서 우리가 말할 수 있는 것은 그것이 바로 인류가(개개인과는 달리) 지을 수 있는 죄 가운데 가장 극악무도한 윤리적·형이상학적 죄라는 것이며, 목표가 **내적으로** 아무리 확실하다 하더라도 그와 같이 엄청난 위험이 저주스럽다는 사실에는 변함이 없다는 것이다. 자칭 아방가르드가 자신의 주관적인 꿈의 안전성을 잘못 측정하여 인류에게 형벌을 부과한다는 것은 생각만 해도 소름끼치게 한다.

그러나 철학적으로 의문시되는 것은 무엇보다도 그 목표 자체의 내적 신빙성과 기술적이고 환경론적인 **실제** 조건의 확실성이다. 후자에 관해서 그들이 주장하는 것은 유토피아의 실현이 여러 여건으로 미루어 볼 때 가능하다는 것이다. 그것을 검토하면서 우리는 혁명에 동원할 수 있는 인간적 원동력과 관련된 예비 문제들은 한편으로 제쳐 두고, 목표 자체를 어떻게 판단할지 논의해 보자. "실제 조건"의 검토가 부정적으로 결론난다면 다른 두 가지 주장들도 함께 해결될 것이다. 그러한 조건들로 미루어 기대해 볼 수 있는 인간적 상태의 "이상형" 검토가 부정적으로 결론난다면 더욱 말할 필요도 없다. 외부로부터 내부로 들어가는 두 가지 행로를 취하면서 우리는 이제 유토피아적 이상 자체에 대한 비판을 시도하려고 한다. 첫번째 행로는 아직까지 사안의 심장부에는 들어가지 못하지만, 질료의 지식 영역 속에 놓여져 있다. 즉 자연과학적이다. 두번째의 행로는 변형된 질료 속에 거주하는 삶과 관계되는 것으로, **본질** 비판적인 행로인데, 영혼과 정신의 지식 영역 속에 있으며, 그러므로 인류학적이고 철학적이다. 내용상 궁극적인 것을 다루지만 항상 여러 의견들이 서로 투쟁을 벌이는 것이 철학적 지식의 본성이다. 그 반면 자연 과학적 지식은 좀더 객관적인 확실성에 도달할 수 있다. 철학적 질문들 속에서 토의된 바람직한 내재적 이상형이 어떠한 것이든간에 **자연 과학적 지식의** 결과들은 이미 외면적 도달 가능성에 의하여 철학적 문제를 결정한다. 즉 부정적이다. 그럼에도 불구하고 철학적 논의는 인간에게서, 그리고 인간을 위해서 무엇을 원칙적으로 기대해도 좋은가 하는 문제를 함축하고 있으며, 또한 인간의 미래는 열려 있음에도 불구하고 변하지 않는 영원한 **인간의 현재**는 어디에 있는지, 질료적 조건이 부정적일 경우 유토피아적 이상으로부터 정당하게, **자유롭게** 결별한 후 그것이 그 자리를 대신할 가치가 있는 것인가 하는 문제도 함축되어 있다. 질료적 조건이 어떠한지 판단을 명확히 내릴 수 없더라도, 그 이상 자체가 가짜 신으로, 부적당한 희망의 대상으로 드러날 경우에, 그것과 자유롭게 결별할 수 있을 것이다.

II. 마르크스주의 유토피아 비판

A. 첫째 단계: 실제 조건 또는 유토피아의 가능성에 대하여

1. 사슬에서 해방된 기술을 통한 "행성 지구의 개조"

유토피아의 1차적 요구는 모든 사람들의 욕구를 충족시킬 수 있는 물질적 풍요이다. 두번째는 이러한 풍요를 취득하는 데 있어서의 **용이함**이다. 왜냐하면 유토피아의 형식적 존재는 우리가 이제까지 살펴본 바와 같이 여유이며, 여유는 쾌적하여야만 즉 생필품의 풍족이 보장되어야만 누릴 수 있기 때문이다. ("풍족"이란 분수를 지키는 검약에서부터 과시적 사치에 이르기까지 폭넓다.) 그리고 쉽게 즉 힘들이지 않고, 또는 적은 노력으로 풍족한 물자에 다가갈 수 있어야 한다. 여유란 바로 필수품을 얻기 위한(소망하는 것을 충족하기 위한) **노동 부역**으로부터의 자유를 의미하기 때문이다. 이 두 가지 즉 풍요로운 물자의 자의적 사용 가능성과 사용의 용이함을 함께 이룰 수 있는 것은 **기술**의 발전이며, 이것은 다시금 기술이 여러 곳에서 이미 행한 또는 시작한 일들을 급진화함으로써 이루어질 수 있다. 전자는 이제까지 인색하였던 지상의 자연에게 자신의 재화를 내놓을 것을 강요하거나, 자연의 부족한 재화를 인공적인 것으로 보충할 수 있도록 "자연의 개조" 또는 "행성 지구의 개조"(블로흐)라는 방법을 통해서 성취할 수 있다. [7] 후자는 이제까지 인력과 시간에 구속받던 노동 과정을 기계화하거나 자동화함으로써 얻을 수 있다. 이제까지 부족하게 주어졌던 자연 재화의 "해방"은 당연히 막대한 기계의 도움이 있어야만 가능하며, 즉 동시에 인간적 노고의 해방을 의미하므로 위의 두 가지 사안은 어느 정도까지는 일치한다. 이러한 작업은 아직 구원되지 않은 이 세상에서 한창 진행되고 있으므로, 자연을 총체적으로 이용하고, 인간을 노동으로부터 면책시키기 위해서 반드시

---

7) 각주 6에서 인용된 것 외에도 블로흐의 같은 책, 925면 이하 참조.

필요한 기술의 기적을 마르크스주의 사회가 먼저 실행에 옮겼는가 하는 완전히 가정적 질문에 우리는 더 이상 연연할 필요는 없다. 항상 위대한 기적의 고향이며 터전인 학문과 기술의 이제까지의 행보와 현재의 수준을 감안할 때 지속적인 진보는 거의 확실하다고 할 수 있으며, 성공적인 "돌파"도 가끔 일어날 수 있을 것이다. 후자에 너무 의존해서도 안 되겠지만, 관련되는 기술 사회의 양상을 볼 때 모든 가능한 방향으로의, 불확정적 미래로 향한 기술력과 응용의 지속적인 향상을 기대해도 좋을 것 같다. 어쨌든 학문적·기술적 가능성과 그 **가능성**을 실현하고자 하는 추진력에는 의심의 여지가 없다. 마르크스적 사회만이 우선적으로 보유하고 있는 것은 보다 뛰어난 발명술도 아니며—보다 우수한 학문의 전제 조건과 함께—또 기술적 혁신이라는 보다더 큰 구경의 권총이 아니라 다음의 두 가지이다. 기술적 진보의 **방향**을 사회적으로 보다더 조종할 수 있는 것이며(선택), 물론 이것의 전제 조건 중 학문적 연구의 "조종"이 가장 의심스러운 전제이다. 그리고 무엇보다도 진보의 **결실**을 사회적으로 더 잘 배분(보다 동등한 분배)할 수 있다는 점이다. 두번째 장점은 오늘날 기술화된 경제의 결실만 가지고도 이 지구상의 수많은 빈곤 현상들을 퇴치할 수 있을 것이라는 점이다. 그러므로 문제는 결코 기술적·자연적인 것이 아니라 경제적·정치적이라는 점이 자명하다. 그러나 그것도 기껏해야 현지구 인구의 생계를 **보다 참을 만하게** 해준다는 의미에서의 소박한 목적일 경우에만 해당된다. 보다더 높은 목표에는, 즉 지구 인구의 증가에도 현상을 유지한다는 전(前)유토피아적 목적에는 전지구의 생산 **향상**과 보다더 공격적인 기술이 표어가 될 것이다. 유토피아가 눈앞에 그리는 보편적 "풍요의 여유" 경제를 위해서는 몇 배 더 큰 생산과 기술의 단위에서도 엄청난 정도의 수준 향상이 필요하다. 현재의 기술을 미래에나 기대할 수 있을 수준으로 평가하면서 그 **가능성** "자체"는 있다고 간주한다. 성공에 부풀어 이제는 습관이 되어 버린 **확고한 신뢰**가, 특히 이윤 감소 법칙의 예외적인 지속에 관한 한, 비록 과장되어 있음에도 불구하고 그렇다. 그러나 바로 증가하는 인간 권력에 대해 극도의 **낙관론**이 지배할 경우 비로소 본래의 질문이 제기된다.

2. 자연의 인내 한계: 유토피아와 물리학

좀더 강화된 공격에 대해 "자연"이 어떤 태도를 취할지가 문제이다. 자연에게는 그 공격이 "우익"에서 오든 또는 "좌익"에서 오든, 즉 공격자가 마르크스주의자이건 시민 계급적 자유주의자이건 아무런 차이가 없다. 그것은 자연의 법칙이 시민 계급적 편견이 아닌 것만큼 확실하다. (마르크스적 이데올로기주의자들은 그것을 믿는 경향이 있었으며, 스탈린(J. Stalin)은 잘 알려진 바와 같이 유전학 법칙의 문제에 있어서 그러한 믿음에 따라 행동하였다.) 문제는 결국 **인간**이 아직도 얼마만큼 행위할 수 있을 것인가가 아니라—여기에서 우리는 프로메테우스적으로 낙천적이어도 되는데—**자연**이 얼마만큼 견딜 수 있는가이다. 오늘날 어느 누구도 자연에는 내성(耐性)의 한계가 있다는 사실을 의심하지 않으며 지금의 관건이 되는 것은 "유토피아"가 그 한계 내에 또는 그 밖에 놓여 있는가 하는 것이다. 그것은 유토피아 자신의 숫자상의 크기에 달려 있다. 좀더 과격하게 말한다면 그것을 믿는 사람들의 수에 달려 있다. 인간적 관심에 비추어 볼 때 그러한 내성의 한계는 자연의 추상적·이론적 조작 가능성 자체의 경계보다 밑에 놓여 있다. 인간에게 해가 되는 "부작용"이 자연을 침해함으로 인한 득을 흐리게 하거나 득보다 커지려고 할 때 비로소 자연의 허용 한계가 처음 인지되며, 인간의 목적을 위해서 무리하게 자연을 착취하여 미묘한 균형을 유지하고 있는 전체 체계를 파멸로 몰아칠 때, 아마 돌이킬 수 없이 그 한계를 넘어서게 된다. (자연 스스로에게는 파멸이란 없다.) 그러한 사실이 물리학적인 원칙으로만 가능한 것이 아니며, 경계가 분명한 우주선과 같은 지구는 인간이 가할 수 있는, 이미 커다란 차원에서 현재 가하고 있는 타격의 영향권 안에 놓여 있다는 사실은 비교적 새로운 인식이다. 그리고 그 인식이 자본주의적 진보의 믿음 못지않게 사회주의적 진보에 대한 믿음을 이제까지와는 전혀 다른 강도로 흔들어 놓고 있다. 우리는 지금 여기에서 세계의 자원으로서의 외적 자연을 다루고 있으며, 인간의 본성으로서의 자연은 2차적 단계에서 검토하게 될 것이다. 그러므로 우리는 지금 기술의 자본주의적 추론과 마르크스주의적 추론간의 동기의 차이점과 인간의 질적인 측면은 한편에 제쳐두었다. 여기에서는 순수한, 중립적인 수량이 중점적으로 다루어지고 있는 것이다. 그러므로 중심 질문은 무엇이 "한계"이며 어디에 그것이 놓여 있는가―거기까지 얼마나 남았으며 또는 얼마만큼 가까이 있는가 등이다.

이러한 질문은 전체적으로 아직은 신생 학문인 환경 과학의 과제에 속하며, 개별적으로는 생물학자, 농학자, 화학자, 지리학자, 기상학자 등과 경제학자, 그리고 기술 공학자, 도시 공학자와 교통 전문가들의 전문 영역에 속한다. 이들의 학제간 총괄 연구가 비로소 전지구적 환경 과학을 낳는 것이다. 철학자는 거기서 아무 말도 할 수 없으며 단지 들을 수 있을 뿐이다. 유감스럽게도 철학자는 현위치의 학문으로부터 자신의 목적에 적합한 확고한 결론들조차 전용할 수도 없다. 개개의 분야에서조차도 모든 수량적 예측이나 추정적 추론들은 현재 불확실한데, 계산상으로는 설령 가능하다 할지라도 그것들을 통합하여 총체적 생태학을 만들어 낼 수 있을지는 말할 나위도 없다. 적어도 그 개별적 분야에 어떤 종류의 한계가 있는지 여러 선에서 제시할 수는 있으며, 그러므로 도처에서 극대치만을 내거는 유토피아적 전망을 판단함에 있어서 그것은 커다란 도움이 될 것이다. 이 문제를 폭넓게 공적으로 토론함에 있어서 이미 알려져 있는 사실들을 간략하게 상기하는 것으로 족할 것이다. "유토피아와 물리학"이라는 주제에 맞추어서 우리는 일련의 질문들의 자연적 측면으로만 논의를 제한하고자 한다.

a. 식량 문제

1차적인 문제는 물론 증가하는 지구 인구를 어떻게 먹여 살리느냐 하는 식량의 문제이다. 다른 문제들도 여기에 좌우된다. 이것이 근본적으로 블로흐가 말한 유토피아적 "자연 개조"의 중심지이다. 유토피아는 제쳐두고라도 지금 수준의 지구 인구와 **가까운**(한두 세대) 장래에 피할 수 없이 몇 배로 늘어날 인구는 블로흐가 찬양한 인공적 비료를 대량 투입하여 경작지가 지금보다 몇 배 증가된 수확을 거두도록 **자극**할 것을 요청한다. 다시 말하면 인류는 이미 자신들의 생물학적 증식의 성공으

로 인하여 생명을 산출하는 민감한 지구 표면의 맨 윗껍질을 화학적 물
질로 뒤덮을 수밖에 없으며, 현재 걷잡을 수 없이 진행되고 있는 인구
증식 때문에 장미빛과는 전혀 다른 현재의 식량 상태를 유지하기 위해
서도 그렇게 하지 않을 수 없다.

농업적 극대화 기술에 대한 자연의 형벌은 지역적으로 이미 나타나기
시작하였다. 예를 들면 내륙 하천과 해안 지역(그곳에서 산업이 촉진된
다)이 화학적으로 오염되어, 그것과 고리로 연결된 유기체들이 의지할
곳에도 손상을 끼치기 시작하고 있다. 지속적인 관개로 인한 토양의 염
화(鹽化), 초원 지대의 경작지화로 인한 침식, 산림 벌채로 인한 기상
침해(마찬가지로 대기권의 산소 부족) 등은 점차 강화되고 확장되는 농
업 생산이 가져다 주는 다른 징벌이다. 우리는 여기서 계속 자연의 징
벌을 열거할 필요는 없다. 이 모든 것들이 지역적으로나 전지구적으로
한계를 정하고 있으며, 그것들은 지구 인구가 조기에 안정된다 하더라
도(지금의 42억의 2~3배로) 유토피아에는 훨씬 못 미친다. 더욱이 합
성 비료는 에너지 형태이므로, 지구의 닫혀진 체제 내에서의 에너지 획
득과 사용의 이중 부담을 안고 있다는 사실 속에 함축되어 있는 가장
근본적인 한계는 전혀 언급도 하지 않았다. 바로 이것이 미래를 계획하
는 데 있어서 가장 큰 골칫거리이며 유토피아에 대한 자연의 마지막 거
부권임이 드러날 것이다.

b. 자원 문제

지구 표면에 묻혀 있는 문명적으로 필요한 광물 자원의 저장량 자체
는 실제로 무한할 수 있지만, 그것들이 분명히 모두 지표의 가장 상층
부에 있지는 않을 뿐만 아니라 이제까지처럼 쉽게 채굴될 수 있도록 집
중적으로 매장되어 있지도 않다. (게다가 중요한 자원들은 충분하지도
않을 것이다.) 더 깊숙이 또는 대양의 바닥에 매장되어 있거나 아니면
넓은 지표면에 분산되어 매장되어 있을 경우, 그것을 채굴하여 정제하
는 데 엄청난 에너지가 소요될 것이다. 그 다음으로 미래의 수십 억의
인구의 생활 수준을 가설상 향상시키기 위하여 산업적으로 가공하는 데

에는 말할 것도 없다! 서구 전체 나라들의 1인당 평균이 세계의 (게다가 미래의) 평균이 되어야만 한다면 지금 이미 위협적으로 높은 에너지 소비는 진실로 현기증을 일으킬 정도로 몇 곱 증가할 것이다. 유토피아적 천국과 그것보다 더 소박하지도 않은 진보의 기도가 기대고 있는 것은 바로 이러한 조건들이다. 이것이 바로 문제의 핵심이며, 그 이름은 재료가 아니라 **에너지**이다. 그것의 문제는 지구의 에너지원의 존재 유무와 이용 가능성, 즉 자유 에너지의 **획득**만이 아니라 여기에서 가정하고 있는 수준에서 에너지를 **사용**할 경우 지구적 생물권에 파생되는 결과를 말한다.

c. 에너지 문제

우선 재생할 수 있는 에너지원과 재생할 수 없는 에너지원을 구별할 수 있다. (1) 100억 년 된 유기적 합성체의 침전물인 석탄, 석유와 천연 가스와 같은 화석 연료는 전체 에너지 소비의 대부분을 차지하는 중요한 에너지원이다. 그러나 그것은 한정되어 있고 재생 불가능하다는 것은 주지의 사실이며, 현재의 사용 추세로 나간다면 (주로 인류의 일부만, 즉 발달된 산업 국가들이 전체 사용량의 대부분을 소비하는 데) 고갈될 날도 멀지 않았다. 태양이 영겁의 시간에 걸쳐 지상의 식물 세계에 저장한 것을 인간은 몇 백 년 안에 다 소비하려고 한다. 바로 이러한 화석 연료로부터 화학 비료를 추출해 내는데, 이 합성물을 자연의 선물인양 공급하였던 출발점의 토대가 상실된다면 그것의 합성물은 "처음부터", 즉 비유기체적 원료로부터 만들어져야만 한다. 태고적 오랜 세월 동안 이루어진 태양과 유기체의 작용 대신에 비유기체적 에너지를 통하여 순간적으로 만들어져야 한다. 여기에서는 농업 천국조차도 (산업은 말할 것도 없고) 에너지 조건과 연관되어 있다.

화석 연료의 연소는 지역적 대기 오염의 문제뿐만 아니라, 연료의 저장량 고갈과 기묘한 경주를 벌일 수 있는 전지구의 온난화 문제를 발생시킨다. 그것이 바로 "온실 효과"로서, 연소시 발생하는 이산화탄소가 대기권에 쌓이게 되면 온실의 유리창과 같은 역할을 하여 태양빛은 들어올 수 있지만 지구로부터의 온기 반사는 못 나가게 하기 때문에 생긴다. 그렇게 시작하여 대기의 온도(확실한 포화도부터는 더 이상의 연소 없이도 계속되는)가 계속 상승한다면 기후와 우리의 삶에 막대한 영향을 미칠 뿐만 아니라 더 나아가 빙산의 해빙, 해면의 상승, 저지대의 침수 등… 극단적인 재앙으로까지 이어질 수 있으며, 이것은 어느 누구도 원치 않는 결과이다. 그렇게 된다면 몇 세기간의 산업 시대 동안 홍겹게 벌인 경박한 인간 축제의 대가로 우리는 앞으로 수천 년 동안 변화된 지상 세계에 살아야 한다. 그러나 이 기간에 지난 수백만 년간의 유산이 탕진되어 버리므로 우주적으로 볼 때 불공평한 것만은 아니다. 지금의 연료 연소율로 보아 우리가 그 길로 가는 입구에 서 있는지는 확실하지 않다. (그러나 많은 측정 결과에 따르면 그 개연성은 높다고 할 수 있다.) 세계 경제적 성장에 유토피아에 대한 기도가 가세하여 이제까지의 연료 소비율을 계속 증가시킨다면, 그것은 위험한 게임이 될 것이다. 그로 인하여 앞당겨진 화석 연료량의 고갈, 즉 다른 종류의 곤경이 이 위험보다 앞서 닥칠 것이다.

(2) 태양 에너지가 점하는 총량은 일정하게 증가하고 있다. 그것을 사용하는 데 있어서 장점은 화학적인, 그리고 수질상의 "청결"이다. 1차적으로 태양 에너지는 이제까지는 수력 발전용으로 사용되었는데, 태양열을 이용한 발전량은 현재 미국의 에너지 소요량의 5%에 해당하며, 미래에 전체 에너지 소요량이 증가한다 하더라도 지속적 발전을 통하여 현 수준은 유지할 수 있을 것으로 보인다. 수력 발전에 적당한 지구의 자연적 낙차를 최대한 이용한다 하더라도 미래에 가설상 증가할 수요 중 현재와 비슷한 부분을 감당할 수 있을 뿐이며 화석 자원의 소멸로 남겨진 빈 자리를 채우기에는 턱없이 부족하다. 태양빛을 전력 에너지나 열에너지로 직접 전환할 경우에도 비슷하다. 이 분야에서 지금 한창 새로운 기술(볼타 식 광전지)이 개발중이지만, 가장 낙관적인 전망도 현재의 에너지 문제를 완화할 뿐 해결을 하지는 못한다. (태양 에너지의 토대는 끊임없이 쏟아지는 막대한 빛의 총량이 아니라, 그 중에서 지리적으로 또 그 외의 조건상 경제적으로 이용 가치가 있는 것이다.) 풍력이나 대양의 수온차를 이용하는 에너지원은 도움이 될 수도 있지

만, 부분적인 기여만 할 수 있을 것이다. [8]

요약해서 말해 보면 사용 후에도 잔류물을 남기지 않고 지구의 온도 안정에 영향을 끼치지 않는 가장 영구적이며 가장 "깨끗한" 에너지원은 현대 문명의 에너지 탐식의 극히 단편적 부분만을 충족시킬 수 있다. 그러나 유토피아의 기획은 (그리고 좀더 겸손한 것들도) 지구 전체의 수요를 충족시킬 수 있는 대체 에너지 개발을 목표로 삼고 있다. 그럼에도 불구하고 이러한 에너지원을 개발하는 일은 다른 에너지원의 부담을 덜어 주기 위해서도 긴급히 요청되는 명령이다.

(3) 다른 에너지원을 보조하면서, 결국에는 감소해 가는 화석 에너지원을 대체할 수 있는 역할은 핵에너지에게 떨어진다. 이미 실시되고 있는 **핵분열**은 현재 방사선으로 인한 환경 위협, 특히 "폐기물"을 통한 수천 년 동안의 환경 위협에 대한 격렬한 토론을 불붙였다. 이것은 전혀 새로운 인간 행위의 결과로서, 만족할 만한 기술적 해결의 전망은 보이지 않는다. 그 밖에도 채굴할 수 있는 우라늄 매장량이 고갈될 위험도 있지만, 원자로에서 플루토늄을 생산하는 방법(테러리스트들이 이것을 남용할 위험과 함께)으로 오랫동안 연장할 수 있다. 원료에 있어서 무한정으로 구할 수 있으며 동시에 장기간 동안 방사선을 방출하는 부산물이 거의 없는 에너지원은 통제하에 일어나는 **핵융합**이 될 수 있으나, 이것은 아직 가능한 단계에 있지 않다. 핵융합을 경제적으로 유용한 형태로 사용할 수 있다고 가정한다면 에너지 천국이 열리게 될 것이다. 그것은 고갈되어 가는 화석 에너지원을 **대체**할 수 있을 뿐만 아니라, 지금의 에너지 소비를 자의적으로 **몇 배** 증가시킬 수 있는 자유를 의미하며, 그와 함께 얼마든지 오랜 기간 동안, 영원한 유토피아에 이르기까지 얼마든지 많은 인류의 상상할 수 있는 온갖 욕구를 아낌없이 들어줄 수 있는 자유를 획득한다. 그러나 여기에서 물리학은 자신의 열역학

---

8) 최근 미국 대통령에 의해 설정된 것으로서, 가장 야심적 목표는 2000년까지 필요한 에너지 수요의 약 20%를 재활용되는 태양열 관련 에너지원으로 충당한다는 것이다. 여기에 필요한, 정말 중요한 공적인 발전 보조금이 승인될지의 여부는 기술적인 문제와는 별개의 문제이다. 아마 OPEC 산유국들의 가격 상승의 압박이 동기를 부여할 것이다.

적 거부권을 행사한다.

d. 최종적인 열 문제

온실 효과로부터 자유롭지만 핵융합의 지나친 사용은 환경 가열의 문제를 야기할 것이다. 그것은 기술적 풍요 속에 살아가는, 몇 배로 증가된 미래의 인류라는 방종한 꿈에 가차없이 제한을 가할 것이다. 왜냐하면 모든 에너지 사용은 그 결과로 열을 산출하기 때문이다. 그러므로 사용의 범위는 이 지상의 공간에서는 무한하지 않다. 무한한 에너지원 (핵융합이 그러하다)의 경우 그것을 사용하면서 생산되는 열량은 전지구권에 잠재적으로 위험한 요소이다. 사용의 모든 단계—기계적·화학적·유기적 단계—에서 환경으로의 반복되는 열방출과 수십 억 인간 육체와 그들의 동물적 친위병들이 발산하는 동물적 열기에 그것들의 썩어 가는 시체의 발효열까지 더한다면 그 전체 열량은 어마어마할 것이다. 상기해 본다면 그 인간들은 **풍부한 생필품을 지니고 있는** 수십 억의 인간들이며, 다시 말하면 1인당 엄청난 기계류의 수요, 그 다음으로는 (혹사된 지표의 채굴 조건을 단계적으로 어렵게 함으로써) 점점더 에너지가 많이 드는, 즉 **마찬가지의** 상품 생산에 소요되는 원료를 획득하는 과정은 더 **많은** 방출열을 산출하게 되는 것이다. **이 모든 기계열과 생명열은 방출되어야만 하지만,** 방출될 수 있는 공간은 제한된 지구 주변이지 우주는 아니다. 신진 대사를 하는 육체들과 노동하는 기계들로 전지구를 덮어 씌울 때 다행스럽게 피했다고 생각하는 온실 효과와 마찬가지의 지구 온난의 결과가 등장할 것이다.

이러한 인과 관계를 피해 갈 수 있는 발명은 불가능하다는 것은, 다시 말하면 하나를 가지면서 다른 것은 삼가하는 것, 과도하게 에너지를 소비하면서 그 열 효과는 피하겠다는 것은 영구 기관을 만들겠다는 무모함과 마찬가지이다. 모든 노동에서는 에너지가 "상실"되며 모든 에너지는 결국 열로 변질되며, 그리고 열은 분산한다는 사실, 즉 중간치에서 환경을 조정한다는 사실은 깨지지 않는 엔트로피의 열역학 법칙이다. 이 점에서 열역학은 결코 흥정하려 하지 않는다.

3. 검소한 에너지 경제에 대한 지속적 명령과 유토피아에 대한 거부권

a. 신중한 진보

그럼에도 불구하고—이 점에서 우리를 오해하지 않기 바란다!—평화적 목적을 위한 핵융합 에너지의 개발은 환영할 만한 선물이며, 단지 그것이 위험한 선물이 되지 않도록 하는 일은 우리에게 달려 있다. 기술적 진보가 인간적 단견과 욕심의(궁핍마저도) 수중에 떨어질 위험을 경고하는 것이 우리 선율의 중심 주제이기는 하지만 그렇다고 우리의 논의가 이러한 기술적 진보 또는 저러한 진보를 하지 못하게 말리는 것으로 곡해되어서는 안 된다. 핵융합의 행운이 우리에게 주어진다면 그로써 에너지 문제는 영구히 해결될 것이다. 단지 그 선물은 현명하고 신중하게, 즉 전지구의 화려한 희망의 관점이 아닌 책임의 관점에서 운용되어야 한다는 것이다. 물건이 너무 많아 선택이 곤란한 상황이 온다고 할지라도, 어디에 자연의 한계가 있는지 또는 비판적 위험 수위가 시작되는지는 여전히 계산해야 될 것이다. 그보다 훨씬 앞서 우리는 지금 더 시급한 문제들의 위험 수위를 따져보아야 할 것이다. 그것들 중 몇 가지는 우리가 가볍게 다루었는데(토양과 해양의 생화학적 상태; 대기의 산소 경제 등등), 그것들의 한계치는 실제로 발생해 드러날 때, 보다더 잘 예측될 수 있다. 이 모든 것들이 새로운 학문에 요구되는 사항들이며, 그러므로 그 학문은 엄청나게 복잡한 여러 요소들의 상호 작용을 다루어야만 한다. 여기까지 그 계획이 제시하는 담보물들을 살펴보건대, **신중**은—특히 이미 시작된 몇몇 과정들은 되돌릴 수 없기 때문에 더욱 그러하다—좋은 쪽으로 생각된 용기이며, 그것은 아무튼 책임의 명령이다. 자료들의 완전성과 상호간의 통일된 전산화 가능성과 관련하여 그러한 학문이 모든 실제적 기술력을 항상 능가할 경우에는, 실제로 그럴 개연성이 높은데, 아마 책임의 명령은 **항상** 유효하다. 여기서 불확실성은 우리의 영구적 운명일지도 모른다. **이러한 사실은 도덕적 문제를 야기한다.**

b. 유토피아의 과다 요구에 대항하여 목표에서 분수를 지킨다

추측은, 특히 부정적 측면에 대한 추측은 지금도 허용된다. 현재의
42억의 인구가 가장 발전된 나라들의 생활 양식을, 즉 현재 유럽과 미
국 사회의 1인당 에너지 소비율을 계속 유지하면서도 숙명적인 환경 파
괴를 모면할 수 있는가는 극히 의심스럽다. (기존의 에너지 형식으로는
불가능하다는 점만은 확실하다.) 그러나 현실적으로는 여기서 문제가
제기되는 것은 현인구의 규모가 아니라, 인구 통계적으로 세계 인구가
가능 한 한 빨리 평화적인 수단으로 안정되는, 다시 말하면 증가율 제로
로 되는 시점의 인구 수준이다. 그리고 그것은 이 세대가 지난 후 현인
구 수준의 2~3배가 될 것이다. (유토피아의 건설에는 적어도 그렇게
오랜 기간이 걸릴 것이다.) 이 숫자를 토대로 내가 감히 예측하건대 소
망하는 에너지원이 있든 없든간에 그 수준의 세계 인구는 현재 소수의
낭비적 생활 양식의 보기를(**그들의** 사회조차도 유토피아와는 거리가 멀
다) 지속적으로는 결코 따라갈 수 없다는 것이다. 이른바 저 절대적 에
너지원이 사용 가능하다면 그것은 아마 우리의 후손에게 경제적 퇴락의
커다란 고통을 면하게 해줄 것이며, 이성적으로 설정된 전세계적 수요
를 영구히 보장할 것이다. 그러나 그 에너지원의 잠재적 무한성 때문에
분수에 넘는 목표에 현혹될 수도 있으므로, 적어도 이성이라는 다소 무
력한 산문적 무미 건조함을 책임의 파토스로(이것이 아니라면 그보다
덜 고상한 공포의 목소리로) 강화시켜 그 점을 제때에 사람들에게 경고
해야 한다. 인류의 구원과 동시에 파멸이 물리학의 전역사에서 가장 위
대한 실용 학문적 도약, 즉 원자의 비밀을 밝혀낸 쾌거의 천부적 잠재
력에 달려 있다는 것은 생각해 볼 만한 일이다. 천부적 능력의 파괴적
사용뿐만 아니라 건설적이며 평화적이고 생산적인 사용 또한 파멸을 불
러올 수 있는 것이다. 그러므로 멀리 내다보면서 조심하라고 경고하는
목소리는 바로 눈앞에 보이는 성공에 눌려 버린다. 즉 원자핵을 전쟁에
사용하는 것과 같은 파멸의 위험은 모든 사람들의 적나라한 불안이 도
움을 주는 까닭에 그것보다 훨씬더 비중 있게 들리는 것이다. 위대한
능력의 귀에는 불협화음으로 들릴지는 모르지만 "소박한" 목표를 부르

짓는 목소리는 바로 그 위대한 능력 **때문에** 우선적으로 귀담아 들어야 한다. 분수에 맞지 않는 목표 그 자체인 유토피아 또한 우리는 단념해야만 한다. 유토피아가 지속적으로 우리에게 이롭지 못하기 때문에서라기보다는 그것의 추구가 재앙을 불러일으키기 때문이다.

c. 이미 증명된 외적 불가능성에도 불구하고 이상의 내면적 비판이 아직 필요한 이유

이 시점에서 우리는 유토피아적 이상의 **내적** 가치, 자체 정당성을 검토할 필요조차 없다고 말할 수도 있다. 왜냐하면 외부로부터 "주어져 있지 않다는 사실"이 그것의 실현을 어차피 불가능하게 만들기 때문이다. 그러나 그것만으로는 부족하다. 왜냐하면 우선 그 이상 속에 예시된 상태가 **한 가지** 조건하에서 실현될 가능성도 있으며 순수하게 "물리적으로는" 존재 가능하다는 사실을 간과해서는 안 되기 때문이다. 즉 낮은 수준으로 유지되는, 그리고 **감소된** 인구수에는! 여기에 필요한 엄청난 폭력을 두려워하지 않는다면 "선택된 나머지"를 위한 축복받는 자의 섬은 무수하게 제거된 사람들의 시체 위에 세워질 수 있을 것이다. 그러나 내가 여기서 이제까지의, 그리고 현재의 유토피아 지지자들이 그러한 비인간적 의도를 가지고 있다고 주장하는 것은 아니다. 다른 한편 지고의 선과 그것에 대한 절대적 믿음이 잘못 인도할 가능성을 과소평가해서도 안 된다. 전적으로 비유토피아적 관점에서 볼 때 단순히 최악의 상황을 방지하기 위해서도 인구 통계적 영역에서의 신중함과 다소의 전횡은 필수적이다. 지나친 목표가 그에게 선구자의 작위를 내렸을 때처럼! 존립하는 모든 것은 어차피 엉망이고 그것들은 단지 앞으로 올 것, 더 나은 것, 더 진실한 것의 요람으로만 참작된다는 솔직한 확신에서 신봉자들은 가장 극단적인 것도 고려할지 모른다. 유토피아의 도래를 위해 원래 준비된 독재가 스스로 극단적인 수단으로 빠질 때는 더욱 그러하다. 아무튼 절대적 권력은 그것을 가능하게 하며, 교조적인 지도부는 조금씩 극단적인 수단을 사용하지 않을 수 없게끔 강요당한다. 그럴 경우 신앙적 도그마는 양심의 가책을 덜어 준다. 그 모든 것이 구원 때문에 행해지기 때문이다. 간단히 말해 유토피아 신앙은 그것이 단순한 소망을 넘어설 때는(바로 이것이 마르크스적 사실주의에서는 첫번째 자기 서술이다) 광신으로 흐를 뿐만 아니라 무자비한 성향을 드러내게 된다. 종교적이건 무신론적이건간에 역사적 만행의 목록에서 인용할 수 있는 사례들은 수없이 많다. 게다가 두번째로 교조의 힘으로 무장한 **소망**은 사실과 기회의 평가를 채색할 수도 있다는 것이다. 그 신앙은 학문적 예측의 불충분한 확실성조차도 자신에게 유리하게 해석할 수 있다. 다시 말하면 모르기 때문에 남겨 둔 다를 수도 있다는 여백에 모든 것을 걸 수도 있다는 것이다. 나아가 그 신앙은 원하지 않는 예측을 제공하는 학문에게 계급의 적에게 종사하는 하인의 혐의를 둘 수도 있다. 올바른 학문 즉 우리의 학문은 사실의 텍스트를 달리 읽는다는 것이다. 여기에 관해서도 무수한 사례들이 있지만 생략하겠다.

그러나 우리가 검토를 중단하지 않는 이유는 이것이 전부가 아니기 때문이다. 또한 아직 본질적인 것은 건드리지도 않았다. 어떠한 의혹에도 약해지지 않는 믿음의 위험뿐만 아니라 환멸을 느낀 믿음의 위험이 아직 남아 있다. 미몽에서 깨어난 의혹이 이상의 외적인 도달 불가능성과 내적 오류를 밝혀낼 때 느끼게 되는 절망의 위험 말이다. 왜냐하면 만약 이상이 진리를 소유한다면, 그 이상의 진리는 이상 없는 모든 상태를 인간의 품위에 맞지 않는다고 선언하기 때문이다. 인간이 지니고 살아야만 하는 그 이상을 증오하면서, 그 이상에게서 개선의 여지가 있는 부분은 경시하면서, 인간 조건이 그 한계 내에서 인간에게 부여한 능력의 가치를 불신하면서 환상에서 깨어난 상태를 맞이한다는 것은 좋지 않다. 인간이 자신의 어머니, 자연으로부터 자신의 생득권을 기만당했다고 생각하며, 자연 질서를 본래의 인간 존재를 유보하고 있는 악의에 찬 적으로 간주하는 것은 정당하지 않을 뿐만 아니라 도덕적으로도 유해하다. 바로 그렇게 함으로써 우리는 "본래적인 것"을 놓칠 수 있는 것이다. 또한 앞으로의 검토에서 우리의 철학적·도덕적·형이상학적 관심이 여기에 있다. 자신의 내부에 감추어진 무자비성을 의식하지 못하는 위대하고 자비로운 정신의 환상으로서의 그 이상을 검토해야만 할 의무를 가지고 있는 것이다.

B. 둘째 단계: 현실로 번역된 꿈 또는 유토피아의 소망 가능성

유토피아적 이상 자체(그것의 실현 가능성이 아니라)의 검토는 두 가지 측면을 다룬다. 그것의 긍정적 내용—적어도 형식적으로 미리 해석되는 한—그리고 그것의 부정적 껍데기, 즉 이제까지의 역사는 올바른 인간을 출현시키지 **못했다**는 학설이다. 그 껍데기가 이상에 속하는 이유는 그것이 이상의 인간적 결실을 이제까지의 (전(前)인간적인) 인류에서 가장 뛰어난 사람의 그림 속에서 찾지 않고, 질적으로 전혀 새로운 것이어야 한다고 이상에게 지시하기 때문이다. 그것은 머릿속에서는 가능하겠지만, 현실적으로는 실현될 수 없으며 말 그대로 어리석은 짓이라고도 할 수 있으나, 규제적 이념으로서 유토피아적 논점의 논리와 열정에서 그것의 의미를 찾을 수 있다. 껍데기에 속하는 것으로는 블로흐의 "아직 있지 않은 것"의 엄밀한 존재론이 속하며, 우리는 그 존재론의 철학적 비판이 꿈꾸듯이 예감된 마지막 실현의 "지금 이곳에서"의 비판보다 훨씬더 사건의 핵심을 찌르고 있다는 것을 보게 될 것이다. 우리는 이 두 측면 즉 이상의 긍정적 내용과 부정적 껍데기를 차례대로 고찰할 것이다.

1. 유토피아적 상태의 내용 규정

유토피아의 상태가 어떠한 것인지 내용적으로 규정되어 있는 문헌은 그 성격상 드물다. 왜냐하면 그 상태는 우리에게 알려져 있는 낯익은 것들과는 판이하게 다르기 때문이다. 특히 내용적 빈약성은 유토피아의 조건하에서 사는 **사람**과 그의 전형적인 삶의 이력이 구체적으로 어떤 모습을 "떠는가"와 관련될 때 더욱 두드러지는데, 아마 그 이유는 조건들과 아직 감추어져 있는 인간 본성의 풍요로움으로 인하여 그것을 확정할 수가 없으며, "전(前)역사적" 위축의 상황, 즉 우리의 현 상황에서는 예측할 수 없기 때문일 것이다. 그럼에도 불구하고 그 조건들의 외형적 성격으로부터, 그리고 더 나아가 인간에게 결코 일어나지 **않으리라**

강조되는 진술들에서 많은 것을 유추해 낼 수 있다. 그러나 많은 신탁
어들은 꿰뚫을 수 없는 신비 그 자체로 남아 있다.

a. 마르크스에 있어서 자유의 왕국

마르크스의 유명한 말로 시작하자. "자유의 왕국은 실제로 궁핍과 외
적 목적성으로 규정된 노동이 멈추는 곳에서 비로소 시작된다. 그것은
성격상 실제의 물질적 생산 영역의 저편에 놓여 있다."⁹⁾ 여기서 중심어
는 **자유**와 **노동**이다. "자유의 왕국"을 보장하는 자유는 무엇보다도 노동
과 노동에 대한 필연성으로부터의 자유로서, 즉 노동의 필요 불가결성
을 근거지우는 외적 목적을 위한 노동으로부터의 자유를 말한다. 더 나
아가 그러한 필연성으로부터의 자유는 모든 자유들 가운데 가장 **으뜸**
인 것으로 그것과 함께 비로소 다른 "왕국"들이 **시작되며**, 그것의 마지막
관심사는 다시금 (마르크스의 다른 개념을 차용하면) "풍요로운 인간 본

9) K. Marx und F. Engels, *Das Kapital*, 제 3 판, 제 3 권(Marx-Engels Werke,
제 25 권(Berlin, 1976)), 48장, 828면:"삼위 일체론적 공식." 같은 면에
서 위의 인용구를 계속하면서, "이 분야에 있어서 자유란 사회화된 인간
이 즉 서로 결합된 생산자들이 자연과의 이런 신진 대사를 합리적으로 규
정하고, 맹목적인 권력에 지배당하는 것처럼 그것에 지배당하지 않고 오
히려 그것을 공동체적 통제하에 두는 것이라 할 수 있다. 즉 **힘을 가장 적
게 들이지만, 인간적 천성에 비추어 가장 품위 있고 적합한 조건하에 그것을**
수행하는 것이다. 그러나 이것은 항상 필연성의 왕국에 머물러 있는 것이
다. **그 저편에 그것 자체가 목적인 인간적 힘의 발전, 자유의 진정한 왕국이 시
작된다.** 그러나 그 자유의 왕국은 필연성의 왕국의 토대 위에서만 만개될
수 있다. 노동 시간의 축소는 근본 조건이다"(고딕체는 저자에 의한 강
조). "가장 적은 에너지 소비"와 "인간의 천성에 가장 걸맞는" 노동 방식
은 서로 모순될 수도 있다는 사실을 마르크스는 보지 못했다. 물론 유아
기에 있었던 그 당시의 산업 발전을 고려한다면 일면 이해가 가지만 말이
다. 지속적인 기계화에서 그는 단지 노동력 절감의 축복만을 보았지, 노
동 과정의 황폐화라는 저주는 보지 못했다. 게다가 인간을 점진적으로 배
제시키는 "자동화"를 그 역시 예상했지만, 그는 이것을 아무런 부정적 예
감 없이 자유의 길로서 환영하였다. 그 자유의 길이란 바로 여가 시간을
의미했다.

성의 발전(다른 곳에서는 해방)"이다. 이런 발전 또는 해방은 단지 **여유** 속에서만 이루어질 수 있는데, 노동을 중단하면서 가끔씩 얻는 그런 여유가 아니라 영원한 또는 지배적인 생활 형식으로서의 여유를 말한다. 아무튼 블로흐는 이렇게 보고 있는데, 그의 유토피아적 여유의 철학은 나중에 언급할 것이다. 마르크스 자신의 견해는 얼핏 보기에는 그리 명확하지는 않다. 목적 노동은 없어지지는 않을 것이나 다르게 될 것이다. "개인이 노예와 같이 노동의 분업에 예속되어 있는 상태가 사라지고, 그와 함께 육체적 노동과 정신적 노동의 대립이 사라지고 난 후, 노동이 삶의 수단이 아니라 그 자체가 제 1 차적 삶의 욕구가 된 공산주의 사회의 보다 높은 단계에서 사회는 자신의 깃발에 당당히 적을 것이다. 모든 사람은 자신의 능력에 따라, 모든 사람에게는 자신의 욕구에 따라"(K. Marx, *Kritik des Gothaer Programms* (Berlin, 1946), 21면 참조).

노동은 자신의 욕구에 따라 이루어지기 때문에 자발적인 것인가? 어떠한 노동? 그리고 무슨 욕구에 따라? 마지막의 발언을 먼저 살펴보자. 어떻게 노동 자체는, 일하여 얻어지는 획득물이 아니라 "1 차적 삶의 욕구"가 되는가? 그 대답은 노동은 기계가 대신하며 기계를 통하여 획득되는 것이 인간의 이제까지의 "1 차적" 삶의 욕구를 채운다는 것이다. 노동이 "삶의 수단"으로서는 불필요할 뿐만 아니라 쓸모가 없으며 구매할 수도 없기 때문에 노동 **그 자체가** 욕구가 된다는 것이다! 그리고 그 이외에도 그 정당한 소유권을 빼앗기면서 변질된 노동은 인간의 존엄에 맞지 않는다는 것이다. 바로 이 문제는 새로운 욕구를 분출시키는, 그리고 위대한 욕구의 부양자인 새로운 사회에 의해서 충족되어야만 되는 노동은 도대체 **무엇**인가 하는 질문을 던지지 않을 수 없게 한다. 분명히 삶의 수단으로서의 노동, 즉 필연성과 외적 목적에 의해 규정된 노동은 **아닐** 것이다. 왜냐하면 **노동**이 아직도 인간에 의해 관리되는 한 점점더 (모든 기술화된 사회에서와 마찬가지로 공산주의 사회에서도) 기계적인 부분 과정으로 조각난 노동일 것이며, 그러므로 영혼 없는 것에 불과할 것이기 때문이다. 노동으로부터 해방됨으로써 비로소 자유의 왕국이 시작되면, 그 왕국의 풍요로움은 바로 기계와 자동화의 월등한 생산성으로 인하여 성취된다고 우리는 들었다. 다시 말하자면 그것은 목적 없는, 목적으로부터 자유로운 노동이어야만 하며, 그것을 통하여 "노동 자체"에 대한 새로운 욕구가 진정되어야만 한다. 실제로 우리가 위의 상황에서 상상할 수 있는 것은 무위의 죽음 같은 공허함에서 벗어나기 위해서라도 노동이 많은 사람들과 뛰어난 사람들에게서도 "제1차적 삶의 욕구"가 될 것이다. 그 자체가 목적인 그러한 노동은 아마 바로 이러한 목적을 위하여 고안되어야만 한다(또는 산업 사회 이전의 과거의 수작업에서 빌려 오던가). 그러므로 노동에 대한 욕구는— 그것의 수확에 대한 욕구가 아닌! —새로운 사회가 "모든 사람들에게" "각자의" 욕구 만족을 보장한다는 책임을 떠맡은 그 모든 욕구들 가운데에서도 가장 충족시키기 어려운 욕구가 되는 역설이 생겨나게 된다. 그것은 이제까지는 "여가 활용"과 "고용 처방" 또는 "응급 구제 사업" 등의 이름으로 불렸지만, 자유의 왕국에서 그것은 풍요한 인간 본성이 해방되고 발전되는 공간, 즉 이 본성의 진실이 처음으로 그 모습을 드러내는 공간이 되어야 할 것이다. 그러나 노동에 대한 일반적 욕구는 어느 **특정한** 노동에 대한 능력과 기호에 따라 세분되고, 그럴 경우 자유의 왕국에서는 어떠한 강제도 행사할 수 없으므로 "노동"이라는 새로운 욕구와 관련된 그 사회의 의무는 마르크스의 두번째 인용문의 마지막 문구를 다음과 같이 재미있게 변형하여 표현할 수 있다. 각자는 욕구에 대한 자신의 능력에 따라, 각자에게는 자신의 능력의 욕구에 따라. 이것은 주요한 사회적 기획이 될 것이며, 또한 사치스러운 기획이 될 것이다. 왜냐하면 노동의 이용 가치는 그럴 경우 전혀 없기 때문이다. 이용 가치는 노동에 대한 인간의 기여도가 없어지면서 자동화된 기계라는 새로운 노예층이 가져다 줄 것이다.

이러한 장치가 작동하여도 노동 욕구의 일부분은 계속해서 인간적인 기능에 맡겨질 것이며, 극단적으로 세분화된 노동 분화의 조직 속에서 "노예화하는" 그리고 "황폐한" 직무의 희귀해진 잔재에 대한 수요는 엄청날 것이다. 그 일을 위해서는 훈련된 기술적 전문가들의 참모부가 있을 것이며, 그들은 책임과 능력에 따라 위계 질서를 갖추고 있으며, 복잡한 즉 방대할수록 더욱 섬세한 (또한 불안정한) 부분들의 인공 두뇌적이고 기계적인 체계를 개선되고, 조정되고 조금더 완벽해진 상태로 유지하려는 노력을 기울일 것이다. 즉 그들은 기술자에서 엔지니어와 수학자를 거쳐 발명가에 이르는 사람들을 말한다. 그들 외에 마지막으로 단순히 이론을 위하여 행해지는 순수한 기초 연구의 종사자들이 있는데, 그러한 기초 연구에서 이용 가치가 발견되면 그들은 그것을 단지 새로운 인식의 의도하지 않았던 부수입으로 간주할 것이다. "외면적 목적성"의 표시 아래 "본래의 물질적 생산 영역"에 사로잡혀 있는 이 모든 노동은 단지 마지막 예외 사항들이며, 그 노동의 저편에서 비로소 자유의 왕국이 시작된다. 그 일에 종사하는 모든 이들은, 이번에는 최고의 위치에 있는 수뇌부도 포함하여 전문화의 대가를 치르며, 다시 말해서 "노예화하는 노동의 분화"의 저주 아래 있다는 것이다. 그들이 없다면 오늘날 그리고 미래에 아무도 더 이상 목적 노동에는 적합하지 않을 것이다. 나는 필연성의 왕국에 그렇게 봉사해도 되는 사람들이 그 사실을 그런 식으로 받아들이고 속박의 대가를 무가치하다고 느낄 것이라는 주장을 수긍할 수 없다. 그들의 행위가 무언가에 관련되고, **무언가가** 많든 적든간에 그들의 행위에 달려 있다는 자아 의식이 그들로 하여금 그렇게 생각하게 만들지는 않는다고 하더라도, 노동 욕구 때문에 습관적으로 행하는 자신들의 행위에 대해서는 똑같은 것을 말할 수 **없는** 많은 사람들의 시기와 선망은 그들이 그렇게 느끼지 못하게 할 것이다. 그 사다리의 낮은 단계에서는 되도록 많은 사람들이 희소한 재화에 참여할 수 있도록 직위의 순환을 생각할 수 있다. 그러나 그 노동이 특별한 능력을 요구할수록, 즉 노동이 더 큰 만족을 주면 줄수록 그 기회는 그만큼 적어진다. 노동의 확장은 근본 욕구를 충족시키는 "유토피아적" 형태와는 거리가 멀다.

유토피아 시대의 사람들에게 여전히 남아 있는 이와 같이 **물질**을 다루는 노동의 잔여분 외에도, 이것과 마찬가지로 필수적이지만 사람을 다루는 **비물질적** 사회 기능이 있는데, 이것들은 항상 사람에 의해서 수행되어야 한다. 예를 들면 의사, 교사, 사회 사업가들이며, 이들에게 관행적인 교환성, 즉 인원의 순환은 더욱 제한적일 수밖에 없다. 마지막으로 미적 예술과 오락과 같은 "무익한" 노동 영역이 있는데, 여유 사회에서도 그것의 생산물에 대한 수요나 그 일을 하려고 하는 지망자는 부족하지 않을 것이다. 이 분야에서는 누구나 시도할 수 있지만, 곧 밀과 겨는 가려질 것이다. 전문가와 아마추어, 재능 있는 사람과 무재능의 사람, 독창적인 사람과 진부한 사람, 영감이 가득한 사람과 무감흥의 사람의 차이는 이러한 활동에 있어서도 하나의 사회적 기능을 실현하는, 즉 자신의 목적 외에 다른 목적에 봉사하는 사람들—진정한 예술가가 부지중에 그러하듯이—중 소수를 선별할 것이다.

이로써 우리의 논의는 (내가 중요한 것을 생략하지 않았다면) 끝에 다다랐다. 자동화된 유토피아의 세계에서 막대한 다수를 구성해야만 하는, 구성할 **수밖에 없는** 다른 사람들은 모두 "유익한" 노동—광의에서의 사회적 기여—으로부터 완전히 벗어난 것과 같이 자유롭지는 않다.10) 그들을 위하여 노동의 대용물이 발견되어야만 하며, 그러므로 우리는 마르크스에 의해서가 아니라 블로흐에 의해 솔직하게 표현된 **여유의 문제**에 봉착하게 된다. 다시 말하면 그 여유를 유토피아의 인간적 의미가 실현될 수 있는 인간의 존엄에 맞는 내용으로 채워야 한다는 것이다. 그것에 관해 우리가 알아낼 수 있는 한(예언의 단계에서는 가장 말이 많은 경우라 할지라도 극히 일부분만 경험할 수 있을 뿐이다), 일생 동안 황금 시대라는 자신의 어린 시절의 꿈을 **여유의 천국**으로 고백하기를 주저하지 않았던 유토피아주의의 멋있고도 무서운 아이 블로흐로부터 알아 낼 수 있을 것이다. 인간의 노동력이 기술적으로 쓸모가 없어지면서 생겨나는 여유로부터 그는 모든 외적 필연성에 대한 "초라한" 봉사로부터 해방되고 단지 "진정한", "정말 순수하게 인간적인", "유일하게 진실된", 단지 "인간의 존엄에 걸맞는" 욕구에만 전심하는 노동력(그러한 욕구의 이용은 그러한 욕구 자신에 속한 것이다), 즉 **활동적 여유의 이상**을 전개한다. 우리는 이제 그 달변의 예언가에게서 무언가를 알아내려고 한다.

---

10) 신분 관계의 기이한 전도가 일어난다. "귀족"은 아직 "진정으로" 일해도 좋은 소수들이며, "프롤레타리아"는 폭넓은 여유 계급으로서, 전자들의 노동 결실을 소비하는 국가 연금 수혜자들인 것이다.

b. 블로흐와 활동적 여유의 지상적 천국

블로흐는 거리낌없이 "완전한 삶에 대한 백일몽"(《책임의 원칙》, 1616면), 또는 "인간 왕국"(같은 책, 1619면)의 백일몽, "황금 시대의 원초적 의도"(같은 책, 1621면), "절대적 목표 개념"(같은 책, 1628면), 그리고 희망에 헌정된 방대한 작품의 맨 마지막 말인 "모든 사람들의 어린 시절에 나타나지만 아직 아무도 가지 않았던 어떤 곳, 고향"을 마르크스적 추구의 마지막 추진력이라 부른다. 그것은 정당성, 선, 자비심, 심지어 사랑보다도, 그리고 그 밖에 (이 세상에서의) 인간의 운명에 대한 배려보다도 무한하게 더 많은 것이며, 질적으로 다른 것이다. 이러한 것들은 모두 그와 같은 기대 없이도 세상에서 자신들의 일을 수행할 수 있으며, 기대가 설령 있다 하더라도, 결코 그 기대 때문에 일을 하지는 않기 때문이다. 다시 말하면 마르크스주의가 바라는 것은 블로흐에 따르면 **유토피아만**이지 그보다 덜한 것은 아니며, 정당성 등은 아마 유토피아의 도래를 이끄는 예비말이나 유토피아의 결실의 일부로도 볼 수 있지만, 추측하건대 그것에 의해 무용지물이 될 확률이 더 크다는 것이다. (블로흐가 그리는 종말 시간에서 옛 미덕들은 나타나지 않는다.) 이와 같은 절대성은 마르크스주의에 동조하는 사람들을 당황하게 할지도 모르지만, 마르크스 자신은 표현에 있어서 인색하지만 그의 추종자들에게 발언과 실제적 사안을 통해 자신의 이론을 메시아적으로 이해할 수 있는 모든 권리를 부여한다. 이 모든 것은 이제 완전한 삶, 인간 왕국, 황금 시대, 절대적 목표, 마침내 발견된 고향은 일반적 상태로서의 **여유**에 달려 있다는 것이다. 이러한 상태의 조건은 ("행성 지구의") "자연의 개조"라는 사실은 이미 지적하였으며 그것의 실현을 위한 물리학에 대해서는 필요한 부분을 언급하였다. 그러한 조건이 갖추어진다면, 여기서 말하는 여유 자체는 어떤 모습을 띨 것인가?

필수 불가결의, 그러나 반 정도만 탐구된 목표인 여유라는 제목의 커다란 단락은 다음의 문장으로 시작된다. "손으로 하는 노동과 머리 노동 사이의 차이, 도시와 시골의 차이는 사라지며, 무엇보다도 가능한 한 노동과 여유의 차이도 … [무계급의 사회]는 노동의 외화, 노동자 스스로 외화된, 소외된, 물화된 상품으로 느끼게 하며 자신의 노동 속에서 불행하도록 만든 요인 즉 인간으로부터 노동의 외화를 제거한다. 무계급의 사회는 여유로부터 재외화(再外化)라는 방법으로 삶으로 변화되지 않은 공허, 노동의 황량함과 일맥 상통하는(대비되는 것이 아니라) 일요일을 제거한다…"(같은 책, 1080면 이하).

이것보다 앞서서는, "그 자체가 노동의 저편에 서 있을 사회는 그 때문에 일요일에서 금요일까지 명확히 구분된 요일을 가지지 않겠지만, 잡기를 직업으로, 자신들의 공동체의 가장 아름다운 현상으로서 민족 축제를 가질 것이며, 정신과의 행복한 결혼 속에서 그 사회는 **축제와 같은 일상**을 경험할 수 있을 것이다…"(같은 책, 1071면 이하, 고딕체는 원본에 의한 강조).

(i) "정신과의 행복한 결혼"

이러한 주신 송가(酒神頌歌)의 일반적인 구성 요소로서 우리는 우선 "정신과의 행복한 결혼"을 들 수 있다. 우리가 이 부부의 불유쾌한 특성에 대해서 알고 있는 바에 따르면, 그들은 그러한 관계에 적합하지 않게 보이며, 그러므로 우리는 정신이 어떻게 그 결혼 생활을 지혜롭게 영위할지 궁금해진다. 분명한 것은 아마 "손 노동과 정신 노동의 차이가 사라짐으로써" 가능한 것 같다. 마르크스주의의 수수께끼 단어를 우리는 이미 마르크스의 예언 속에서, 즉 개인이 노동 분업에 노예적으로 예속되면서 육체적·정신적 노동의 대립은 사라지게 될 것이다라는 그의 예언 속에서 마주치게 된다(같은 책, 344면 참조). 그것이 무엇을 뜻하는지 아무도 나에게 설명할 수 없었다. 마르크스는 비난의 표적인 "대립"을 문화와 모든 높은 수준의 능력의 기본적 전제 조건인 "노동 분업"이라는 일반적 현상에 속하는 것으로 분류하는 듯하다. 무계급 사회에서 노동 분업의 산물인 고급의 문화, 그것의 외면적 기능 기제들이 소멸되지 않고 어떻게 노동 분업 자체를 제거할 수 있는지에 대해서는 아무런 언급이 없다. 정신적 노동 내에서조차도, 육체 노동보다 결코 덜하지 않게 (오히려 더더욱!) 전문주의의 대가를 치러야 하며, 마르크스가 그것을 일반적인 아마추어주의로 대체하여 누구나 어떠한 것이든 할 수 있도록 하려는 것인지 묻지 않을 수 없게 된다. (그럴 경우라 할지라도 활동의 대립은 계속 남아 있을 것이다.) 루소 식의 목가적 생활을 알지 못했던 그 위대한 학자가 이렇게 생각했으리라고는 믿어지지 않는다. 특히 육체적 노동과 정신적 노동 사이의 "대립"의 소멸이 블로흐에 와서는 심지어 "차이"의 소멸로 첨예화할 때 노동의 기술적 변형이라는 다른 해석이 가능해진다. 이것은 기계화의 증대와 함께 아직 남아 있는 **모든** 인간적 노동 과정에서 순수하게 "육체적인" 부분이 차지하는 비율이 (물리적 작업 능력의 의미에서) 낮아진다고 하는—현재 이미 가시화되고 있는—사실과 연관된다. 그와 함께 뇌신경 계통의 비율 (그러나 곧 뇌신경적 활동의 총량의 비율은 아니다!)은 상대적으로 높아진다는 결론도 내릴 수 있다. 이렇게 이해된 육체적인 것이 지속적 진보 과정에서 점차적으로 소실점을 향해 움직인다면, 실제로 그러한 과정 내에서 이른바 "대립"은 양극 중의 하나가 제거됨으로써 사라지게 된다. 게다가 이제까지 분류되었던 "정신적 노동"의 종류와 그 과정 자체의 종적 **차이도** 사라진다. 왜냐하면 정신적 노동이 바로 인간적 노동 자체가 되었기 때문이다. 이것을 의미한 것이라면, 거기에는 정확하고 중요한 요소가 들어 있지만, 이 요소는 전혀 다른 효과를 가진다. 즉 계급 구조와 생산 수단에 대한 소유와는 아무런 상관이 없으며, 오히려 하나의 수반 현상으로서 문제점이 많은 기술의 효과인 것이다. 시계공의 노동은 그보다 훨씬더 육체적인 노동인 대장장이의 일보다 "더 정신적"이라고 말할 수 있는 근거가 있었다. (정밀 작업의 감각적·운동적 세밀함은, 물론 칼로리 사용량에 따라 따지는 것은 아니라고 하더라도, 결국 하나의 육체적 능력이라고도 할 수 있다.) 기술의 표지 아래 모든 노동이 "대장장이" 형태에서 "시계공"의 형태로 나아가는 한 우리는 인간적 노동의 일반적 "정신화", 그리고 언급된 "대립" 또는 "차이"의 감소에 대해 말할 수 있을 것이다.[11] 그러나 정말 노동의 형태가 그렇게

---

11) 우리는 그러한 관점에서 야수들을 책략으로 제압하였던 선사 시대 수렵인들이 그 후 시대의 농부들보다, 도둑은 다이아몬드 세공가들보다도 "더 정신적인" 활동을 하였다고 말할 수도 있다.

변하고 있는가? 연속적으로 시계 바늘을 자르는 기계를 감시하거나 부품과 연관된 한 단계 작업을 수행하는 기계를 감시하는 사람의 노동이— 바로 이것이 진보의 바로 다음 단계이다! —수공업적으로 시계 전체를 만들어 내지만, 이제 기술적으로 뒤떨어진 시계공의 노동보다 "더 정신적"이라 할 수 있는가? 정반대이다! 그것은 **육체적으로 더 가난한 그만큼 정신적으로 더 가난하다!** 육체적 다양성(그리고 노고!)의 상실은 정신적 활동에 대한 상실과 맞물려 있다. **육체와 함께 정신도 실업자가 되는 것이다.** 이른바 "대립"은 다시 말하면 결코 어느 특정한 노동의 내부에 있는 대립이 아니라, 오히려 그곳에서 서로 **상반되는 조건의 관계이**다. 물질과의 활발한 교류는 육체, 팔다리, 감각, 신경, 그리고 정신을 가르친다. 물질과의 교류는 인간의 모든 감각과 신체를 활동시키고, 자신과 대상을 서로 알게 해주며(다른 것 없이는 자신도 없다!), 물질의 저항 속에서, 그 성질의 표출 속에서 우리 장비의 감추어진 능력을 비로소 밖으로 드러나게 해주는 것이다. 이러한 자양분이 없어지면 이 모든 것은 굶어 죽을 수밖에 없다. 육체적 활동을 획일적인 잔여 활동으로 축소하면—운동적인 것을 "손놀림"으로, 감각적인 것은 표시기 측량으로—노동에서 정신이 차지하는 비율을 축소시킨다. 그리고 아주 일반적으로 물질에서의 분리는 정신에서의 분리를 초래한다. 제대로 살펴보면 여기서 문제되는 것은 대립하는 양극 중 **하나의** (육체적인 극의) 소실을 통한 대립의 소멸이 아니라, **양극의** 소실로 인한 소멸이다! 정말로 사라지는(축소하는) 대립은 "노동"의 실제적 **활동** 성격을 극소화함으로써 생기는 노동과 비노동, 행위와 무위의 대립인 것이다.

여전히 남아 있을 뿐만 아니라 오히려 증가되는 대립은 잔존하는 **모든** 노동, 즉 그렇게 변한 노동과 전혀 변하지 않을 실제적으로 정신적인 노동 사이의 대립이다. 왜냐하면 정신적 노동은 내면적 본질상 전혀 변할 수 없기 때문이다. 정신적 노동이 중요한 한(다른 것은 원래 없다) **그것은 진정한 노동의** 마지막 장소가 될 것이다. 즉 진정한 노동이란 온 주의와 혼신의 노력을 기울이며, 온 정신을 집중하고 다른 잡념 없는 지구력, 엄격과 끈기(실망의 위험 부담을 안고서) 그리고 심지어 육체적 노고를(또는 현미경이나 분광기, 망원경을 통해 사소한 감각적 자료

들을 끝없이 비교할 때의 시각적 긴장 또는 **관찰**의 일반적 고통도 육체
적 노고가 아닌가?) 요구하는 노동이다. 그것은 단지 나에게 달려 있
기 때문에 모든 활동 중에서 가장 자유로운 노동이며, 쉽게 이루어지지
는 않으며 인간 전체를 독점하기 때문에 동시에 가장 부자유스러운 노
동이다. **이러한 노동과**─항상 상대적으로 소수에 해당되는 사항이며─
다른 모든 노동 사이의 대립은 더욱 **날카로워질** 것이며, 그 이유는 다른
노동에서의 육체적인 면 때문이 아니라 반대로 육체와 정신적 측면 속
에 들어 있는 노동의 소모화, 기술의 지배 아래에서의 노동의 심리적·
육체적 무가치화, 즉 노동으로서의 노동의 소모화 때문이다. [12]

　그곳에서 굶주림에 지치고 소멸의 위협을 받고 있는 분과는 그 외에도
인간의 명예를 위한 욕구인데, 그것을 위해서는 노동 이외에 대체물이
만들어져야 한다. 즉 육상과 스포츠에서의 육체적·근육적 대체물(여가
시간이 적은 정신적 노동도 이 분야에서는 함께 한다), 수동적으로 즐
기는 풍부한 영상 자료 속에서의 감각적·지각적인 대체물, 십자 말풀
이와 체스 문제들에 있어서의 지적인 대체물 등이 그것이다. 그것이 필
요한 이유는 자본주의적인 소외가 아니라 노동의 **기술적 "소외"와 "외
화"** 때문이다. 다른 식으로는 이룰 수 없는 생산성을 통해 노동의 소외
와 외화는 풍부함 속의 여유의 조건으로서 이윤 추구의 자본주의에게
나 유토피아에게 마찬가지로 필수적인 것이며, 여기에서 되돌아갈 길은
없다. 단지 그것은 정신 노동자에게는 그러한 대체물에 대한(그것에
대한 취미 또한 마찬가지로) 욕구나 시간을 가지라고 강요할 수 없다.
거기에는 "정신과의 행복한 결혼"은 성립될 수 없는 것이다. 이와 같은
불가사의는 내버려 두고 이제 블로흐에게 눈을 돌려 질문해 보자.
공허함을 채우기 위한 그러한 대체물(그는 자본주의의 탓으로 돌리는
데)에 대해서는 문화적으로나 인간적으로 까다로운 안목의 소유자인 블로
흐는 단지 경멸을 보낼 뿐인데, 그러면 그는 유토피아의 **"활동적 여유"**

---

12) 그렇기 때문에 "노동자는 노동 속에서 불행하며", 그것은 블로흐가 말하
　듯이 노동자가 노동 속에서 자신을 "물화된 상품으로 느끼기" 때문은 아
　니다. 내가 제대로 사용할 줄도 모르는 기구의 소유자임을 설령 안다 하
　더라도 나는 그런 노동을 하면서 마찬가지로 불행할 것이다.

334

가 무엇이라고 생각하는지 궁금해진다.

(ii) "도락"과 인간의 품위에 맞는 것

마르크스와는 달리 블로흐는 여유가 하나의 문제이며, 이것이 결국 물질 속에서 실현된 유토피아의 유일한 문제가 될 것이라고 보았다. 그는 숨김없이 "여유의 가장 적나라한 질문"에 대해 말하고 있다. 그것은 다시 말하면 점점더 구체적으로 드러나는 여유의 내용들의 본질같이 마침내 그토록 명확하게 가시화되는 문제로서, 그 문제에 대해서는 "인간적인 대답"이 발견되어야만 하며, 유토피아가 이루어지면 비로소 그곳에서 지배적인 "이론"의 도움으로 해답이 발견될 수 있다는 것이다("이론을 통한 지배와 지도"는 그의 완곡한 표현이다, 같은 책, 1086면 참조). 또한 그는 "여유 자체의 새로운 필요"에 대해서도 말한다. (필요는 항상 그러하듯이) 그것은 자신의 "인간적 내용들"과 관련하여 하나의 "새로운 상부 구조", 자신만의 "이데올로기"를 "생산한다"는 것이다(같은 책, 1083면 참조). 바로 이것이 찾고 있는 "대답"이며, 추측하건대 지배적인 이론을 통하여 공식적인 권위를 갖춘 정답일 것이다. 당분간 여유와 여유의 문제는 아직 "인지할 수 없는 영역" 속에 있으며, 원래의 "대답"을 위해서는 미래의 이론을 기다려야만 할 것 같다.

그럼에도 불구하고 블로흐는 "인간적 내용들"이 무엇인가에 관해서는 몇 가지 할 말이 있는 듯하다. 우선은 유토피아적 존재의 행복은 **수동적이 아니라 능동적**이며, 상품 소비의 향락이 아니라 **활동함** 속에 있다는 것과 같이 형식적이고 근본적인 것이기는 하다. 그것은 아리스토텔레스의 행복 개념에 충실한 활동적 여유이지 무위는 아니라는 것이다. 그러한 활동의 종류에 대해서는 이미 시민 사회의 경험으로부터(거기다가 귀족 사회까지 첨가하여) 추정적 추론이 제공된다. 즉 "직업으로서의 취미 생활"이 그것이다. 위에서 인용한 문장 외에 그 개념이 사용되는 부분을 살펴보자.

"미국과 같이 거의 우연적인 직업, 일이 가장 소수의 사람만을 충족시키는 곳에서는 그러므로 대부분의 도락(道樂), 취미들이 있다. 이러한 취미 생활은 그것이 진정한 직업 자체가 될 때 사라질 것이다. 여유

처럼 보이는 노동으로서 충족된 여유를 사적으로 꿈꾸듯이, 그때까지는
도락에 관해서 배워야 한다"(같은 책, 1061면).

어떻게 도락이 직업이 될 수 있는가? 그것이 **하루하루 일상을 충일시
킴**으로써 그렇게 된다. 직업의 **다른** 특징 즉 직업이 실행이나 결과에서
공적인 욕구 체계 내에 있는 하나의 **기능**을 수행한다는 특징은, 유토피
아의 가정된 조건하에서는 "직업으로서의 도락"이 결코 가질 수 없는
것이었다. 왜냐하면 대부분의 그러한 기능들은 기술적 장치를 사용함으
로써 수행되며, 인간의 몫으로 남아 있는 기능 중 대부분은 그 장치의
작동 기능으로서의 도락에는 적합하지 **않은** 종류의 것들이기 때문이다.
도락 그 자체는 기쁨을 주므로(행운이 따른다면 필수적이며 공리적인
활동도 기쁨을 줄 수 있겠지만), 그리고 사람들이 그 행위를 외적인 강
요나 목적 때문이 아니라 **바로** 이 기쁨 때문에 행하므로 하나의 활동이
될 수 있는 것이다. 기쁨과 유용성, 나아가 기쁨과 강요라는 이 두 가
지 사항은 그 자체로서는 서로 배치되지는 않지만, 취미 생활에 있어서
는 어떤 기쁨이 이익의 산출에서 환영받는 부수 상황이 아니라 어떤 이
익이 즐거움의 생산에서 우연히 수반되는 결과이어야 한다는 것이다.
그리고 이러한 다행스러운 일치는 이미 제시된 이유로 바로 유토피아의
상황에서는 극히 드문 경우에만 기대될 수 있다. 전(前)유토피아적 그리
고 그렇게 기술적으로 포식하지 않는 인류의 노동에서 흔히 보여지는
필요와 성취의 기쁨이라는 상반된 결합보다도 아마 더 드물게 될 것이
다. 그러나 기술적인 포만은 유토피아에서 여유를 자유롭게 선택할 수
있는 필수 불가결한 전제 조건이다. 그렇게 직업이 되어 버린 도락은
비인격적인 기술의 생명 유지적 업적에 단지 없어도 될 것을 추가할 따
름이며, 그것은 심리적 중요성 외에는 어떠한 다른 사회적 가치를 자랑
할 수도 없다. (이것 자체도 부족한 객관적 기능의 비사실성으로 인하
여 그 토대조차 흔들리게 된다.) 단순한 취미로서의 활동은 역시 취미
로서의 활동이 가져다 주는 가치 때문에 상대적으로 평가 절하된다. 즉
불필요성과 은폐될 수 없는 그 사실에 대한 인식은 그러한 활동의 산물
인 심리적 효과의 일부를 감소시킨다. (앞으로 드러나게 되겠지만, 마
지막에는 심지어 이런 특정한 활동에 대한 원래의, 그러나 확고한 강요

를 촉진하는 **기쁨**도 사라진다.) 요트 타기나 등산과 같은 결과에 상관없
는 취미에서는 그것의 본질에 속하는 불필요성이 아무런 해를 끼치지
않지만, 그러나 허구적 "직업"의 역할로서 그것을 상상하기란 어렵다.
그러나 개인적 도락에서는 무언가를 생산하거나 얻을 수 있으므로, 즉
그 행위로부터도 중요한 가시적 결과를 얻을 수 있으므로, 이 무언가를
가지고 거대한 기계 장치를 통한 대규모 생산을 전산업 시대 경제와 사
적 경제의 소규모로 복제할 수 있을 것이다. 예를 들면 낚시 열기를 어
업 산업의 규모로, 과일 재배를 농장 경영의 규모로, 도예를 도자기 공
장의 규모로, 수공업 직조를 섬유 산업의 규모로, 수세공을 기계 산업
의 규모 등으로 복제할 수 있다. 거기에 반대할 아무런 이유도 없을 것
이다. 그 중에는 판에 박힌 것들과 문제점 투성이의 상품들도 있겠지만
이로 인하여 또한 보다 나은 질의 많은 상품들과 보다 창의적인 상품들
이 시장에 공급되는 주종의 상품들 속으로 흘러 들어갈 것이다. 대부분
은 경제 외적으로, 즉 친구들을 즐겁게 하는 (또는 당황하게 하는) 목
적으로 만들어질 것이다. 그것들은 어딘가에 사용되어야 할 것이기 때
문에. 이러한 여유—이상(理想)이 작업 처방으로 하락하는 사실이 언짢
치 않은 사람은 원활한 대규모 공급에 개개인의 자기 만족을 더한 목표
를 "유토피아"에 어울리는 것이라고 느낄 것이다. 그러나 그것에 대해
경멸감을 느끼는 사람은 유토피아의 행복 속에서 고통을 당할 것이다.
적어도 그 유토피아는 이런 형식으로는 내적 모순은 없는 듯 보이며,
그러므로 현실적으로도 가능하다. 그러나 우리는 열광적인 감격은 단념
해야만 한다. (오히려 '시시한 사람들'이 몰려든다.) 우리는 아주 냉정
하게 유토피아를 불러오기 위해서 치러야 하는 대가—혁명의 대가로
치러야 하는 인간의 목숨—를 고려해야 하기 때문이다. 지금 그 윤곽
을 드러내는 모습은 어차피 우리의 앞에 서 있는 것들과, 그리고 전지
구적 기술이 지속적으로 발전할 경우 어떠한 정치적 상표 아래서이건
모든 미래의 인류가 갖추어야 할 것들과 의심스러우리만큼 유사성을 보
이고 있기 때문이다. 그것들은 아주 새로운 문학적 장르인 "부정적 유
토피아"에 (예를 들면 헉슬리(A. Huxley)에게) 소재를 공급하고 있지 않
은가. 현재 선택될 자격을 갖춘 것들은 아마 거의 모두 이러한 범주에

속함에 **틀림없는데**, 설령 정반대로 치장했다 하더라도, 그것들 중에서는 아마 마르크스적 설명이 어쨌든 가장 최선의 것이거나 가장 덜 나쁜 것일 수도 있다. 시사회에서 그것은 단지 불명확성, 부족한 구체성 때문에 그럴 것이며, 이런 사실 때문에 정직한 부정적 유토피아주의자들이 휴머니즘적인 근심에서 그것을 꺼려하지 않았던 것이다.

그러나 이러한 도락의 개념 속에는 좀더 심각한 오류가 들어 있는데, 이것은 그런 성격의 유토피아로부터 꿈의 마술뿐만 아니라 모든 이성적인 소망까지 박탈해 버린다. 이럴 경우 그것을 향해 방향을 잡는다는 것부터가 해악적인 오류이기 때문에 우리는 그와 같이 비사실적인 개념을 좀더 자세하게 검토해야만 한다. 즉 그것의 부족한 구체성 쪽으로 파고 들어가야만 한다. 우리의 검토는 세 단계의 폭로 과정을 거친다. 의무가 되어 버린 "도락" 속에서의 **자발성**의 상실, 그것의 필연적으로 공공적인 감시 속에서 **자유**의 상실, 그것의 허구적 성격 속에서의 **현실성**의 상실 등이다. "인간의 품위에 맞는" 노동과 "인간의 품위에 맞지 않는" 노동의 관계는 검토의 과정에서 이상하게 뒤바뀌게 될 것이다. 마르크스나 블로흐에게서 나타나는 전체 사상의 근본 오류는 **자유의 왕국을 필연의 왕국으로부터 분리한 사실**이라는 점이 밝혀질 것이다. 즉 후자가 멈추는 곳에서 전자가 시작된다는 생각, 필연과의 만남 속에서 자유가 존재한다는 것이 아니라 필연의 **저편**에 자유가 있다는 생각이 근본 오류인 것이다.

2. 비판적으로 조명해 본 "직업으로서의 취미"

a. 자발성의 상실

실제 취미에 있어서 가장 매력적인 성격은 자발성이며, 그것은 "별도로 틈틈이" 해본다는 것과 밀접하게 연관되어 있다. 흥미가 생길 때, 흥미가 있는 한 기분에 따라 하는 것이며, 주로 종사하는 일로부터 기분 전환이 필요해서, 종종 그것에 대한 조정적인, 이른바 "식이요법적인" 균형추로서 행하는 것이다. 심각한 것이 전혀 문제되지 않으며, 아무엇도 그것에 종속되어 있지 않으며, 또한 어느 누구도 그것을 해야할 의무를 가지고 있지 않다는 사실도 취미의 성격에 속한다. 전적으로 심각한 것이 그것의 상대편에 있어야만, 취미의 놀이적 성격이 유효한 것이다. 그것을 택한다는 것이 사람들이 주요 종사직보다 그것을 선호하거나, 해도 좋다고 해서 반드시 취미를 아예 주요 직업으로 삼는다는 것을 뜻하지는 않는다. 마찬가지로 그것은 주어진 직업이 그 사람을 "충족"(주요 종사직으로 만족을 주는 것)시키지 않는다는 것이 아니라, 단지 너무 한편으로 치우치지 않는 것과 그리고 사물과 소질을 계발하고자 하는 욕구가 전문적으로 숙련된 **모든** 개별적 직업 분야보다 더 중요하다는 것을 의미할 뿐이다. 미국에서 취미 생활이 확대되고 있다는 블로흐의 지적에 대해 내가 부언할 수 있는 사실은 모든 분야에서 가장 유명한 사람들의 대표적인 명사록(名士錄)은 항상 "취미"란을 포함하고 있다는 것이며, (질문을 받은 사람들이 취미를 말할 경우에) 그들의 진술에서 "취미 생활"이 당사자에게 자신의 직업보다 더 귀중하다거나 직업을 대신할 수 있다는 결론을 이끌어 낼 생각은 아무도 하지 않을 것이라는 점이다. 마찬가지로 직업에 대한 관심에 진지함이나 열정이 덜해졌다거나 하는 결론도 내릴 수 없다. 대서양의 이쪽 해안으로 새로 이주한 사람들이 쉽게 범할 수 있는 오류인 것이다. 나는 아직도 사교 파티에서 종종 만나곤 하였던 어느 화학자를 기억하고 있다. 그는 그곳에서 시종일관 장미 재배에 관해서만 이야기하여 (다른 참석자들도 대화에 끼거나 호의적인 이해를 얻기도 하면서), 나는 아내에게 아마 그는 자신의 화학 연구에 대한 열정은 별로 없나 보다라고 말한 적이 있다. 몇 년 후 그는 노벨상을 수상하였으나, 장미 재배 때문은 아니었다. 그동안 나는 많은 학자들을 알게 되었는데, 그들 역시 취미 생활을 열정적으로 하지만, 한순간도 자신들의 직업과 취미를 바꾸겠다는 사람은 없었다. 물론 블로흐는 그들이 자신들의 직업을 사랑하는 사람이라고 말할 수 있겠지만, 나는 결코 그들처럼 유리한 처지의 사람들만 말하는 것이 아니라, 불리한 상황의 다른 무수한 사람들에 대해 이야기하는 것이다. 즉 그들 스스로 선택하지 않고 오히려 경제적 필요에 의해 어쩔 수 없이 강요당한 황량하고 판에 박힌 생업에 사로잡혀 있는 사람들을 말하는 것이다. 그러나 블로흐는 "그것 대신에" **어떠한 것이라도** 불변의 그리고 유일한 의무가 될 때에는 강제와 형벌이 된다는 사실을 간과하고 있다. 실제로 창조적 노동의 특권을 부여받은(위의) 경우에는 자발성이거나 아니면 아무것도 아니지만(짐수레꾼이 먼 거리를 달려야 하는 자신의 노동을 그 자체 때문에 좋아한다는 것은 불가능하다), 이것을 제외하고는 원래 자발적으로 선택한 일이라 하더라도 그것을 지속적으로 행할 때에는 초기의 자발성은 상실하게 되고, 바로 이 점이 취미의 위치, "다른 것"에 대한 기쁨, 그것의 "불필요한" 부속성, 그것의 기벽과 개인성에 대한 기쁨을 더욱 생생하게 해주는 것이다. 그렇게 묶여 있는 사람은 취미를 찾게 되지만, 이것이 직업에 대한 사랑과는 아무런 관련이 없으며, 마찬가지로 증오나 권태, 무관심과도 아무런 상관이 없다. 원했던 직업과 "우연한" 직업의 차이도 여기에서는 아무런 역할도 하지 않으며, 단지 드물게 다른 것에 대한 동경은 영향을 미친다. (그것이 이루어지지 않았다는 것이 바로 꿈을 꿈으로서 아름답게 하는 최선의 안전책이다.) 나는 어느 기계공이 그 직업을 좋아해서가 아니라 외적인 상황에 의해(예를 들면 직업 전망 때문에) 선택했다 하더라도 그가 계속해서 나비만 채집하고 싶어할지는 의문이다. 나는 확신하건대 그 일이 아무리 힘들다고 해도 여가 시간의 취미 활동보다는 더 깊은 만족감과 자부심을 줄 것이다. 게다가 여가의 취미가 주로 종사하는 활동이 된다면 더더욱 그 매력을 잃어 버리고 말 것이다.

물론 어떤 사람들은 "자신의 직업을 놓쳐 버렸거나" 또는 놓쳤다고 믿으면서, 단지 상황이 허락했더라면 자신의 능력으로는 무언가 다른, 그에게 더 적합한, 보다 나은 직업을 가졌을 것이라는 느낌으로 살아가는 사람들이 있다. 나는 여기에서 (이미 개인적인 기억을 끌어대기를 시작하였으므로) 아홉 형제 중의 맏이로 아주 우수한 인문 고등학교 학생이었음에도 불구하고 대학 입학 능력 시험도 보기 전에 아버지의 사업에 뛰어들어야 했던 나의 아버지를 생각하지 않을 수 없다. 그 당시 유태인 집안에서 흔히 그랬듯이 그는 누이 동생들의 혼수 자금을 마련해야 했고, 어린 남동생들에게는 자기 자신의 꿈이었던 대학 공부를 시켜야만 했던 것이다. 의무감에서의 희생에서 오는 비애감은 그의 성공적인 사업가의 생애 내내 따라다녔다. (이 경우에는 직업 외적인 취미 생활로의 도피는—아들에게서 자신의 꿈이 실현되는 것을 보고 싶다는 가장 커다란 소망 외에는—없었다.) "대학 공부한" 동생들의 삶이 더욱 풍요로웠는지 알 수 없지만, 그들의 삶이 더 도덕적이었다고는 분명히 말할 수 없을 것이다. 재능과 소질이 있는 사람들을 좌절시키지 않기 위해서는, 특히 빈곤한 계층에서 필요한 것은 여유의 유토피아가 아니라 좀더 현명하고 공적으로 마련된 인재 선발이며, 사회주의적 사회가 아마 (사상적 무장의 통행세가 그것을 왜곡시키지 않는다면) 그것을 위한 보다 나은 전제 조건을 제공할 것이다. "충만된 여유", "여유처럼 보이는 노동"이나 "도락" 등은 이것과 전혀 아무런 관계가 없다.

취미가 직업이 될 때 닥치는 자발성의 상실은 그러나 가장 미미한 결과이다. 훨씬더 심각한 문제는 취미의 개인성의 상실과 그로 인한 **자유**의 근본 조건 중의 하나가 사라진다는 것이다.

b. 자유의 상실

앞서 슬쩍 던진 "결과와 상관 없는" 취미(요트 타기)에 대한 진술을 이어 나가 보자. 필요 없는 행위라는 느낌은 그러한 취미에는 아무런 영향을 미치지 못한다. 그러나 그것도 다른 것들과 **한 가지** 결과를 공유하고 있다. 즉 금고의 구멍인데, 유토피아에서 사적인 가계는 없기 때문에 그것도 공공 기금이어야 한다. 이것이 뜻하는 바는 국가가 일반적 취미를 위한 제도의 재정을 책임져야만 하며, 이 사실이 국가에게 착각에 대한 권리를 부여한다는 것이다. 첫째 착각은 누구나 취미를 가지고 그것을 직업으로 행사한다는 것이다. 행위의 결과인 재화에 대한 관심이 아닌 그 자체에 대한 국가의 관심은 실제로 상당하지만, 그것은 행위자의 정신 건강을 위한 것이라기보다는 일반적 질서 때문이다. 왜냐하면 실업의 공허함은, 여기에서는 **생계의 걱정 없는** 태만의 공허함은 다른 방식으로 "채워질 수 있으며", 다시 말하면 실업으로 인한 **빈곤**이 택할 수 있는 동일한 방법으로 충족될 수 있다. 즉 마약, 모든 종류의 말초 신경의 자극, 범죄의 방법이 있다. 최근의 경험에 따르면 이 분야

에서는 가장 혜택받는 계층—제멋대로 자란 청소년들—과 가장 불이익
을 받는 계층이 만나고 있다. 싸구려 화주든 비싼 헤로인이든 상관없
다. 태만은 그 자체로서는 일반적으로 **가능하게** 되었지만, 유토피아에서
는 아노미나 집단 히스테리의 사회적 위험 때문에 **허용되지** 않는다. [13)]
여기에서는 개인들의 자발적 노동 욕구나 그들의 기분을 신뢰하지 않는
다. (마르크스가 요청하듯이) 그것이 "1차적 삶의 욕구"가 된다는 것은
기껏해야 통계상의 기대로서, 그것의 숫자상의 관계치를 학문적 사회
심리학이, 만약 이런 것이 있다면 계산할 수 있을지도 모른다.

그러므로 하나의 취미를 가지며 그것을 주요 직업으로 행사한다는 것
은 개인에 대한 중요한 공적 요청이 될 것이며, 개인의 사회적 의무
와 그 의무의 강요는 생필품의 배부를—여유는 우선 이것의 소유에 근
거한다—취미 생활의 유무에 **달려 있게** 함으로써 가능하게 된다. "일
하지 않는 자는 먹지도 말라"라고 사도 바울은 말한다. 여기에서는 "취
미를 가지지 않은 자는 먹어서도 안 된다"이다. 할 수 있음에서 해야
만 됨이 된 것이다. 물론 이것은 어차피 단순한 소비를 선고받은 국가
의 연금 수령자들에게는 축복이기는 하다. 그것의 결과로 곧 여가 활동
의 성과에 대한 지시 사항이(게으름뱅이는 그럴 듯하게 속일 수 있겠지
만), 예를 들면 "생산품"의 수효 등으로 만들어지게 될 것이다. 이것이
공적 부양의 다음 착각인 것이다. 이러한 착각은 취미의 비용에까지 확
대된다. 이러한 비용이 엄청나게 많을 수도 있고, 또 일반적으로 하나

---

13) 궁핍과 심지어 노동의 의무에서 해방된 인류가 어떻게 행동할 것인지의
문제는 미결인 채로 남아 있다. 그러한 상태가 이제껏 한 번도 없었기 때
문이다. 그러나 그것에 대한 기대가 너무 성급해서는 안 된다. 우리가 **의
무에 의해** 시간이 운율적으로 규정되지 않은 현존재의 무위 도식으로 야기
되는 도덕적인 그리고 기타의 심리적 결과에 대해 이제까지 알고 있는 사
실은 우리를 오히려 경악시킨다. 신분 전통과 신분 규율, 그리고 사회적
노출과 귀감의 역할 등으로 가장 많은 보호를 받고 있는 여유 있는 귀족
들조차도 권태로부터 방탕, 노름, 성적 방종 등으로(편벽은 가장 무해하
고, 종종 애호할 만한 대안이다) 도피하곤 하였다. 모든 것에 대한 철저
한 애호와 레포렐로(**Leporello**) 목록을 자랑하는 돈 환(**Don-Juan**) 식 출
세는 유토피아에 알맞은 취미로 취급되기는 어렵다. 물론 왜 안 되는지
근거지우는 일은 그리 단순하지는 않다.

의 장비를 필요로 하는(도예에 있어서 가마, 금속 공예에 있어서 선반
등) 취미의 종류에 따라 커다란 차이가 날 수 있으므로, 국민들에게 취
미를 분배할 결정권은 공공 기관의 손에 떠맡겨질 수밖에 없다. 그러므
로 어느 특정한 취미를 가지도록 유도할 수도 있고, 다른 것 즉 너무
사람이 몰리는 취미라든가 너무 돈이 많이 드는 것은 하지 못하게끔 유
도할 수도 있다. 또한 지망자들의 선택도 마찬가지이다. 말하자면 우리
는 지금 인재 심사, 심리학적 검사나 상담, 색인, 간단히 말해서 개인
적 취미의 공적 지정에 도달하고 있는 것이다. 14) "지망자들"이란 아직
괜찮은 경우이다. 다른 사람들은 자신들이 무엇을 원하는지 알지 못하
고, 많은 사람들은 무언가를 할 욕구조차 느끼지 못할 수도 있다. 이런
사람들에게는 적당한 여가 내용들을 지시해 주면서, 어리석은 마음을
품지 않도록 도와주어야 한다. 이러한 공적 지도는 기꺼이 하는 사람들
에게는 개인 심리학적 지도(학창 시절의 인성 도표를 참조하여)로부터
시작하여 마지못해 하는 사람들에게는 압력이나 "조건 반사화"를, 반항
적인 사람들에게는 단순한 명령에 이르기까지 다양하다. 새로운 여가
종류들—좀더 매력적이고 바람직하며 허용된 한도 내에서 최고로 숙련
된 선생의 허가를 받고 완벽한 "이데올로기"로 밑받침된 것들—을 생각
해 내는 일도 지도하는 기구의 과제에 속할 것이다. 15) 블로흐의

---

14) 많은 취미들은 대규모의 수요로 인하여 그 자체가 평가 절하되거나 또
   는 전혀 불가능하게 될 수도 있다는 사실은 여기에서 전혀 고려하지 않았
   다. 예를 들어 계곡에서의 연어나 숭어 낚시, 야생 동물들의 생태 관찰이
   나 고고학적 발굴 등은 많은 무리의 사람들이 같은 목적으로 몰려온다면
   모든 사람들에게 허사가 되어 버린다. 즉 회귀성과 관련되는 취미는 그
   자체가 회귀해야만 한다.
15) 많은 것 중에서도 사람들은 의무적 자의성을 선호할 것이라는 생각은
   친구의 딸이 내뱉은 말을 듣고 더욱 명확해졌다. 진보적 유치원에 다니던
   그 소녀는 어느 날 "내가 하고 싶은 놀이만 항상 해야 돼? 내가 해야만
   하는 놀이를 할 수는 없어?"라고 말했던 것이다. (이 일화의 진실성은
   내가 보장한다. 그러나 이 일화는 물론 비사실적 유토피아의 비판에 대해
   서보다는—매우 사실적인—"방임적"인 교육에 대한 비판과 아울러 "자
   기 규정"에 대한 호소에 더 적합하다.)

예언에서 다음과 같이 말해지는 것이 구체적으로는 위와 같은 모습을 지니게 될 것이다.

"국가와 인간에 대한 모든 통치가 사라지게 되면, 선생을 통한 통치와 지도는 자유의 총체적 내용에 대해 호기심을 불러일으킬 수 있는 자유와 여유를 충분히 가질 수 있게 될 것이다. 여유의 가장 적나라한 문제에 대한 인간적 대답, 그리고 점점더 구체화되는 **내용들의 본질처럼** 이제 마침내 명확하게 드러나는 문제에 대한 대답을 얻기 위하여"(같은 책, 1086면, 고딕체는 원본에 의한 강조).

여러 개의 팔과 여러 개의 눈을 가지고 사적 생활 영역을 들여다보고 있는 관료주의, 지배하는 선생의 조직으로서 할 일이 태산같이 많게 될 관료주의를 상상할 수 있다. 어쨌든 숫자상 상당한 부분을 차지하는 그들 자신의 고용 문제는 다른 부분의 고용 문제를 위하여 그들이 고용됨으로써 해결된다. 이상으로 유토피아의 여유 속에서의 자유에 대해서 살펴보았다.

c. 현실과 인간 존엄의 상실

그러나 가장 나쁜 것은 이 모든 것이 아무런 도움이 되지 않을 것이라는 사실이다. 그것들은 단지 **외견상** 그렇기 때문이다. 어떠한 이데올로기도 그렇게 일하는 사람들에게 **그것을** 믿게 할 수는 없을 것이다. 아무것도 그 일에 좌우되지 않으며, 나쁜 사회적 평가 외에는 어떠한 피해도 입지 않고 그 일은 중단될 수도 연기될 수도 있으며, 또는 단지 의무상 행해질 수 있다는 사실을 행위자들에게 속일 수는 없다. 유령과 같은 비현실성이, 상상을 초월하는 삶의 권태가 일부러 위엄을 부리는 듯한 행동 전체 위에 나즈막히 깔려 있으며, 이것의 첫번째 희생자는 선택된 취미에 대한 기쁨인 것이다. 아무리 진지한 사람이라 하더라도 그렇게 쉽게 간파될 수 있는 허구 속에서 행복할 수는 없을 것이다. 단지 대다수의 자존심에 있어서 그리 요구가 까다롭지는 않은 사람들이 그래도 만족한다면, 그 허구가 별문제가 되지 않을 것이다. 그러나 실존의 허구성은 모든 사람들에게 비도덕적인 영향을 미칠 것이다. 왜냐하면 **현실성**을 빼앗기면 인간들에게서 **존엄**마저 사라지게 되며, 그때의 만족이란 품위 없는 만족일 것이기 때문이다. 오늘날에도 인간의 존엄을 중시하는 사람이라면, 미래의 인간들이 그러한 만족감을 가질 것을 원하지 않을 것이며, 오히려 그들을 위하여 염려해야 마땅할 것이다.

어떻게 존엄이 사라지는가? 블로흐는 정반대를 말하고 있지 않은가?

"가장 **하찮은**, 즉 생업의 근심이 없어진다 하더라도, 현존재의 근심은 충분히 남아 있다…그러나 사회가 경제적으로 잘 굴러갈수록…실존의 **진정한 모순** 즉 인간의 품위에 걸맞는 모순이 드러날 것이다." "…이러한 모순이 마침내 **순수하게 인간적인, 인간 존엄에 맞는** 것이 된다면, **유일하게 진실된 실존의 근심**이 될 것이다"(같은 책, 1072면과 1083면, 고딕체는 저자에 의한 강조).

자연과의 생존 투쟁과 삶을 위한 노동의 강제 사이에 나타나는 "모순"은 존엄하지 않은가? 원시적 수렵인, 농부, 신화의 고안자들의 투쟁은 존엄하지 않았던가? 안티고네 합창이 인간 속의 무시무시한 "괴물"이라고 노래 불렀던 것 중에는 아무것도 존엄한 것이 없는가? 어쩔수 없이 북극의 얼음 속에서 자신과 가족들을 위해 식량을 힘겹게 쟁취하는 에스키모는 품위 없이 살고 있는 것이며, 부득이해서가 아니라 "그것을 할 처지가 되니까" 한다거나 일이 재미 있어서나 혹은 자신을 시험하기 위해서 혹은 명예를 얻거나 자신의 사회적 과업을 성취하려고 일하는 사람들은 아마 "좀더 인간의 품위에 맞게" 일하는 것이 되는가? 이글거리는 태양열, 폭풍의 바다, 미지의 낯선 해안을 자신에게 돌아오는 이득을 위해 참아냈던 페니키아의 선원은 실존의 근심 속에서 불쌍하고 초라한 존재였으며, 반면에 요트 선수들은 모든 강제에서 자유롭게 단지 진실된 근심에만 전념하는가? (그 진실한 근심 중의 하나가 아마 여가 시간에 무엇을 하는가일 것이다.) 그것은 말도 안 되는 넌센스이며, 블로흐도 물론 이것을 믿지는 않을 것이다. 그는 수상 스포츠보다는 좀더 고상한 실존의 근심을 염두에 두고 있다. 즉 하찮은 일들이 없어진다면 드러나게 될 근심들이며, 이것에 관해서는 앞으로 다루게 될 것이다. 그러나 현실성의 상실 또한 실존의 근심에 해당된다.

어떤 경우이든 "폐지된 생업"에 관한 비존엄 선고는 그대로 남아 있다. 그러한 고상한 폐지와 함께 **현실성**을 **존엄**과 교환하려는 착상은 전체 유토피아 사상의 결정적 오류를 노출시킨다. 즉 **필연이 멈추는 곳에서 비로소 자유가 시작된다**는 오류 말이다. (마르크스에 의하면 "자유의 왕국은⋯ 궁핍과 외적인 목적성으로 규정된 노동이 멈추는 곳에서" 시작된다.)

d. 필연성 없이는 자유도 없다: 현실의 존엄

자유의 본질을 철저하게 잘못 인식할 때 그렇게 생각할 수 있다. 그러나 정반대로 자유는 필연과 스스로를 견주어 보면서 존재하는 것이다. 물론 자유의 본질은 그것이 필연과 최후로 싸워서 얻는 자신의 내용으로 채울 수 있는 그러한 획득물이라고도 할 수 있지만, 그것보다는 우선 모든 노력을 기울이지만 언제나 반쯤 성공하는 그 투쟁 자체라고 할 수 있다. **필연의 왕국을 분리한다는 것은 자유로부터 그 대상물을 빼앗는 것이며**, 자유는 필연 없이는 저항 없는 힘과 같이 아무 쓸모가 없게 된다. 공허한 자유는 공허한 권력처럼 스스로 폐지된다. 그리고 그와 함께 시도되는 행위에 대한 진정한 **관심**마저도 없어진다. 우리는 그러한 상황하에서 의외로 "진지하게 되는" 기회에 대한 동경을 아주 생생하게 상상할 수 있다. 즉 우리가 뜻밖에 우리 스스로를 내세워 우리의 실체가 무엇인지 보여줄 수 있는 위급한 상황들, 지진이나 홍수 또는 화재를 눈앞에 그릴 수 있다. 그런 상황에서는 어쩔 줄 모르는 사람들과 단호한 결심을 한 사람들, 용감한 사람들과 비겁한 사람들, 희생의 각오가 되어 있는 사람들과 이기적인 사람들이 구분되며, 위험이 일깨워 준 공공심이 작용하게 된다. 자연이 재난을 아낄 때, 전쟁이라는 인간의 작품이 그 자리를 차지할 수 있다. 나이든 사람이라면 물질적으로 포식한 시민 계급의 청소년들이 제 1 차 세계 대전을 얼마나 열광적으로 맞이하였으며(내가 독일에 있었던 시절의 기억에 속한다), 그리고는 누구나 바랄 수 있었던 것보다 더 엄청난 치명적 심각성을 맛보았던가를 기억할 것이다. 그처럼 빼앗긴 현실성에 대한 굶주림은 전혀 엉뚱한 길로 나아갈 수 있는 것이다. 즉 나름의 방식으로는 "진지하다"고 할 수 있는 범죄에 이르기까지 모든 다른 배수로를 차단할 때 말이다. 아무튼 "풍요로운 인간 본성의 해방'은 제압된 필연의 토대 위에서 전개된다" (같은 책, 1608면)는 것이 어떻게 해서 바로 필연이 닫아 놓고 있는 가 슴의 밑바닥으로부터 인간의 본성이 솟아오르게 하는 모든 것처럼 보일 수 있는지는 어떤 총명한 선견도 우리에게 단언할 수가 없다.

그러나 우리는 유토피아적 천국의 평화가 인간 심정의 그러한 변덕에 도 방해받지 않는다면, 허위 행위의 여유 속에서 전적으로 비강압적인 인간 존엄의 운명에만 머무르자. 인간 존엄의 **평화로운** 죽음은 재난과 같다고 할 수 있다. 현실의 심각성은 항상 하나의 필연이기도 한데, 그 것이 사라지면 존엄도 따라 없어지게 된다. 인간의 존엄은 바로 현실적 이고 필연적인 것과의 **관계 속에서** 두드러지기 때문이다. 직업으로서의 유희는 인간의 품위에 맞는 것과는 거리가 먼 것으로서 그것과는 상관 없다. 또는 **필연의 왕국의 밖에서 자유의 왕국은 전혀 존재하지 않는지도 모른다 !** 여유의 주요 종사직이 취미 놀이뿐이라면 자유와 존엄은 유토피 아에서 얻어지는 것이 아니라, 함께 잃어 버리게 된다. 이러한 비가시 적이고 도덕적인 측면을 도외시한다 하더라도, 허구적 노동 진흥의 체 계로서의 취미 놀이는 결국 실질적·심리적으로도 실패할 것이다. 허위 행위는 무행위와 마찬가지로 아노미와 절망으로부터 인간을 보호하지 못한다. 그것은 인간을 위한 위안으로서는 기록될 수 있을 것이다.

3. 여유의 다른 내용들: 인간 상호간의 관계

이제 우리는 무계급의 사회에서도 여전히 남아 있으며 자신의 "부조 화"와 "모순들"을 산출하는 "유일하게 진실된 실존의 근심"에 눈을 돌려 보자. 이러한 모순들은 계급 사회의 것처럼 "더 이상 적대적은 아니지 만" "이데올로기"에 "일반적으로 가능하게 된 여유 내에서…해결을 위 한 조치를 행사할 수 있는" 권한을 부여한다(같은 책, 1082면 이하). 이 러한 "마침내 순수하게 인간적이며, 인간의 품위에 맞는" 모순은 도대 체 무엇일까? 블로흐가 "공산주의화된 이데올로기의 사명"으로 표현하 고 있는 것에 관한 암시가 한 곳에 있다. 즉 "점점더 풍부하고 깊어지

는 인간 관계의 형성", " 인간 상호간의 조명"(같은 책, 같은 면)이 그것
이다. 16) 아무튼 그곳에도 무계급으로는 피할 수 없는 모순의 비옥한 토
양이 있는가 보다. "한 소년이 한 소녀를 사랑하였네, 그러나 그녀는
다른 사람을 택했네." 현존재의 근심이 주는 고통이 사라진다고 할지라
도 그러한 고통은 남게 마련이며(생존 경쟁이 없어지므로 그러한 고통
은 아마 더 커질 것이다), 그것은 "항상 새롭게" 태어난다. 요람에서
무덤에 이르기까지의 사적인 관계인, 아버지와 어머니, 형제들, 친구
들, 부부, 경쟁자, 아이들과 낯선 이들과의 관계에서 생기는 고통들—
애증, 따뜻함과 차가움, 관심과 무관심, 호혜성과 일방성, 소속감과 소
외감, 고독과 사교성, 우월과 열등, 관용과 엄격함, 이해와 몰이해, 존
경과 경시, 민감과 둔감, 자기 극기와 방치, 기질이나 상황의 갈등과
조화에서부터 좋고 나쁜 예절에 이르기까지의 끝도 없는 사적인 드라마
들이 펼쳐진다. 그것들이 개인적 소설, 로맨스, 비극, 일상적인 승리와
패배, 희열과 고통의 소재들이다. 그러한 고통이 비사적 현실의 제거된
고통들보다 "인간적으로 더 존엄하며", 심지어 "유일하게 진실된" 고통
들인지에 대해서는 논쟁할 필요가 없다. 아무튼 그것들은 대단히 인간
적이고 심각할 만하다는 데 대해서는 의심의 여지가 없다. 여지껏 단순
히 해왔던 청소년 교육을 뜻하지 않는다면 "이데올로기"가 그 고통들의
올바른 모습을 위해 무엇을 할 수 있는가? "모순을 돌보게 되는" 이데
올로기의 직권은 어떤 것들인가? 설마 "행복한 결혼", "어떻게 친구를
사귀는가?"또는 "너 자신을 실현하라", "영혼의 평화를 위한 방법들"

---

16) 그 부분은 다음과 같다. "… 공산주의화된 이데올로기는 더욱 풍부하고
더욱 깊은 인간 관계의 형성을 촉진하는 직책을 가지고 있다 … 허구의 이
데올로기는 그런 식으로 사라져 가지만, 그에 반해 사회적·도덕적 의식
형성의 이데올로기는 … 그렇지 않다. 이러한 종류의 이데올로기는 의식
형성의 모든 중요한 부분들에서 … 예술의 분야(!)뿐만 아니라 더 관계가
먼 상부 구조에서까지도 하나의 **윤리**가 될 것이다. 여유의 새로운 욕구는
그런 식으로 새로운(경제가 아닌 것을 계획하는) 계획 비경제에 관한 새
로운 상부 구조를 생산한다. 그것은 인간 상호간의 조명을 위하여 이데올
로기를 생산하며, 이 이데올로기는 점점더 실체에 가깝게 된다. 여유의
인간적인 내용을 장려한다는 의미에서 이제 순수하게 여유에 헌신하게 된
것이다"(같은 책, 1083면).

과 같은 개론서들을 통해서는 아닐 것이다. 여유의 출현에 대한 서구 대중 문화의 이런 반응은 벌써 우리의 낯을 붉히게 한다. 그러나 "공산주의화한 이데올로기의 직권"은 이러한 사적인 문제들에서도 **공적**이어야만 하며, 그럴 경우 우리는 곧 "지배하고 지도하는 선생"의 관료주의를 연상하게 되는 것이다. 이 관료주의는 허구적 노동의 가시적 영역뿐 아니라 비가시적인 개인 영역까지, 다시 말하면 노동에 대한 배려뿐만 아니라 가장 폭넓고 가장 사적인 의미에서의 심리 상담직까지를 포함하여 감독하고 보호해야 하는 것이다. 물론 과학적 심리학의 가장 발전된 방법으로, 예를 들면 (현재로부터 결론을 유추해도 된다면) 오이디푸스 콤플렉스 등으로 작업하는 개인 분석, 집단 치료, 배우자 선택, 성상담, 자식 문제를 가진 부모들을 위한 상담, 부모와 문제 있는 어린이 상담, 우정, 대화와 심리학의 과정들("인간 상호간의 조명") 등등, 특수한 정신 병원을 제외한다 하더라도 취할 수 있는 방법들은 다양하다. 그럴 경우 이러한 심리적 배려의 기능을 위해서 관료진이 다시 한번 대폭 증원되어야만 할 것이다. 책임을 수반하는 일자리라는 부수적 이득도 있다. 이제까지 열거한 것들 대부분은 (적어도 미국에서는) 이미 오늘날 유행하고 있다. 물론 상업주의적 사회에서는 자발적인 토대 위에서, 그리고 유행과 돌팔이가 부리는 모든 횡포들을 동반하여 행해지고 있지만, 이것은 누구나 자기 나름대로 행복할 수 있는 자유와 그것을 위한 여유가 혼합된 축복에 속한다. (이것 자체가 치료해야 할 다수의 고통을 야기시키기도 한다.) 유토피아와 이를 위해 만들어진 "이데올로기"를 실행하면서 어쩔 수 없이 요구되는 국가의 수중에서 이 모든 것은 다르게 나타날 것이다. 분명히 그것들은 좀더 단정하고 체계적이며 동질적일 것이다. 그리고 그것들은 사회적인 관심으로서 모든 것을 포괄할 것이다. 정기적으로 작성해야만 하는 질문지에 대한 생각만으로도 소름이 끼치며, 행정 관료적 심리 상담자들과의 의무적인 회합은 상상하기조차 싫다.

이것으로 충분히 서술되었다고 본다. 여기에서 우리의 주제는 자유와 개인적 자율성의 상실이 아니라 취미 놀이와 더불어 여유의 내용으로서의 인간 상호간의 관계이며, 여기에서는 취미 놀이가 이데올로기적으로 실행되건 아니면 치료 요법으로서 실행되건 상관없다. 취미 놀이는 심각성이 결여되어 있으므로, **인간 상호간의 관계가 심각성을 삶 속에 불어넣어야 한다.** 어느 누가 사랑, 질투와 인간 상호간의 의사 소통 등에서 심각성이 문제된다는 것을 부정하겠는가? (그런데 왜 무계급의 사회에서는 질투가 "적대적" 모순이 되지 않는가? 또는 성범죄가 덜 치명적인가?) 그러나 이러한 개인적 영역도 역시 노동 영역의 현실성 상실로 말미암아 붕괴되어 버린다. 사람들이 서로 나누고 교환하는 현실 속으로 스머들지 않고서는 그것은 번성할 수 없는 것이다. 그 자체만으로는 허깨비가 되어 버린다. 모든 인간적 관계에서는 서로간의 섬사람과 같은 고립적 향락과는 다른 그 무엇이 문제된다. 타자의 단순한 "자기 존재"로부터가 아니라, 그와 세계와의 교류로부터 (그것이 무엇이라 불리든간에) 무언가 즐길 것이 있어야만 한다. "스스로"를 위해서—그리고 타자를 위해서는 더더욱!—우리는 세계를 가지고 있어야만 한다. 우정은 **세계 내의** 그 무엇을 위한 그리고 그 무엇에 대항하는 동맹이며, 그것은 결국 "공동의 사안" 속에 있다. 타자가 어떤 사람에게 가치 있는 이유는, 그 사람이 타자와 비슷한 것을 존중하며, 근본적으로는 (어떻게라는 방법에 있어서는 제각기 다르겠지만) 동일한 무엇에 몰두하며, 그 속에서 행위하기 때문이다. 그리고 그 속에서 자신의 주안점을 찾고, 그것이 그의 우정에도 비중을 더해 주는 것이다. 그것은 설령 우정이 실무적인 면의 외부에서 이루어진다 하더라도 그렇다. 결혼은 일생 동안 지속되는 필연성에서 지속되는 염려의 공동체이며, 사랑의 향락은 이 진지함을 공유하는 배경 앞에서 빛나는 것이다. 그것은 인간 상호 관계의 연금술을 통해 변해 가는 "재료"인 것이다. 그것을 여유의 내용과 주된 일거리로 만들지 않고서는 모든 관계는 병적이고 기생적이며 야만적인 것이 된다. 그리고 사람들은 현실적인 것이라고는 조금도 흡수할 수 없을 것이다. 이 모든 것은 말할 필요도 없이 너무나 잘 알려져 있는 사실들이다. 그러나 앞의 논의에서 드러나듯이 현실성과 함께 인간에게서 존엄뿐만 아니라 진정한 인간 공동체를 제거하는 자칭 여유의 천국 때문에라도 이 말을 해야만 한다.

우리는 이제 여유의 다른 내용들, 예를 들면 어차피 정신과의 행복한

350

결혼 속에서 경험되는 "축제적인 일상"에 다시 한번 주기적으로 구두점을 찍는 **시민 축제** 등을 다루지는 않겠다(같은 책, 1072면). 《보물 탐굴자》(*Schatzgräber*)에 나오는 괴테의 말 "힘든 주일들, 즐거운 축제"는 우리의 해석을 충분히 대신할 수 있을 것이다. 게다가 위에서 전개된 논의에서 충분히 드러난다고 본다. 즉 존재의 고통이 지속적인 배경을 제공하지 않는다면 즐길 이유도 전혀 없다. [17] 그러나 유토피아에서 구원

---

17) "고대 페르시아의 신앙의 유산"에 나오는 괴테의 말 "매일매일 어려운 **봉사를 하지 않으면/신의 계시도 없다**" 참조. 인간 상호간의 사랑이 분출된다는 여유의 축제적 감정의 내용들에 근거한 블로흐의 희망과 유사한 것으로는 프로이트(S. Freud)의 욕망론에 토대를 둔 마르쿠제(H. Marcuse)의 유토피아를 들 수 있는데, 이것은 현실 원칙으로부터 쾌락 원칙을 해방시키고자 한다. 현실 원칙은 인간과 자연에 대한 기존 형태의 지배하에서 **노동 의무**를 통하여 욕망에 대한 포기를 강요하였으며, 이제 욕망에 대한 포기는 문명화된 공동체에 필요 불가결한 정도를 넘어서고 있다는 것이다. 기술적으로 가능하게 되어 버린 (그리고 정치적으로 보장된) "업적 원칙"의 극복을 통하여 이와 같은 "부차적 억압"은 폐지되어야 하며, 에로스에게 본래의 권리를 돌려 주어야 한다는 것이다.

"현실 원칙을 통한 쾌락 원칙의 억압에 있어서 노동일의 지속 자체가 결정적 요소 중의 하나이므로, 단순한 노동의 양이 인간적 발전을 방해하지 않을 정도까지 노동 시간을 단축시키는 것이 자유의 1차적 전제 조건이다. …보다 성숙된 문화에서 최상의 조건하에서라면 물질적・지적인 복지는 고통 없는 욕구 충족을 허용할 정도가 되어야 하며, 지배 체제가 이러한 욕구 충족을 체계적으로 방해해서는 안 된다. 이 경우 아직 불가피하고 성가신 (그렇지만 완전히 기계화되고 합리화된) 노동에 사용되어야만 하는 욕망 에너지의 양은 극히 적어, 외부의 힘으로 유지될 수 없는 억압적 강요와 변형의 영역들이 완전히 붕괴될 것이다. 그 결과로 쾌락 원칙과 현실 원칙 사이의 대립적 관계는 전자에 유리하게 변할 것이다. 에로스 즉 생명 욕구는 기존의 수준을 훨씬 넘어서는 정도로까지 자유롭게 분출될 것이다. …물질적 생산이 설령 정당하고 합리적이라 하더라도, 이것이 자유와 욕구 충족의 영역은 결코 될 수 없다(!!). 그러나 그것은 시간과 에너지를 소외된 노동 영역 **밖에서** 이루어지는 인간적 가능성의 자유로운 놀이를 위해 사용할 수 있도록 해준다. 노동의 소외가 **완전하면 할수록**, 자유의 잠재력은 그만큼 더 커지는 것이다. 여기서는 총체적 자동화가 최상의 상태이다(!). 자유와 성취를 규정하는 것은 노동 업적을 넘어서는 영역이며, 업적 원칙의 거부를 결정하는 것은 이 영역의 의미에서 내린 인간 실존의 정의이다"(H. Marcuse, *Triebstruktur und*

된 자연에 관해서는 몇 마디 하지 않을 수가 없다.

4. 인간화된 자연

"모든 분야에서의 활동적 여유는 비로소 순전히 작업의 관점에서만 모사되지는 않은 열려진 자연에 비교적 가깝게 우리를 인도한다. 인간의 자유와 그것의 구체적 환경(고향)으로서의 자연은 상호 작용적으로 서로에게 조건이 된다"(《희망의 원칙》, 1080면).

인간은 자신의 노동을 통해 자연을 인간답게 만든다는 것은 마르크스 자신의 사상으로서, 처음부터 마르크스주의의 명제였다. 그것은 자연에 대한 인류의 이제까지의 목적 노동, 즉 그것이 조직적이던 비조직적이던, 특히 농업도 포함한 모든 목적 노동을 지적한다. 실현된 마르크스주의가 마침내 성취하게 될 궁극적 "인간화"는 인간도 결국 바로 그 노동으로부터 해방시킬 것이며, 또한 인간 역시 정말 인간답게 만든다는 것이다. 여기에서 "인간답게 하다"는 그때그때 대상에 따라 정반대의 것을 뜻한다는 것이 명백해진다. 인간에게는 그가 자연에 예속되어 있지 않으며, 따라서 전적으로 자기 자신이 될 수 있다는 것을 의미하며, 다른 한편 자연에게는 그것이 전적으로 인간에게 예속되어 더 이상 자기 자신이 될 수 없다는 뜻이 된다. 다시 말하면 봉건 영주에게 예속된 농노가 "귀족이 되듯이" 또는 주인 종족에게 종속되어 있는 하등 종족이 "아리아화되는" 것과 마찬가지의 의미에서 자연이 "인간답게" 된다는 것이다. 이러한 잔인한 목적을 함축하고 있다면 "자연의 인간화"는 인간의 욕구 충족을 위한 자연의 총체적 착취를 목적으로 자연을 인간에게 완전히 예속시키기 위한 위선적인 미사 여구에 불과하다. 그런 목적으로 자연은 뿌리째 변모되어야 하므로, 그렇게 인간답게 된 자연은 스스로에게 소외된 자연일 뿐이다. 바로 그 변형은 "인간화"라는 미명

Gesellschaft (Frankfurt, a.M., 1965), 특히 158면, 152~156면). 내가 (!) 표시를 한 문장들은 마르크스와 블로흐에게서도 거의 그대로 발견되는데, 이것은 바로 지식인들의 환상을 잘 표현해 주고 있다. 우리의 비판의 대상은 바로 이것이다.

하에 이루어지는 것이다. 내 생각으로 마르크스는 문제를 그렇게 볼 만큼 비감상적이었을 것이다. 아무튼 마르크스 사상의 극단적 인간 중심주의는 (19세기의 자연 과학적 유물론과 결합되어) 그런 경향을 가지고 있으며, 그러므로 낭만적 자연을 위한 여지는 거의 없다.

마르크스와 마찬가지로 인간 중심적이며 실용적인 블로흐는 여기서 문제되는 **인간**(안트로포스)에 대해서만은 보다 섬세한 감각을 가지고 있어, 사람의 행복은 마음에 맞는 환경이 있어야만, 즉 "영업적"으로 경험되지 **않는** 자연을 보다 **가까이** 접할 수 있어야만 가능하다는 사실을 (예를 들면 현대의 대도시들이 그러하듯이) 감지하고 있었다. 그러므로 블로흐에게 인간답게 된 자연이란 인간에게 예속된 자연뿐만 아니라, 그에게 적합한 즉 인간의 **자유**와 여유에 적당한 **고향**을 의미한다. 우리가 그의 말들을 제대로 이해한다면, 인간의 자유와 상호 제한 관계에 있는 자연은 인간이 그의 생애를 시작하면서 발견하는 것과 비교할 때 더 진실된, 비로소 "열려진" 자연인 것이다. 양자는 동시에 그리고 함께, 인간을 통하여 각각의 소외에서 구원되는 것이다. 인간 스스로 인간답게 되면서, 그는 자연 또한 "자연화시킨다！" 창세기의 정원에서 신의 창조의 정원사로 일하는 아담을 연상하지 않는 사람이 누가 있겠는가? 그러나 블로흐와 함께 생각한다면 우리는 지금 시초가 아니라 정반대로 마지막에 도달해 있는 것이다. 즉 "유래 없는 오만과 반(反) 농업 운동"의 끝, "주어진 자연의 과도한 자연화"의 종점에 도달해 있는 것이다. 유토피아의 인간들에게 고향을 가깝게 느끼게 해주는 것이 "과도하게 자연화된 자연"인가? 어쨌든 그것은 "변형된" 자연이다. 좀 더 자세히 살펴보자. 우리가 이제까지 단순히 유토피아의 물질적 전제 조건으로서 토론하였던 자연의 변형 계획은 여기에서 목표로서의 이상의 내용 자체에 근접하게 된다.

자연의 변형이 설령 "세속화되어 마침내 꿋꿋하게 발을 딛고 선" 철학(같은 책, 1615면)의 지도를 통해서는 아니라 하더라도, 그것은 몇 천년 동안 진행되고 있으며, 우리는 "인간답게 된" 자연이 어떤 모습을 띠며 그것이 얼마나 자연을 상실할 것인지는 조금 알고 있다. 단견에 의한 남용이 가져오는 영구적인 부정적 결과(벌목과 목초지의 확대를 통한 전체 산맥의 불모지화, 경작지로 만든 스텝 초원의 부식질 층의 유실 등등)에 대해서 말하는 것은 아니다. 우리는 단지 성공적으로 지속되며 분명히 유토피아적 미래에까지 이어지거나 더욱 가속화될 경작지화 과정을 눈앞에 두고 있는 것이다. 바람에 출렁이는 옥수수 밭은 분명히 아스팔트보다는 보기에 좀더 정겨운 모습일 것이다. 그러나 "자연"으로서의 그것은 이미 크게 영락하였으며, "풍경"으로서(대단위 경작에서)는 극단적인 단조로움을 보여줄 뿐이다. 단종 경작은 여러 종의 변화 무쌍한 역동적 평형 상태를 가진 생태학적 체질을 하나의 유일한 종의 인위적 독점으로 축소할 뿐 아니라, 이것 자체가 인위적 경작 조건하에서만 유지될 수 있는 인위적으로 동질화된 재배의 산물이다. 조그만 농가의 혼합 경제에서 옥수수 밭은 그 밖의 경작지들, 감자밭, 채소밭, 목초지, 과수원, 나뭇더미, 연못과 집 옆의 닭장들과 어울려 재배 방식 자체는 인위적이라 하더라도 아직 풍부한 자연스러움을 간직한 고향의 풍경으로 조화를 이루는 것이다. 고독한 수확 기계들이 줄지어 늘어서 있고, 비행기로부터 병충해 약이 살포되는 미국 중서부 지역의 곡창 지대의 단조로움은 대규모 공장의 "문화"로서의 역할만큼 (현저하게 적은 사교의 기회와 함께) "자연"으로서의 고향의 정감을 주지 못한다. 여기에서는 "과도한 자연화"가 한창 진행되고 있으며, 그것은 바로 "탈자연화"임이 드러난다. 자연의 "인간화?" 그것은 정반대로 자신으로부터의 소외일 뿐 아니라 인간으로부터의 소외이다. 식물에서 넘어가 동물을 예로 든다면, 오늘날 시장 공급의 대부분을 점유하는 부화 공장과 계란 공장에 대해서 수탉들이 뛰어 놀고 있는 농가의 양계장은 마치 동물원과 같은 기분을 들게 하지 않는가! 감각을 소유하고 움직이기를 좋아하며, 느낄 줄 알고 왕성한 생명력을 가진 생물체를, 환경을 빼앗기고 평생을 감금당한 채, 인공적인 조명하에서 자동적으로 사료를 공급받는 산란 기계와 육류 기계로 비하시킨다는 것은 자연과는 아무런 상관없는 일이며, 인간에 비하여 "개방성"과 "근접성"이란 더구나 당치 않은 말이다. 우유 생산을 위한 사료 감옥 등도 비슷하다. 동물들의 성행위조차 인공 수정으로 대체되었다. "반농업 운동", "자연의 개조"는 구체적·실질적으로 이런 모습을 보이는 것이다! 인간의 자연 사랑을 위해서는 그곳에서는 아무것도 취할 수 없으며, 삶의 풍요로움과 섬세함에 관해서는 아무것도 배울 것이 없다. 경이로움, 경건함과 호기심은 말살되었다.

블로흐가 간과한 역설은 인간에 의해 변형되지 않은, 이용되지 않은 "야생적" 자연이 바로 "인간적인", 즉 인간에게 호소하는 자연이며, 인간에게 예속된 것은 전적으로 "비인간적인" 자연이라는 것이다. 보호받은 생명만이 현현하는 것이다.

유토피아주의자들이 스스로 가지고 있다고 고백하는 인간주의적 관심은 유토피아적 "행성, 지구의 개조"가 **중지된** 바로 그곳에서 자신들의 피난처를 발견할 것이다. 이 지구에 남아 있는 가장 훌륭한—미국의—자연 보호 공원과 야생 보호 지역들은 모든 마르크스적 후계자들에게는 모방할 만한 본보기들인 것이다. 그러나 인간들이 살고 있는 곳으로부터 그곳까지 가기에는 너무나 멀다. 유토피아에서 사라지게 될 차이들에 "도시와 시골"의 차이도 포함된다면(같은 책, 1080면), 아마 그린벨트, 공원과 교외 가족 유원지들로 둘러싸여, 큰 공장들이나 진정한 의미에서 "시골"의 산업적 농업에 의해 방해받지 않는 주택지를 연상할 수 있을 것이다. 그러나 그 시골의 목가적 무대 뒤에서는 여유를 즐기는 사람들을 위하여 덜 아름다운 필연성의 극복이 진행되고 있다. 그러나 이러한 화려한 무대극이 인간적 자유의 고향이 될 "개방된 자연"을 뜻한다는 것은 불가능한 일일 것이다.

"자연"의 예는 우리가 다른 예들에서 배웠던 것과 동일한 것을 가르쳐 준다. 즉 삶의 **질**에 따라 평가할 때 유토피아의 내면적 **소망성**은 유토피아의 전제 조건이 완벽하게 성취될 때 파괴되어 버리며, 유토피아에서 누릴 수 있는 행복의 기회는 그것의 계획이 얼마나 **불완전하게** 실행에 옮겨지는가에 달려 있다는 사실이다. 설령 유토피아의 전제들을 실제로 갖출 수 있다 해도 그 **사상**은 이러한 내적 모순에 부딪쳐 실패한다.

5. 미래상의 반증에 이어 과거상에 대한 비판이 필요한 이유

유토피아의 두번째 측면이—논리적으로는 심지어 가장 중요한 첫째 측면이지만—없었다면, 이로써 유토피아에 대한 비판을 끝낼 수도 있었을 것이다. 즉 그 두번째 측면이란 우리가 이상의 "부정적 껍데기"라 불렀던 것, 즉 이제까지의 모든 인류의 비본래성, "아직 있지 않은 것"에 대한 학설을 말한다. 단지 완벽을 기하기 위해서 우리가 이 학설을 비판적으로 조명하는 것은 아니다. 왜냐하면 유토피아에 대한 동경 그 자체는 모든 목표에 대한 특정한 전망보다 우선하며, 이제까지 있었던 것과 현재 있는 것의 문제점으로부터 자양분을 취하기 때문이다. 이제까지의 과거와 현실이 실제로 정말 불충분하다고 판정되면, "전혀 다른" 본래적인 것에 대한 추구는 계속된다. 설령 본래적인 것에 대한 어느 특정한 전망이 파괴된다 하더라도 그렇다. 유토피아적이고 혁명적인 추구는 여전히 유지될 것이며—(최근의 과거가 증명하듯이) 소망하는 것에 대한 아무런 전망이 없어도—즉 "부정적인 것의 힘" 그 자체에 대한, 그리고 부정의 권력에 대한 신뢰 속에서도 유지될 수 있다. 마르크스주의는 혁명 이후의 무계급 사회로부터 새로운 인간을 기대하는 한편, 그 새로운 인간의 행동과 존재는 낡은 심리학으로는 유추해 낼 수 없다고 주장하는 반면, 블로흐는 낯익은 인간 즉 "옛 아담"으로부터 본래적 인간상을 추정적으로 만들었다고 하면서, 우리의 모든 내용적 비판을 반박할 수 있다는 것을 (아마 우리의 마지막 비판은 제외하고) 간과해서는 안 된다고 주장한다. 물론 아무런 근거를 제시할 수 없는 이러한 기대나 희망을 맹목적인 기적 신앙이라고 무시할 수도 있다. 그러나 이제까지의 역사를 바라보는 특정한 관점이 그런 결론을 내리게 하였다는 사실이 일면 타당하다는 사실은 결코 부정할 수 없다. 우리 모두는 과거의 특정한 상을 가지고 미래로 들어가야 하기 때문에, 실제로 특정한 종말상이 근거가 있는가 없는가를 따지기 전에, 우리가 이 과거 속에서 미래에도 중요한 문제가 될 그러한 인간을 발견하였는가, 아니면 아직 발견하지 못했는가 하는 질문이 더욱 의미가 있다. 책임의 윤리 자체도 이제까지의 역사에서 "아직 있지 않은 것"의 논제를 검토할 필요가 있는 것이다.

C. 셋째 단계: 꿈의 부정적 껍데기 또는 이제까지의
모든 역사의 임시성

1. 블로흐의 "아직 - 있지 않은 것"의 존재론

인간이 존재할 수 있으며, 존재해야 "마땅한" 모습으로는 이제까지 존재하지 않았으며, 미래에는 그렇게 존재해야만 한다는 것은 무엇을 의미하며, 어떻게 그런 생각을 하게 되었을까? 이와 같은 진술이 내포하고 있는 문명적인 **진보**의 의미는(이것에 따르면 실제로 아직 많은 부분이, 비록 그것이 필연적으로 "본래적인 것"은 아니라 할지라도 이루어지지 않고 있다) 여기에서 제쳐 두자. 그 까닭은 그것은 부정적·혁신적인 혁명이 아니라 이제까지의 발전을 부단히 지속시킨다는 것을 의미하며, 그러므로 개인들의 실체적인 존재나 인간의 "본성"이 아닌, 그의 현존재의 집단적 질서와 도구적 질서를 문제삼기 때문이다. 현존재의 집단적 질서와 도구적 질서가 해당 사회 내에서의 상급 문화의 "분산 범위"에 대한 영향의 결과라는 것은 자명하지만, 여기서 말하고자 하는 요점은 충만된 개인의 빈도, 다시 말하면 역사의 어느 시점에서의 엘리트의 비율적 크기라든가 특출난 개별인의 숫적 분포가 아니라 바로 그러한 사람들이 본래적 인간들인가 본래적 인간이 도대체 한번이라도 **역사상 존재하였는가** 하는 문제이다. 바로 이 점에 있어서 극단적 유토피아주의는 아니오라고 대답한다. 그러나 희망으로서는 예라고 긍정한다. 블로흐에게서 이것은 완벽한 **존재론**으로 표현된다. 그 존재론은 인간을 훨씬 넘어서고자 하는 철학적 의도를 가지고 있었지만, 존재 전체는 질료도 포함하여 단지 인간과 역사에 관해서만 다루어야 한다고 요구한다. 즉 그의 존재론은 "아직 있지 않은 존재"의 존재론인 것이다. [18] 이것을 간단 명료한 명제로 표현하면 다음과 같다. "S는 아직 P가 아니다" (주어는 아직 술어가 아니다). 여기서 P존재는 S가 도달할 수 있을 뿐

---

18) 5장의 각주 1을 볼 것.

만 아니라, **진정으로** S 가 되기 위해서는 도달"하여야만 하는" 것이다.
그것이 P 가 아닌 한 그것은 결코 자기 자신도 될 수 없는 것이다. (이
것이 바로 그 "아니오"이다.) 존재론적으로는 "경향의 잠재성"의 개념
이 그것의 토대를 구축하고 있는데, 그것에 따르면 S 속에는 이와 같은
자기 실현에 대한—P 에 대한—동경이, 즉 비밀스러운 목적론이 (이것
은 "예"라는 긍정을 내포하고 있는 꿈이다) 살아 있다는 것이다. 우선
(철학사적인 여운 때문에) 이것이 의미하지 **않는** 것을 살펴보자.

a. 미완의 존재에 대한 기타의 학설들과 "아직 아님"에 대한 존재론의 차이

이것은 우선 변화하는 모든 존재는 그때그때의 현실성 속에 잠재력의
차원을, 바로 변화 가능성을 소유하고 있다는 것을 (아리스토텔레스적
으로) 의미하지는 않을 것이다. 즉 모든 변화는 종전에 현실적이던 것
을 상실하면서 그 대신에 들어선 것의 현실화이지만, 그렇다고 반드시
하나의 목표의 현실화는 아니라는 것, 그러므로 모든 삶이 두려워하는
죽음조차도 하나의 잠재성의 현실화에 지나지 않는다는 것을 뜻하지는
않는다. 더 나아가 존재의 자기 운동은 하나의 내재적 목표를 가지고
있으며, 이 목표는 운동의 특수한 본성에 의하여 설정된 것으로서, 외
적 저항이 방해하지 않는 한 개인들이 자신들의 생애에서 실현시키는
그런 존재라고(또는 생성이라고) 하는 의미도 아닐 것이다 (역시 아리
스토텔레스적이다). **이러한** 목적론은 하나의 완성된 우주에서 여러 다
양한 존재 계획들을 영원히 **반복적으로** 현실화한다는 것을 뜻한다. 그러
나 현대의 우주는 특히 마르크스적 우주는 원칙적으로 **미완성**이다. 개인
들뿐만 아니라 종들 즉 전체가 변화하고 있으며, 그것의 잠재성은 아직
있지 않았던 새로운 것을 향해 열려져 있다. 그러나 여기에서 해명하고
자 하는 "아직 있지 않은 존재"는 **그러한 새로운 것**에 대한 개방성도, 목
적 자체로서의 그것의 현존성도(화이트헤드(A.N.Whitehead)에서 우주의
목적론은 언제나 창조적 새로움으로 향한 전진을 뜻한다) 아니며, 전체
과정을 거쳐 현실화되지만, 어느 시점에서도 진정한 방식으로 "그곳에"
있는 "본질"의 필연적 자기 현시의 무한한 **연속**의 법칙은(라이프니츠(G.

358

Leibnitz)의 모나드의 합목적성은) 더더욱 아니다. 그렇다고 그것이 결코 도달할 수 없는 목표에 대한 무한한 접근을 (특히 칸트의 규제적 이념을) 뜻하는 것도 아니다.[19] 매번 그리고 항상 새로운 것, 아직 있지 않았던 것, 기대하지 않았던 것, 놀라운 것, 즉 원칙적으로 예측할 수 없는 것을 세상에 가져 오는 (아렌트(H. Arendt)가 특히 강조한) 인간 행위의 특성도 아니다. 이러한 특성은 바로 "기대"의 어긋남을 의미하므로 알려진 것이든 비밀스러운 것이든—우리가 너무나 잘 알고 있듯이—더 나아가 필연적으로 원하는 것이든간에 "목표"와는 아무런 상관이 없다. 그것은 자유 자체에서 뿐만 아니라, 소멸성과 대립하는 "생성"이라는 근본 사실, 즉 항상 새로운, 새로 시작하는 개인들이 이 세상으로 탄생되는 사실로부터 기인하는 것이다. 달성된 유토피아에서 출산 자체를 폐지하지 않는다면 그것은 그곳에서도 존속되는 불변의 사실이며, 바로 이것이 그러한 특성의 예측할 수 없는 개방성과 함께 그것의 유동성도 보장하는 것이다. 마지막으로 그것은 "미래성"만을 뜻하지도 않는다. 사실 미래성은 실제로 인간은 미래를 향하여 산다(하이데거(M. Heidegger))는 인간의 존재론적 특성이지만, 그렇다고 그것이 과거를—그 자체가 이미 살아온 미래성의 산물인—전단계로 하락시키는 하나의 목표일 필요가 없다. 아무튼 "미래"는 블로흐에게 있어 이제까지 모든 역사의 "잠정적 지위", "아직 있지 않음"(Noch Nicht) 속에서 해결의 실마리를 쥐고 있는 중요한 말임에는 틀림없다.

---

19) 블로흐는 이것을 아주 명시적으로 거부하고 있다. "미완성을 운명으로 받아들이지 않으며, 탄탈로스(Tantalos)처럼 감성적으로나, 칸트처럼 도덕적으로 단순히 목표를 향해 무한히 접근하는 것도 거부한다. 오히려 미완의 세계는 완성시킬 수 있으며, 세계 속에 있는 미결의 과정은 결론짓고, 자신 속에 몸을 감추고 있지만 실재적인 문제들의 익명성은 밝혀질 수 있다…본래적인 것 또는 본질은 아직 있지 않은 어떤 것으로, 사물의 핵심 속에서 스스로를 향해 몰아대며, 과정의 잠재적 경향성 속에서 자신의 발생사를 고대하는 것이다"(같은 책, 1625면, 고딕체는 원본에 의한 강조).

b. "정당성의 예현"과 과거 속의 "위선"

과거 속에서 가장 위대한 것은(그렇지 못한 것은 어차피 인간적 치욕
의 기념비라는 평가 외에는 받을 만하지 않다) "정당성의 예현"이며,
무계급의 미래에서 되돌아볼 때, 즉 실현의 관점에서 볼 때 그것은 "유
일하게 지속적인 영향을 미치는 것"으로 두드러진다(같은 책, 1072면). 무
계급의 미래는 비로소 그 예현의 약속을 지킬 수 있지만, 그 약속은
그 이전에는 제대로 이해조차 되지 않았다. 그런 후 비로소 예술도 "사
회적 모순들을 현란한 놀이 속에서 성급하게 해결하는 것"으로, 또는
"고급스러운 이데올로기 장난"으로서가 아니라 바로 이러한 예현으로서
인정받게 된다. 여기에서는 어떠한 예술을 염두에 두고 있는 것일까?
분명 에우리피데스(Euripides), 그뤼네발트(M. Grünewald), 셰익스피
어(W. Shakespeare), 고야(F.J. Goya), 도스토예프스키(M.F.Dostoevskii),
카프카(F. Kafka)를 말하지는 않을 것이다. 나중에 모든 것이 비로소
정당하게 될 때의 그 정당성의 예현이라고? 그런 말을 하는 그 유약한
전문가에 대해서 우리가 더 잘 알 수 있지 않는가? 그리고 그가 "예
술"을 말하면서 라파엘로 이전의 사람들을 생각하고 무미 건조한 일
상의 미화(美化)를 생각하는 것이 아닌지 그에게 혐의를 가지지 않을 수
없다. [20] 그러나 그가 진정으로 예술 작품이 "전략적으로 성공해야 한
다"고, 즉 "인지된 희망의 길과 내용의 시도"(같은 책, 179면 이하)가
되어야 한다고 믿는 것일까? 그러면 염세주의자들은 또는 마야 사원

---

20) 그 논리에 따르면 간질병을 가진 도스토예프스키는 출생에서 제외되어
야 할 것이라는 나의 반박에 대해 어느 공개적 학회 토론에서 한 여성 생
물학자가 출생 전의(자궁 내의) 유전적 통제에 대해 다음과 같이 표현하
였다. 즉 미래의 사회는 병든 천재들을 거느릴 수 없으며, 건강한 도스토
예프스키가 수태될 때까지 기다릴 수밖에 없다고. 정말 그렇게 생각할 수
도 있을까? 어느 정신 분석 학자가 나에게 한 말, 즉 칸트가 자신의 강
박 노이로제에서(그 학자는 칸트의 생활 습관으로 미루어 그럴 것이라 믿
고 있었다) 치유되었다면, 철학자 칸트는 무엇이 되었을까라는 말도 비슷
한 방향이다. 그러한 위생학적 바보짓거리를 블로흐가 말하는 유토피아의
꿈탓으로 돌릴 수 없다는 것을 나는 잘 알고 있다. 그러나 그의 "축제적
일상"이 불러일으키는 불쾌한 연상을 떨쳐 버리기는 쉽지 않다.

에 있는 공포의 가면들은 어느 위치를 차지하고 있는지 말하기는 어렵다. 그러나 찬란한 작품들조차도 그 위치를 정하기가 쉽지는 않다. 유클리드(Euclid)의 작품의 의미는 리만(G.F. Riemann)에 대한 희망이었던가? 뉴턴(I. Newton)은 아인슈타인(A. Einstein)에 대한 희망이었던가? 진리가 인간을 향상시키든 굴복시키든간에, 진리의 탐구가 "인지된 희망의 길"로 해석되어도 되는 것인가? 그리고 진리의 발견을 이따금 그 사실의 확증으로 해석하여도 되는 것인가? (예를 들면 수학적 문제의 **해제 불가능성**이 마침내 증명되었다든가, 수학을 모순 없이 근거지운다는 사실이 불가능하다든가.) 스스로의 교화에 대한 그러한 관객의 갈채는 블로흐가 시민 계급 세계의 특징으로 비난하였던 "기생적인 문화 향락"의 맛이 난다. 유토피아적 세상이 도래하면 그러한 문화적 행위로부터 얻어낸 식견, 즉 우리와 동질화되는 알맞는 방향으로의 통찰이 그것을 대신할 것이라고 블로흐는 말한다(같은 책, 같은 면). 그러나 연구의 금욕적 정신은 그런 종류의 자기 중심성과 식도락적 취미에 대해서는 아는 바가 전혀 없다. 다행스럽게도 유토피아적으로 혼들리지 않고, 그는 이제까지 자신의 길을 걸어 왔다. 블로흐가 다음과 같이 썼을 때, 아마 학문은 "예술"에 포함되지 않았던 것 같다.

"보다 나은 세계를 형성하고자 하는 꿈의 힘이나 그것을 넘어서는 것으로서의 유토피아적 기능만이 확실히 문화 창조적이다. 이 기능은 위선도 상투어도 없이, 어떠한 소유권도 없이 환상이나 미신으로도 불릴 수 있는 것을 이데올로기 속에 새겨 넣는다. 하지만 그것은 유일하게 문화적 유산의 토대를 구성한다"(같은 책, 같은 면).

이미 말했듯이 《오이디푸스 왕》(*Ödipus Rex*), 《리어 왕》(*King Lear*), 도스토예프스키의 《악령》(*Dämonen*), 카프카(F. Kafka)의 《성》(*Schloβ*)은 이러한 가벼운 문화 유산에는 속하지 않을 것이다. 그러나 사회적 모순의 표현으로서 대비시키기 위해 그 속에 포함될 수도 있을 것이다. 즉 모순의 제거와 함께 그러한 고통들은 이제 사라지며, 그 어둠에 대한 기억은 치유된 상태의 광채가 더욱 밝게 빛날 수 있도록 뒷배경의 역할을 하는 것이다. 그와 같은 "우리가 마침내 얼마나 멋있게 성공하였는가"의 책임을 블로흐처럼 (시민 계급의) 속물적 지식인에 대항하여 투쟁을 벌였던 사람들에게 돌린다는 것은 석연치 않다. 그러나 이것도 진리를 위하여 유토피아적 기능에 부여된 "위선과 상투어"의 사후 구원의 역할보다는 좀더 나을 것이다. 그때 여러 번에 걸쳐 "꿈의 힘"에 대한 칭송과 교대로 사용되는 도덕적 혐의의 분명한 언어로 인하여 그러한 착한 의도의 회의조차 불가능하게 된다. 예를 들면 다음과 같은 것이다. "[혁명적] 행위는 감상적인 책들 속에서 가장되었던 것들을 비로소 실현한다"(《책임의 원칙》, 1047면 이하). "무서운 단순화"의 역할을 수행하리라고 우리가 믿어 마지않는 책의 전문가가 이런 말을 하다니 기이하지 않을 수가 없다. 21)

그러나 여기서 정말 문제되는 점은 과거를 질책하기 위해 말해지는 것들이 아니라, 아직 최상의 상태로부터 소외된 예현의 역할 속에서 그것을 칭송하는 것이다. "제국들은 사라지지만, 아름다운 시는 남는다." (부라보! 라고 외치고 싶지만, 그럴 시간도 없이 계속된다.) "그리고 이 시는 우리에게 닥쳐올 것을 말해 준다"(같은 책, 1072면). 그러나 그것은 아니다. 결코 아니다. 오랜 그리고 풍부한 삶 속에서 그가 분명히 나보다 훨씬더 많은 시련을 겪는다는 것을 블로흐에게 이야기해야만 할까? 내가 겪은 시험들 중 한 가지를 상기한다면, 내가 전혀 기대하지도 않았는데 베니스에 있는 성 차카리아 교회의 성구실에서 벨리니(G. Bellini)의 세 폭 그림인 성모 마리아를 마주했을 때, 다음과 같은 감정이 나를 엄습했다. 바로 여기에 완성의 순간이 있었으며, 내가 그것을 볼 수 있는 것이다. 영겁의 시간들이 그에게 예비 작업을 했지만, 영원 속에서 그 완성의 순간은 다시 돌아오지 않을 것이다. "엄청난 힘들의" 찰나적 "평형"22) 속에서 삼라 만상이 심장의 고동이 한번 울릴 동안 멈추어, 그 모순들이 인간의 한 작품 속에서 지고의 화해를 이루는 것이다. 그

---

21) 문장이 계속 이어지면서 더욱 기이한 내용이 펼쳐진다. "혁명적 폭력이 비로소 교양과 수련에서 나오는 친절함을 가능하게 한다." 이것을 나는 진짜 유사 치료법이라 부른다. 즉 불친절의 의술을 통한(생존해 있는 환자들을 위한) 친절.

22) 콘래드(J. Conrad)의 《로드 짐》(*Lord Jim*)에 나오는 스타인 씨는 자연의 예술품인 완벽하게 아름다운 희귀종 나비를 보여주면서 "거대한 힘의 균형"이라 말한다.

리고 이 인간 작품이 포착하는 것은 절대적 **현재** 그 자체인 것이다. 과거도 미래도 약속도 계승도 아니며, 더 나은 것이든 더 나쁜 것이든 어떠한 것의 예현도 아니고, 단지 그 자체 속에서 시간을 초월한 빛남인 것이다. 그것이 "아직 있지 않은" 모든 것들의 저편에 있는 "유토피아"이고, 시간의 강 속에 흩어져 있는 영원의 순간들이며, 블로흐도 그것을 알고 있었다. 23) 그러나 그런 것들은 아주 희귀한 선물이며 우리는 그 위대한 고통받은 자들로부터 많은 은혜를 입고 있다는 (아직 있지 않은 것에 대한 교화와는 달리) 사실을 잊어서는 안 된다. 그들 속에도 역시 인간의 **현재**가 들어 있다. "앞에 서 있음"은 항상 그곳에 있으며, 매번 우리의 문제이다. 그러나 우리에게 이익과 도움이 되도록 그것을 과거의 증인으로 내세워, 마치 그들이 우리 속에서 자신을 넘어서서 자기 규정에 도달하도록 우리가 비로소 도와주듯이, 그들이 우리를 기다렸다거나 심지어 우리를 위해 "존재했다"고 한다면 그들에게서 권리를, 우리에게서는 그들이 남긴 실제적 선물을 빼앗는 것이 된다.

2. 진정한 인간의 "이미 있음"에 대하여

a. 인간의 속성인 이의성(二儀性)

바로 여기에 "아직 있지 않은 것"의 존재론의 근본 오류와 그것에 토대를 둔 희망의 우선성이 담겨져 있다. 우리를 비하시키지도 그렇다고 돋보이게 하지도 않으며, 단순하지만 경건한 의무로서 받아들여야 하는 진리는, "진정한 인간"은—그의 절정과 심연, 위대함과 비천함, 그의 행복과 고통, 그의 무죄와 죄 속에서—간단히 말하면 그로부터 떼어 낼 수 없는 모든 **이의성** 속에 항상 있어 왔다는 사실이다. 이것 자체를 제

---

23) 이데올로기와는 별개로 "살아 온 순간들"의 정지된 지금 시간(nunc stans)에 대한 그 자신의 증언은 그것에 대한 의심을 없애 준다. 여기에 관해서는 A. Lowe, "Über das Dunkel des gelebten Augenblicks", in *"Denken heißt überschreiten"*, *In momoriam Ernst Bloch* 1885~1977, hrsg. K. Bloch and A. Reif(Köln, 1978), 207~213면 참조.

거하려는 것은 자유의 불가해성 속에 있는 인간을 파기하려는 것과 같다. 이것 때문에 그리고 각자의 다른 상황들의 일회성 덕분에 인간은 항상 새로울 수 있으며, 예전과도 다를 수 있지만, 그렇다고 결코 "더 진정하지는" 않다. 결코 인간 존재의 내적 위험성으로부터는 벗어날 수 없으며, 바로 이런 사실이 **그의 "고유성"에 속하는** 것이다. 선함이든 악함이든 거의 분명한 것이 종종 인간적 이의성 속에서 두드러지기도 하지만, 우리는 그럴 때에 인류의 성인들과 괴물들을 모두 경험하게 된다. 그러나 우리가 전혀 다른 면의 **가능성**과, 때때로 그 가능성의 현실화도 없이 하나만을 가질 수 있다고 생각한다면 그것은 세속적인 자연관과 행복관의(자유로운 진행에 방해받지 않은 인간 본성의 자연적으로 좋은 행복에 관한 생각) 환상인 것이다. 그것은 원죄와 유혹에 관한 가장 순진한 종교적 지식에도, 그러나 또한 우리 마음의 타성과 자의성에 관한 가장 단순한 세속적인 지식에도 창피를 당한다. 진정으로 명료하게 된 유토피아적 인간이란 선행과 심신의 평안에만 조건 반사적으로 훈련되고, 가장 깊숙한 내면에까지도 정해진 규정의 준수에만 길들여진 사회 기술적 미래학의 난쟁이(Homunculus)인 것이다. 바로 이것이 오늘날 우리가 미래에 대해 **두려워하는** 점들 중의 하나이다. 우리가 **희망하는** 것은, 종말론적인 "희망의 원칙"과는 정반대로 미래에도 역시 모든 만족은 불만족을, 모든 소유는 욕망을, 모든 안정은 불안을, 모든 자유는 유혹을―그렇다, 모든 행복은 그것의 불행을 제공하는 것이다. (우리가 인간에게서 유일하게 확신할 수 있는 것은 아마 바로 이 점이며, 그러므로 반드시 그럴 것이라 기대해도 될 것이다.) 바로 이것이 인간적 고유성에 대한 꿈이라 여겨지며, 그 꿈은 전망으로 제시된 미래로부터가 아니라, 우리에게 그것을 사실로 눈앞에 보여주는 과거로부터 자라나는 것이다. **인간의 고유성**은 그때그때 고유성의 모험적인 놀이**로부터** 만들어진다. 다시 말하면 우리는 그것을 비로소 가져올 수 있는 것이 아니라 기껏해야 위축되지 않게 반복하게 하여 계속 인간과 미래가 있을 수 있게 하는 것이다. 미래가 어떠한 모습을 띨지 그 성격은 확정되어 있지 않다. 그 까닭은 비단 그때그때의 유일 무이한 역사적 정황뿐이 아니라 그 역사적 주체 자체의 "고유성"의 변화 무쌍한 속성 때문일 것이다.

b. 유토피아의 인간학적 오류

유토피아의 오류는 거기에 전제되어 있는 인간학, 즉 인간의 본질에 관한 관점의 오류인 것이다. 나비가 되는 애벌레의 현재와는 달리 인간의 현재는 **불확실한 지금 그대로** 항상 충분한 가치가 있다. 어떠한 다른 존재에도 없는 이 불확실성은 항상 내재해 있는 초월성, 결코 양면성에서 빠져나올 수 없는 그것의 열려진 양자 택일성, 대답 불가능한 왜? 무엇 때문에?와 함께 자연의 **한계 현상**이며, 그것은 그 자신을—인간의 지식에 따라—더 넘어설 수 없다. 그 불확실성은 인간 존재의, 견뎌내야만 하는 근거인 것이다. 그것은 한 점 그림자 없는 밝음으로 향하여 "앞으로" 나아갈 수도, 동물적 본성의 확실성 속을 향해 "뒤로" 후퇴할 수도 없다. 모든 희망과 공포, 개인이나 인류를 위한 모든 기대들은 그 불확실성 내에서 움직여야만 한다. "소외 없는 현존재는 분명하게 성숙된, 자연화된 가치를 서술하는 가장 명백한 의미에서는 아직 어떠한 탈상황성도 없었다"(《희망의 원칙》, 1624면). 인간의 유한성을 고려할 때, 그것은 앞으로도 결코 **있을 수** 없다. 아마 개개인이 "탈상황성"과 비슷한 경험을 가질 수도 있는 신비주의적 고양의 순간은 예외일 수도 있지만, 인간의 유한성을 고려할 때 그것은 결코 있을 수가 없다. 그러므로 유토피아주의의 오류는 유토피아주의가 신비한 순간의 주관적인 정지된 지금 시간(nunc stans)을 공적인 상태의 불변적이고 객관적인 것으로 뒤집어 생각하며, 가장 개인적이고 찰나적인 것을 보편적이고 확고한 것으로 바꾸어 생각한 것이라고도 표현할 수 있다. 여기에서 일어나고 있는 "비소여성"은 본질적이기 때문에 무엇보다도 가장 엄격한 것이다. 성숙에 대해서 말하자면 그것이 가장 기초적이고 주요한 것으로서, 그것이 갖추어진다면 다른 것들은 더 이상 필요하지도 않다. 소망 자체가 이미 인간의 진실과 모순 관계에 서 있다.

c. 인간에 대한 지식의 원천으로서의 과거

인간이 "무엇인지" 즉 긍정적으로나 부정적으로 **무엇일 수** 있는지를 과거로부터 배워야 한다는 사실만으로 우리는 만족해야만 한다. 과거의 가르침은 정신의 고양과 전율, 희망과 공포, 가치 평가의 척도, 따라서 자기 자신에 대한 요구 등 원하는 소재는 모두 제공해 준다. 실제적으로 계획적인 행위를 하면서 역사로부터 무언가 "배울" 것이 있는 한 ("망각"은 창조적인 행위에 속하므로, 그럴 가능성은 조금 불확실하다), 우리는 인간에 대한 이 유일한 지식을 가지고 미래의 설계(이런 것이 정말 있다면)에 착수해야 한다. 실제로 존재했던 것들 속에 감추어져 있는 모든 "아직 있지 않은 존재"는 (존재했던 것은 정작 그것에 관해 **아무것도** 말할 수 없지만) 설계되었던 것이 실제로 실현될 때, 뜻밖의 일로 밝혀질 것이다. 그러나 누구도 이것이 좋은 일일 것이라고 장담할 수는 없다. 좋은 것이든 나쁜 것이든 어떤 것도 주체를 "자신의" 술어에 더 접근시키지는 못한다. (오히려 이 양자는 주체의 술어로부터 나온다.) 어떠한 것도 천부적인 인간 본성의 목표를 목적론적으로 구현하지 않는다.

d. 인간의 "본성"은 선과 악에 대해 열려 있다

왜냐하면 우리는 인간의 확실한 "본성"이란 없다는 사실을 수긍해야만 하기 때문이다. 예를 들면 인간은 천성적으로 ("그 자체로는") 좋지도 나쁘지도 않으며, 선함이나 악함에 대한 소질, 즉 두 가지 **소질**을 동시에 가질 수 있다. 어쨌든 **이 사실**은 그의 "본질"에 속한다. 우리는 무시무시한 악당들을 "인간이 아니라고" 말하지만, 그들도 위대한 성인 못지 않게 "그" 인간의 본성을 폭로한다. 그러므로 분명 있기는 있지만, 아직 눈뜨지 못하고 있는, 그러나 단지 열어 주기만 하면 ("해방되면") 드러나게 되는 "인간 본성의 풍요로움"을 우리는 거부해야만 한다. 그 본성은 존재 가능성의 풍요로움과 빈곤함에 대한 생물적·정신적 **장비를 갖추고** 있으며, 이 두 가지가 모두 "자연스럽다." 물론 후자가 좀더 앞서가는데, 그것은 인간적 빈곤이 불리한 환경에 의해 부담지워질 수도 있지만, 그와 마찬가지로 가장 유리한 환경하에서도 나태함과 부정 가능성(참으로 자연스러운 욕망)으로 인하여 선택되어질 수도 있기 때문이다. 그 반면 자아의 풍요로움은 환경의 혜택과 더불어 각고의 노력을 요구한다(나태함을 이기려는 투쟁의 노력부터가). 물론 이러한 사실이 모든 사람들에게 적합한 환경을 추구하지만, 단지 인간선에 가까워질 수 있는 더 나은 **기회**의 의미 이상을 그 환경에 부여하지 않는 그러한 의무로부터 우리를 면제시켜 주는 것은 결코 아니다.

e. 유토피아의 미끼 없이 가능한 조건의 개선

이런 제약을 둔다 하더라도 무엇이 "가장 좋은 환경"인가 하는 문제는 가장 나쁜 환경의 명백한 명증성을 공유하고 있지는 않다. 윤리학은 항상 그러하듯이 여기에서도, 즉 조건에 의하여 악은 선보다는 비교할 수 없을 정도로 쉽게 확인될 수 있다. 그 이유는 단지 나쁜 조건들이 경험을 통해 익히 알려져 있을 뿐만 아니라, 그것들이 우리가 인식할 수 있는 인과적 강제력(곤궁과 노예제 등)의 결과이기 때문이다. 그 반면 나쁜 조건의 제거에는 바로 자유라는 수수께끼가 작용한다. 의미 그대로 **어떠한** 형태의 자유의 해방도 자유에게 그 자체의 위험을 덜어준다는 약속을 할 수 **없다**. 그것은 자유를 찬양하는 사회적 질서라 하더라도 마찬가지다. 사회적 질서가 변질되어 원칙을 위반할 **경우에는** 그것은 물론 자유의 찬양보다 자유의 억압을 선호할 것이다. 사회적 질서의 감추어진 오류들은(그 중 하나는 무관심이며, 다른 하나는 자만심이다) 궁핍의 극단적 감시보다는 좀더 섬세한 도덕적 경계를 필요로 한다. 가득 찬 위장의 오류들은 텅빈 위장의 그것과는 다를 것이며, 넓은 곳의 오류들은 협소한 곳의 그것들과는, 안정의 오류들은 불안의 그것과는 다를 것이다. 그리고 "여유"의 오류들은 아마 선례를 찾아볼 수 없을 것이다. 그러나 어쨌든 오류들은 끊임없이 있을 것이며 그것들은 계속 신의 형상을 위협할 것이다. 그렇게 절실한 조건들의 개선과 관련하여 가장 필수적인 사항은 정의, 선, 이성의 요청을 유토피아라는 미끼로부터 분리시키는 일이다. 염세적이지도 낙천적이지도 않게, 그러나 현실적으로, 과도한 기대에 휩쓸리지도 않고, 그 본질상 "총체적"인 천년 기설이 원하는 것으로, 재림의 앞그늘에서 살아가는 사람들이 치러야 할 과도한 대가에 현혹당하지도 않게 일을 수행하는 것이 바로 정의, 선과 이성을 위하는 일이다. 즉 냉혹한 낙천주의와 자비로운 회의가 서로 대립하고 있는 것이다.[24]

f. 모든 역사적 현재의 자기 목적에 관해서

그러므로 무엇보다도 "전역사"의 이념은 붕괴되어야 한다. 그 전역사의 목적은 아마 우리였을 것이며, 우리는 다시 궁극적 목적을 위한 수단이 되는 것이다. 단지 그러한 궁극적 목적이 존재하지 않기(또는 그것이 은폐되어 존재해서 어떤 방법으로도 우리가 명명할 수 없는) 때문만은 아니다. 그보다 더욱 중요한 것은 인간들의 모든 현재는 그 자체가 목적이며, 또한 과거에도 그러했다는 인식이다(또는 랑케(L. von Ranke)가 헤겔에 맞서 말했듯이 모든 역사적 시대는 "신과 직접 마주하고 있다"). 나중의 관점에서 보면 모든 것은 "과도적 과정"이고, 이전의 관점에서는 "실현"이거나 좌절이 되지만, 그것들은 결코 앞으로 도래할 본래적인 것의 단순한 예현은 아니다. 그때그때마다 다른 방식으로 본래적인 것은 그 자신을 드러내면서 존속할 수도 사라질 수도 있는 것이다. 다시 말하면 우리는 이사야와 소크라테스, 소포클레스와 셰익스피어, 부다와 아씨시의 성 프란체스코, 레오나르도 다 빈치(Leonardo da Vinci)와 렘브란트(Rembrandt), 유클리드와 뉴턴을 "능가할" 수 없다는 사실을 수긍해야만 한다. (이것이 그리 어려운 일은 아닐 것이다.) 역사를 통한 그들의 출현은 이 고리가 끊어지지 않을 것이라 희망할 수 있는 근거를 제공한다. 우리가 할 수 있는 일이라고는 단지 그 신비스러

---

24) 유명한 소설 《카라마조프의 형제들》(*Brüder Karamasoff*)에서 크리스투스와 심문자 중에서 누가 더 자비로운 사람인가 하는 판단을 소설가는 유보하고 있다. 다행스럽게도 그렇게 극단적인 것들 중에서 선택할 경우는 현실에서는 거의 없다. 미묘한 혼합이 아마 그 비유의 의미일 것이다. 현재 인간에 대한 불신과 혼합된 유토피아의 미래인에 대한 신뢰가 바로 우리가 위에서 "무자비한 낙천주의"라 불렀던 것을 초래하는 장본인이다. 이것과 비교하여 인간의 현존재로부터 지울 수는 없지만 용서를 구할 수 있는 원죄에 대한 교회의 교리는 자비로운 회의의 좋은 본보기이다.

운 생성의 토대가 메마르지 않도록 보호하는 일이다(예를 들면 기술과 기술을 지향하는 유토피아는 그것을 위협하고 있다). "아직 있지 않은 것"의 존재론은 그러한 희망과 그것에 수반되는 의무와 경외심과는 아무런 상관이 없다. 정반대로 그 희망은 희망의 근거를 이루는 역사적 유산을 목적론적으로 천박하게 함으로써 위조한다. 본래적인 것이 아직 오지는 않았지만, 유토피아의 명시적 약속에 따르면 그것은 결국 언젠가는 도래한다는(그 이후로는 어떤 새로운 존재론이 적용되는가?) 사상 속에 놓여져 있는 논리적 모순은 그래도 가장 가벼운 비판점이다. 역사의 결산은 실제로 확실하지도 않고, 인간이 지은 과오는 아마 정당한 행위보다 많을 것이므로, 이미 존재하였던 것에 대한 배은 망덕은 그래도 참을 만하다. 그러나 모든 그 자체로 타당한 현재를 부정함에 있어서 "선구자들"에게 가장 위험한 것은 그때 수단과 목적의 치명적인 전도가 일어나며, 가장 숭고한 목적도 파멸된다는 사실이다.

III. 유토피아 비판에서 책임의 윤리로

1. 유토피아 비판은 기술 비판의 극치이다

기술론적 원동력이 비종말론적 진보의 징표 아래 어차피 가고 있던 그 길의 전망을 기술과 밀착한 마르크스적 유토피아주의가 "종말론적으로" 극단화하여 제시하지 않았던들, 즉 영향을 미치는 권력 그 자체로서의 **기술**이 **사이비 유토피아적** 활력을 함축하지 않았다면, 여기 완결된 유토피아 비판이 지나치게 상세하다고 했을 것이다. 유토피아의 극단적 가능성들을 전망해 볼 때, 유토피아 비판은 이미 그 자체 속에 기술 비판을 수반하고 있다. 꿈이 실현될 경우 가능한 구체적 인간 상황으로 우리가 그려보았던 미래상들 중 다수는 그런 꿈이 있든 없든, 즉 의식적 목표 설정 없이도 마치 하나의 운명처럼 우리 앞에 놓여 있는 것 같다. 게다가 그 그림들은 희망보다는 전율의 대상으로 우리에게 다가온다. 물리학적·생물학적 실제 조건들의 경우도 마찬가지이다. 극단적 모델로서의 유토피아 비판의 의도는 아직도 영향력 있는 사상적 오류를 반박하는 것이라기보다는 오히려 유토피아가 우리에게 제시한 **대안**, 즉 수백 년 동안의 베이컨적이고 프로메테우스적인 열광이(마르크스주의를 탄생시킨 열정) 지나간 오늘날 이제 앞을 향한 질주의 고삐를 잡고자 하는 책임의 윤리를 정초하려는 것이다. 이 윤리를 정초하지 않고 내버려 두어 조금 후 자연이 엄청나게 더 가혹한 방식으로 이 기술 문명의 질주를 멈추게 한다면, 이것은 더 이상 후손에 대한 소박한 예의와 결합되어 있는 현명한 대책은 아닐 것이다. 그 실현 가능성과 무위험성 외에도 목표 자체가 내적으로 소망스럽다는 사실과 이 목표가 제시하는 미래와 과거를 향한 전체 인간상에 이론(異論)이 제기된다면, 우리는 이미 윤리적 이론의 심장부에서 움직이고 있는 것이다. 우리가 올바른 길에 들어서 있다면, 적어도 부정적으로는 그 윤리의 정초에 성공한 것이며, 시선은 이제 긍정적인 면을 향해야 할 것이다. 오늘날의 정황을 고려할 때, 긍정적인 측면은 얼마간은 주로 보존하고 보호하는 직책을 떠맡아야만 할 것 같다. 그 범위 안에서 치유하고, 가능하다면 개혁하는 의무가, 그러나 항상 겸손의 기호 아래 주어져 있는 것이다.

2. 꿈의 반박이 가지는 실천적 의미

우리가 방금 사용하였던 말인 "운명"이 정말 운명이라면, 즉 미리 피할 수 없는 것이라면, 이론적 연습 외의 비판은 물론 쓸데없는 짓이었을 것이다. 그것에 적합한 다른 이름은 필연적인 자체 운동으로서의 "역사"밖에는 없을 것이다. 왜냐하면 여기에서 역사란 주입된, 게다가 아마 인식 가능한 목적지가 정해져 있는 역사이므로 그것에 대항하는 일은 헛될 것이기 때문이다. 마르크스주의자들이 사회적·경제적 활력으로 그리고 우리가 기술적 활력으로 명명하는 것 중 다수는 실제적으로 이렇게 보인다. 또한 우리가 점진적으로 우리 스스로 시작한 과정의 포로가 되어 간다는 사실도 부정할 수 없다. 그러나 무엇을 피할 수 있고 무엇을 피할 수 없는지는 실제로 무엇을 피하였고 무엇을 피하지 못했는가 하는 진지한 시도의 결과를 통해 비로소 드러난다. 책임의 정신은 불가피성의 성급한 판결을 파기할 뿐만 아니라, "역사"의 편에 서서 알고자 하기 때문에 그리고 믿고 있는 불가피성 때문에 의지를 통한 그 판결의 인준을 파기한다. (역사가 오히려 뜻밖의 일을 선물하려고 하지 않는다면, 역사는 아주 기꺼이 복종의 편에 설 수도 있을 것이다.) 유토피아 비판은 그것의 궁극적 형상에 대한 비판 외에도 역사가 유토피아를 향해서 나아가고 있다고 주장하는 결정론에 대한 비판이다. 그러므로 유토피아 비판은 책임을 제시하고 있으며, 이것은 역사에서 필연성을 박탈하는 것이다. 그러나 우리가 책임에 이만큼의 지위를 허용한다면, 다음의 문제는 비록 운명은 피할 수 없다 할지라도 바로 우리의 "운명"을 스스로 형성함에 있어 그 모습을 조금 다르게 해준다. 즉 우리가 어느 특정한 전망을 환호하면서 맞이할 것인지, 또는 두려워할 것인지, 긍정할 것인지 부정할 것인지, 특정한 발전을 가속화시킬 것인지, 아니면 오히려 제동을 걸어야 하는지, 우리가 결코 그 발전을 전적으로 통제할 수는 없다 하더라도 이런 또는 저런 방향으로 유도할 것인

지의 문제이다. [25]

그렇게 된다면 유토피아에 대한 믿음이나 불신은 하나의 실제적 요인이 된다. 그러나 유토피아 자체가 도깨비불이라면 유토피아에게 그것은 유리하지도 불리하지도 않지만, 현실적으로 주어진 대안들 중—도깨비불을 쫓아가는 것도 실제로 그 중의 하나이다—어떤 것에는 유리하게, 또 다른 것에는 불리하게도 작용할 수 있다. 사고와 의지를 교정하려는 시도로서의 유토피아 비판이 여기에 영향을 미칠 수 있다면, 이것은 이미 책임의 윤리 속에서의 하나의 활동이 된다. 단원의 마지막에 일반적 성격의 말을 몇 마디 덧붙인다면, 구체적인 새 의무들 자체는 아직 체계화할 수 없는데, 그 이유는 그것들이 기술론적 실천에서 발생하는 새로운 사실들과의 대립 속에서 이제 막 가시화되려 하기 때문이다. [26]

3. 책임의 비유토피아적 윤리

희망의 원칙에 우리는 공포의 원칙이 아닌 책임의 원칙을 맞세운다. 공포는 아마 희망과 마찬가지로 책임의 영역에 속하지만, 그것은 그리 호감을 주는 인상이 아니고, 게다가 상류 계층에서는 도덕적·심리학적인 악평을 듣고 있으므로, 우리는 이 자리를 빌려 다시 한번 공포에게 말할 기회를 주어야 한다. 왜냐하면 인간사가 제대로 흘러간다는 확신 속에서 공포를 소심한 사람들과 겁쟁이들의 약점으로 경멸할 수 있었던 다른 시대들보다 오늘날 그것은 더욱 절실히 요청되기 때문이다.

---

25) 그 예는 점점 증대되는 노동 과정의 **자동화**가 기술적으로는 의심의 여지없이 가능하다는 사실이다. 노동 과정의 자동화는 배제된 인간에게 여유를 가능하게 할 뿐만 아니라 강요하기도 한다. 우리는 위에서 파괴적일 수 있는 그 결과에 대해서 생각해 보았다(안더스(G. Anders)의 "인간의 골동품화" 참조). 그런 전망 때문에 어떤 기술적 발전에 제동을 거는 것이 좋지 않겠는가 하는 것은 상당히 심각한 문제이며, 그런 문제를 제기한다고 해서 진보와 기술에 적대적이라는 혐의를 두면서 비난해서는 안된다. 유토피아주의의 위험한 요소 중의 하나는 그것이 그러한 문제 제기 자체를 금지한다는 것이다.
26) 체계론을 대신할 증명의 결의론은 차후의 저서에서 제시할 수 있기를 바란다.

a. 공포, 희망과 책임

희망은 모든 행위의 조건이다. 왜냐하면 행위는 무엇인가를 실행할 수 있다는 것을 전제하고, 그것을 이 경우에 행하겠다고 의도하기 때문이다. 노련한 숙련가(그리고 행운에 길들여진 사람들)에게 이것은 희망 이상의 것으로서, 자기 신뢰에서 우러나오는 안정감일 수 있다. 그러나 성공적으로 수행한 일과 그 일의 지속적인 진행이 예측할 수 없는 사건의 흐름 속에서 나중에도 아직 소망하였던 그대로일지는, 행위가 믿고 있는 자신의 능력 모두를 고려한다 하더라도 그것은 항상 하나의 희망 사항에 불과할 수 있다. 잘 알고 있다고 믿는 사람조차도 나중에 언젠가는 행위를 하지 않았거나 다르게 행위했더라면 하고 바랄 수도 있다는 점을 항상 염두에 두어야 한다. 공포는 이러한 불확실성에만 연관되는 것도, 아니면 단지 그것의 부수 현상도 **아니다**. 불확실성에 의해 저지당하는 것이 **아니라** 오히려 미지의 것에 대해서도 미리 보증을 서야 한다는 것이, 희망의 결과가 항상 불확실하다는 점을 고려할 때, 바로 행위 책임의 조건이 된다. 바로 이것이 우리가 "책임에 대한 용기"라 부르는 것이다.

행위를 못하게 막는 공포가 아니라 행위를 하도록 북돋우는 공포가 바로 책임의 본질적 속성이며, 우리가 뜻하는 공포도 바로 그런 것이다. 이것은 또한 책임의 대상에 대한 공포이기도 하다. 공포의 대상은 본질적으로 민감하며, 그것을 염려할 수도 있다는 점을 우리는 이미 앞의 4장에서 살펴본 바 있다. 어느 특정한 경우 누군가를 움직여, 책임의 대상에 대한 공포를 자신의 공포로 습득하여 행위의 의무로 전환시키게 할 수 있다는 점을 우리는 앞서 상세하게 설명하였다. 책임은 의무로 인정된, 다른 존재에 대한 **염려**이며, 이 염려는 그 존재의 민감성이 위협받을 경우 "근심"이 되어 버린다. 우리가 적극적으로 책임 있는 행위를 시작하면서 상상할 수 있는 원초적 질문 속에 이 공포는 이미 하나의 잠재력으로 내포되어 있다. 즉 내가 그것을 내 일이라 생각하지 **않는다면** 그에게 무슨 일이 일어날까? 대답이 어두우면 어두울수록, 책임은 더욱더 밝게 그려진다. 그리고 두려워해야 할 것이 먼 미래에 일

어나면 일어날수록, 자신의 평안과 고통과는 상관이 없으면 없을수록,
그 방식에 있어서 낯설수록, 우리는 고의적으로라도 더 많은 천리안적
상상력과 예민한 감수성을 그것을 위해 동원해야만 한다. 즉 공포를 탐
지하는 발견술이 요청되는 것이다. 공포를 탐지하는 **발견술**은 새로운 대
상물을 찾아내어 공포에게 서술할 뿐 아니라, 그것에 의해 일깨워진(이
전에는 전혀 없었던), 특별한 도덕적 관심을 알게 해준다(2 장 참조).
윤리의 **이론**은 선함의 표상만큼이나 악의 표상을 필요로 하며, 선의 표
상이 우리의 시야에서 불분명해지고 예상된 새로운 악의 위협으로 인하
여 선의 표상이 다시 명확해져야만 할 때, 악의 표상은 더더욱 필요하
다. 오늘날의 상황이 우리에게는 그렇게 여겨진다. 이런 상황에서 의식
적 노력은 사심 없는 공포가 되며, 이 공포 속에서 악과 함께 그 악으
로부터 구해낼 수 있는 선이 가시화되며, 재난과 함께 과도하게 요구되
지 않는 행복이 가시화된다. 즉 두려워함 자체가 역사적 책임의 윤리학
의 1차적이고 예비적인 의무가 된다. 그 윤리학의 원천인―물론 유일
한 것은 아니지만 종종 지배적인―"공포와 전율"이 인간의 신분에 고상
하게 생각되지 않는 사람에게는 우리의 운명을 맡길 수 없다.[27] 우리가
그런 종류의 공포를 의무로 천명한다면 우리로서는 소심증이나 부정의
정신이라는 비난을 두려워할 필요가 없다. 이 공포는 물론 (예방의) 희
망과 함께 의무가 될 수 있다. 근거 있는 공포이지 소심함은 아니며,
아마 불안은 될지언정 겁에 질린 것은 아니다. 게다가 그것은 결코 스
스로를 위한 공포나 불안이 아니다. 그들이 마땅히 가야할 길을 피해
가려는 불안이 실제로 소심함일 것이다.

---

27) 블로흐는 공포를 "미래에 대한 꿈이 없음", "반드시 오게 될 것들을 기
대하지 않음"의 결과로 치부해 버린다. "이와 같은 자의적·비자의적 회
의 속에는 그래서 희망 대신에 공포가, 미래의 포착 대신에…반(反)종결
이 들어 있다. …특히 공포는 인간을 향상시키는 상태라고 사르트르는 말
한다. 주관적으로나 객관적으로 희망은 그것의 정반대라는 의미가 된다"
(《희망의 원칙》, 1617면). 공포를 공익의 문제에 있어서 이성의 제 1동
인이라 간파한 홉즈는 더 많이 알고 있었다. 우리는 물론 여기에서 홉즈
의 이기적 공포가 아니라 (아무런 동기 없이 닥쳐오는) 몰아적 공포에 대
해서 말하는 것이다. 그러나 그러한 몰아적 공포조차도 위대한 꿈의 예언
자들의 호감을 얻지 못한다.

b. 신과 같은 "형상"의 보호를 위하여

또한 우리는 권력의 미로로부터(예를 들어 인간의 구조에 대한 실험으로부터) 우리를 보호할 수 있는 경외심과 경악을 다시 배워야만 한다. 우리가 처한 상황의 역설은 우리가 잃어 버렸던 놀라움에 대해 존중하는 마음을 되찾아야 하고, 부정적이라고 상상하는 것들에서 긍정적인 면을 되찾아야만 한다는 데 있다. 즉 미래의 인간의 가능한 모습들에서, 그리고 예시된 미래로부터 얻어진 이러한 가능성이 우리에게 시사하는 것들에 경악하면서, 다시금 인간의 과거와 현재에 대한 경외심을 회복해야 한다는 것이다. 경외심은 우리에게 "신성한 것", 즉 어떤 경우에도 결코 손상해서는 안 될 것을(이것은 긍정적 종교 없이도 우리 눈에 보일 수 있다) 드러내 보여주므로, 경외심만이 유일하게 미래를 위해서 현재를 능욕하고, 현재를 희생하여 미래를 사지 못하게 막아 줄 수 있다. 희망과 마찬가지로 공포 또한 본래의 목적을—굴곡되지 않는 인간성 속에서의 인간의 발전—뒤로 미루고, 그동안 수단으로 하여금 바로 이 목적에 해를 끼치게 내버려 두어서는 안 된다. 아마 동시대 인간들을 전혀 존중하지 않는 수단들이 그런 짓을 할 것이다. 지위가 강등된 유산은 그 유산의 상속자들까지 같이 좌천시킬 것이다. "신의 형상대로"라는 생각을 통해 유산을 보호하는 것, 즉 부정적으로는 지위 강등의 방지는 매순간 이루어져야 하는 일이다. 쉴 틈을 주지 않는 것이 지속될 수 있는 가장 최선의 보장책이다. 그것은, 설령 확약은 못된다 하더라도 분명 그 "신의 형상"의 불가침성이 미래에도 지켜질 수 있는 전제 조건이다. 그것의 불가침성은 바로 신의 형상의 불충분한 담지자에 대해 겸손할 것을 요구하는 여전히 엄청난 요청에 대한 개방성에 다름아니다. 시대들의 위험을 거치면서, 인간 자신의 행위에 대항하여 이것을 온전히 보존하는 일은 유토피아적 목표는 아니지만, 인간의 미래에 대한 책임이라고 하는 그리 소박하지만은 않은 목표이다.

이름찾기

이름찾기